Band 2

Nachkriegs-Kinder

Kindheit in Deutschland 1945–1950

REIHE ZEITGUT

Band 2

Nachkriegs-Kinder

Kindheit in Deutschland 1945–1950

67 Geschichten und Berichte von Zeitzeugen

Herausgegeben von Jürgen Kleindienst

JKL Publikationen

Umschlagbild, Hintergrund: Schulklasse, Berlin-Neukölln, 1948,
Foto: Familienalbum Wulf Köhn
Umschlagbild vorn, Vordergrund: Edda Flindt, geb. Heger,
Foto: Familienalbum Edda Flindt

Die in diesem Buch veröffentlichten Fotos und Dokumente stammen aus dem Privatbesitz der Verfasser.

Die Deutsche Bibliothek – CIP-Einheitsaufnahme
Nachkriegs-Kinder : Kindheit in Deutschland 1945–1950. –
Berlin : JKL Publikationen GmbH, 1998
ISBN 3-933336-01-5

Reihe ZEITGUT, Band 2
Verlag: JKL Publikationen GmbH, Berlin
Klausenpaß 14, 12107 Berlin
Telefon 0 30 - 7 41 04 624, Telefax 0 30 - 7 41 04 626
Herausgeber: Jürgen Kleindienst
Bearbeitung und Lektorat: Ingrid Hantke, Barbara Grebe, Waltraud Sieg
Umschlaggestaltung: Pepita Richter, Berlin
Druck: Laub GmbH & Co., Elztal
Printed in Germany
ISBN 3-933336-01-5

Inhalt

Orte

O

P

R

S

T

U

V

W

Vorbemerkungen des Herausgebers

Hunger, Kälte und Not kennzeichnen in diesem ZEITGUT-Band die materielle Situation in Deutschland. Flucht und Vertreibung sind für viele Kinder mit traumatischen Erlebnissen verbunden, die sie ihr Leben lang verfolgen werden. Einige Beiträge dieses Buches sind späte Aufarbeitungen solcher Verletzungen.

Die Worte Hunger und Kälte lassen bei jenen, die dabei waren, tief verwurzelte Bilder aufsteigen: Hamsterfahrten, Schlange stehende, frierende Menschen in schlechter Kleidung, elende Behausungen, Stromsperren, Kohlenklau und andere Diebereien. Und als sei die Sühne für den angezettelten Krieg und alle anderen Grausamkeiten nicht hart genug gewesen, bescherte die Natur noch eiskalte Winter.

In den größeren Städten prägten Ruinen, Zerstörung und Trümmer das Bild. Dazwischen Menschen mit schmalen Gesichtern, viele krank, anfällig, auch innerlich gebrochen.

Die Kinder arrangieren sich und spielen dennoch. Jetzt, wo der Krieg zu Ende ist, und sie die Nächte nicht mehr in Bunkern und Kellern verbringen müssen, spielen sie in den Ruinen. Vielen fehlt der Vater, und sie merken es erst, wenn ein kranker, fremder Mann vor ihnen steht.

Sie tragen vorn aufgeschnittene Schuhe, weil die Füße wachsen, aber die Mütter kein neues Schuhwerk kaufen können. Sie spielen mit selbstgebasteltem Spielzeug oder mit Dingen, die sie selbst zu Spielzeug erklären.

Das Leben in der Stadt unterscheidet sich stärker als zuvor vom Leben auf dem Land. Hier ist die Schulspeisung die

Rettung vorm Verhungern, dort der Garten die Quelle der Versorgung. In den größeren Städten prägen Zerstörungen von Wohnraum und Arbeitsplätzen das Bild, auf dem Land dagegen sind die Wohn- und Erwerbsstrukturen weitgehend erhalten. Und die Kinder erleben es offensichtlich als wesentlichen Unterschied, ob Russen oder Amerikaner in den Ort einfahren und das Kommando übernehmen. Bald wird es auch ihre Erziehung und ihr Weltbild formen.

Während die einen noch aus der Kinderlandverschickung unterwegs nach Hause sind, und nicht wissen, wie sie ihr Elternhaus vorfinden werden, treiben andere im Räderwerk von Flucht, Vertreibung und Umsiedlung mit ihren Müttern gen Westen. Sie ahnen noch nicht, daß die alte Heimat endgültig verloren ist, und sie jetzt eine neue finden müssen. Und während die einen sich nun mühselig ein neues Leben aufzubauen versuchen, schauen andere mißtrauisch und mißmutig, wer ihnen als neue Nachbarschaft ins Haus steht.

In Notunterkünften, auf engstem Raum zusammenlebend, warten Frauen, allein mit ihren Kindern, noch lange und oft vergebens auf die Rückkehr ihrer Männer. Angst und der Kampf um das Überleben lassen sie bitter und hart werden. An ihren Kindern wird das nicht spurlos vorbeigehen.

Dieses Buch führt zurück in die schwerste Zeit dieses Jahrhunderts. Wenn dennoch einige Beiträge idyllisch wirken, so zeigt das zweierlei: Erinnern, speziell an die Kindheit, ist ein selektiver und sehr subjektiver Vorgang. Und: Oft hängt es von Glück und Zufällen ab, daß der eine gebeutelt, geschlagen oder sogar zerbrochen wird, und der andere unbeschädigt und nahezu unbehelligt weiterleben darf.

Wer nicht dabei war, wird nach dem Lesen dieses Buches verstehen, warum diese Generation den Krieg haßt.

Jürgen Kleindienst
April 1998

[Waldenburg*), Niederschlesien;
April 1945–August 1946]

Manfred Scholz

Notreife

Die Frühlingssonne wärmt schon sehr angenehm. Das erste Grün sprießt überall, und die Natur lädt ein, sich wieder an ihr zu erfreuen. Alle Jahre um diese Zeit unternahmenwir mit unserem Vater die ersten Wandertouren zu beliebten Zielen des schönen Waldenburger Berglandes. Nicht so in diesem Frühjahr. Es ist April 1945. Der Winter war, wie immer hier, sehr kalt und schneereich. Noch vor wenigen Wochen lag der geräumte Schnee an den Gehwegrändern mannshoch.

Seit Januar schon haben wir keinen Unterricht mehr. Die Schulen sind zu Kriegslazaretten umfunktioniert und mit verwundeten Soldaten belegt. Auch in den Monaten davor wurde der Unterricht an unserer Bergland-Oberschule in der Neustadt sehr oft wegen Fliegeralarm abgebrochen. Alle Schüler mußten diszipliniert und geordnet schnellstens den nahegelegenen Hermann-Schacht, ein stillgelegtes Steinkohlebergwerk, aufsuchen. Diesen Ablauf übten wir bei Probealarmen wieder und wieder.

Die Fürstensteiner Straße, in der wir wohnen, ist die Eingangsstraße in unsere Stadt aus Richtung Osten. Das Geschehen hier hat uns Kinder schon immer fasziniert. Diese Straße erlebte so manches: Sonntags marschierten hier die Bergwerkskapellen auf, später, zu allen möglichen Anlässen, die uniformierten NS-Organisationen mit vielen Fahnen. Eines Tages sahen wir nur noch Kolonnen von Kriegsgefangenen und de-

*) heute Wałbrzych in Polen

portierten Zwangsarbeitern, und vor kurzem erstmals ausgezehrte, entkräftete Häftlinge in gestreiften Jacken und Hosen. Mit schweren Schritten schlurften sie über das Kopfsteinpflaster. Ihre gebeugten Häupter waren kahlgeschoren, manche hatten nur über der Mitte einen geschorenen Streifen.

Kaum jemand wußte, daß es sich um Insassen von Konzentrationslagern handelte, die vor dem Eintreffen der Roten Armee geräumt worden waren. Zu Fuß wurden die Häftlinge in ein anderes Lager getrieben. Viele von ihnen überlebten diese Todesmärsche nicht.

Direkt neben unserem Hauseingang wird nun über die ganze Straßenbreite eine Panzersperre errichtet. Schließlich ist sie mehr als zwei Meter hoch und ebenso tief, durch eiserne T-Träger befestigt und hinter dickem Eisendraht mit Granitfelssteinen aufgefüllt. In der Mitte der Straße bleibt eine Öffnung für den Straßenbahnverkehr. Erst beim Herannahen der sowjetischen Panzer soll diese geschlossen werden.

Uns wird bewußt, daß die ersten, auf diese Mauer treffenden russischen Panzer, die umliegenden Häuser zerstören würden, um weiterzukommen.

Bis jetzt leisten die in Breslau eingeschlossenen deutschen Truppen, unterstützt vom Volkssturm, der sich aus 16 bis 17jährigen Jugendlichen und aus über 50jährigen Männern rekrutiert, erbittert Widerstand. Der Vormarsch der Roten Armee kann an diesem Abschnitt schon seit sechs Wochen aufgehalten werden.

Trotz dieser angsterfüllten Situation ist für uns Jungen alles auch ein wenig abenteuerlich. Wenn wir Freunde, 12 bis 14 Jahre alt, uns abends vor den Häusern treffen, herrscht absolute Dunkelheit. Nicht der geringste Lichtschein ist hinter den Fenstern auszumachen. Am Horizont, in der Richtung, wo Breslau liegt, zucken immer wieder Lichtscheine auf. Es sieht aus wie Wetterleuchten, danach ist Geschützdonner zu hören. Unheimlich! Die Fluggeräusche der russischen Aufklärer klingen wie handbetriebene Kaffeemühlen. Kein Mensch ist draußen unterwegs, nur der Blockwart schreitet die Häuserzeile ab und kontrolliert, ob alle Fenster verdunkelt sind.

Jetzt ist nicht mehr so oft Fliegeralarm, der uns in den Monaten zuvor immer wieder aus dem Schlaf riß. Es fliegen keine Bomberverbände mehr nach Berlin, Magdeburg, Leipzig oder Dresden. Diese einst so schönen Städte liegen bereits in Schutt und Asche. Und in Berlin tobt der Endkampf.

Keiner glaubt mehr an die Wunderwaffe, die den „Endsieg" noch hätte herbeiführen sollen. Schon werden Hitlerbilder, Hakenkreuzfahnen und nazistische Bücher heimlich beseitigt. Jedem ist klar: Die Rote Armee wird bald eintreffen.

In der Verwandtschaft, unter Bekannten und in der Nachbarschaft hat der wahnsinnige Krieg viele Opfer gefordert. Auch unser Vetter Hans und der Nachbarsohn Peti, beide 22 Jahre jung, sind gefallen. Die Schreie und Weinkrämpfe der Nachbarin zur Rechten haben uns ahnen lassen, daß auch ihr Sohn nicht mehr zurückkehren wird. Und noch eine schreckliche Nachricht: Der Schwiegervater unseres Bruders Eberhard ist als Volkssturmmann in der Festung Breslau gefallen. Trauer und Hoffnungslosigkeit machen sich breit.

Große Sorge und Bangen auch um unseren Bruder. Seit Wochen ist kein Feldpostbrief mehr von ihm angekommen. Im Juni 1944 ist er das letzte Mal zu Hause gewesen, ein Sonderurlaub, nachdem sein Truppentransportschiff nach einem Volltreffer im Schwarzen Meer gesunken, und er mit wenigen Überlebenden gerettet worden war. Mutter weint jetzt oft.

Andererseits sind wir froh, daß unser Vater, schon vor Monaten zum Volkssturm gemustert und für den Nahkampf mit dem Gebrauch der Panzerfaust vertraut gemacht, als beruflich unabkömmlich an seinen Arbeitsplatz zurückkehren konnte. Er war lediglich einige Wochen zum Ausheben von Panzergräben eingesetzt.

Unsere Mutter ist seit etlichen Monaten dienstverpflichtet und muß in einem von Berlin ausgelagerten Rüstungsbetrieb arbeiten. Viele Mädchen und Frauen sind zwangsverpflichtet, hier um Waldenburg mit Schaufel und Spaten Panzergräben auszuheben.

Unsere Eltern haben am 24. April 1945 Silberhochzeit. Mutter hat schon seit Wochen von den kargen Lebensmittelrationen etwas zusammengespart, um ein bescheidenes Festessen zubereiten zu können. Es soll auch den allseits beliebten schlesischen Streuselkuchen geben. Onkel Emil nebenan spendet aus seinem Garten einen Blumenstrauß. Unsere engsten Verwandten, die hier in der Nähe wohnen, sind gekommen. Doch über dem eigentlichen Anlaß des Zusammenseins steht die für alle so bange Frage: Was wird morgen sein? Wir diskutieren heftig, aber mutlos.

Vater sucht so lange am Rundfunkgerät, bis es leise ertönt: „Bum-Bum-Bum-Bum, Bum-Bum-Bum-Bum! Hier ist London, hier ist London!“ – Obwohl auf das Abhören von Feindsendern die Todesstrafe steht, hören wir heimlich die Nachrichten über die wahre Lage. Am Schluß, wie jedesmal, die Aufforderung, den Kampf einzustellen.

Doch wir wissen auch, daß jeder, der nicht bis zur letzten Patrone kämpft, mit seiner Hinrichtung rechnen muß. Am Ende des Felsenstegs zur Neustadt werden jetzt wöchentlich Soldaten, die sich unerlaubt von ihrer Truppe entfernt oder durch Selbstverstümmelung dem Kampf entzogen hatten, öffentlich standrechtlich erschossen. Sie sind, jeweils drei an Holzpfähle gebunden, ohne Gnade niedergeknallt worden. Zuvor war die Bevölkerung durch die Tageszeitung aufgefordert worden, der Hinrichtung beizuwohnen.

Im Haus nebenan ist vor einigen Wochen eine Nachrichtenstaffel des Heeres einquartiert worden. Sie hat Feldtelefonleitungen für die nachrückende kämpfende Truppe gelegt. Jetzt zieht sie ab und hinterläßt meinem Freund Rudolf einen Kanister Treibstoff. Rudolf ist mit 14 Jahren in die Motor-HJ eingetreten und fährt ein Leichtmotorrad. Nun kann er es wieder betanken. Er überredet mich mitzufahren. Er hat gehört, daß zehn Kilometer nordöstlich von hier, wo auf einem gewaltigen Felsen das imposante Schloß Fürstenstein steht, seit geraumer Zeit an einem neuen, unterirdischen Führerhauptquartier gearbeitet wird.

Also fahren wir los. Rudolf kennt sich aus, er nimmt eine Abkürzung über Wiesen- und Feldwege, um nicht auf normalen Straßen von der Feldgendarmerie gestoppt zu werden. Auf einmal taucht am Himmel ein sowjetischer Tiefflieger auf und beschießt uns. Wir werfen uns in das noch niedrige Gras. Uns vergeht Hören und Sehen, da ist der Spuk schon wieder vorbei. Wir sind gottlob unversehrt.

Unterhalb des Schlosses Fürstenstein angekommen, sehen wir, daß die Bauarbeiten wohl schon vor einiger Zeit eingestellt worden sind. Der Stolleneingang ist abgesperrt und zugenagelt. Wir fahren zurück und sind uns einig, zu Hause von dem lebensbedrohenden Ereignis nichts zu erwähnen.

Heute ist der 30. April. Um die Mittagszeit beginnen die Nachrichten mit der Meldung: „Unser Führer Adolf Hitler ist heute morgen im Kampf um Berlin gefallen." Es gibt noch Menschen, die darüber in Tränen ausbrechen. Noch weiß niemand, daß der große Verführer Selbstmord beging.

Die jahrelange Propaganda der Nazis hat ihre Spuren hinterlassen, tief sitzt in uns die Angst vor den vermeintlichen Untermenschen. Wir Hausbewohner der Fürstensteiner Straße 8 stehen fest zusammen. Gemeinsam verstecken wir unsere Habseligkeiten, die uns lieb und teuer sind, eingemauert in einer Nische, Uhren und Schmuck hängen wir, gut verpackt, in einen Kamin, Spirituosen werden im Garten vergraben.

Als Breslau schließlich fällt, verbreitet sich die Nachricht wie ein Lauffeuer. Es heißt, die einst so schöne Stadt sei bis zu 70 Prozent zerstört.

Einen Tag später, am Morgen des 8. Mai, überschlagen sich die Meldungen. Die Panzer der Roten Armee stehen wenige

Kilometer vor Waldenburg, wahrscheinlich auf der Linie Schweidnitz – Freiburg. Auf den Straßen herrscht totales Chaos: Zurückweichende Soldaten mit ihren Fahrzeugen, fliehende Zivilisten. Weit werden sie alle nicht kommen.

In unserem Haus geht es nur noch um die eine Frage: „Hängen wir als Zeichen, daß wir uns ergeben, weiße Bettlaken aus den Fenstern oder lieber gleich rote Fahnen? Man entscheidet sich für erstere. Dann schnellstens in den Luftschutzkeller!

Höchste Anspannung! Eine halbe Stunde Horchen, Warten, Bangen. Dann erbebt plötzlich das Haus. Die ersten Panzer der Roten Armee, riesige Ungetüme, passieren mit ohrenbetäubendem Gedröhn die Gott sei Dank geöffnete Panzersperre. Unsere Herzen schlagen bis zum Hals!

In der Innenstadt, an der evangelischen Kirche, leisten noch einige sinnlosen Widerstand. Sie werden zusammengeschossen. Die Kirche wird nur leicht beschädigt.

Der Abend zieht herauf, total verängstigt sind wir noch immer im Keller. Der Einmarsch der Truppen stoppt. Unser Haus wird nach Waffen und versteckten deutschen Soldaten durchsucht. Dabei bekunden die Russen laut und ständig wiederholend: „Woina kaputt!"

Ganz vorsichtig wagen wir uns hinauf in unsere Wohnungen. Langsam wird es Nacht, die erste unter sowjetischer Besatzung, die erste zwischen Krieg und Frieden. Die Waffen schweigen, draußen auf der Straße beginnen die Siegesfeiern. Vor Lärm und Angst macht keiner von uns ein Auge zu.

Im Siegestaumel und enthemmt von reichlich Alkohol, begehen die Rotarmisten Plünderungen, Verwüstungen, Drangsalierungen und Vergewaltigungen. Aus der Not heraus entwikkelt jeder von uns zu seinem Schutz eine eigene Taktik.

Wir sitzen mit Tante Trudel und Tante Frieda, die aus Breslau-Lissa zu uns geflüchtet sind, im Wohnzimmer. Kurzentschlossen wird Tante Frieda ins Bett gesteckt, die anderen setzen sich um sie herum. Als russische Soldaten hereinpoltern, signalisieren wir eine furchtbare, ansteckende Krankheit. Das zeigt Wirkung. Tante Liesel kommt auf folgende Idee: Sie setzt sich, wenn Sowjetsoldaten in ihre Wohnung stürmen, an ihr Harmonium und spielt den russischen Choral „Ich bete an die Macht der Liebe“. Jeder Rotarmist wird dabei sanft. So bleibt auch sie verschont.

Meine Schwester, 19 Jahre alt, und andere junge Frauen werden abends samt Bettzeug durch die Dachluke im vierten Stock aufs Flachdach bugsiert. Hinter dem Schornstein können sie sich vor den Russen verstecken.

Die nachrückenden Verbände lassen uns die nächsten Tage und Nächte nicht zur Ruhe kommen. Wir flüchten auf der Suche nach etwas mehr Sicherheit in die Arbeitsstätte meines Vaters, ins Schloß Waldenburg, von dort weiter in die Kokerei, wo es vor Hitze nicht auszuhalten ist, und schließlich doch wieder zurück in unsere Wohnung. Es gibt nichts zu essen, wir haben großen Hunger.

In unserer Häuserzeile, sechs Häuser mit insgesamt 50 Wohnungen, haben sich seit vorgestern sechs Personen das Leben genommen. Ein Ehepaar hat man mit aufgeschnittenen Pulsadern unter ihrem Birnbaum gefunden. Es gibt in diesem Chaos nicht einmal einen Wagen, um die Leichen zum Friedhof transportieren zu können. Nachbarn betten die Toten erst einmal in der Erde des Wäschegartens. Etliche Tage später graben sie sie wieder aus, um sie auf einem zweirädrigen Karren durch die Stadt zum Friedhof zu fahren.

Inzwischen hat die sowjetische Militärverwaltung die ersten Anordnungen angeschlagen, die peinlich genau zu befolgen sind. Ab sofort sind alle Rundfunkgeräte zu einer Sammelstelle zu bringen, wo sie wie Schrott einfach auf einen Haufen geworfen werden.

Heute, acht Tage nach Kriegsende, taucht plötzlich Onkel Kurt auf. Erschöpft, verschmutzt und unrasiert, als sei er gerade aus Trümmern gekrochen, steht er vor unserer Tür. Er hat als Volkssturmmann das Inferno von Breslau überlebt und sich zu Fuß 70 Kilometer bis zu uns durchgeschlagen, in der Hoffnung, hier seine geliebte Frau wiederzufinden, was in diesem Augenblick in Erfüllung geht.

Die sowjetische Kommandantur beschlagnahmt jetzt zwei Zimmer unserer Wohnung und belegt sie mit russischen Offizieren. Es ist ein Kommen und Gehen. Wir hausen nur noch in einem Zimmer und einer Dachkammer. Die Offiziere verhalten sich korrekt und höflich, wechseln aber ständig, bis eines Tages ein sehr sympathischer Major für etwas länger einzieht. Er spricht sehr gut unsere Sprache. Sein Familienname ist Rosenberg, er ist deutscher Abstammung. Er unterstützt uns mit Lebensmitteln. Für mich ist das alles unfaßbar! Ein Major der Roten Armee, sauber, nett und deutschfreundlich! Wie kann das sein?

Die Versorgung mit Lebensmitteln ist das größte Problem. Es fehlt permanent am Nötigsten. Einfallsreichtum beim Organisieren von Eßbarem ist gefragt.

Mit zwölf Jahren jüngster Sproß der Familie, bemühe ich mich, hierbei aktiv zu sein. In den ersten Wochen der Besatzungszeit warte ich mit anderen Kindern, jedes eine Milchkanne in der Hand, an der Gulaschkanone der in unserer Straße biwakierenden sowjetischen Einheit täglich darauf, daß nach der Essensausgabe noch ein Rest „Kapusta“ (Kohleintopf mit Kaldaunen) übrigbleibt.

Zur Kirschenzeit fahren zwei Freunde und ich mit unseren aus dem Versteck geholten Rädern in die Kirschbaumallee vor Freiburg. Wir haben uns für diesen Zweck eine Strickleiter gebastelt, da die Bäume schon älter und hoch sind. Unterwegs sehen wir im Gelände zerschossenes Kriegsgerät, penetranter Leichengeruch steigt uns an diesem heißen Tag in die Nase. Hier wurde bis zuletzt noch gekämpft.

Unsere Behälter füllen sich langsam, da hält plötzlich ein Armeelastwagen neben uns. Die Soldaten laden kurzerhand unsere Fahrräder auf, bugsieren dann uns auf die Ladefläche und brüllen lachend und übermütig: „Dawai, Moskwa!“ Und schon braust der LKW los. Wir schreien und poltern gegen das Führerhaus.

Nach einigen Kilometern läßt man uns wieder runter. Doch welch' Schreck, ohne unsere Räder! Heilfroh, wieder frei zu sein, müssen wir uns jetzt auf einen sehr, sehr weiten Fußmarsch bis nach Hause einstellen.

Inzwischen werden von den Sowjets in vielen Betrieben die Maschinen demontiert und in die Sowjetunion abtransportiert, ebenso das zweite Gleis entlang den Bahnstrecken sowie die elektrischen Oberleitungen. Später umfassen die Reparationslieferungen auch Kohle, Koks und Stahl.

Von dem sowjetischen Major erfahren wir, daß Stalin, Truman und Churchill übereingekommen sind, die Gebiete östlich von Oder und Lausitzer Neiße an Polen abzutreten und die dort verbliebene deutsche Bevölkerung in die Besatzungszonen der Siegermächte auszusiedeln.

Schlesien verlassen? Wir können es nicht fassen! Wir hoffen, daß es nicht wahr wird. Allgegenwärtig ist wieder die bange Frage: Was wird morgen sein?

Nach und nach erfolgt die Übergabe der Verwaltungen an polnische Behörden. Die Miliz schikaniert nur zu gern die deutsche Bevölkerung. Die ersten polnischen Familien ziehen ein, sie kommen meist aus dem Raum Lemberg*), der jetzt zur Sowjetunion gehört. Verständlicherweise sind diese Polen nicht gut auf die Sowjets zu sprechen.

Als sich der Sommer dem Ende zu neigt, gehen wir, wie viele andere auch, auf die Felder zum Ährenlesen. Die Ähren werden zu Hause in alten Kopfkissenbezügen ausgedroschen. Auf dem Dach lassen wir dann die Körner gegen den Wind in eine Wanne fallen, um sie auf diese Weise von Spreu und Spelzen zu befreien. Dann mahlen wir mit sehr viel Mühe die Getreidekörner in unserer Wandkaffeemühle zu Schrot und gewinnen danach durch Sieben das begehrte Mehl.

---

*) ehemalige galizische Hauptstadt, heute Lwow, Ukraine

Bald entdecken wir auf den Feldern nicht abgeernteten, überreifen Raps. Die Bauern sind längst geflüchtet oder vertrieben worden. Auf mitgebrachten Zeltplanen befreien wir gleich an Ort und Stelle den Raps von den Hülsen und schleppen ihn in Rucksäcken nach Hause.

Hier wird die kostbare Ernte in einer umständlichen Prozedur gemahlen, gedämpft, in einer zwischen Türpfosten geklemmten Presse zu Öl gepreßt und in Flaschen abgefüllt. Die im Herbst vom Feld organisierten Kartoffeln ergeben, geschält, gerieben und in dem selbstgewonnenen Rapsöl gebacken, köstliche Kartoffelpuffer.

Auf weiterer Nahrungssuche entdecke ich in den Anlagen der Schillerhöhe einen Baum, der reichlich kleine, reife Paradiesäpfel trägt. Die Ernte dieser Wildfrucht liefert uns schließlich schmackhaftes Apfelmus. Zu wissen, wo, was und wie zu holen ist, erleichtert uns das Leben.

Überhaupt nicht zu bekommen sind Salz und Zucker. Bei Dunkelheit schleiche ich mich an eine an einer Straßenbahnhaltestelle installierte grüne Kiste mit Deckel, die mit rotem Viehsalz noch halb gefüllt ist. Dieses wird im Winter bei den hier herrschenden strengen Frösten zum Auftauen der Straßenbahnweichen benötigt. Glücklich über die Beute, reinigen wir das Viehsalz durch Kochen in Wasser, wobei es auch die rote Farbe verliert. Nachdem es wieder getrocknet und danach gemahlen worden ist, eignet es sich zum Würzen.

Leider läßt sich auf solch wundersame Weise Zucker nicht gewinnen! Es gibt keinen anderen Weg, als sein Glück auf einem der jetzt durch die Polen entstehenden Tausch- und Schwarzmärkte zu versuchen.

Mein ganzer Stolz, ein wunderschönes, gummibereiftes, rotes Schuco-Auto, wechselt gegen zwei Kilogramm braunen Zukker den Besitzer. Etwas später geht auch meine geliebte elektrische Trix-Eisenbahn gegen Butter und Fleisch diesen Weg.

Christa, meine Schwester, arbeitet inzwischen bei einer polnischen Familie im Haushalt. Manchmal bleibt dort von den

Mahlzeiten etwas übrig, was sie dann mit nach Hause nehmen darf. So trägt auch sie dazu bei, daß wir diese Notzeit überstehen. Große Freude bei allen, als die ersten Care-Pakete amerikanischer Hilfsorganisationen eintreffen. In der Bergwerksverwaltung wird der Inhalt dieser Pakete unter den noch beschäftigten Deutschen aufgeteilt.

Die Aussiedlung der deutschen Bevölkerung zieht sich hin und erreicht im Sommer 1946 ihren Höhepunkt. Am 23. August 1946 ist für uns und viele andere deutsche Familien der Tag X. Meine Eltern, meine Schwester und ich müssen binnen weniger Stunden nur mit Handgepäck unsere Wohnung verlassen haben.

In einer ehemaligen Schule, nicht weit vom Bahnhof Waldenburg-Altwasser, befindet sich das Sammellager. Dort müssen wir uns melden. Nur ein paar Formalitäten sind zu erledigen, das Gepäck wird kontrolliert, Geld, insbesondere Silbermünzen, müssen wir abgeben. Anderentags werden wir in Viehwaggons aus unserer Heimat abtransportiert. Tagelang, mit zeitweiligen Unterbrechungen, sind wir unterwegs, ohne zu wissen, wohin die Fahrt geht.

[Hildesheim – Alfeld/Leine;
März 1945–1947]

Marion Kasten

Feuer, Schutt und Asche

Im Sommer 1945 wurde ich fünf Jahre alt. Die letzten Kriegsmonate und der Übergang zur Nachkriegszeit veränderten mein Leben entscheidend: Bisher hatte ich mit Mutter und Großmutter in der hellen und weitläufigen Parterrewohnung unseres eigenen Hauses gewohnt. Ich kannte alle Frauen und Kinder aus dem vierstöckigen Haus. Nachts trafen sich alle im Keller, wenn der auf- und abschwellende Warnton der Sirenen das baldige Eintreffen der Flugzeuge ankündigte.

In Decken gehüllt und eng gedrängt saßen wir auf unseren Stammplätzen und versuchten, beim Schein einer Kerze durch Singen oder gemeinsame Ratespiele die Angst zu verjagen. Bald hörte man das Dröhnen der sich nähernden Flugzeuge, dann das Krachen der auftreffenden Bomben. Die Kellerwände bebten, wenn sie in der Nähe fielen. Während draußen ein Haus nach dem anderen zusammenstürzte und in Flammen aufging, hockten wir verängstigt im dunklen Keller und hofften, daß wir auch diesmal verschont blieben.

Am Morgen des 22. März 1945 hatten wir uns mit den anderen Hausbewohnerinnen verabredet, in dem nahegelegenen Wald Brennholz für unsere Öfen zu sammeln.

Als wir nach einigen Stunden den Wald mit unserem gesammelten Holz wieder verlassen wollten, wurden wir von überall auftauchenden Posten des Luftschutzes zurückgedrängt. Ein Großangriff auf die Stadt wurde erwartet, den man im Wald überleben würde, in den Straßen der Stadt wäre man ungeschützt. Heute kamen also die Flugzeuge am Tage. Ihr Motorengeräusch ertönte fast gleichzeitig mit den Sirenen. Ich sah nichts, denn ich hatte mich zwischen den Bäumen auf die Erde gelegt, den Kopf auf die Arme, das Gesicht zur Erde. Obwohl ich wußte, daß ich hier nicht in Gefahr war, erfaßte mich panische Angst. Die Flugzeuge dröhnten über uns hinweg, die Erde bebte, es schien kein Ende zu geben. Einmal wagte ich, den Kopf zu heben und einen Blick auf die Stadt zu werfen. Ich sah Feuer und Rauch und versteckte schnell wieder mein Gesicht.

Erst lange nachdem man keine Flugzeuge mehr hörte, war ich bereit, wieder aufzustehen. Rauch und Qualm stiegen von den Häusern auf. Heute konnte niemand in die brennende Stadt zurückkehren. Ich begriff, daß alles zerstört war. Ich wußte auch, daß meine Großmutter im Haus zurückgeblieben war. Es lag zum Glück am Rande der Innenstadt, und wir hofften, daß sie überleben würde.

Lange Zeit saßen wir unschlüssig auf einem Grashügel am Waldrand. Angst und Unsicherheit breiteten sich aus.

Was sollten wir tun? Wohin sollten wir gehen?

Irgendwann rupfte ich einen verholzten Grashalm aus der Erde, brach ihn in mehrere Teile und legte daraus einen Stern. Eine neben mir sitzende Frau beobachtete mich dabei und stellte nun ebenfalls kleine Grasstäbe her, die sie mir dann hinlegte. Ich erfand verschiedene Strohfiguren und murmelte: „Nun habe ich ja wieder ein Spielzeug."

„Oh Gott, dieses Kind", sagte die Frau und starrte auf die rauchende Stadt.

Ich konnte mich damit abfinden, daß unser Haus zerstört war und alles, was wir besessen hatten, aber die Angst vor dem Feuer verfolgte mich noch lange Zeit.

An diesem Abend übernachteten wir in einer Kaserne, die den Leuten aus unserem Wohnort als Notunterkunft zur Verfügung gestellt war. Hier trafen wir auch meine Großmutter

Unser Haus am Hindenburgplatz (links, mit dem schönen Fachwerk) vor dem Angriff auf Hildesheim am 22. März 1945 und nach der Zerstörung.

wieder, die tatsächlich einen Fluchtweg aus der brennenden Stadt gefunden hatte. Die zweite Nacht verbrachten wir im unzerstörten Haus einer Freundin meiner Mutter.

Am dritten Tag ließen wir uns von einem alten Bauern auf seinem Pferdewagen nach Alfeld mitnehmen. Dort hatten wir mehrere entfernte Verwandte, die wir aufsuchen und um Unterkunft bitten wollten. Im Haus der beiden zerstrittenen Stiefschwestern meiner Großmutter wurden wir unwillig aufgenommen, zunächst für ein paar Tage in einem der beiden Zimmer von Stiefschwester Frieda.

Später wurde uns ein Zimmer in der ersten Etage zugewiesen. Die Hauptmieterinnen der Fünfzimmerwohnung waren Mutter und Großmutter der vierjährigen Ingrid, die meine Freundin werden sollte, und ihre dicke Tante Gerda. Wir drei waren nun Untermieterinnen eines kleinen, dunkelgrün tapezierten Zimmers, das für uns acht Jahre lang Wohn-, Schlaf-, Arbeits- und Spielzimmer wie auch Refugium aus der Küche der Hauptmieterinnen sein sollte.

In der zweiten Etage wohnte die alte Frau Koch mit ihren beiden unverheirateten Töchtern Tante Hanna und Tante Luise. Manchmal spielte ich allein auf dem Hof oder saß sinnend im Treppenhaus. Wenn dann Tante Luise vorbeikam, verwickelte sie mich in ein Gespräch wie unter Erwachsenen. Einmal fragte sie mich, wie es in meiner Heimatstadt aussähe. Ich antwortete wahrheitsgemäß, daß die Häuser von Bomben zerstört, all unser Besitz verbrannt und überall nur Ruinen seien. Dann bewegte ich meine Hände resigniert hin und her und sagte ernsthaft: „Schutt, Schutt, Schutt.“ Obwohl ich dies eher traurig fand, glaubte ich, ein verstohlenes Lachen in Tante Luises Gesicht gesehen zu haben.

Bei den nächsten Begegnungen stellte sie mir immer dieselben Fragen. Ich merkte bald, daß sie erst zufrieden war, wenn ich verzweifelt „Schutt, Schutt, Schutt“ gesagt hatte. Dann hielt sie die Hand vor den Mund und eilte mit einem unterdrückten Kichern die Treppe hinauf.

Eines Tages klopfte sie an die Tür unseres Zimmers und fragte meine Mutter, ob ich für eine Zeit in ihre Wohnung kommen dürfe. Sie habe Freundinnen zu Besuch, denen wolle sie mich vorstellen. Ahnungslos stimmte meine Mutter zu. Zuerst mußte ich die Damen begrüßen. Dann wurde ich vor sie hingestellt und Tante Luise begann mit ihrer Befragung. Anfangs antwortete ich noch bereitwillig, zum Beispiel wie die Stadt heißt, aus der ich komme, usw. Als ich aber merkte, daß ich nun auch mit bekümmertem Blick dreimal „Schutt" sagen sollte, verstummte ich plötzlich und starrte die erwartungsvoll grinsenden Gäste feindselig an. So eindringlich Tante Luise auch fragte, so sehr sie auch drängte, ich sprach nicht die erhofften Worte. Da durfte ich schließlich wieder gehen.

Nach diesem Vorfall versuchte Tante Luise bei jeder Begegnung, mir den Spruch noch einmal zu entlocken, aber ich blieb verstockt. Schließlich ging sie dazu über, selber lachend „Schutt, Schutt, Schutt!" zu rufen, wenn wir uns trafen. Ich ignorierte sie empört. Später lief ich weg, wenn ich sie von weitem kommen sah, und versteckte mich, bis sie vorbeigegangen war.

In der Wohnung mit dem „grünen Zimmer" gab es weder Bad noch Toilette. Wenn man die auf halber Treppe befindliche Toilette aufsuchen wollte, mußte man zuerst im Treppenhaus fünf Stufen nach unten gehen. Dann stand man auf dem quadratischen Treppenabsatz. Links befand sich die Toilettentür, geradeaus die Hauswand, rechts führten 12 weitere Stufen ins Erdgeschoß. Oberhalb der Tür brannte abends und nachts eine große rote Glimmlampe: Licht, um die Stufen nicht zu verfehlen, aber nur ein Glimmlicht, um Strom zu sparen. In der rechten Hauswand, gegenüber der Glimmlampe, war ein großes Fenster, dahinter war das Nachbarhaus. Bei Dunkelheit spiegelte sich das rote Licht im Fenster, so daß mitten auf dem Dach des Nachbarhauses ein glühender Fleck erschien, wenn man in diese Richtung sah.

Als ich den Weg durchs Treppenhaus zum ersten Mal im Dunkeln ging, wandte ich zufällig den Blick nach rechts zum Treppenhausfenster, sah die Glut auf dem Dach des Nachbarhauses und stürzte entsetzt zurück ins grüne Zimmer. Bleich und zitternd stand ich da und behauptete: „Das Dach brennt!“

Meine Mutter sah aus dem Fenster in die Dunkelheit und entdeckte verständlicherweise kein Feuer. Irritiert schickte sie mich wieder auf den Weg. Eigentlich war mir selbst auch klar, daß die Glut auf dem Dach nur das Spiegelbild der Lampe war, aber es sah aus wie Feuer, und das konnte ich nicht ertragen.

So wußte ich, was ich zu tun hatte: Beim Verlassen der Wohnungstür sah ich starr geradeaus, so lange, bis ich die rettende Tür erreicht hatte. Der Rückweg war allerdings schwieriger. Wenn ich die Tür öffnete, war es unvermeidlich, daß mein Blick auf das direkt gegenüberliegende „brennende“ Dach fallen würde. Also mußte ich mich mit geschlossenen Augen zurücktasten. Folgender Handlungsablauf war dabei zu bewältigen: das Toilettenlicht ausschalten, den Türhaken entriegeln, die Augen schließen, die Tür öffnen und heraustreten, mich umdrehen, die Tür abschließen und den Riesenschlüssel herausziehen. Dann mußte ich mich zurückdrehen, den Treppenabsatz mit zwei Schritten diagonal nach rechts überqueren und das rettende Geländer ergreifen, fünf Stufen blind nach oben gehen, die Wohnungstür ertasten und öffnen. Dabei durfte ich nicht vergessen, daß geradeaus, gegenüber der Toilettentür die Treppe in die schaurige schwarze Tiefe führte, denn das Erdgeschoß war unbeleuchtet.

Im Lauf der Zeit wurde ich immer sicherer bei meinem nächtlichen blinden Gang durchs Treppenhaus. Nur einmal stutzte ich beim Rückweg: Warum benötigte ich heute mehr Schritte zur Überquerung des Treppenabsatzes? Warum war das Geländer verschwunden? Und warum konnte ich plötzlich fliegen? – Da schlug ich schon auf den Holzstufen auf, polterte nach unten und landete auf dem Fußabtreter.

Ich lag in der furchterregenden Finsternis, über mir das brennende Dach. Kurz durchzuckte mich der Gedanke: „Jetzt muß ich von hier im Dunkeln wieder nach oben gehen“, aber dann beschloß ich, daß es besser war, den Kopf auf die Arme zu legen und nichts zu sehen. Im selben Augenblick öffneten sich alle Türen des Hauses, das helle Treppenhauslicht ging an, aufgeregte Stimmen riefen durcheinander, ich hörte schnelle Schritte. Meine Mutter erreichte mich als erste und trug mich nach oben.

Im grünen Zimmer wurde ich auf das Bett gelegt, abgetastet und befragt. Ich war unverletzt. Mir tat nichts weh. Völlig entspannt war ich geflogen und gefallen. Warum das überhaupt passiert war, konnte ich nicht erklären, denn niemand sollte erfahren, daß ich mich vor einer Glühbirne fürchtete.

In den Jahren vor dem „Wirtschaftswunder“ herrschten Not und Hunger in Deutschland. Haushaltsgegenstände, Kleidung und Nahrungsmittel waren rationiert. Entsprechend der Personenzahl erhielten die Familien jeden Monat Bezugsscheine bzw. Marken für den Einkauf.

Im Winter konnte man auch Streichhölzer nicht nach Bedarf kaufen, sondern mußte mit einer Schachtel im Monat auskommen. Das war schwierig, denn in den meisten Wohnungen stand in jedem Zimmer ein Ofen, der mit Holz und Kohle geheizt wurde. Daher sparte man Streichhölzer, indem man das Feuer von einem Zimmer zum anderen trug. Brannte in der Küche bereits der Herd und sollte im grünen Zimmer das Feuer im Ofen angezündet werden, so knickte man aus einem Stück Zeitung einen langen, festen papierenen Stab, den man in das Herdfeuer hielt. Sobald er Feuer gefangen hatte, zog man ihn heraus und lief mit der Papierfackel durch die Wohnung: Nicht zu schnell, damit das Feuer durch die Zugluft nicht gelöscht wurde, nicht zu langsam, damit die Flammen der Hand nicht zu nahe kamen.

Mit Schaudern und Bewunderung sah ich Mutter und Großmutter viele Male mit dem Feuer durch die Wohnung eilen, ohne daß jemals ein Unglück geschah.

Einmal jedoch war ein Glas mit Wasser umgefallen und

hatte sich über unsere einzige Streichholzschachtel ergossen. Damit die nassen Streichhölzer doch noch benutzt werden konnten, wurde die ganze Schachtel zum Trocknen auf den heißen Ofen gelegt. Leider war er zu heiß: Die Streichhölzer entzündeten sich, unter lautem Zischen schoß eine meterhohe Stichflamme aus der Schachtel.

Der Schreck meiner Mutter und Großmutter vergrößerte sich noch dadurch, daß ich, das stille Kind, hysterisch schrie und aus dem Zimmer stürzen wollte. Ich fürchtete, nach unserem Haus würde nun auch unser grünes Zimmer vom Feuer vernichtet. Die vor sich hinbrennende Schachtel wurde mit der Kohlenschaufel in den Ofen befördert und der Spuk war vorbei.

Ich aber geriet noch lange Zeit in Aufregung, wenn eine Streichholzschachtel auch nur in der Nähe des Ofens lag, hinter dem wir, ordentlich gestapelt, unser Brennholz trockneten, denn der Schuppen war zu feucht.

In der Mitte des grünen Zimmers stand ein Tisch: Unser Eßtisch, Mutters Schreibtisch, Großmutters Nähtisch, mein Spiel- und Maltisch.

Ich spielte oft mit Ingrid, der Tochter unserer Hauptmieterin, doch manchmal konnten wir uns nicht einigen, wo wir spielen wollten. So war es auch an einem kalten Wintertag, als meine Mutter zum Einkaufen gegangen war und meine Großmutter fest schlafend auf dem Sofa lag. Ingrid wollte mich in ihr Wohnzimmer holen. Ich aber wollte in Ruhe an meinem Tisch sitzen und mit Buntstiften malen. Sie bat und drängte, ich blieb störrisch. Die Erwachsenen mischten sich ein, ich sollte nachgeben, weil Ingrid schon wütend weinte. Sie wollte nicht alleine spielen und auch nicht bei mir. Ich sollte mitgehen und die jüngere Freundin nicht so quälen. Je mehr ich bedrängt wurde, um so starrsinniger wurde ich: „Heute male ich im grünen Zimmer“. Schließlich ließ man mich mit der schnarchenden Großmutter allein.

Während ich nun zufrieden mit meinen Stiften hantierte,

mischte sich in die Schlafgeräusche vom Sofa her ein unbekanntes Knistern und Knacken. Zunächst beachtete ich es nicht weiter, wandte dann aber meinen Blick zum Ofen und sah zu meiner Verblüffung, daß das eigentlich in den Ofen gehörende Feuer seinen Platz verlassen hatte und unser Holzvorrat in Flammen stand. Für einen Augenblick starrte ich auf dieses Phänomen, das eigentlich nicht sein konnte, dann erfaßte mich die altbekannte Panik: Ich war in Gefahr, ich mußte flüchten! Die Zimmertür befand sich direkt neben dem Ofen. Todesmutig rannte ich auf die Flammen zu, riß die Tür auf, hetzte in die Küche und schrie: „In unserem Zimmer brennt's!"

Man glaubte mir sofort. Ingrids Mutter und Großmutter füllten eilig eine Wanne mit Wasser, trugen sie ins grüne Zimmer und stellten sie neben den Ofen. Sie ergriffen ein brennendes Holzstück nach dem anderen, tauchten es ins Wasser und legten es anschließend auf den Fußboden. Ich wußte gar nicht, daß es so einfach sein konnte, ein Feuer zu löschen! Schließlich wagte ich mich in das Zimmer zurück.

Wir standen ernüchtert um den Haufen von angekohlten und tropfenden Holzstücken herum, da fragte mich die dikke Tante Gerda mit teuflischem Grinsen: „Warum hast du eigentlich deine Großmutter nicht geweckt?"

Da wäre ich am liebsten im Boden versunken.

Als meine Mutter kurz darauf vom Einkauf zurückkam, fand sie in unserem Zimmer einen angekohlten Holzstapel in einer sich ausbreitenden Wasserlache vor. Während man ihr vom glimpflich abgelaufenen Zimmerbrand berichtete, beschäftigte ich mich in der entferntesten Ecke des Zimmers, denn ich fürchtete, daß man nun auch meine sträfliche Unterlassung erwähnen würde. Stattdessen wurde ich nun mit wohlwollenden Blicken betrachtet, und hörte so etwas wie „Marion hat ihrer Großmutter das Leben gerettet."

Nach diesem Ereignis konnte ich ein brennendes Feuer etwas gelassener betrachten. Ich liebte Kerzen und lernte sogar, den Finger so schnell durch die Flamme zu ziehen, daß ich die Hitze nicht spürte.

An einem Nachmittag in der Adventszeit 1946 saß ich mit Ingrid in deren Wohnzimmer auf der Erde. Zwischen uns lag ein Brett, auf dem wir zwei Kerzen angezündet hatten. Aus dem herabgetropften weichen Wachs formten wir kleine Figuren und legten sie auf das Brett. Ingrids drei Frauen waren auch da: Ihre Großmutter strickte, die Mutter beschäftigte sich mit einem Kartenspiel und Tante Gerda saß wie gewohnt untätig auf ihrem Stuhl und sah aus dem Fenster.

Niemand beachtete uns und niemand warnte Ingrid, als sie – in ihr Spiel vertieft – den Kopf zu nah über die brennende Kerze beugte. Da erfaßte die Flamme ihre riesige rote Haarschleife, die sie mitten auf dem Kopf trug, und ihre herabhängenden Haare. In diesem Moment blickte ich von meiner Wachsfigur auf, sah das Feuer und schlug ohne zu zögern auf Ingrids Kopf, bis ich alle Flammen erstickt hatte.

Ingrid begriff nicht, weshalb ihre sonst so friedfertige Freundin plötzlich auf sie einschlug, und schrie empört. Mutter und Großmutter sprangen von ihren Stühlen und rissen das weinende Kind in ihre Arme.

Ich hatte keinen Schmerz gespürt und die Flammen hatten keine Spuren an meinen Händen hinterlassen. Aber ich war starr vor Schreck über meinen eigenen Mut. Endlich fand ich meine Sprache wieder und sagte ernsthaft und stolz: „Sie hat gebrannt. Da habe ich sie gelöscht."

Meine Heldentat schien aber niemanden zu interessieren...

Ingrid wurde getröstet, ihre halb verbrannte Haarschleife entfernt, die Asche aus ihren Locken geblasen und die angekohlten Haarreste begutachtet. Niemand erwähnte mein unerschrockenes Handeln.

Stattdessen fing Tante Gerda auf ihrem Stuhl an zu kichern und prustete: „Ich habe sie gelöscht."

Ich war verstört und fühlte mich zutiefst gekränkt. Ich wollte das Zimmer verlassen, stellte aber fest, daß meine

Sommer 1947: Meine Freundin Ingrid (links) und ich. Inzwischen waren ihre angebrannten Haare nachgewachsen und reichten wieder für den „Hahnekamm".

Beine plötzlich wie aus Gummi waren. So lehnte ich mich an die Wand und blieb noch eine Zeitlang unbeachtet stehen, bis ich sicher war, daß meine Beine mich tragen würden. Dann durchquerte ich etwas wackelig aber in würdiger Haltung den Raum und beschloß, nie mehr zurückzukommen.

Erst im grünen Zimmer verlor ich die Fassung und konnte mich lange Zeit nicht mehr beruhigen. Heute hatte ich das Feuer besiegt und niemand hatte es bemerkt.

Nächste Seite: Sonder-Bezugsschein für Fliegergeschädigte (für meine Großmutter). Damit erhielten wir eine kleine Grundausstattung an Kleidungsstücken. Nach der Ausbombung hatten wir nur noch, was wir auf dem Leib trugen.

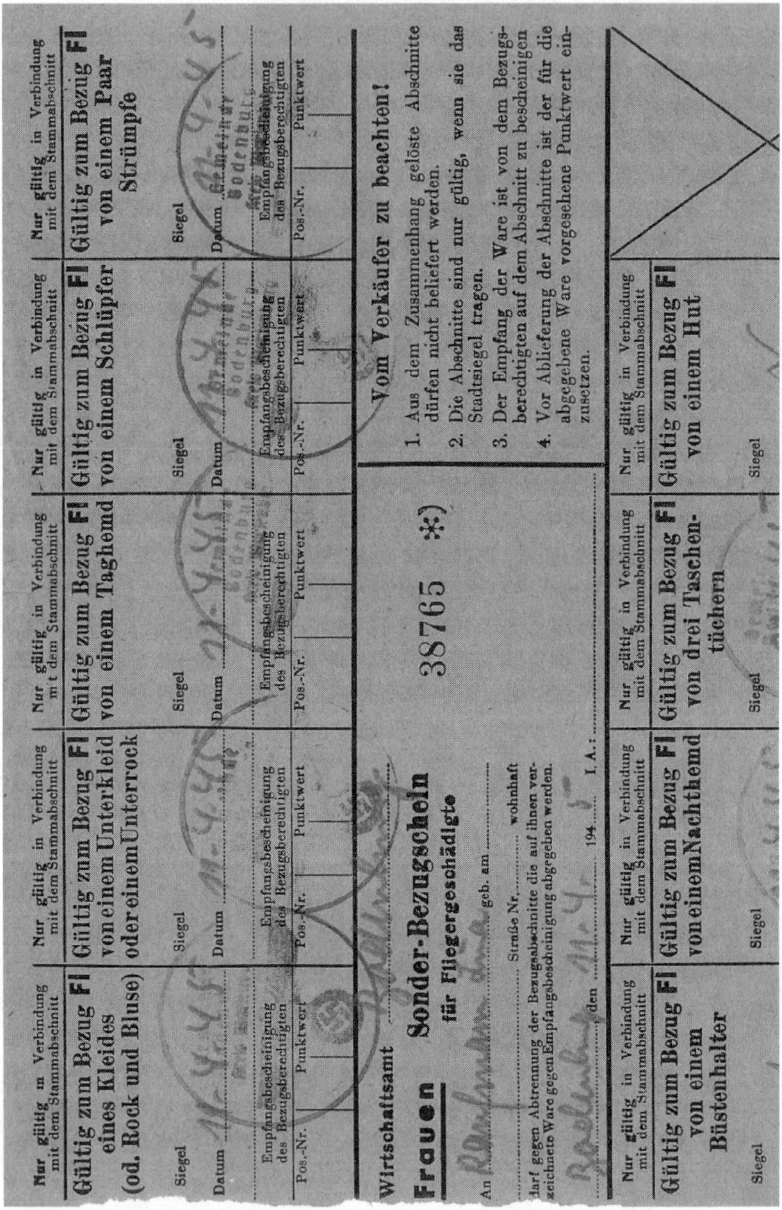

Nur gültig in Verbindung mit dem Stammabschnitt
Gültig zum Bezug Fl eines Kleides (od. Rock und Bluse)
Siegel
Datum
Empfangsbescheinigung des Bezugsberechtigten
Pos.-Nr. Punktwert

Nur gültig in Verbindung mit dem Stammabschnitt
Gültig zum Bezug Fl von einem Unterkleid oder einem Unterrock
Siegel
Datum
Empfangsbescheinigung des Bezugsberechtigten
Pos.-Nr. Punktwert

Nur gültig in Verbindung mit dem Stammabschnitt
Gültig zum Bezug Fl von einem Taghemd
Siegel
Datum
Empfangsbescheinigung des Bezugsberechtigten
Pos.-Nr. Punktwert

Nur gültig in Verbindung mit dem Stammabschnitt
Gültig zum Bezug Fl von einem Schlüpfer
Siegel
Datum
Empfangsbescheinigung des Bezugsberechtigten
Pos.-Nr. Punktwert

Nur gültig in Verbindung mit dem Stammabschnitt
Gültig zum Bezug Fl von einem Paar Strümpfe
Siegel
Datum
Empfangsbescheinigung des Bezugsberechtigten
Pos.-Nr. Punktwert

Wirtschaftsamt ....

Frauen

Sonder-Bezugschein für Fliegergeschädigte

38765 *)

An .... geb. am ....
Straße Nr. .... wohnhaft
darf gegen Abtrennung der Bezugsabschnitte die auf ihnen verzeichnete Ware gegen Empfangsbescheinigung abgegeben werden.
.... den .... 194.. I. A.: ....

Vom Verkäufer zu beachten!

1. Aus dem Zusammenhang gelöste Abschnitte dürfen nicht beliefert werden.
2. Die Abschnitte sind nur gültig, wenn sie das Stadtsiegel tragen.
3. Der Empfang der Ware ist von dem Bezugsberechtigten auf dem Abschnitt zu bescheinigen.
4. Vor Ablieferung der Abschnitte ist der für die abgegebene Ware vorgesehene Punktwert einzusetzen.

Nur gültig in Verbindung mit dem Stammabschnitt
Gültig zum Bezug Fl von einem Büstenhalter
Siegel

Nur gültig in Verbindung mit dem Stammabschnitt
Gültig zum Bezug Fl von einem Nachthemd
Siegel

Nur gültig in Verbindung mit dem Stammabschnitt
Gültig zum Bezug Fl von drei Taschentüchern
Siegel

Nur gültig in Verbindung mit dem Stammabschnitt
Gültig zum Bezug Fl von einem Hut
Siegel

[Breslau*), Sudetenland, Imbshausen bei Northeim;
Januar 1945–1950]

Helga Schneider

Kein Abenteuer

Es war an einem Januartag 1945. Vater kam in seiner Polizistenuniform durch die Wohnungstür und machte ein sehr ernstes Gesicht. Er sagte, wir sollten unsere Sachen packen, er hätte dafür gesorgt, daß wir aus Breslau herausgebracht würden, denn die Stadt sollte zur Festung werden.

Mein Bruder Kurt und ich, wir freuten uns; jetzt würde endlich etwas richtig Aufregendes passieren. Mit Feuereifer packten wir unsere Ranzen. Ich war acht Jahre alt und ging in die erste Klasse, und er hatte in Erwartung seiner baldigen Einschulung auch schon einen Ranzen bekommen. Wir bemerkten zwar, daß Mutter sehr niedergeschlagen war, aber allzuviel machte uns das nicht aus.

Wir waren gespannt auf das kommende Abenteuer. Unsere Oma kam auch mit. Wohin es ging, war für uns Kinder Nebensache, fuhren wir doch zum ersten Mal so richtig weit weg.

Ja, wir hatten mit den Eltern Sonntagnachmittage im Zoo oder bei der Jahrhunderthalle**) verbracht, aber abends lagen wir immer wieder in unseren heimischen Betten. Und nun blieben wir „ein paar Tage“ weg, wie Vater beim Abschied sagte. Wir haben ihn nicht wiedergesehen.

Der Bus, der uns aus Breslau herausbrachte, war voll mit Müttern, Großmüttern und Kindern. Wir kamen in eine Schule in irgendeinem Dorf. Die Bänke waren herausgenommen worden und der Boden war mit Stroh ausgelegt.

*) heute Wrocław in Polen, **) Kuppelbau, 1913 anläßlich der hundertsten Wiederkehr der Befreiung von Napoleon erbaut.

Dort sollten wir schlafen? Mutti und Kurt lagen schon lange erschöpft da, aber ich würde mich nicht dorthin legen. Ich will in mein Bett, wo ist mein Bett? Sah so mein Abenteuer aus?

Wir waren auf der Flucht. Wir hatten plötzlich nichts mehr: keine Wohnung, keine Möbel, kein Besteck, kein Geschirr, keine Betten, keine Kleidung, außer der, die wir trugen. Und so ging es den anderen um uns herum auch. Als das Licht ausgemacht wurde, kroch ich kleinlaut zwischen meine Mutter und meinen Bruder und schlief verheult ein. Ich war gar nicht mehr auf ein Abenteuer aus.

Jeden Tag kamen wir ein wenig weiter weg von Breslau. Meistens blieben wir auf Bauernhöfen, so lange, bis auch der Bauer flüchten mußte und uns mitnahm. Es war bitterkalt auf den Planwagen, wir übernachteten im Wald und mußten uns ganz ruhig verhalten. Schließlich kamen wir ins Sudetenland, dort waren schon die Russen.

Der Bauernhof, auf dem wir länger blieben, war für uns Stadtkinder trotz allem ein Erlebnis. Ich freundete mich mit einem Zicklein an und fand alles nur noch halb so schlimm. Die Russen schenkten uns „Panje", eine Art Fladenbrot, und waren sehr freundlich zu uns Kindern.

Doch Mutter schmierte sich abends Asche ins Gesicht, damit sie häßlich aussah, und versteckte sich im Heuboden. Wir verbrachten die Nacht mit Oma. Die Bäuerin gab uns Ziegenmilch zu trinken. Zuerst mochten mein Bruder und ich sie nicht, aber dann gewöhnten wir uns daran, und die Vorliebe ist geblieben. Ziegenkäse mag ich besonders gern.

Im Mai 1945 sagte Mutter, daß der Krieg aus sei, und wir wieder zurückgehen würden. Jetzt gab es keine Busse mehr, keine Bauern, die uns mitnahmen, wir mußten uns selber kümmern. Beim Stellmacher des Dorfes tauschte Mutter ihren Pelz, den sie vorerst nicht mehr brauchte, gegen einen Leiterwagen, auf den wir unsere Habseligkeiten luden.

Zu Fuß zogen wir los in Richtung Breslau. Unterwegs sahen wir zerstörte Dörfer, auf den Weiden standen Kühe, die keiner mehr gemolken hatte. Mutter versuchte gerade, einer Kuh etwas Milch abzumelken, was aber nicht klappte, als ein russischer Lastwagen vorbeikam. Da sprang ein Soldat von dem hohen Wagen uns direkt vor die Füße und molk die Kuh, und wir hatten frische Milch.

Meine Oma konnte nicht mehr laufen, ihre Füße trugen sie nicht mehr. Kurzerhand warf unsere Mutter alles vom Leiterwagen herunter und setzte Oma hinein. Die Aussicht, unseren Vater und unsere Wohnung wiederzusehen, gab Mutter Kraft. So zogen wir mehrere Wochen in Richtung Heimat.

Kurz bevor wir über die tschechische Grenze mußten, tauchte plötzlich ein fremder Mann auf. Er schloß sich uns an. Mutter vermutete in ihm einen Soldaten, der seine Uniform weggeworfen hatte und im Schutz einer Familie die Grenze passieren wollte. Und so war es auch, kaum, daß wir über die Grenze waren, flugs war er weg! Schade, er hatte so tüchtig den Handwagen gezogen, auf dem Oma saß.

Kurz vor Breslau überholte uns ein russischer LKW und hielt an. Mein Bruder fühlte sich jetzt als unser männlicher Beschützer. Aus Angst um unsere Mutter fiel er sogar vor den Russen auf die Knie und flehte sie an, Mutter nichts zu tun. Doch die Russen packten kurzerhand unseren Handwagen und wuchteten ihn auf den hohen LKW. Da bekam auch ich Angst. Wie sollten wir unsere Oma nach Breslau bringen?

Gottseidank hatten wir uns alle geirrt: Die Russen wollten uns nichts tun, im Gegenteil, sie wollten uns helfen. Durch Gesten machten sie uns klar, daß sie uns samt dem Handwagen ein Stück mitnehmen wollten. Sie schenkten uns etwas zu essen, und kurz vor Breslau luden sie uns wieder aus. Wir hatten wohl mehrere Tage Marsch gespart.

Unsere Wohnung war besetzt, von „Antifaschisten“, wie es hieß. Wir hausten dann in einer Wohnung, in der eine Wand fehlte. Wenn man das Zimmer betrat, guckte man ins Freie, und das im zweiten Stock! Wir wohnten auch nicht allein dort, sondern mit einem alten Ehepaar, das schon vorher da war.

Mein Vater kam nicht. Eines Tages hieß es, wir sollten an den Zaun eines Lagers gehen, wo Vater sein sollte. Wir sind dort gewesen, aber Vater haben wir nicht gesehen.

Unsere Oma wurde krank. Wahrscheinlich hatte sie Typhus, und wir durften nicht mehr so dicht zu ihr. Da wir nur dieses eine Zimmer hatten, war es ein Wunder, daß wir drei uns nicht angesteckt haben. Oma starb. Ein schwarzer Wagen, von Pferden gezogen, holte sie ab. Es lagen schon mehrere Tote darauf. Jetzt waren wir allein.

Eines Tages, ein ganzes Jahr war ins Land gegangen, kam Mutti von ihren Hamster- und Tauschgeschäften mit einer guten Nachricht nach Hause. Es würde ein Zug zusammengestellt, mit dem wir in den Westen fahren könnten. Alle zusammen, auch das alte Ehepaar und unsere Tante Lotte, zogen wir zum „Schlesischen Bahnhof". Dort waren schon viele Menschen in Erwartung des Zuges versammelt. Manche meinten, daß es vielleicht gar nicht in den Westen, sondern in den Osten ginge. Mutter erschrak, aber zurück in die kaputte Wohnung und in Polen bleiben konnten wir nicht.

Ein Zug mit Viehwaggons fuhr ein: keine Fenster, keine Bänke, überhaupt nichts. Bloß gut, daß es Sommer war, sonst hätten wir arg frieren müssen. Unsere Mutter hatte vorgesorgt und ein wenig zu essen mitgenommen. Aber andere hatten nichts, und wir mußten immer heimlich essen.

Wir sahen nicht, wohin der Zug rollte. Dann hielt er und wir sollten aussteigen. Es waren etwa zwei Wochen vergangen. Wir befanden uns in Friedland bei Göttingen. Mutti sprach ein Dankgebet. Wir kamen in ein Lager, und es gab etwas zu essen. Man glaubte wohl, wir hätten Läuse oder anderes Ungeziefer, denn wir wurden mit einem ekelhaften Puder bestäubt.

Aber dann wurde es spannend: Wir wurden auf die Dörfer verteilt. Unseres hieß Imbshausen bei Northeim.

Von Tag zu Tag ging es uns besser. Wir zogen in ein kleines Dachzimmer und hatten wieder eine Wohnung. Zur Toilette mußte man allerdings ein paar Treppen runterlaufen, denn es handelte sich um ein Holzhäuschen im Hof, zu dem man nur durch den Ziegenstall kam. Es gab hier weder Licht, noch Heizung, noch Wasser. Im Winter war es darin morgens und abends stockdunkel. Ich ging trotzdem gern dorthin, weil ich spürte, wie gemütlich es hätte sein können, wenn es nicht so kalt gewesen wäre. Und ich kam bei den Ziegen vorbei, die mir so lieb geworden waren. Leider ließ ich des öfteren die Tür zum Ziegenstall auf; dann kam die Sattlerfrau, bei der wir einquartiert waren, und schimpfte hinter mir her: „Die Ziegen bekommen Husten." Mein Bruder und ich lachten uns bucklig darüber.

Wir waren nun wieder zu viert in unserem kleinen Zimmer, mein Bruder, meine Mutti, Tante Lotte und ich. Ein Liegestuhl sollte mein Bett sein, was an sich nicht schlimm gewesen wäre. Aber dieser Stuhl krachte laufend zusammen, und Mutti schimpfte dann immer: „Du mußt ruhig liegen!" Tante Lotte tröstete mich. Das sollte mir erst einmal einer vormachen, ruhig liegen! Ich war „mucksch".

Im Frühling tauchte ein fremder Mann auf. Großer Jubel, besonders bei Tante Lotte: Es war ihr Sohn. So einfach geht das, plötzlich hatten wir einen Onkel.

Jetzt lebten wir also zu fünft. Da wurde es der Sattlerfrau allmählich zu viel, das ständige Treppauf-Treppab zum Klo-Häuschen, und sie beschwerte sich. Das war nett von ihr, denn ohne ihre Beziehungen hätten wir bestimmt noch lange in dem Zimmerchen gehockt. So aber erhielten wir von der Gemeinde eine „angemessene" Wohnung: Zwei Zimmer mit Außentoilette, dieses Mal über einen Feldweg, aber ohne Treppauf-Treppab, denn wir wohnten zu ebener Erde.

Mein Onkel fuhr wieder weg, er wollte zurückkommen und Tante Lotte holen, wenn er Arbeit und eine Wohnung gefunden hatte. Leider war das bald der Fall, und ich war sehr traurig. Tante Lotte ging mit ihrem Sohn nach Oberhausen.

Meine Trauer hielt nicht lange an, denn ich bekam eine kleine Katze geschenkt. Die mochte ich noch lieber als das Zicklein. Ich nannte sie Peterle, und nun bekam sie meine ganze Liebe.

Die neue Wohnung hatte viele Vorteile, jeder hatte jetzt sein eigenes Bett. Der Liegestuhl hatte ausgedient, und ich konnte mich umdrehen, so oft ich wollte, ohne daß etwas einkrachte, und ich obendrein noch ausgeschimpft wurde.

Mutter war manchmal sehr traurig. Einmal hörte ich, wie sie zu einer anderen Flüchtlingsfrau sagte: „Ich könnte immer nur heulen.“ Diese Frau hatte einen Bekannten, der „von hier“ war. Mutter unterschied überhaupt sehr zwischen „aus Schlesien“ oder „von hier“. Jedes Gespräch mit fremden Leuten begann mit der Frage: „Sind Sie auch aus Schlesien?“

Ich fand das bald ziemlich peinlich, denn ich hatte inzwischen viele Freundinnen, die meisten waren Bauernmädchen „von hier“. Das war ganz praktisch wegen der dicken Stullen, die ich geschenkt bekam, und sowieso gefiel mir das Leben hier viel besser als früher in Breslau.

Ich ging wieder zur Schule, und zwar sehr gern. Nachmittags war ich mit Ursel, meiner liebsten Freundin zusammen. Wir spielten „Mensch ärgere dich nicht“ und „Frage und Antwort“. In der Schule waren sämtliche Schulkinder des Dorfes in einem Klassenraum untergebracht. Wenn die Großen etwas vorlesen mußten, malten die Kleinen, und wenn die Kleinen unterrichtet wurden, lasen die Großen.

Unser Lehrer war aus Ostpreußen und erzählte uns oft von den großen Seen und Elchen seiner Heimat. Er konnte aber auch ziemlich böse werden. Wenn die Jungen etwas ausgefressen hatten, bekamen sie Schläge auf den Allerwertesten, die Mädchen mußten die Hand hinhalten und bekamen einen Klaps. Mir gefiel es aber trotzdem sehr in der Schule.

Meinem Bruder gefiel es nicht so gut. Er fuhr am liebsten mit dem Nachbarbauern, Onkel Heinrich, aufs Feld. Bald durfte er ganz allein die Pferde führen und war sehr stolz darauf. Mutter schimpfte mit ihm, er solle lieber seine Schularbeiten machen. Aber kaum war die Schule aus, warf mein Bruder seine Schultasche in die Ecke und war auf dem Wagen – Onkel Heinrich wartete schon auf ihn.

Später bekam Mutter nicht mehr mit, wie mein Bruder seine Schularbeiten vernachlässigte, denn sie arbeitete in Northeim auf der Bahnhofsmission. Sie bekam kein Geld als Lohn, sondern Kleidung und Nahrungsmittel aus den Care-Paketen von Amerika. Mir gefiel das, denn sie brachte manchmal ein Kleid, eine Jacke oder Schuhe mit. Ich stellte mir dann vor, wer das wohl in dem großen Land getragen hatte, und ich malte mir aus, wie schön und reich dieses Land sein mußte, wenn solche Sachen verschenkt wurden. Mein Lieblingsstück war eine grünkarierte Wolljacke, die man heute wohl als Holzfällerjacke bezeichnen würde.

In der Schule gab es jeden Mittag Schulspeisung, die von den Amerikanern bezahlt wurde. Am liebsten mochte ich „Fliegensuppe“, so nannten wir eine Grießsuppe mit Rosinen drin. Unsere Mutter war froh, daß wir versorgt waren.

Wenn ich sie nachmittags vom Bus abholte, fragte sie immer sofort nach Post. Sie hatte nach Hannover geschrieben und wartete sehnlichst darauf, daß sie als Witwe und wir als Halbwaisen anerkannt wurden. Dann hätten wir Anspruch auf Versorgungsbezüge gehabt, denn mein Vater war Beamter gewesen. Lange Zeit fragte sie vergeblich. Dann kam endlich ein Brief. Aber die Enttäuschung war groß, denn es war nicht der ersehnte Bescheid, sondern Mutti sollte den Nachweis erbringen, daß unser Vater tot war.

Beim Deutschen Roten Kreuz lief unterdessen ein Suchantrag für meinen Vater. Eines Tages erreichte uns wieder ein Brief. Ein Heimkehrer hatte sich gemeldet, der glaubte, unseren Vater gekannt zu haben.

Ich freute mich sehr, denn wir sollten nach Marburg kommen. Aber Mutter nahm nur meinen Bruder mit. Sie meinte, er sähe Vater ähnlicher als ich, und das sollte Klarheit darüber bringen, ob es wirklich Vater war, den dieser Heimkehrer gekannt hatte. Ich war tief enttäuscht und hatte Angst davor, allein zurückzubleiben, aber nichts half, kein Betteln, kein Weinen. Noch lange hat dieses „Verlassensein“, ohne den Bruder und die Mutti, mich schwer belastet. Die ganze Zeit der Flucht und Vertreibung hat mich nicht so geängstigt wie diese paar Tage, in denen ich allein zu Hause bleiben mußte.

Die Reise brachte den traurigen Erfolg, daß Mutter jetzt eine eidesstattliche Erklärung darüber hatte, daß Vater in Sibirien in russischer Kriegsgefangenschaft verstorben war. Der Heimkehrer war sich ganz sicher, nachdem er meinen Bruder gesehen hatte, und bezeichnete ihn als die jüngere Ausgabe meines Vaters. Ich wollte alles wissen, was bei dem Treffen und unterwegs geschehen war. Mutter hat nicht viel erzählt, das hat mich tief enttäuscht. Doch ich war froh, daß wir wieder alle zusammen waren.

Es dauerte nicht mehr lange, und ich konnte meiner Mutter am Bus die frohe Botschaft bringen: „Wir haben Post mit einem Hoppe-Pferdchen." (Das Siegel der Niedersächsischen Regierung war das Niedersachsenroß). Jetzt bekamen wir eine Hinterbliebenenrente, und Mutti fiel ein Stein vom Herzen. Wir lebten nun ganz gut, wie ich fand.

Im Frühling gingen wir zum Rübenverziehen, meistens die gesamte Klasse. Das machte mir Spaß. Aus einer endlos langen Reihe mußten die kleinsten und spärlichsten Rübenpflanzen herausgezogen werden, damit die starken Pflanzen zu großen Rüben heranwachsen konnten. Der Bauer ging hinter uns her und achtete darauf, daß wir das auch richtig machten.

Wenn es Vesper gab, meistens Butterkuchen, belegte Brote und Malzkaffee, waren wir alle schnell zur Stelle. Es wurde viel gesungen, und wir machten unsere Witze. Am Abend bekamen wir nach einer lustigen Heimfahrt auf dem Bauernhof Abendbrot, das vorwiegend aus einer Milchsuppe bestand, und hinterher durften wir noch in der Scheune Verstecken spielen.

Im Herbst war Kartoffellesen angesagt. Wir gingen hinter der Maschine her und lasen die Kartoffeln in große Körbe. Gegen Abend wurde dann von dem Kartoffelkraut Feuer gemacht, und darin Kartoffeln gebraten. Die Schale mußte pechschwarz sein, dann schmeckten die Kartoffeln köstlich.

Wie Mutter sich mit uns durchschlug, war schon bewundernswert. Sie war ein Stadtmensch und auf dem Dorf nicht glücklich, aber sie hatte in Friedland ausdrücklich gewünscht, in ein ländliches Gebiet geschickt zu werden. Sie wußte, daß es auf dem Lande einfacher war, Nahrungsmittel zu bekommen. Wir mußten nie hungern.

Auch für unser geistiges und seelisches Wohl sorgte sie. Als ich anfing, mich für Bücher zu interessieren, die aber auf dem Lande Mangelware waren, knapste sie von dem wenigen Geld ein Abonnement in einem Kinderbuchverlag ab. Der „Schatzkästchen-Verlag" aus Göttingen war ein wirklicher Schatz für mich. Ich wurde eine Leseratte, und die „Schatzinsel" war das erste Buch aus einer langen Reihe von Büchern, die mich die Welt um mich herum vergessen ließen.

Im Sommer 1948, als wir neues Geld bekamen, wurde vieles anders. Plötzlich konnte man etwas kaufen, was es vorher nicht gegeben hatte. Mutter kaufte ein Radio, in das ich am liebsten hineingekrochen wäre, denn der Empfang war nicht besonders gut. Wenn ich ein Hörspiel hören wollte, mischte sich immer ein zweiter Sender dazwischen. Trotzdem dudelte das Radio den ganzen Tag. Das „magische Auge", ein grüner Punkt, faszinierte mich zusätzlich, so daß ich mich am liebsten in der Nähe des Radios aufhielt. Das war nicht schwer, denn wir hatten außer dem Schlafraum nur diese Wohnküche.

Hier stand ein Herd, in dem in der kalten Jahreszeit ständig Feuer prasselte. Um das große, gefräßige Maul des Herdes stopfen zu können, waren wir im Sommer und Herbst viel im Wald unterwegs und sammelten Bruchholz. Dafür konnte man beim Förster für ein paar Groschen einen „Leseschein" kaufen, der das Sammeln von heruntergefallenem, aber höchstens armdickem Holz erlaubte. Wieder war es ein Leiterwagen, mit dem wir das Holz transportierten. Im Flüchtlingsjargon wurde er nur „Volkswagen" genannt.

Einmal trafen wir im Wald ein älteres Ehepaar, mit dem wir uns anfreundeten. Der Mann, Herr Horn, war ein lustiger Kerl, immer zu Scherzen aufgelegt, da machte das Sammeln Spaß. Die obligatorische Frage meiner Mutter nach der Herkunft aus Schlesien hatte das Ehepaar mit „Ja“ beantwortet. Beruhigt willigte sie ein, gemeinsam mehr zu unternehmen.

Im Herbst sammelten wir Bucheckern, die konnte man gegen Öl eintauschen. Eicheln waren beim Förster abzugeben, der fütterte im Winter damit die Rehe und Hirsche. Zu Beginn des Winters wurden auch jeder Familie ein oder zwei Festmeter Feuerholz zugeteilt, je nach Größe des Haushalts. Dieses Holz mußte noch gesägt und gehackt werden – eine Knochenarbeit für meine Mutter. Manchmal half ihr Herr Horn.

Auch im Winter verbrachten wir viel Zeit mit dem Ehepaar. Herr Horn zauberte ein Mühle-Dame-Spiel hervor und weihte mich in seine Geheimnisse ein. Er machte das so sorgfältig und mit solchem Eifer, daß ich mich richtig ernst genommen fühlte. Noch heute bin ich in der Lage, mit den Zügen, die er mir beibrachte, fast jeden Gegner zu überrumpeln. Ich kann guten Gewissens sagen, daß er mir den Vater ersetzt hat.

Frau Horn war eine Katzenfreundin. Sie mochte mich sehr gern, denn sie hatte keine eigenen Kinder. Wenn ich Kummer mit meiner Mutter hatte, weinte ich mich bei ihr aus. Mutter war dann erst recht böse mit mir, sie war wohl eifersüchtig.

War die Zeit nach der Flucht und Vertreibung sehr gleichförmig und ohne größeres Aufundab verlaufen, so begann sie doch jetzt förmlich zu rennen: die Kindheit ging zu Ende.

Andere Dinge wurden für mich wichtig.

Über Nacht war der blaue Briefkasten gegen einen gelben ausgetauscht worden. Ich wunderte mich sehr, aber Herr Horn wußte Bescheid: Die Post hieß jetzt Deutsche Bundespost.

Und der Empfang der Radioprogramme war jetzt viel besser. Das läge am UKW, wurde mir erklärt, und das bedeutet, daß die Sender schön getrennt sind und man den vollen Hörgenuß hat. Das war natürlich was für mich.

[Türmitz, Kreis Leobschütz*) – Breslau**) – Osterode/Südharz – Herzberg; 1945–1950]

Erika Wagner

Die Puppe

Im Januar 1945 durchstießen die Divisionen der Roten Armee auf breiter Front die Ostgrenze des Deutschen Reiches. Die größte Fluchtbewegung in der Geschichte der Menschheit setzte ein. Millionen Deutsche flohen in westliche Richtung. In diesen furchtbaren, bitterkalten Januartagen zogen sie, nur das Nötigste auf Pferden, Leiterwagen, Kutschen oder Handwagen verladen, in eine ungewisse Zukunft.

Unter den Flüchtlingen auch wir: meine Mutter, zwei ältere Schwestern und ich, gerade drei Jahre alt. An dem Kinderwagen, in dem ich saß, waren meine Schwestern, eine an jeder Seite, angebunden, damit sie nicht verlorengingen. Jede trug einen Rucksack, in dem ein paar Habseligkeiten waren, hauptsächlich Sachen zum Anziehen und etwas Nahrung.

Wir kamen aus Leobschütz in Oberschlesien und waren auf dem Weg nach Breslau. Von dort, so hoffte Mutter, würden wir mit einem Flüchtlingstransport nach Westen gelangen. Nach tagelangem Fußmarsch, fast am Ende der Kraft, erreichten wir den Breslauer Bahnhof. Hier wurden wir fürs erste vom Deutschen Roten Kreuz versorgt. Es gab warmes Essen und etwas Milch für uns Kinder, auch Wegzehrung bekamen wir mit.

Nach endlosem Warten hatten wir das Glück, mit einem Transport mitzukommen. Die Waggons waren mit Stroh ausgelegt, in dem wir nun etwas schlafen konnten. Aber nicht lange, ruckartig bremste der Zug. Die Menschen schrien: „Flie-

*) heute Głubczyce, Górny Sląsk in Polen, **) Wrocław, Dolny Sląsk in Polen

geralarm! Aussteigen!“ Also raus aus dem Zug und irgendwo Deckung nehmen. Als der Angriff vorbei war, ging es weiter. Wir hatten wieder mal Glück gehabt, uns war nichts passiert und dem Zug auch nicht! Ab und zu hielten wir auf irgendeinem Bahnhof, Schwestern des Roten Kreuzes versorgten uns mit Trinkwasser und Brot. Nach Tagen der Irrfahrt erreichten wir Osterode, eine kleine Stadt am Rande des Südharzes. Hier stiegen wir aus und wurden in den Holzbaracken eines Flüchtlingslagers untergebracht.

Als erstes wurden wir entlaust, was mir noch sehr gut im Gedächtnis ist. Ich hatte richtige Läusenester, daher wurde mir der Kopf kahlgeschoren. Ich schrie fürchterlich, aber es half nichts! Auf dem langen Fluchtweg hatten wir keine Gelegenheit gehabt, uns zu säubern, und da es Winter war, waren Flüsse und Seen, in denen wir uns hätten waschen können, zugefroren. So kamen wir verdreckt und zerlumpt hier an, die Läuse waren nur eine kleine Zugabe des Flüchtlingsdramas.

Das Wichtigste war, daß wir endlich ein Dach über dem Kopf hatten. Wir schliefen auf zwei Matratzen. In der Baracke, in der wir untergebracht waren, befanden sich noch zwei andere Familien aus Leobschütz. So konnten sich die Frauen und größeren Kinder über die Heimat und vieles andere austauschen.

Am meisten sorgten sich die Frauen um ihre Männer, denn die waren ja an der Front oder in Kriegsgefangenschaft. Niemand wußte etwas Genaues. Später hängte die Lagerverwaltung am Informationsbrett Listen aus mit Namen gefallener Soldaten. Banges Warten, wenn Mutter mit mir auf dem Arm in der langen Schlange anstand, um dann zu sehen, ob Vaters Name auf der Liste war.

Nach einem halben Jahr wurden wir in eine andere Stadt, nach Herzberg, in ein anderes Lager gebracht.

Nach weiteren sechs Monaten bekamen wir endlich eine eigene Wohnung zugeteilt. Herr Hoffmann, unser Flüchtlingsbetreuer, hatte sehr darum gekämpft. Wer wollte schon eine Frau mit drei kleinen Kindern aufnehmen? Dazu noch Flüchtlinge! Wir waren ja Menschen zweiter Klasse! Das bekamen wir sehr oft zu spüren.

Für Mutter war es das Wichtigste, das Lager verlassen zu können. Als wir uns, frisch gewaschen und sauber angezogen, mit Herrn Hoffmann bei der Hausbesitzerin vorstellen wollten, erlebten wir eine furchtbare Enttäuschung.

Eine Frau mittleren Alters öffnete uns die Haustür. Als sie uns erblickte, faßte sie sich mit beiden Händen an den Kopf und schrie: „Nein, nein, um Gottes Willen, solche Leute nehme ich nicht auf!“ und warf uns die Tür vor der Nase zu.

Wir erschraken, damit hatten wir nicht gerechnet. Meine Mutter weinte vor Scham und Wut, und wir Kinder heulten mit. Aber Herr Hoffmann, unser freundlicher Betreuer, beruhigte uns. Mich nahm er auf den Arm, weil ich am lautesten schrie, obwohl ich sicher nicht wußte, warum.

Wir setzten uns auf eine Treppe vor dem Nachbarhaus, und Herr Hoffmann ging noch einmal allein zu der Frau. Es dauerte eine ganze Zeit, bis er zurückkam und uns holte. Wir wurden zwangseingewiesen. Unsere „Wohnung“ bestand aus einem Zimmer auf dem Dachboden. Später erfuhren wir, warum die Vermieterin so böse reagiert hatte. Der Anblick meiner Glatze hatte sie irritiert, das war zuviel für sie gewesen.

Herr Hoffmann stattete uns erst einmal mit dem Nötigsten aus. Zwei Matratzen zum Schlafen, ein Tisch, ein Ofen, zwei Stühle und eine Kiste, die uns als Schrank diente, das war unsere Einrichtung. Aber wir waren glücklich!

Tage nach dem Einzug besuchte uns Frau Köhler, eine Mitbewohnerin des Hauses, und brachte uns zwei Decken und Nahrungsmittel. Die nette Frau half, wo immer sie konnte. Vier Jahre wohnten wir auf diesem Dachboden.

Meine Mutter fand in einer Fabrik Arbeit im Drei-Schicht-Dienst. Und an den Wochenenden verdiente sie sich noch ein Zubrot, indem sie bei „besseren“ Leuten Wäsche wusch. Im Sommer halfen wir den Bauern bei der Ernte.

Alles in allem, für mich, die jüngste, und für meine beiden

Schwestern war es eine schwere Kindheit. Mutter hatte nicht die Zeit, um uns viel Zuwendung zu geben. Sie mußte hart arbeiten. So erging es damals vielen Frauen, deren Männer aus dem Krieg nicht zurückkamen. Wir Kinder waren auf uns alleingestellt, während Mutter arbeitete. Die große Schwester beaufsichtigte uns mehr oder weniger.

Unser Vater war seit der Stalingrader Schlacht vermißt. Wir erfuhren nie Genaueres. Wir drei Mädels wuchsen eben ohne Vater auf. Wir lernten sehr früh, allein zurechtzukommen.

Einmal bekamen wir zu Weihnachten eine Puppe, wohlgemerkt, *eine* Puppe für uns drei. Es war die schönste Puppe, die ich je gesehen habe. Sie hatte einen Porzellankopf mit einem wunderschönen Gesicht, mit langen, schwarzen Augenwimpern, Schlafaugen und braunen, langen Zöpfen. Der Körper war mit Sägespänen prall gefüllt, Hände und Füße waren auch aus Porzellan. Ich hatte die Puppe gleich in mein Herz geschlossen. Aber wie nun durch drei teilen?

Mutter hatte die Idee, jede von uns solle einen Tag mit der Puppe spielen, so daß sie jeden Tag eine andere Puppenmutti hatte. Eine Zeitlang ging das auch gut. Aber dann wollte ich plötzlich mein Puppenkind nicht mehr hergeben. Am Abend versteckte ich es im Holzschuppen.

Als Mutter am nächsten Tag von der Arbeit kam, petzte meine Schwester natürlich, daß ich ihr die Puppe nicht gegeben hatte. Mir blieb nichts anderes übrig, ich mußte sie holen.

Aber, oh Schreck! Die Puppe war völlig durchnäßt! Was war bloß passiert? Nachts muß es wohl tüchtig geregnet haben. Die Sägespäne im Innern ihres Körpers waren schwer wie Blei. Als ich Mutter die Puppe reichte, bekam ich die erste Ohrfeige in meinem Leben. Zur Strafe durfte ich einen Monat lang nicht mit ihr spielen. Ich wußte nun, was teilen heißt.

(Weitere Erinnerungen dieser Autorin finden Sie im Band „Kindheit 1950–1960" der Reihe **ZEITGUT***.)*

[Siegburg;
Frühjahr–Herbst 1945]

Hans D. Weitermann

Als die Amerikaner kamen

Es waren für die Zivilbevölkerung schlimme Tage, als der Krieg zu Ende ging und eine neue, turbulente Zeit anbrach. Meine Mutter wohnte mit uns Kindern, meiner Schwester Inge und mir, in einer Werkswohnung der „Phrix-Siedlung“ in der Wilhelm-Ostwald-Straße 15. Außerhalb der Siedlung war damals alles noch unbebaut, einfach und übersichtlich.

Mein Vater war im April 1945 mit dem Aufgebot der letzten Stunde, dem Volkssturm, im Westerwald, um die anrückenden Alliierten mit aufzuhalten. Auch die Väter der anderen Kinder waren bei den Soldaten, schon in Gefangenschaft oder ebenfalls beim Volkssturm. Nur Herr Raiser war wegen seiner Krankheit zu Hause.

Meine Schwester Inge, damals gut zwölf Jahre alt, hatte im städtischen Lyzeum schon Englischunterricht, sie hatte in Eigeninitiative bereits etwas zum Thema gelernt. Sollten die Amerikaner tatsächlich kommen, sollten wir „I am surrender“ rufen und ein weißes Tuch dabei schwenken.

An einem schönen, warmen Frühlingstag war es soweit. Anhaltendes Gewehrfeuer, Flak und Ähnliches verbreiteten eine unheimliche Stimmung. Seit dem Mittag hielten wir uns im Keller auf. Nur meine Schwester hatte sich vorher mit einer Freundin abgesetzt, um in der Stadt „ins Kino“ zu gehen.

Plötzlich drangen fremde Laute an unsere Ohren. Wir wurden offensichtlich aufgefordert, alle herauszukommen. Etwa

15 Amerikaner, die ersten, die ich in meinem gerade sechsjährigen Leben sah, standen mit dem Gewehr im Anschlag vor dem Kellereingang und vor dem Hof. Mit erhobenen Händen mußten wir in einer Reihe antreten.

Nachdem sie sich davon überzeugt hatten, daß in unserem Haus keine Wehrmachtsoldaten waren, trieben sie uns auf „Kellers Berg“, denn auch dort vermuteten sie deutsche Soldaten. Dieser Berg, eine ehemalige Schlackenhalde, war wunderbar aufgeforstet und mit einem Gartenhaus ausgestattet worden. All das gehörte dem Fabrikanten Keller, einem Pionier der Druckfarbenindustrie.

Die Amerikaner waren sehr vorsichtig, sie wollten nichts riskieren. Wer konnte es ihnen verdenken, daß sie auch noch die letzten Tage des Krieges überstehen wollten.

Auf dem kurzen Weg dorthin, wir mußten nur über die Straße gehen, kam meine Schwester mit ihrer Freundin aus Rich-

Nachbarkinder aus der Phrix-Siedlung. Die dritte von rechts ist Heidi, dahinter steht meine Schwester Inge. Der zweite von links bin ich.

tung Stadt angerannt. Sie mußten sich der Gruppe anschließen. Wer alles dabei war, weiß ich nicht mehr genau zu sagen, es waren die Nachbarn aus wenigstens zwei Häusern, darunter Raisers mit ihrer Tochter Heidi, die erst vor wenigen Tagen, am 6. April, ihren sechsten Geburtstag gefeiert hatte.

Wir waren noch nicht am Fuße des Berges angelangt, als ein Vortrupp der Amerikaner sich bereits davon überzeugt hatte, daß dort keine deutschen Soldaten waren. Also wieder zurück zur Wilhelm-Ostwald-Straße. Auf den wenigen Metern dorthin mußten wir uns plötzlich an der Böschung zur Straße hinschmeißen. Es entstand Unruhe.

Plötzlich sprang Herr Raiser auf und lief mit Töchterchen Heidi an der Hand in Richtung Haus. In diesem Moment fielen Schüsse. Heidi brach am Vorgartenzaun zusammen, Herr Raiser schrie laut auf, er blutete am Arm. Offensichtlich waren ihm die Nerven durchgegangen. Nachbarn führten ihn ins Haus, Heidi wurde hineingetragen. Das war das letzte Mal, daß ich sie sah. Sie starb etwa zwei Stunden später im Beisein ihrer Eltern in der nachbarlichen Wohnung.

Die Anwohner der acht Häuser der Wilhelm-Ostwald-Straße und der späteren Chemiefaser-Allee mußten sich draußen versammeln und dann geschlossen durch die Dammstraße zur Badeanstalt an der Sieg laufen. Das dauerte etwa eine halbe Stunde. Der Fluß muß ziemlich viel Wasser geführt haben, denn ich habe ihn als unüberwindlich breit in Erinnerung.

Am Ufer lagen fremdartige Landeboote, in die wir einsteigen sollten. Da jedoch Wasser eindrang, protestierten die Mütter kräftig. Nach einer Weile durften wir wieder aussteigen, mußten aber jetzt an der Flußböschung vor dem Wasserwerk auf den Boden lagern.

Es wurde Abend. Von der Buisdorf zugewandten Seite der Sieg wurde, seit es dämmerte, herübergeschossen, zum Teil mit Leuchtspurmunition. Die Einschläge konnten wir nicht sehen. Hinter uns lagen einige Amerikaner mit Funkgeräten. Sehr erregt beschworen sie ihre Landsleute auf der anderen Seite des Flusses, mit dem Schießen aufzuhören. Meine Schwester konnte einige Worte verstehen, sie unterrichtete uns über die Situation. Irgendwann wurde es still, und ich schlief ein.

Bei Tagesanbruch forderten die Amis uns auf, uns zu waschen und die Zähne zu putzen. Sie teilten sogar eine fremd schmeckende Zahnpasta aus. Ob wir mit Speisen und Getränken versorgt wurden, weiß ich nicht mehr. Erst den Abmarsch und den Aufenthalt auf dem Werksgelände der „Phrix" hat mein Gedächtnis wieder gespeichert. Wir wurden im Kesselhaus unter dicken Rohrleitungen untergebracht, unsere Mütter richteten uns notdürftig mit Decken ein. Wir blieben ein oder zwei Wochen dort.

Für uns Kinder gab es auf dem Werksgelände viel zu entdecken. Das Werk hatte mich schon immer fasziniert, wohl weil

Die Phrix-Siedlung in Siegburg im Jahre 1944. Vorne links unser Wohnhaus, der Ausgang des Geschehens im April 1945.

ich selbst früher nicht hinein durfte. Verständlicherweise stand die gesamte Produktion still, so daß wir nicht direkt gefährdet waren. Wir fanden eine Unmenge brauchbarer Dinge wie Formulare, Holzschuhe, die uns viel zu groß waren und zu unserer Freude Farbpinsel.

Schließlich durften wir eines Tages wieder nach Hause gehen. Unsere Wohnung war noch einigermaßen in Ordnung, aber das Leben auf der Straße hatte sich völlig geändert. Das große Feld in Richtung „Michaelsberg", des Wahrzeichens der Stadt Siegburg, war vollgeparkt mit amerikanischen Armeefahrzeugen. Jetzt konnten wir uns die fremden Soldaten erstmals aus der Nähe betrachten. Natürlich fanden die Schwarzen und Farbigen unsere besondere Aufmerksamkeit. Die Soldaten behandelten uns Kinder gut, vermutlich dachten sie dabei an die eigenen Kinder.

Wir bekamen von ihnen ab und an Kekse, Schokolade, Apfelsinen und Kaugummi. Vieles war uns unbekannt. Der Kaugummi schmeckte nach Kirschen.

Auch konnten wir schon mal kleine Tütchen mit Nescafé erwischen, doch der schmeckte uns nicht. Deshalb gaben wir sie zu Hause ab, sehr zur Freude der Erwachsenen. Manchmal streuten wir den Pulverkaffee auch auf die inzwischen reif werdenden Äpfel, die dadurch eine eigenartige Geschmacksnote erhielten. Waren die Äpfel noch zu hart, klopften wir damit auf den Steinbelag der Brückenbrüstung unseres Mühlengrabens, der neben dem Haus vorbeifloß. So wurden sie weich und schmackhafter.

Der Mühlengraben war für uns Kinder besonders interessant. Das Wasser wurde für längere Zeit abgelassen. Im Sommer konnten wir stundenlang in ihm herumlaufen. Wir fanden ungeahnte Schätze. Für die Naziembleme und -abzeichen hatten wir nicht so viel übrig, um so mehr jedoch für Waffen und Munition. Es war ungemein wichtig, wenigsten für kurze Zeit eine Pistole oder einen Revolver sein eigen nennen zu können. Die Munition öffneten wir und trockneten das Pulver. Dann machten wir Feuer und warfen das Pulver, in Papier gewickelt, aus sicherer Entfernung hinein. Manchmal auch ganze Patronen.

Glücklicherweise passierte nie etwas. Die Erwachsenen entdeckten meistens sehr schnell unsere Funde und befreiten uns davon. Wir wurden dann furchtbar ausgeschimpft, und in dem Alter wirkte das nachhaltig.

Da gab es in dieser Zeit noch etwas, das wir kleineren Kinder nicht verstanden. Wenn abends in der Siedlung ein bestimmter Warnruf ertönte, sausten alle größeren Mädchen und Frauen in Verstecke. Alsbald erschienen Gruppen von Soldaten und Nichtuniformierten und fragten nach „Fräuleins". Oft unterstrichen sie ihre Forderung, indem sie Waffengewalt androhten. Wir Kleinen wußten nicht, worum es ging, wir hätten auch nichts tun können. Manchmal mußten wir miterleben, wie sie ein Mädchen oder eine Frau unter Geschrei wegzerrten. Die Erwachsenen schoben uns dann beiseite und lenkten uns ab.

Meine Erinnerungen widerspiegeln nur einen kleinen Teil des Leides, das die Menschen in dieser Zeit auszuhalten hatten. Andere erlebten Ähnliches oder Schlimmeres.

[Hebel, Nordhessen;
1945–1948]

Falko Berg

Gewinner und Verlierer

Was die Kapitulation für die deutschen Soldaten bedeutete, sah Falko, als die Gefangenentransporte durchs Dorf kamen. In endlosen LKW-Kolonnen wurden Hunderte von Kriegsgefangenen in ein Lager verlegt, wo sie unter freiem Himmel bei unzureichender Ernährung und schlechter ärztlicher Versorgung schweren Zeiten entgegensahen. Die Soldaten hockten eng zusammengepfercht auf den Ladeflächen der LKW. Vor der Heckklappe saßen jeweils zwei amerikanische GI mit schußbereiter MP im Anschlag. Zwischen den einzelnen LKW fuhren Jeeps mit zusätzlichem Wachpersonal.

Manchmal machte eine Kolonne auf Befehl eines mitleidigen Transportoffiziers am Kriegerdenkmal halt, um der Bevölkerung Gelegenheit zu geben, den Gefangenen Nahrung und Getränke zu bringen. Es beteiligten sich allerdings nur beschämend wenige Einwohner an solchen spontanen Hilfsaktionen. Gerade die, die am meisten hatten, wie zum Beispiel viele wohlhabende Bauern, hielten oft ihre Türen verschlossen und ließen sich nicht blicken, bis der Transport weiterfuhr. Falko bekam von seiner Mutter bei solchen Gelegenheiten einen Laib Brot zum Verteilen, auch wenn für die eigene Familie dann nichts mehr übrigblieb.

Wenn jemand daran später Kritik übte, sagte sie nur leise, aber bestimmt: „Mein Mann hätte dabeisein können."

Das beendete jede weitere Diskussion.

Falko eilte mit seinem Brotlaib wieder zurück zum Denkmal. Wenn er sich auf die Mauer der Umfriedung stellte, befand er sich in gleicher Höhe mit der Ladefläche des nächst geparkten LKW. Er hielt das Brot vor der Brust und schnitt große, dicke Scheiben davon ab, die ihm von den ausgehungerten Männern aus der Hand gerissen wurden, bevor er noch mit dem Schneiden fertig war. Einige der Gefangenen teilten das erhaschte Stück Brot mit ihren Kameraden. Andere betrachteten es als ihren Privatbesitz und steckten es schnell unter die Uniformjacke, um es in einem unbeobachteten Moment aufzuessen, ohne davon abgeben zu müssen.

Nach wenigen Minuten hatte Falko die letzte Scheibe verteilt und stand nun mit leeren Händen da. Er sah die bittenden Blicke derjenigen Gefangenen, die nichts abbekommen hatten. Das war natürlich die Mehrzahl. Das bißchen Brot war ja nur ein Tropfen auf den heißen Stein gewesen. Aber Falko hatte nicht mehr und schlich sich betrübt davon.

Auch unter den Besiegten gab es nach Kriegsende Gewinner und Verlierer. Der weitaus größte Anteil der Bevölkerung, vor allem der städtische, gehörte zu den Verlierern. Während der durchorganisierten Periode der Kriegswirtschaft hatte es trotz Engpässen und Verknappungen noch eine einigermaßen funktionierende Versorgung mit Lebensmitteln gegeben. Mit dem Zerfall aller staatlichen Institutionen brachen jedoch alle Strukturen zusammen. Die Mehrzahl der Menschen hatte nicht mehr genug zum Essen. An die Stelle geplanter Organisation trat der Schwarzmarkt. Er war zwar von den Siegern verboten und Gift für die neu entstehende Volkswirtschaft – für den einzelnen aber war er lebensnotwendig.

Im Dorf blühte der Schwarzhandel mit Lebensmitteln. Diejenigen, die davon mehr als genug hatten, und sie auch noch selbst produzierten, gehörten zu den Gewinnern. Die Bauern, die ihre Türen beim Durchzug der Gefangenentransporte am festesten verschlossen hatten, waren die größten Gewinner.

Sie trieben einen schwunghaften Handel mit Kartoffeln, Brot, Wurst, Speck, Schinken, Milch und Butter, Fleisch und Gemüse. Als Zahlungsmittel waren Wertgegenstände jeglicher Art willkommen, nur kein Bargeld, das war nichts mehr wert.

Aus den Städten reisten, dicht gedrängt in überfüllten Bahnen und Bussen, ganze Heerscharen hungernder Menschen aufs Land. Sie hatten leere Rucksäcke auf dem Rücken und ebenso leere Taschen in den Händen. Bei ihren Hamsterausflügen aufs Land hofften sie, ein paar Nahrungsmittel, welcher Art auch immer, zu ergattern und sie auf der Rückfahrt an allen Kontrollen vorbei nach Hause zu schmuggeln. Ihre Tauschobjekte wie Uhren, Schmuck, Silberbestecke, wertvolles Porzellan, aber auch Kleidung, Schuhe oder Seife trugen sie gut versteckt am Körper.

Da die Bauern am längeren Hebel saßen, konnten sie die Preise diktieren. In normalen Zeiten hätte man es als empörendes Wuchergeschäft abgelehnt, wenn man für etwas Wurst oder Schinken eine Armbanduhr verlangt hätte. Unter den gegebenen Umständen aber wurde anstandslos gezahlt, denn Uhren konnte man nicht essen. Auch größere Gegenstände wie Teppiche und Gemälde wechselten den Besitzer.

Von einem Bauern, der als besonders geschäftstüchtig galt, sagte man im Dorf in karikaturistischer Übertreibung, er habe mangels freien Platzes im Wohnhaus auch noch den Kuhstall mit Teppichen ausgelegt.

Schlimm dran waren diejenigen Städter, die nichts mehr zum Tauschen hatten, total ausgebombte Familien etwa. Sie mußten betteln und hungern.

Es gab noch eine andere Gruppe vom Krieg entwurzelter Landsleute, mit der die Dorfgemeinschaft konfrontiert wurde: sudetendeutsche Flüchtlinge aus dem von Nazideutschland annektierten Böhmen und Mähren, dem tschechischen Teil der Tschechoslowakischen Republik, die als erster Staat nach dem Anschluß Österreichs Opfer von Hitlers Expansionszügen geworden war. 1939, als ihre tschechische Heimat gewaltsam dem

Deutschen Reich einverleibt wurde, hatte die Mehrzahl der Sudetendeutschen gejubelt. Am Ende des Krieges wurden sie alle, unabhängig von Schuld oder Nichtschuld an Nazi-Verbrechen, enteignet und vertrieben.

Ungefähr zehn dieser Flüchtlingsfamilien oder das, was in den Kriegswirren von ihnen übriggeblieben war, mußten im Dorf untergebracht werden. Auch im Pfarrhaus war man davon betroffen. Die Großeltern zogen zu ihren Kindern und Enkeln im ersten Stock. Die Parterre-Wohnung wurde einem Ehepaar aus Prag zugeteilt. Der Mann war Arzt und konnte sich im Dorf, das bisher über keinen eigenen Doktor verfügte, bald eine gutgehende Praxis aufbauen.

Ein anderer Flüchtling war ein hochbegabter Drechsler, der sich unmittelbar nach seiner Ankunft in einem leerstehenden Schuppen eine Werkstatt einrichtete und zu arbeiten begann.

Falko, dem die Neugierde bald den Weg zu diesem Kunsthandwerker gewiesen hatte, konnte stundenlang zusehen, wie aus einem Stück Holz mit unheimlicher Geschwindigkeit und Präzision ein wunderschön verzierter Lampenständer oder ein Stuhlbein gedrechselt wurde.

Für einen anderen Flüchtling, einen Bauern, stellte der Landkreis einen Aussiedlerhof zur Verfügung, der nach einigen Jahren zu den am besten bewirtschafteten Betrieben des Dorfes gehören sollte.

Natürlich gab es auch Flüchtlinge, deren berufliche und soziale Integration in der neuen Heimat sich nicht so einfach gestaltete. Ältere Menschen oder verwitwete Frauen mit Kindern gehörten dazu. Auch sie mußten mit Hilfe und Unterstützung der Gemeinschaft versorgt werden.

Erst ab 1948 gab es für die Flüchtlinge den sogenannten Lastenausgleich, eine Entschädigung für Verluste, die durch Enteignung und Vertreibung entstanden waren. Danach wurde die Milderung sozialer Notstände gesetzlich festgelegt. Durch diese Maßnahmen wurde den Flüchtlingen eine gesicherte Existenz gewährleistet.

Wie bei allen sozialen Wohltaten, konnten auch hier nicht alle Fälle von Mißbrauch ausgeschlossen werden. Manche Vertriebene übertrieben bei der Angabe von entgangenem Besitz, um einen höheren Ausgleich zu bekommen, als ihnen zustand. Das änderte aber nichts daran, daß der Lastenausgleich insgesamt eine notwendige und gute Einrichtung zur Eingliederung der Flüchtlinge und Vertriebenen in die Gesellschaft Westdeutschlands war.

„Rote Haare, Sommersprossen sind des Teufels Volksgenossen!" hatten ihm früher ein paar Gören auf der Dorfstraße nachgerufen. Falko, Sohn des Dorfpfarrers, im Jahre 1948 – mit rotblondem Schopf und Sommersprossen im Gesicht und an den Armen.

Viele alteingesessene Bewohner des Dorfes begegneten den „Ostdeutschen", wie sie sie nannten, mit Mißtrauen, ja mit Mißgunst und Neid.

Falko bekam einen neuen Klassenkameraden, der mit seiner im Krieg verwitweten Mutter und seiner zweijährigen Schwester aus der Heimat vertrieben worden war. Sie waren zu Fuß mit dem Kleinkind im Kinderwagen in den Westen geflüchtet. Außer den Sachen, die sie auf dem Leibe trugen, besaßen sie bei ihrer Ankunft im Dorf nichts. Ihnen wurde ein Zimmer im Haus der einzigen Gastwirtschaft im Ort als Bleibe zugewiesen.

Falko, der Hansi, seinen neuen Schulfreund, dort häufig besuchte, wurde selbst Zeuge, mit welcher Verachtung und Feindseligkeit der Kneipenwirt und seine Frau die Vertriebenen behandelten. Obwohl diese Flüchtlingsfamilie bitterarm war, fanden sich nur wenige im Dorf, die bereit waren, ihr zu helfen.

Zu ihnen gehörte die Bäuerin vom Kirchner-Hof. Wenn Falko mit seinem Freund dort auftauchte, ging der Junge nicht fort, ohne daß sie ihm ein Lebensmittelpaket mit auf den Weg gab. Erst als nach Gründung der Bundesrepublik die Sozialgesetzgebung im Westen Deutschlands zu funktionieren begann, war Hansis Familie nicht mehr auf private Almosen angewiesen. Aber schon meldeten sich Neider, die den Flüchtlingen die staatliche Unterstützung mißgönnten.

Die Ablehnung der Fremden durch die einheimische Bevölkerung wurde noch verstärkt, weil sie Katholiken waren. Bis zu ihrer Ankunft hatte es im Dorf ausschließlich Protestanten gegeben. Menschen katholischen Glaubens war man hier von jeher mit äußerstem Mißtrauen begegnet, wahrscheinlich, weil man kaum einen kannte.

Das Vorurteil ging so weit, daß Falko einmal eine alte Frau sagen hörte, sie könne jeden Katholiken an den Augen erkennen. „Die Katholischen", so behauptete sie, „haben alle einen falschen Blick." Woran man einen falschen Blick bemerkt, sagte sie allerdings nicht. Nachdem Falko das gehört hatte, sah er Hansi und dessen Mutter tief in die Augen. Er konnte aber nicht sehen, daß die beiden anders blickten als andere Menschen, womit für ihn bewiesen war, daß die alte Frau Blödsinn erzählt hatte.

Mit der Zeit gewöhnte man sich im Dorf an die katholischen Flüchtlinge. Auf einem von der Gemeinde erworbenen Grundstück bauten sie später ihre eigene kleine Holzkirche, zu deren Einweihung auch Falkos inzwischen heimgekehrter Vater als evangelischer Pastor eingeladen wurde.

Überhaupt suchte der junge Priester aus der Kreisstadt, der das kleine Häuflein der Katholiken im Dorf mit betreute, den Kontakt zu seinem protestantischen Amtskollegen, und Falkos Vater ging bereitwillig darauf ein. Natürlich blieb das im Dorf nicht unbemerkt und half somit, die bestehenden Vorurteile langsam abzubauen.

[Landsberg/Lech;
1945]

Doris Ziegenrücker

Das Abenteuer Frieden

Man schrieb das Jahr 1945. Noch war mein Vater nicht aus der Kriegsgefangenschaft heimgekehrt. Das Ende des Krieges zeichnete sich ab, und meine Mutter beschloß, die letzten Kriegstage nicht in Landsberg, sondern in der Sicherheit eines kleinen Dorfes südlich von Landsberg, in Pitzling, zu verbringen. Ein früherer Angestellter meines Vaters besaß dort einen Bauernhof, wo wir uns in einer kleinen, nach Heu und Kuhmist riechenden Kammer einquartierten.

Das bedeutete für uns einen fünf Kilometer langen Fußmarsch den Lech hoch nach Süden. Mittags aßen wir im Gasthaus in Pitzling, dessen Wirtin, die Leitenstorferin, ein Herz hatte und uns Brennesselgemüse und Eichhörnchenbraten servierte, ohne Marken zu verlangen. Unser frugales Mahl wurde durch das Bummern der Kanonen am anderen Lechufer unheimlich untermalt.

Die letzten deutschen Soldaten versuchten, die amerikanische Übermacht aufzuhalten. Um den Einmarsch über die Lechbrücken nach Landsberg zu verhindern, sprengte die SS die Sandauer und die Katharinenbrücke. Dabei gingen viele Fensterscheiben zu Bruch – die einzigen Kriegsschäden, die Landsberg zu beklagen hatte.

Am Abend legten wir uns, nunmehr in Pitzling, mit recht ängstlichen Gefühlen in die karierten Betten, um am nächsten Morgen von unserer Gastgeberin zu erfahren, daß des

Nachts 500 amerikanische Soldaten in unserem Dorf gewesen seien. Unsere Mutter, von dem Gedanken beunruhigt, die leerstehende Wohnung könne Plünderer und Diebe anziehen, entschloß sich schweren Herzens zur Rückkehr nach Landsberg.

Als wir auf der Höhe des Stausees angelangt waren, sahen wir die ersten amerikanischen Soldaten, die sich, sehr unheldisch, ihren menschlichen Bedürfnissen hingaben, das heißt, sie saßen mit heruntergelassenen Hosen im Gebüsch.

Meine Mutter schien die eher groteske als gefährliche Situation gar nicht wahrzunehmen; sie weinte still vor sich hin, während mein Bruder tapfer einen Haselnußstock mit einem weißen Taschentuch als Parlamentärflagge schwenkte. Schritt für Schritt gingen wir langsam auf das vermeintliche Unheil zu, bis wir einen jungen Offizier in Khakiuniform erreichten, der seinen großen Colt schwenkte, um uns zum Weitergehen aufzufordern.

Er sagte etwas auf Englisch, was mein Bruder, nach zwei Jahren Englischunterricht und mit einigem Talent, als „Keine Angst, ist schon gut!" interpretierte. Furchtsam durchquerten wir die lange Reihe von Kriegern, die zwar müde und schmutzig, aber gut genährt schienen.

Kaum hatten wir die Amerikaner hinter uns gelassen, kamen uns fünf ungarische Offiziere entgegen, die uns nach den Amerikanern fragten, während sie nach Süden zeigten.

„Ja, sie sind dort", antwortete meine Mutter, worauf sie ihre Pistolen ins Gebüsch warfen. Für sie war der Krieg vorüber.

Unsere Wohnung fanden wir trotz der Sprengungen am Tage zuvor unbeschädigt vor, sie war auch nicht geplündert worden. Neugierig begannen wir unsere ersten Erkundungen, war doch Landsberg fest in amerikanischer Hand, ohne jegliche Gegenwehr.

Die gesprengten Brücken auf der östlichen, also unserer Lechseite, sollten uns bald als Segen erscheinen, da die Bewohner der anderen Seite mit Plünderungen rechneten. Nach den ausgestandenen Qualen und Todesängsten in den umliegenden Lagern fürchtete man nun die Rache der KZ-Insassen und Zwangsarbeiter.

Gut kann ich mich noch der Häftlinge entsinnen, wie sie im Winter 1944/1945 in Papierschuhen und gestreiften Jacken und Hosen durch unsere Straßen getrieben wurden, obwohl ich damals erst zehn Jahre zählte. Sie holten im Winter diese Papierkleidung aus der alten Kaserne, wo sich im dritten Stock das Depot dafür befand. Einer stolperte draußen auf der Straße vor Schwäche, worauf ihn ein junger SS-Soldat beschimpfte und ihm zur „Aufmunterung" den Gewehrkolben in die Rippen stieß. Das sah unser alter Nachbar, der „Bachwirt". Er packte den Jungen und schrie ihn an, hochrot vor Zorn: „Was fallt denn dir glei ein, die arme Leit so zu traktieren, du Lausbua, du nixata!" Nur gute Beziehungen verhinderten, daß der Bachwirt nach Dachau abtransportiert wurde.

Doch wir Kinder wollten uns jetzt die ersten Amerikaner etwas genauer ansehen. Sie waren überall, saßen auf ihren Helmen und rauchten oder kauten Kaugummi. Besonders fremdartig und faszinierend waren die Schwarzen, Riesenkerle mit Wulstlippen und Kraushaar, langen Fingern mit bläulichen Fingernägeln und hellen Handflächen. Ich konnte endlos lange zusehen, wie sie ihre Augen rollten, und wie ihre großen weißen Zähne blitzten, wenn sie lachten. Ich fand sie hinreißend und wunderbar.

Auf dem Platz, wo sonst die Viehmärkte stattgefunden hatten, hatten sich die Amerikaner häuslich eingerichtet, erst einmal in Zelten. Jedesmal, wenn wir unsere wißbegierigen Gesichter in eins der Zelte hineinschoben, rief es von drinnen: „Gerade hier!" Das kam uns immer ein bißchen komisch und unsinnig vor, bis uns nach langer Zeit klar wurde, was es wirklich heißen sollte: „Get out of here!" („Geht weg von hier!")

In unserer alten Turnhalle, gleich neben dem Viehmarkt, hatten sie die „mess hall" eingerichtet, was nichts mit kirchlichen, sondern mit so profanen Dingen wie Essen und Trinken zu tun hatte. Außerdem war dort eine Transporteinheit stationiert, was an den vielen Trucks, Jeeps und Bergen von Eisenkanistern unschwer auszumachen war.

Der würzige Benzingeruch mischte sich mit den appetitlichen Düften aus der Kantine, es roch nach frischgebratenem Speck, nach Kaffee, Toast und „pancakes“ (Eierkuchen).

Eines Tages kamen wir ins Gespräch mit zwei mexikanisch aussehenden (ein Hoch Karl May!) Soldaten, die leicht verschmutzt wirkten. Sie schenkten uns Bonbons und dicke Brocken schwarzer Schokolade aus ihrem Marschgepäck. Ehrlich gestanden, radebrechte mein Bruder nur mit ihnen, was ihm dennoch meine volle Bewunderung eintrug, hielt ich ihn doch damals für ein echtes Sprachgenie.

Er verhandelte mit den Soldaten und erklärte mir später, daß die „Amis“ eine Handgranate in die Floßgasse werfen würden. Einer der Soldaten hatte auch schon so ein Eisenei in der Hand, zog an der Schnur und warf das Ding eiligst ins Wasser, als hätte er sich die Finger verbrannt.

Ein fürchterlicher Knall folgte, darauf stieg eine weiße Fontäne in die Luft, und plötzlich trieben auf dem Wasser einige armselige Fische, mit dem weißen Bauch nach oben.

Damals erschienen uns diese amerikanischen Soldaten mit dem Kaktussymbol am Ärmel ihrer Uniform, die noch die Gloriole der Sieger um ihre grünen Stahlhelme trugen, als Helden.

Sie holten die Fische aus dem Wasser, klemmten sie uns unter den Arm, dazu eine Dose Erbsen und etwas salzige Butter.

„Later“, sagten sie, „we come later“, und sie vollführten mit der rechten Hand die weltverbindende Geste des Essens: dreimal die Finger an die schmatzend bewegten Lippen.

Wir verstanden sie und zeigten auf unsere alte Kaserne: „Da, da wohnen wir.“ Die beiden nickten, entblößten ihr weißes Gebiß, dann trennten sich unsere Wege.

Unsere Mutter war ein wenig schockiert von der Aussicht auf diesen exotischen Besuch. Doch angesichts der Butter, der Erbsendose und der Fische ließ sie ihre Einwände rasch fallen, und auch ihre Angst vor den fremden Besatzern, die wir als sehr sympathisch schilderten, schwand.

Abends, um sieben Uhr, standen wir an der Haustür und erwarteten unsere Gäste. Das Haus duftete nach Fisch und Erbsen und die Mama nach „Chanel Nr. 5".

Und da kamen sie die Straße entlang, im Kampfdreß, auf weichen Gummisohlen, das Gewehr über den Nacken gelegt, sich nach allen Seiten umblickend. Noch war der Krieg nicht beendet, und sie befanden sich in Feindesland.

Als die beiden uns erblickten, machten sie einen raschen Sprung nach rechts in unseren Hausflur, und mein Bruder schloß hinter ihnen sofort die Tür.

Zögernd und ein wenig schüchtern stiegen die „Mexikaner" die Treppe zu unserer Wohnung hoch. Daß meine Mutter ihnen in einem französischen Seidenkleid entgegentrat, brachte sie in einige Verlegenheit. Vielleicht hatten sie sich eine schlechtgekleidete „Kraut-Frau" vorgestellt, jedenfalls kratzten sie sich wiederholt verlegen an Hals und Armen, was meine Mutter zu beunruhigten Blicken in Richtung auf meinen Bruder veranlaßte.

Doch dieser zog es vor, die Hilfssignale nicht wahrzunehmen, sondern seinen Gästen einen Platz anzubieten. Wir aßen alle mit gutem Appetit, wenngleich uns die Unwirklichkeit dieser Szene bewußt war. Auch den „Mexikanern" war anzusehen, daß sie sich so gar nicht als Repräsentanten der Siegermächte fühlten, sondern wohl eher wie auf ihrer Hazienda, wenn die Dona sie einmal ins Haus bat.

Madonna, was für ein Festmahl!

Die Kristallgläser, mit klarem Wasser gefüllt, funkelten; die Kerzen, von meiner Mutter selbst gegossen, flackerten; und wir hatten Mühe, in dieser Finsternis die unzähligen Gräten aus den Weißfischen herauszusuchen.

Aber trotz alledem war es ein brüderliches, ein verbindendes Mahl, wenngleich die Konversation nicht ganz dem feudalen Rahmen entsprach.

Wir sahen „unsere Helden“ nie wieder, doch bewahre ich ihnen bis zum heutigen Tag ein gutes Andenken, hatten sie doch als erste Amerikaner durch Freigebigkeit, Zurückhaltung und Höflichkeit bei uns einen unvergeßlichen Eindruck hinterlassen.

Monatelang brauchten wir nach Kriegsende nicht in die Schule gehen, da die Lehrer entweder Nazis oder gefallen waren. So begann ein herrlicher, ungezügelter Sommer für uns, vollgepackt mit Abenteuern und Gefahren.

Einige Tage nach unserem opulenten Mahl trieben wir uns mit einigen anderen Kindern aus der Nachbarschaft mal wieder zwischen den Jeeps und den Trucks herum, vor allem die Benzinkanister erregten unsere Aufmerksamkeit. Es gab da zwei steile Erdwände, zwischen denen eine Treppe hinunter in einen eiligst zusammengezimmerten Bunker führte, in dem wir im Krieg sogar einmal bei Luftalarm die Nacht verbracht hatten.

Doch nun lag er da, seines Zweckes beraubt, und wir überlegten, was wir nun wohl anstellen könnten.

Neugierig öffneten wir die eisernen Benzinkanister und gossen die Reste des Inhalts die Erdwand hinunter – einen halben Liter aus diesem, einige Tropfen aus jenem Kanister. Kein Mensch beobachtete unser Treiben. Auch die Amerikaner hatten nichts bemerkt, und als uns die Steilwand feucht genug erschien und richtig stark nach Benzin roch, zauberte Bruder Klaus eine Streichholzschachtel aus seiner Hosentasche. Er sagte zu uns: „Nun geht mal ein bißchen vom Rand weg, denn gleich kracht's!“, und schon warf er ein brennendes Streichholz hinunter.

In Sekundenschnelle stieg eine riesige Stichflamme hoch und erschreckte uns fast zu Tode. Da hörten wir hinter uns auch schon die Soldaten schreien und begannen zu rennen, ohne uns auch nur einmal umzuschauen.

Hinter uns ertönten Schritte, und beim kurzen Blick über die Schulter sahen wir zwei riesige „Amis“ mit gezogenen Colts hinter uns herspurten. Sie riefen immer wieder: „Stop, you bastards, stop!“

In höchster Not erreichten wir unser Haus – und die Haustür war verschlossen. Bis wir die Klingel gedrückt hatten, hatten sie uns eingeholt und packten uns am Schlafittchen.

Unserer Mutter bot sich ein Schreckensbild, als sie die Tür endlich, aber leider zu spät, öffnete: Da standen zwei baumlange Kerle mit schweren Colts in der einen, uns fest in der anderen Hand haltend. Sie zerrten uns in den Flur.

Einer von ihnen sprach fließend deutsch und bedeutete meinem Bruder, seine Taschen auszuleeren. Aus den Tiefen derselben kamen die bewußten Streichhölzer, Nägel, Munition, Bindfäden und ein schmutziges Taschentuch zum Vorschein.

Nun wurde meine Mutter gefragt, was denn der Vater dieses Jungen mache und wo er sei. Als sie antwortete, er wäre Offizier und noch im Krieg, da meinte der Soldat: „Sicher ist der Junge Mitglied beim Werwolf.“

Meine Mutter wurde immer blasser, vor allem, als er ihr drohte, uns bei der Militärverwaltung anzuzeigen. Nächtelang schlief sie schlecht und erwartete täglich unsere Verhaftung.

Einer der beiden großen Amerikaner verfolgte von da an meine Mutter auf Schritt und Tritt, und sie begann, sich vor ihm zu fürchten. Wahrscheinlich war er nur auf ein Abenteuer aus, war doch meine Mutter jung und fesch und allein.

Wenn sie nun das Haus verließ, wickelte sie sich den ältesten, grauesten Schal um den Kopf, zog den scheußlichsten Mantel an, trug die plumpesten Schuhe aus ihrer großen Kollektion. Es half aber alles nichts, er ließ in seiner Aufmerksamkeit nicht nach, bis uns eines Nachts großer Lärm weckte.

Motoren heulten, man hörte schwere Räder über das Kopfsteinpflaster rumpeln, stundenlang, und am nächsten Morgen lag der große Turnplatz leer und verlassen da, bis auf einige zurückgelassene Benzinkanister, die uns an die vergangenen Wochen erinnerten. Meine Mutter konnte wieder aufatmen, und wir waren froh, nicht mehr ins Gefängnis zu müssen.

Die Militärverwaltung war dageblieben, sie wurde weiterhin durch die Kantine verpflegt. Kurz danach freundeten wir uns mit dem Chef der Kantine an, einem bildschönen Mann mit einem Bärtchen à la Clark Gable. Sein Name war Johnny Saranko, und er stammte aus Tampa, Florida. Er fragte uns, ob unsere Mutter vielleicht für ihn waschen würde, er könne ihr dafür Seife, Fleisch, Butter, Marmelade geben. Als erste Ratenzahlung steckte er meinem Bruder drei Kalbsschnitzel in die Klappe seiner Lederhose.

Beim Anblick dieser Delikatesse schmolz Mutters Widerstand augenblicklich dahin, und als sie Seife in großer Menge und Lebensmittel in Aussicht gestellt bekam, erklärte sie sich zu dieser Arbeit bereit. Realistisch, wie sie war, wußte sie, daß die feinen Zeiten als Offiziersfrau vorbei waren, und Stolz und Dünkel uns nicht ernähren konnten. Ihre Sorge galt vorrangig unserem Wohlergehen, und dafür war sie zu jedem Opfer bereit.

Die normale Versorgung auf Marken war zum Verhungern etwas zuviel. Es gab einen Hauch von Butter, bläuliche Magermilch, kaum Fleisch. Die tägliche Nahrungsbeschaffung stellte unsere Mutter vor riesige Probleme, die nur durch Erfindungsgabe und Hamstern zu bewältigen waren.

Wir Kinder, mein Bruder und ich, mußten an manchen Tagen stundenlang abwechselnd vor der Freibank warten, wenn dort eine Notschlachtung stattgefunden hatte, und dann hieß es kurz vor dem Ziel plötzlich: „Es ist alles ausverkauft."

Kurz nach Kriegsende wurde ganz in unserer Nähe ein Lebensmitteldepot der Wehrmacht geplündert. Als mein Bruder die vielen Menschen mit Säcken und Schubkarren voller Lebensmittel aus der Holzbaracke herauskommen sah, hatte er die Situation sofort erfaßt. Er rannte heim und rief Mutter zu: „Wir müssen sofort dahin, dort gibt es zu essen!"

Drinnen, in totalem Chaos, flossen inzwischen schon der Zucker und das Mehl aus aufgerissenen Säcken, denn die Leute zerrten in ihrer Gier und Eile an den Säcken hin und her. Meine Mutter, mein Bruder und ich erwischten einen ganzen Sack voll Zucker, einige große Tüten mit Reis und Mehl und schleppten nach Hause, was wir nur tragen konnten. Mutter tauschte später einen Teil des Zuckers bei einem Bauern in Milch, Käse und Butter um.

Trotz solcher Lichtblicke blieb das Leben sehr beschwerlich, die Jagd nach dem Essen zeitraubend und aufwendig. Dazu kam auch noch das Kleidungsproblem bei zwei zusehends wachsenden Kindern, doch das Schwierigste überhaupt waren die Schuhe. Jetzt, im Sommer, brauchten wir uns noch nicht zu sorgen, wir liefen in Holzklappern herum. Zwei durch ein Stück Leder verbundene Holzteile, oben drüber noch ein Lederstück, und fertig waren die Pantinen, deren Geklapper in der ganzen Stadt zu hören war.

Zum Glück hatten wir unseren Kantinenchef, und für eine Weile wurden wir fabelhaft gefüttert, während Mama die Wäsche des „Feindes" tadellos wusch und bügelte. Er besuchte uns recht oft, unser Johnny, hatte wohl auch ein Auge auf unsere hübsche Mama geworfen, die damals ja erst 33 Jahre zählte. Verlobt hat er sich aber mit mir, indem er mir einen dünnen Silberring an den Finger steckte, und ich war sehr stolz, doch auch verlegen über so viel Ehre.

Und dann kam der Tag, an dem Mutter uns ganz aufgeregt suchte, um uns mitzuteilen, daß die „Amis" unsere Wohnung beschlagnahmt hätten. Das traf uns nicht allein, denn die US-Army requirierte alle annehmbaren Häuser und Wohnungen für ihre Offiziere. Entgegen allen Gepflogenheiten hatten sie uns aber gestattet, mit ihnen im Haus zu bleiben, allerdings im unteren Stockwerk. Dort war die Städtische Leihbücherei untergebracht, die meine Mutter bis dahin geleitet hatte.

Mutter holte sich eine kräftige Nachbarin zur Hilfe – junge Männer standen nicht zur Verfügung. Zu viert trugen wir die ganze Nacht über alles, was beweglich und nicht übermäßig schwer war, hinunter in unser neues Domizil, einen riesigen Raum mit zahlreichen Bücherregalen. Diese waren gefüllt mit linientreuer, arischer Literatur wie Fussenegger, Undset und natürlich allen unverfänglichen Klassikern, sofern sie „rasserein“ waren (Heine fehlte selbstredend). Es gab dort unten eine Toilette und fließendes Wasser, kalt, versteht sich, und Steinfußboden.

Mutter verschob die Regale als Raumteiler; hinten wurde geschlafen, vorne entstand der Salon mit Couch und Sesseln. Leider mußte Mama ihr Klavier und alle schweren Nußbaumschränke oben lassen. Doch zeigte sich in den Gesichtern der neuen Wohnungsinhaber deutliche Enttäuschung, als sie die Wohnung leergeräumt und recht ungemütlich vorfanden.

„Nein, kein Radio“, erwiderte meine Mutter auf ihre Frage nach dem Musikkasten, „nein, Radio kaputt.“

Reden durften die Army-Angehörigen mit uns eigentlich nicht, wie es das „Non fraternization“-Gesetz nach dem Schock von Dachau vorschrieb.

Meine Mutter blieb von solch einer grauenhaften Arbeit verschont, wie andere Landsberger Bürger sie tun mußten: Gräber schaufeln für die Opfer. Sie war zum Verlesen fauler Kartoffeln und im Forstamt zum Fensterputzen eingesetzt.

Wenig später klaute ich das erste Mal in meinem jungen Leben, unter den wohlwollenden Augen meiner Mutter.

Wir kamen bei strömendem Regen an der Landsberger Bahnhofsgaststätte vorbei, die ebenfalls von den Amerikanern beschlagnahmt worden war. Im Hauseingang standen einige Soldaten, winkten uns zu, wir sollten hereinkommen und uns ein wenig trocknen.

Wir saßen also am Fenster auf einer der Wirtsbänke, ich sah aus dem Fenster in das graue Getröpfel, als ich auf der Fensterbank eine einsame Dose entdeckte.

Leise flüsterte ich meinem Bruder zu: „Schau mal, die nehm' ich mit“, und zu meiner Mutter: „Schieb' doch mal vorsichtig deine Tasche unter die Fensterbank.“

Sie nickte, und ich lehnte mich auf das Brett, guckte starr geradeaus und schubste die Dose, langsam und unauffällig, in

Richtung Kante, bis sie geräuschlos in die bereitgestellte Tasche fiel. Mir schlug das Herz dabei so laut, daß ich dachte, die „Amis“ mußten es hören. Doch nein, sie rauchten, sprachen unverständliches Zeug und tranken Kaffee.

Kaum ließen sich die ersten Sonnenstrahlen blicken, standen wir auf und verließen unter Danksagungen das Lokal. In angemessener Entfernung fingen wir ganz ungehörig zu lachen an und eilten dann nach Hause, unsere Beute zu begutachten. Flugs öffneten wir die Dose, um den Inhalt zum Abendessen zu verspeisen. Schweinefleisch, mhm, lecker! Doch, mein Gott, was war denn da noch drin? Brrrr, Rosinen! So verschwand unsere Diebesbeute leider im Klo statt in unseren Mägen (Gott straft die kleinen Sünden sofort und auf der Stelle).

Dieses Erlebnis hielt meinen Bruder und mich dennoch nicht davon ab, weiterhin intensiv nach Nahrhaftem Ausschau zu halten.

Am Abend, wenn die Kantinenbesatzung alle hungrigen Mägen gefüttert hatte, spielte sie immer Baseball auf dem Sportplatz vor ihrer „mess hall“, ließ die Küche und alle ihre kostbaren Vorräte unbewacht. Das war dann unsere Stunde, die Stunde der Diebe.

Wir schlichen uns ganz vorsichtig in die Küche, von da in die uns bekannte Vorratskammer, langten nach einem Stück Butter, einigen Zitronen und irgendeiner Dose. „Lieber Gott, laß es diesmal nicht wieder Schweinefleisch mit Rosinen sein.“ Er hatte ein Einsehen, und wir erblickten nach dem Öffnen der Dose unsere geliebten Erbsen.

Mutter fragte nicht nach dem Woher, das Wohin dieser Köstlichkeiten war ihr sowieso klar, und wir fühlten uns als große Helden und geschickte Diebe.

Unsere „Neumieter“ in Uniform marschierten wort- und grußlos täglich an unserer offenen Wohnungstür vorbei – der Sommer 1945 war traumhaft schön. Noch ahntenwir nicht, daß uns das Schicksal mit diesen ungebetenen Eindringlingen den Schlüssel zum Schlaraffenland reichen würde.

Denn eines heißen Tages blieb einer dieser langen Kerle an unserer Tür stehen. Wir saßen gerade mal wieder bei Rübenkraut und schwarzem Brot, und er fragte: „Can I try a piece of your Hitler-bread?"

„Du, Mutti, der ‚Ami' fragt, ob er etwas von unserem scheußlichen Brot probieren darf?" übersetzte Klaus.

Sie nickte etwas verwirrt, da sie wußte, was für ein köstlich weißes Brot unsere Besatzer immer verspeisten. Und der „Ami", ein Leutnant, schritt auf federnden Gummisohlen herein, in Schnürstiefeln, über die mit makellosen Bügelfalten die Hose fiel. Er reichte uns die Hand und sagte „Saum", so hieß er nämlich. (Wir verballhornten diesen Namen sofort in „Uncle Sam".)

Er erhielt das gewünschte Brot, steckte es gleich in den Mund, verzog angewidert sein Gesicht und sagte: „My gosh, that stuff tastes damn bad, poor kids, I'll go and get you some from our bread and some chocolate!"

(„Oh Mann, dieses Zeug schmeckt verdammt schlecht, arme Kinder, ich werde euch ein wenig von unserem Brot holen und etwas Schockolade!")

Gesagt, getan, und mit dieser Episode war der Bann der Sprach- und Grußlosigkeit gebrochen, nun waren wir plötzlich nicht mehr die „Krauts" für sie und sie nicht mehr die „Amis" für uns. Zwischen oben und unten entwickelte sich von diesem Augenblick an ein reger Austausch an Gütern, Worten und Aufmerksamkeiten.

Über unsere „Mieter" wachte unterdessen ein unerbittlich strenger, aber gerechter Hauptmann aus Vermont, der nicht die geringste Disziplinlosigkeit durchgehen ließ. Er paßte auf unsere hübsche Mama und seine ausgehungerten Jungs, alles Leutnants, auf und erstickte Eifersüchteleien im Keim.

Meine Mutter erklärte sich bereit, den Offizieren die eleganten Khakihemden zu waschen und sie nach dem Trocknen mit den vorgeschriebenen sechs Falten zu versehen. Beim

Bügeln wurde ihr oft mehr als heiß, denn es war eine schwierige Prozedur, diese Falten im Vorderteil, im Rückenteil und auf der Oberkante der Ärmel fehlerfrei anzubringen.

Täglich zogen sich diese sieben Männer von Kopf bis Fuß frisch an, sahen immer makellos und wie aus dem Ei gepellt aus, für uns ein unvorstellbarer Luxus, wo wir doch höchstens einmal in der Woche saubere Kleidung bekamen.

Sie waren alle reizend, diese jungen Männer: Johnny Fischer, deutschstämmig, war der Widerspenstigste unter ihnen. Die Deutschen hatten seinen Bruder, der als Pilot abgeschossen worden war, auf einem Acker in der Eifel kurzerhand erschlagen.

Dann war da der rothaarige „Ire" Jack, von wilder Leidenschaft zu meiner Mutter ergriffen und ein jähzorniger Feuerkopf. Er machte sich nächtens zu Razzien im D.P.-Camp auf, in dem etwa 5000 befreite KZ-Häftlinge lebten, und prahlte stolz mit seiner Ausbeute an versteckten Waffen und Munition. Manchmal ließ er das komplette Lager oben in der alten Saarburg-Kaserne mit Panzern umstellen, um die Bewohner von eventuellen Rachefeldzügen gegen die verhaßten Deutschen abzuhalten.

(Weitere Erinnerungen dieser Autorin finden Sie im Band „Gebrannte Kinder. Kindheit in Deutschland 1939–1945" der Reihe **ZEITGUT**.*)*

[Erkrath, Rheinland;
Mai 1945]

Helmut Beißel

Die Kanonen von Erkrath

Der 8. Mai 1945 brachte einem kleinen Jungen von noch nicht ganz sechs Jahren endlich einmal Bewegungsfreiheit. Während die Zeit davor geprägt war von Sirenengeheul, Flugzeuglärm, Bombenkrachen und Kanonenschüssen, kam nun eine Zeit, in der er sich draußen, im Freien, auf dem Feld und auch im Wald, mit vielen anderen Kindern und Jugendlichen austoben konnte.

Wie war das alles neu und interessant für ihn! Sogar Soldat konnte man spielen, schließlich lagen genug Handgranaten und Gewehre herum. Der kleine Kerl lernte schnell von den Älteren: Von der Handgranate den gefährlichen Kopf abdrehen, an der Schnur im Stiel ziehen und so eine (kleine) Explosion auslösen. Man konnte die herumliegenden Gewehre (der Junge lernte deren Bezeichnung 98K kennen) aufeinander anlegen, „bumbum“ schreien und theatralisch umsinken.

In einem Umkreis von mehreren Kilometern kannten die Kinder von Erkrath jede Waffe – jede Handgranate, jede FLAK-Granate, jedes Gewehr, jeden Bomben-Blindgänger. Kurzum, die Kinder waren in die Lage versetzt, das, worunter sie mehrere Jahre in Bunkern und Kellern gelitten hatten, nunmehr selbst zu spielen.

Sehr bald hatten die Kinder zwei Flugzeug-Abwehr-Kanonen (der Junge lernte, daß man diese FLAK nannte) entdeckt. Deren Geschützrohre waren zwar bei Kriegsende gesprengt worden, die Soldaten waren aber nicht mehr dazu gekommen, die letzten 15-cm-Granaten zu entfernen.

Wen wundert es da, daß das Lieblingsspiel der Kinder bei solchem Angebot „Kriegspielen“ wurde?

Und so geschah es an einem Tag im Mai 1945, als sich die Kinder und Jugendlichen an der FLAK hinter dem Nordbahnhof zum „Kriegspielen“ verabredet hatten.

Der Junge wollte gerade im gestreckten Galopp die Nordstraße hochrennen, als er eben noch den Ruf seiner Mutter aus dem Garten vernahm: „Wo willst du denn hin?“

Nun, ehrlich wie der Junge war, antwortete er: „Krieg spielen hinter dem Nordbahnhof.“

Doch die wenig begeisterte Mutter ordnete an, ihr bei der Gartenarbeit zu helfen. Wütend und unwillig ging der Junge an die Arbeit.

Etwa eine Stunde später zuckten in den umliegenden Gärten alle zusammen. Ein furchtbarer Krach erfüllte die Luft, eine Explosion, wie sie jedem noch von den Bombenabwürfen in Erinnerung war. Hinter dem Nordbahnhof stieg eine riesige Rauchwolke hoch, und blitzende Teile wirbelten durch die Luft. Alle hatten Angst.

Wir erfuhren dann sehr bald, daß die Krieg spielenden Kinder und Jugendlichen mit einem Stein in einer der Flugzeug-Abwehr-Kanonen eine Granate gezündet hatten. Für sieben von ihnen, im Alter von sieben bis 14 Jahren, bedeutete das den Tod.

Erst nach diesem Unglück wurde die gesamte ehemalige Flakstellung am Nordbahnhof mit allen Anlagen gesprengt. Seit dem 15. Mai 1994 erinnert ein Mahnmal rechts hinter der Unterführung, am Heiderweg, an diese letzten Opfer des Krieges.

[Flensburg;
Mai / Juni 1945]

Luise Lembke

Diesen Tag vergesse ich nie!

8. Mai 1945. Der Krieg ist aus! Jubelnde Menschen in unserer Straße. Die Leute fallen sich in die Arme, sie lachen und weinen zugleich. Mit weißen Taschentüchern winken sie aus den Fenstern. Hakenkreuzfahnen werden zerrissen und Uniformen verbrannt. Alle Kirchenglocken läuten, und die Schiffe auf der Werft und im Marinehafen hupen laut und lange. Die Sirenen, die mich sonst immer so sehr erschreckt haben, hören sich plötzlich fröhlich an. „Frieden," rufen sie uns zu, „endlich Frieden!" Alle sind wir froh, auch wenn der Krieg verloren ist.

Ich bin 13 Jahre alt. Meine kleine Kinderseele hat von den ewigen Bombenangriffen tiefe Narben. Endlich kein Fliegeralarm mehr, keine Magenschmerzen, ich kann nun ausgeschlafen zur Schule gehen. Zu schön, um wahr zu sein.

Während des Krieges bereitete ich meiner Mutter große Sorgen. Bei Alarm wurde ich oft ohnmächtig. Schon beim ersten Aufheulen der Sirenen wurde mir schlecht. Meine Mutter mußte mich samt Gepäck und den drei jüngeren Schwestern in den weit entfernten Luftschutzbunker bringen. Ich wurde nervös und krank, die Angst beherrschte mich. Ich weinte, wenn ich mich in der Schule nicht mehr konzentrieren konnte.

Hinzu kam, daß wir immer Hunger hatten, es gab kein Fett, geschweige denn Obst und Gemüse. Wir waren völlig ausgelaugt. Auch Brennmaterial war knapp. Hunger und Kälte zehrten an unseren Nerven.

Wir schöpften neue Hoffnung, dachten, nach dem Krieg würde alles besser. Aber das Gegenteil war der Fall! Bis zur Währungsreform 1948 war es ein Horror, es gab kaum etwas zu kaufen. Hätte ich nicht so fürsorgliche und fleißige Eltern gehabt, was wäre dann wohl aus mir geworden?

Dieses Foto von mir aus dem Jahr 1944 ließen meine Eltern handkolorierten. Auf der Rückseite befinden sich noch die Farbangaben dafür: Haar: blond, Augen graublau, Gesicht: frisch, wangenrot, Hemd: hellblau, Schlips: dunkelblau, Knoten: lederfarbig.

Mein Vater nähte bis zum Umfallen, seine Schneiderei befand sich in unserer Wohnung. Er betrieb sie mit ein paar Gesellen. Wie oft saßen sie mit eiskalten Händen da, konnten manchmal kaum die Nadeln halten. Zwischendurch mal eine Tasse heißen Tee, daran konnten sie sich die Hände wärmen.

Meine Mutter nähte für uns vier Mädchen alles selbst. Aus zwei alten Kleidern machte sie ein neues. Sie ribbelte alte Pullover auf und strickte daraus neue. Aus alten Zuckersäcken zauberte sie Strümpfe. Aus einem blauweißen Bettbezug nähte sie uns wunderschöne Glockenröcke.

Unsere Mutter schien niemals müde zu werden. Vormittags arbeitete sie in einer Gärtnerei, grub mit den Händen Kartoffeln und Möhren aus der Erde, um uns Kinder satt zu bekommen. Nachmittags fuhr sie oft mit dem Fahrrad 15 bis 20 Kilometer weit in die Dörfer, um ein paar Eier oder etwas Butter zu ergattern.

Lebensmittel gab es nur auf Karten, alles war streng rationiert und mußte demzufolge gut eingeteilt werden. Nur Kohl und Steckrüben gab es in Hülle und Fülle, aber irgendwann konnten wir sie nicht mehr riechen.

Schmalz machte Mutter auch selbst. Ein pappiger Grieß- oder Haferflockenbrei, ein paar gebräunte Zwiebeln und wir hatten das leckerste Schmalz. Auch Sahnebonbons stellten wir selbst her. Etwas Butter in die Pfanne, dann Zucker und ein wenig Essig darüber, alles gut umrühren und kalt werden lassen. Es war sehr schwer, die harte Masse aus der Pfanne heraus zu bekommen.

Das Geld, das Vater verdiente, nützte kaum, denn es gab nichts zu kaufen. Hin und wieder ergatterten wir etwas auf dem Schwarzmarkt, aber das war gefährlich. Der Schwarzmarkt blühte. Wurde man dort bei einer Razzia von der Polizei erwischt, konnte es einem böse ergehen.

Vielleicht wären die Hungerjahre besser zu ertragen gewesen, wenn wir hätten heizen können, aber wir froren, es gab kein Brennmaterial. Die Wohnung war kalt und feucht, meistens hockten wir um den Küchenherd, unsere einzige Kochgelegenheit.

Wollten wir mal ins Kino, mußten wir neben der Eintrittskarte ein Brikett oder ein paar Kohlen mitbringen, dennoch kamen wir meistens wie Eisklumpen aus der Vorstellung.

Aber Not macht erfinderisch. Obwohl es streng verboten war, gingen alle auf Holz- und Kohlenklau. Die schönen Wälder wurden nachts abgeholzt, Züge, die Kohlen und Briketts geladen hatten, belagert. Mit viel Schubsen und Drängeln brachte man etwas von dem „schwarzen Gold" in den Keller. Sogar die Bohlen zwischen den Eisenbahnschienen auf stillgelegten Gleisen wurden abgesägt. Es war jedesmal eine gefährliche Aktion, denn überall lauerte die Polizei. Aber was sollte man machen? „Hilf Dir selbst, nur so kannst du überleben", das war damals die Devise.

Eines Tages geschieht etwas Schreckliches, das sich fest in mein Gedächtnis eingeprägt hat. Ich erinnere mich noch genau daran, als sei es erst gestern gewesen:

Es ist der 14. Juni 1945, ein wunderschöner, sonniger Morgen. Wir sind früh aufgestanden, Mutter ist mit Großmutter verabredet, sie wollen im Wald Holz für unseren Küchenherd beschaffen. Mutter hat schon ihren alten, schäbigen Mantel an. Aber sie weint bitterlich.

Mein Vater ist schlecht gelaunt, hat sein Brummgesicht aufgesetzt. Hastig zieht er an seiner Zigarette. Ich weiß nicht, warum er ärgerlich ist, sonst freut er sich immer über eine warme Werkstatt, aber heute will er partout nicht, daß meine Mutter Äste abholzen geht. „Ihr macht den ganzen Wald kaputt!" sagt er. „Eines der Mädchen kann Oma absagen."

Natürlich muß ich wieder gehen, ich bin die Älteste. Traurig mache ich mich auf den langen Weg, ein Stück Brot mit etwas daraufgekratzter Margarine in der Hand. Mißmutig kaue ich unterwegs daran herum. Ich bin ganz allein auf der Straße, es scheint, als schliefen alle Leute noch. Aber ich muß mich beeilen, denn Oma wartet nicht gern.

Nach halber Strecke, da plötzlich, was ist das?

Träume ich, oder hat sich der Boden unter mir bewegt?

Jetzt wieder! Alles vibriert! Neben mir zerspringt eine Fensterscheibe, dann noch eine.

Was ist das bloß? Der Krieg ist doch vorbei!

Ich bin allein, hilflos. Angst kriecht in mir hoch, lähmt mich.

Wie angewurzelt bleibe ich auf einem Fleck stehen ... Dann ein greller Feuerschein, hinter den Häusern schnellt eine Riesenstichflamme empor! Wieder bewegt sich der Boden Jetzt wird es dunkel um mich. Im Unterbewußtsein höre ich Schreie, das Hupen von Motorrädern und das Heulen von Sirenen.

In einer fremden Küche wache ich auf, besorgte Gesichter um mich herum, lauter fremde Menschen.

Wo bin ich? Wie bin ich hierhergekommen? Was ist passiert? Ich kann keinen klaren Gedanken fassen.

Plötzlich beginnen die Gegenstände in der Küche zu wakkeln, das Geschirr klappert. Dann ein lauter Knall, Schreie! Der Küchenherd explodiert. Erneut Dunkelheit, nichts als Dunkelheit.

Als ich zu mir komme, beugt sich eine junge Frau über mich. Aufgeregt fragt sie nach meinem Namen, und wohin ich zu so früher Stunde überhaupt wolle.

„Ich bringe dich nach Hause", entscheidet sie, „deine Eltern werden sich große Sorgen machen."

Unterwegs erfahre ich, was geschehen ist. Im Marinehafen ist es beim Entladen eines Munitionsschiffes zu einer Explosion gekommen. Durch die mächtigen Druckwellen sind fast alle Fensterscheiben der umliegenden Häuser zersprungen, überall liegen Scherben.

Als ich zu Hause ankomme, ist die Hölle los. Meine Eltern sind vor Angst um mich fast gestorben. In unserer Wohnung sieht es chaotisch aus, auch hier sind keine Fensterscheiben mehr drin, eine Tür ist aus den Angeln gerissen, unsere Bilder hängen unten in den Ästen der Bäume. Vaters Tintenfaß rollt über die Straße.

Die Explosion am 14. Juni 1945 war schlimmer als jeder Bombenangriff auf die Stadt während des Zweiten Weltkrieges, so jedenfalls empfand ich es. 71 Tote und 131 Verletzte waren zu beklagen. Die im Flensburger Hafen zusammengezogenen Schiffe waren nur noch ein einziger Schrotthaufen.

[Hamburg;
1944–1947]

Claus Cammann

Nur einen Riegel Schokolade für jeden!

„Iiiiuuh, iiiiuuh ...“, die Sirenen heulten, ihr jaulender Ton auf und ab schnitt wie immer durch Mark und Bein. Fliegeralarm! In dieser Nacht war es das vierte Mal, daß die gequälten Menschen in ihrer wohlverdienten Ruhe gestört wurden.

„Los, aufstehen! Peter nimmt den Koffer, du die Tasche!“ Meine Mutter, schon angezogen (oder gar nicht erst ausgezogen!) rüttelte meinen Bruder und mich wach. Mein Vater mußte schon unterwegs zu seiner Dienststelle sein. Schlaftrunken taumelten wir aus den Betten, ergriffen die bereitgestellten Behältnisse mit einigen Habseligkeiten; schnell einen Mantel über den Schlafanzug und in den Luftschutzkeller gewankt!

Hamburg im Herbst 1944, im fünften Kriegsjahr. Ununterbrochen rollten die Luftangriffe der Alliierten auf die Stadt zu, wie auch auf alle anderen deutschen Städte, erbarmungslos ganze Teile in Schutt und Asche legend. Längst waren es nicht nur militärische Ziele, sondern überwiegend Wohnviertel, die zerstört wurden und deren Bewohner zermürbt werden sollten. Keine Nacht ohne Fliegeralarm, ja, selbst am Tage suchten die Bomber Deutschland heim. Hunderte, Tausende.

Hatten wir nicht den totalen Krieg begonnen?

Ich selbst, gerade zwölf Jahre alt, bewunderte damals grenzenlos die paar deutschen Nachtjäger, die sich todesmutig der Übermacht der Alliierten entgegenwarfen, auch hunderte Bomber abschossen. Aber wie die Köpfe einer Hydra wuchsen die

Wellen der angreifenden Flugzeuge wieder nach, es wurden mehr und mehr.

Wir hatten unseren Keller erreicht.

„Legt euch gleich wieder hin!" befahl unsere resolute Mutter. Wir warfen uns gehorsam auf die schmalen Kellerbetten, dreifach übereinander. Ein schneller Blick auf die Uhr überzeugte uns, daß am nächsten Morgen mindestens die ersten drei Schulstunden ausfielen, so spät war es schon und schließlich der vierte Alarm diese Nacht. Vor mich hindämmernd, hörte ich einige Wortfetzen der Erwachsenen:

„Können uns diese Schweine nicht mal eine Nacht zufriedenlassen?"

„Hoffentlich diesmal Berlin, nicht wieder Hamburg!"

„Wo bleiben Hermann Meiers Jäger?" – Eine gefährliche Äußerung! *)

„Letztes Jahr in Rotenburgsort, da war's schlimmer!"

Ein ohrenbetäubendes Krachen unterbrach die Sprecherin. Eine mobile Flak hatte in unmittelbarer Nähe das Feuer aufgenommen. Dann dumpfe Detonationen. Bomben! Sie kamen immer näher! Angst schnürte den im Keller hockenden Menschen die Kehle zu.

Plötzlich fing das Licht an zu flackern, der Boden bebte bei erneuten Explosionen, das Licht ging aus, kam nach kurzer Zeit wieder. Erleichterung. Abermals eine starke Detonation, eine Sprengbombe in unmittelbarer Nähe. Von der Decke rieselte der Kalk, das Licht erlosch, diesmal endgültig.

Auch mich erfaßte Angst, Angst vor dem, was kommen könnte. Eine Hindenburgkerze**) wurde angezündet, ihr trübes Licht

---

*) Gefährlich, weil meist höhnisch gemeint. Die gegen Kriegsende oft benutzte Äußerung bezieht sich auf den Ausspruch Hermann Görings: „...ich will Meier heißen, wenn ein feindlicher Flieger zu uns hereinkommt!"

**) Notbeleuchtung ähnlich einem Teelicht. Die Bezeichnung stammt aus der Zeit des Ersten Weltkrieges.

warf seinen flackernden Schein auf die schreckgeweiteten Augen der Kellerinsassen.

Es ging alles gut. Plötzlich herrschte draußen unheimliche Stille, dann Entwarnung; die Menschen atmeten auf.

„Wir gehen kurz aufs Dach!" Meine Mutter kletterte voran, mein Bruder und ich hinterher. Drei Brände ringsumher, einer ganz nah, loderten flackernd zum Himmel. Menschen schrieen, die Feuerwehr war pausenlos im Einsatz. Dumpf brach ein Haus ein, Myriaden von Funken stoben in die Luft.

„Heute haben wir nochmal Glück gehabt!" Meine Mutter sagte es leise. „Wer weiß...? Jetzt aber marsch, ins Bett!"

Sie war wieder die tapfere, zupackende Frau. Doch wir wußten genau, daß sie, während wir Kinder wieder einschliefen, diesmal für den Rest der Nacht ungestört, bis zum Morgengrauen auf meinen Vater wartete.

Das Kriegsende nahte nun schnell. Das nicht zerbombte Rest-Hamburg hatte Glück: Gauleiter Kaufmann übergab die Stadt kampflos.

Nie werde ich den Tag vergessen, als im Mai 1945 die siegreichen Engländer in Hamburg einzogen. Der Rundfunk, schon besetzt, brachte die ersten Aufrufe an die Bevölkerung: Ruhe bewahren, Ausgehverbot, keine Verbrüderung... „Wir kommen nicht als Sieger, sondern als Befreier!"

Ich las gerade einen Karl May, als mein Vater mit undefinierbarem Blick nach draußen deutete und sagte: „Da, da fahren sie!"

Ja, sie waren da! Panzer in unendlicher Zahl ratterten durch die Straßen Harvestehudes, Engländer; nur jeweils der Kommandant stand aufrecht in der Luke, in khakifarbener Uniform mit der traditionellen schwarzen Baskenmütze auf dem Kopf. Obwohl es verboten war, standen die Hamburger überall an den Fenstern.

Mit gemischten Gefühlen sah ich sie daherrollen, die ehemaligen Feinde und jetzigen Befreier. Als deutscher Junge war mir zunächst eine Welt zerbrochen: Wir, die Deutschen, hatten einen schrecklichen Krieg verloren, alle Opfer, alle Mühen, alle Not waren umsonst gewesen.

Als ich später von den deutschen Verbrechen erfuhr, brauchte ich Monate, um zu begreifen und all das Furchtbare zu verarbeiten. Und dennoch sträubte sich mein Gerechtigkeitssinn dagegen, daß alle Verbrechen an Deutschen, besonders im Osten, angesichts der größeren geschichtlichen Verantwortung gegenüber den Juden einfach ignoriert wurden...

„Was wird nun werden?“ Mehr zu sich selbst als fragend sagte Vater es leise.

Mein Vater? Er war Finanzleiter bei der Nationalsozialistischen Volkswohlfahrt (NSV) gewesen, hatte immer anständig gehandelt und immer nur helfen wollen. Er konnte ohnehin keiner Fliege etwas zuleide tun.

Die Tragik seines Geschicks war, daß er in Berlin in den 20er Jahren bei dem jüdischen Bankier Louis Löser nach dessen betrügerischem Bankrott seinen Arbeitsplatz verloren und in dem darauffolgenden Prozeß als Hauptzeuge hatte aussagen müssen. So kam er zur NSV, froh, wieder Arbeit gefunden zu haben und, wie er meinte, etwas „Ideales“ errichten zu können. Es erforderte sehr viel Fleiß, die Finanzen aufzubauen und zu verwalten.

Als Soldat machte er dann den Polen- und Frankreichfeldzug mit, bis man ihn als Finanzfachmann zurückholte. Allmählich nahm er wahr, welch schreckliche Verbrechen in deutschem Namen begangen wurden, mitten im Kriege, viel zu spät.

Es war das große Pech in seinem Leben, immer auf das falsche Pferd gesetzt zu haben.

Wenige Tage später klingelte es an unserer Wohnungstür. Zwei englische Offiziere standen davor. Meine Mutter öffnete.

„Bitte, wir möchten Ihren Mann abholen, nur zu einem kurzen Verhör“, sagte der eine in tadellosem Deutsch und wies ein Formular vor, das meine Mutter in ihrer Aufregung gar nicht lesen konnte. Schreckensbleich sah sie zu, wie mein Vater, so wie er war, den Offizieren die Treppe hinab folgte.

Vom Balkon aus sahen wir, wie mein Vater, hinten sitzend, mit einem Jeep davongefahren wurde. Sein weißer Sommermantel flatterte im Wind, ein unvergeßlicher Augenblick. Meine Mutter weinte herzzerreißend.

Drei Jahre lang schleppten sie ihn von Internierungslager zu Internierungslager. Verhöre, Haft, Hunger, Kälte, Ungewißheit. Nach zwei Jahren erfuhr meine Mutter erstmals, wo er sich befand. Sie erhielt eine Karte mit nur zwölf erlaubten Worten. Ein lieber Nachbar hatte ihn denunziert.

Als Vater endlich zurückkam, folgte ein entwürdigendes „Entnazifizierungsverfahren"; er durfte nur als Nachtwächter im Hafen arbeiten. Dann endlich der Wiederbeginn als einfacher Buchhalter; doch alt geworden ist er nicht, mit 63 Jahren starb er an Asthma, das er sich im Inhaftierungscamp zugezogen hatte.

Nur drei Tage nach der Festnahme meines Vaters klingelte es bei uns erneut, mehrmals und energisch. Meine Mutter, bleich und nervös zwischen Bangen und Hoffen, mußte zur Tür und öffnen.

Ein Herr mittleren Alters betrat die Wohnung, ging gleich in die Zimmer und sah sich prüfend um. Er nickte, offensichtlich zufrieden, wandte sich dann an meine Mutter, die ängstlich zugeschaut hatte: „Ab heute bin ich Herr dieser Wohnung!" Unverkennbar der harte Wortklang aus dem Osten.

Jetzt raffte sie sich auf, zutiefst erschrocken. „Aber wieso... ?"

Er schnitt ihr das Wort ab: „Hier, die Einweisung vom Wohnungsamt!" Er wies auf ein amtliches Schreiben, das er aus seiner Brieftasche holte. Leider hatte es seine Richtigkeit. Er war ein armenischer Jude, der das Recht hatte, unsere Wohnung zu konfiszieren.

Meine Mutter, stumm vor Entsetzen, sah ihn an; er lenkte ein: „Also gut, räumen Sie die Wohnung! Ich gebe Ihnen 24 Stunden Zeit!" Damit verschwand er.

Es blieb keine Zeit, lange nachzudenken oder zu trauern. Mein Bruder und ich fuhren mit einem kleinen Bollerwagen die ganze Nacht hindurch das Notwendigste aus der Wohnung, die großen Möbelstücke mußten wir ohnehin stehenlassen.

Bei einer Tante krochen wir unter, in einem kleinen Zimmer von 13 Quadratmetern. Mein Bruder und ich schliefen in einem Raum unter dem Dach, der so kalt war, daß das Wasser in der Waschschüssel gefror; fließendes Wasser gab es dort nicht.

Meine Mutter mußte in der nächsten Zeit in Büros saubermachen und Toiletten schrubben, um uns finanziell über Wasser zu halten. Da sie ja keinen Beruf gelernt hatte, mußte sie noch heilfroh sein, diesen Job ausführen zu dürfen. Er hatte den Vorteil, daß ihr keine Zeit blieb, über ihren Kummer nachzudenken.

Hamburg 1945–1947. Jetzt begann für meine Mutter, meinen Bruder und mich eine echte Hungerszeit. Wer auf dem Lande lebte, konnte nicht ermessen, wie schlecht es einem Großstädter ging, der keinerlei Beziehungen besaß, nie den Inhalt eines Care-Paketes zu sehen bekam und auf das angewiesen war, was es auf Lebensmittelkarten gab. Gewiß, im Krieg hatten wir keinesfalls alles bekommen können, aber gehungert und gefroren wie in den ersten Nachkriegsjahren hatten wir nicht.

Welch ein Segen ein Grundnahrungsmittel wie die Kartoffel war, erfuhren wir erst jetzt. Als Zuteilung erhielt jeder vier Stück, nicht etwa pro Tag, nein, pro Monat! Dazwischen Steckrüben, Steckrüben, Steckrüben. Morgens, mittags und abends. Zum Teil waren sie so schlecht, daß sie an das Vieh nicht mehr verfüttert werden durften. Gebraten in einem Kaffee-Ersatzrest, der nicht einmal diesen Namen verdiente. Dazu Frikadellen aus undefinierbaren Fischresten.

Als Festessen bezeichneten wir das vielgelästerte Maisbrot oder dicke Graupen aus der Kochkiste mit falscher Schlagsahne aus Magermilch und etwas Grieß.

Ich gebe zu, in dieser Zeit habe ich auch die Bauern hassen

gelernt. Mit unseren letzten Wertgegenständen wie ein paar Schmuckstücken, Bildern, Teppichen, manchmal auch mit Spielzeug fuhr ich auf einem geliehenen Fahrrad auf Hamstertour zu den Bauern der Umgebung, um ein bißchen Butter, Speck, Wurst oder ein paar Eier einzutauschen. Gewiß, sie wurden aus der Großstadt überlaufen, aber sie haben mich auch preislich ganz schön ausgenommen. Und wenn man Pech hatte, nahm einem die Polizei an der Stadtgrenze alles wieder ab. Es gab aber auch Polizisten, die einfach wegguckten.

Was war das für ein herrlicher Tag, als unser Klassenlehrer, den Unterrichtsraum betretend, auf ein vielversprechendes Paket unter seinem Arm klopfte! „Kinder, heute hab' ich was ganz Besonderes! Eine Zuteilung echter Schokolade!"

Schokolade! Wie lange schon hatten wir alle keine zu sehen bekommen! Mucksmäuschenstill war es plötzlich, die sonst so wilden Knaben sahen fasziniert zu, wie der Lehrer die Tafeln zerteilte: „Bitte, für jeden nur eine Rippe!" Wir warteten mit fiebernden Augen, bis alle ihr Stückchen erhalten hatten.

Der Lehrer lächelte gequält. „Und Sie?" fragte ich ihn.

Er schüttelte den Kopf. „Für mich ist das nicht gedacht!" Klar, daß wir ihm etwas abgaben!

Und dann ist wohl nie andächtiger ein simples Stück Cadbury-Schokolade gegessen worden!

Buchstäblich gerettet hat uns Kinder in dieser Hungerszeit die bald einsetzende Schulspeisung aus Heeresbeständen der Engländer und Amerikaner oder aus Spenden der Schweden.

Keks-, Schokoladen- und Erbsensuppe wurden zum Begriff, wir freuten uns alle auf die Essenspause nach der vierten Stunde. Die armen Lehrer, die uns danach in der fünften und sechsten Stunde noch unterrichten mußten!

„Willst du in den Ferien für mich essen? Wir sind nicht da." Ein Klassenkamerad machte mir dieses verlockende Angebot. Ein zweiter meldete sich in gleicher Weise. „Wir auch nicht! Meine Essenmarke kannst du ebenfalls haben!" Phantastisch!

Ohne zu zögern nahm ich an; die Möglichkeit zu verreisen war für mich ja nicht gegeben.

In den Ferien 1946 habe ich mich das erste Mal seit vielen Monaten wirklich satt gegessen. Schulspeisung für drei Kinder! Ein Paradies! Und manchmal gab es für die in Hamburg Gebliebenen auch noch Nachschlag, den wir im Kochgeschirr mit nach Hause nahmen. Ich glaube, das war an sich verboten, aber niemand sagte etwas.

Buchstäblich vollgefressen lagen wir in der Schule auf den Bänken, um uns von der Anstrengung des Essens zu erholen. Erst langsam kamen wir wieder zu uns und gingen dann angemessenen Schrittes zur U-Bahn. Ich weiß noch genau, wie ich auf der Heimfahrt an der scharfen Kurve vor der Kellinghusenstraße Angst hatte, in den meist vollen Waggons einen fremden Ellenbogen in den Bauch zu bekommen. Die Gefahr war nicht auszuschließen, „rückwärts zu essen".

Dennoch, diese „Freßferien" waren für uns großartig und haben mich und Gleichgestellte vor Schlimmerem bewahrt. Ein herzlicher Dank allen Spendern der Schulspeisung!

„Was machen wir bloß im Winter? Wir haben nur ganz wenig zu heizen!" Meine Mutter sagte es bekümmert.

Sie hatte recht. Es war Herbst und schon jetzt abends empfindlich kalt in unserem kleinen Zimmer. Zwar besaßen wir inzwischen einen winzigen, eisernen Kanonenofen mit dem Abzugsrohr durchs Fenster, wie viele in jenen Tagen, aber mit der mageren Holzzuteilung kamen wir nicht weit.

Abend für Abend saßen sonst friedliche und ehrliche Bürger auf Bäumen und sägten Äste ab. Auch das Bauholz für die Grindelhochhäuser – ursprünglich als Siedlung für Engländer geplant – mußte bestimmt dreimal angefahren werden, weil es trotz Bewachung immer wieder gestohlen wurde. Leider waren mein Bruder und ich für diese Art Betätigung körperlich einfach noch zu schwach.

„Ich gehe Kohlen klauen!"

Mein Entschluß war gefaßt. Von Aktionen dieser Art hatten wir natürlich gehört; täglich waren frierende Hamburger unterwegs, um sich von den vollen Kohlezügen aus dem Ruhrgebiet, bestimmt für den Export nach England oder für die gerade wieder anlaufende Industrie, Kohlen zu „organisieren". In Hamburg-Eidelstedt wurde die wertvolle Fracht umgeladen.

„Aber das kannst du doch nicht!" Meine Mutter war erst dagegen, aber Alternativen gab es nicht.

Also fuhr ich morgens gegen vier Uhr mit der ersten Straßenbahn los. Sie war schon recht voll, ich war in guter Gesellschaft: Rechtsanwälte und Unternehmer, Arbeiter und Angestellte, Pastoren und Professoren, Beamte, Ärzte und Arbeitslose – alle hatten das gleiche Ziel. Die Not nivellierte alle Standesunterschiede und nahm einen demokratischen Prozeß vorweg. Die Gespräche drehten sich nur um das eine:

„Hoffentlich sind nicht so viele Polizisten da!"

„ ... und keine Hunde!"

„Ein Teil von uns lenkt die Bewachung ab!"

„ ... und die anderen stürmen einen Waggon!"

„ ... keine MP mit Waffen ...!"

An der Endstation stieg ich mit allen aus. Wir zogen zum Güterbahnhof. Richtig, da stand ein langer Zug, Wagen an Wagen voll mit der begehrten Kohle, dahinter ein paar Loks, alles bewacht von deutschen Polizisten, leider mit Hunden.

Lärm erhob sich, Beschimpfungen von der Menge, einige Polizisten warfen mit Kohlen, die begierig aufgelesen wurden. Dann ein triumphierender Schrei: Einige Mutige hatten einen Waggon erklettert und die Luke aufgewuchtet. Kohlen polterten auf die Schienen, die Menge war nicht mehr zu halten und stürzte darauf zu. Es war kurz vor einer Prügelei.

Ich begriff, daß ich dort nicht zum Zuge kommen würde. Statt dessen rannte ich zu einer der allein stehenden Loks, kletterte auf den Tender und füllte meinen Rucksack mit gewaltigen Brocken Bunkerkohle. Schnell wieder runter, es was höchste Zeit! Mit Trillerpfeifen alarmierte zusätzliche Polizisten gingen mit Hunden gegen die Kohlenklauer vor. Ich astete mit dem schweren Rucksack vom Bahngelände, so schnell mich meine Füße trugen, Gott sei Dank unbehelligt. Den „Kleinen“ hatte wohl niemand im Auge. Ohne Kontrolle fuhr mich die Straßenbahn nach Hause. – Mühselig in Stücke geschlagen, reichte die Bunkerkohle bei größter Sparsamkeit fast einen ganzen Monat für unseren kleinen Ofen.

Es war Januar 1947, bitterkalt. Meine Füße merkte ich längst nicht mehr, auch die Hände waren steif, obwohl ich sie in die Taschen gesteckt hatte.

Die Schlange wurde einfach nicht kürzer! Schon drei Stunden stand ich vor dem kleinen Fischgeschäft am Eppendorfer Baum, eine kleine Treppe führte hinunter in den Kellerladen. Ein Stückchen Frischfisch war auf einem Abschnitt der Lebensmittelkarte aufgerufen, eine langentbehrte Leckerei.

Die Türe war geschlossen, nur wenn ein Kunde bedient worden war, durfte ein neuer eintreten. Quälend langsam ging es weiter. Als ich endlich das Schaufenster sah, fürchtete ich, nichts mehr abzubekommen, denn mit jeder Person vor mir, die ihre Zuteilung erhalten hatte, schwand der Fischvorrat beängstigend dahin.

„Na, junger Mann, was soll's denn sein?“

Reiner Hohn, diese Frage, nachdem ich endlich an der Theke stand. Vielleicht auch Galgenhumor. Mit klammen Fingern reichte ich meine Marken und das Geld über den Tresen, krampfhaft diesen kostbaren Besitz umklammernd; ich hatte schon lange kein Gefühl mehr in den Fingern.

Was war ich froh, daß ich doch noch ein Stück Fisch ergattert hatte! Denn kurz hinter mir war Schluß mit dem Verkauf, die enttäuschten und erbitterten Gesichter derjenigen, die kurz vor dem Ziel auf das nächste Mal vertröstet wurden, waren ein jammervoller Anblick. Stolz trug ich meine Beute nach Hause. Gerührt nahm meine Mutter mich in die Arme. Für diesen „Einkauf“ hatte ich insgesamt fünf Stunden benötigt!

Endlich Sommer! Die Sonne brannte vom Himmel. Mein Freund und ich spielten am Isequai.

„Du kriegst mich doch nicht!" schrie er und rannte los, ich sofort hinter ihm her. Ich war ein guter Läufer und kam ihm näher, doch es war in der Hitze eine schweißtreibende Angelegenheit. Als ich im Laufen in die Tasche langte, um mein Taschentuch zu angeln, zog ich mit ihm ein Stück Papier heraus. Lustig flatterte es im Wind, flog dann über das Ufer und lan-

Unser erste Klassenfahrt 1949 nach Sylt. Wir spielen gegen die Heinrich-Hertz-Schule Handball. Der zweite von links (stehend) bin ich.

dete – platsch! – im Wasser. Jäh blieb ich stehen. Um Gottes willen, die Lebensmittelkarte! Ich hatte am Morgen eingekauft und vergessen, sie zu Hause wieder abzuliefern. Nicht auszudenken, wenn ich sie nicht wiederbekäme!

„Hans, Hans", schrie ich verzweifelt, „hilf mir!"

Ich kniete schon nieder, legte mich auf den Bauch und versuchte, die Karte zu erreichen. Vergeblich!

Hans war stehengeblieben, hörte wohl an meiner Stimme, daß es ernst war. Im Nu war er bei mir, mit vereinten Kräften arbeiteten wir an der Rettungsaktion: Er hielt meine Beine fest, ich streckte mich über die Uferkante, daß mein Bauch fast das Wasser berührte, griff nach der Lebensmittelkarte. Ja, jetzt hatte ich sie, nein, sie entglitt mir wieder, begann jetzt sogar, fast vollgesogen, zu sinken. Ich war der Verzweiflung nahe.

Ein Himmelreich für ein Boot! Aber natürlich gab es keines, was unbewacht erreichbar gewesen wäre, nicht in dieser Zeit! Mein Blick irrte suchend umher. Da plötzlich, die Rettung! Ein angekohlter Balken von einem Trümmergrundstück, halb stak er unter Sand und Steinen, halb ragte er ins Wasser.

„Hans, da!" Ich deutete auf das Stück Holz. Er verstand sofort. Fieberhaft zerrten und stießen wir Sand und Steine zur Seite, bis endlich der Balken zu schwimmen begann.

Es nutzte nichts: Schuhe und Strümpfe ausgezogen, setzte ich mich vorsichtig rittlings auf das glitschige Etwas, die Füße im trüben Wasser, und rutschte auf die Lebensmittelkarte zu.

Es wurde höchste Zeit! Ich erwischte sie gerade, als sie am Absacken war. Triumphierend hielt ich das Stück Papier in die Höhe, das völlig durchnäßt und an einer Seite eingerissen war. Vorsichtig paddelte ich zurück. Kurz vor dem Ufer war ich zu ungeduldig, erhob mich und wollte an Land springen, rutschte aus und klatschte bis zum Bauch ins Wasser. Aber die wichtige Karte war gerettet! Hans zog mich heraus, Hose und Karte mußten in der Sonne trocknen, gut, daß sie beharrlich schien!

Niemand kann sich vorstellen, wie erleichtert ich war, daß ich die Marken wiederbekommen hatte. Verlorene Lebensmittelkarten bedeuteten damals fast ein Todesurteil. Nachdem ich ihr über das Abenteuer berichtet hatte, schimpfte meine Mutter nicht mit mir, sondern war wie ich einfach nur froh über den günstigen Ausgang.

(Weitere Erinnerungen dieses Autors finden Sie im Band „Jugend 1945–1950" der Reihe **ZEITGUT***.)*

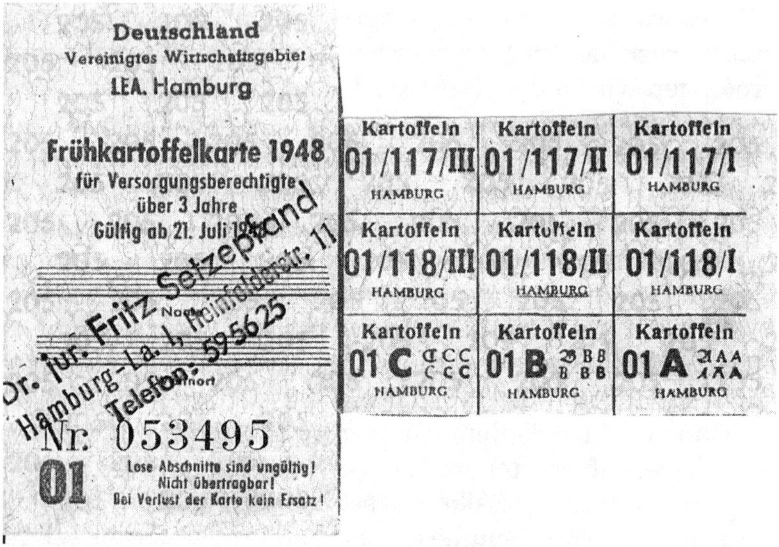
Deutschland
Vereinigtes Wirtschaftsgebiet
LEA. Hamburg
Frühkartoffelkarte 1948
für Versorgungsberechtigte
über 3 Jahre
Gültig ab 21. Juli 1948
Dr. jur. Fritz Setzepfand
Hamburg-La. I, Heinfelderstr. 11
Telefon: 595625
Name
Wohnort
Nr. 053495
01
Lose Abschnitte sind ungültig!
Nicht übertragbar!
Bei Verlust der Karte kein Ersatz!

Kartoffeln 01/117/III HAMBURG	Kartoffeln 01/117/II HAMBURG	Kartoffeln 01/117/I HAMBURG
Kartoffeln 01/118/III HAMBURG	Kartoffeln 01/118/II HAMBURG	Kartoffeln 01/118/I HAMBURG
Kartoffeln 01 C HAMBURG	Kartoffeln 01 B HAMBURG	Kartoffeln 01 A HAMBURG

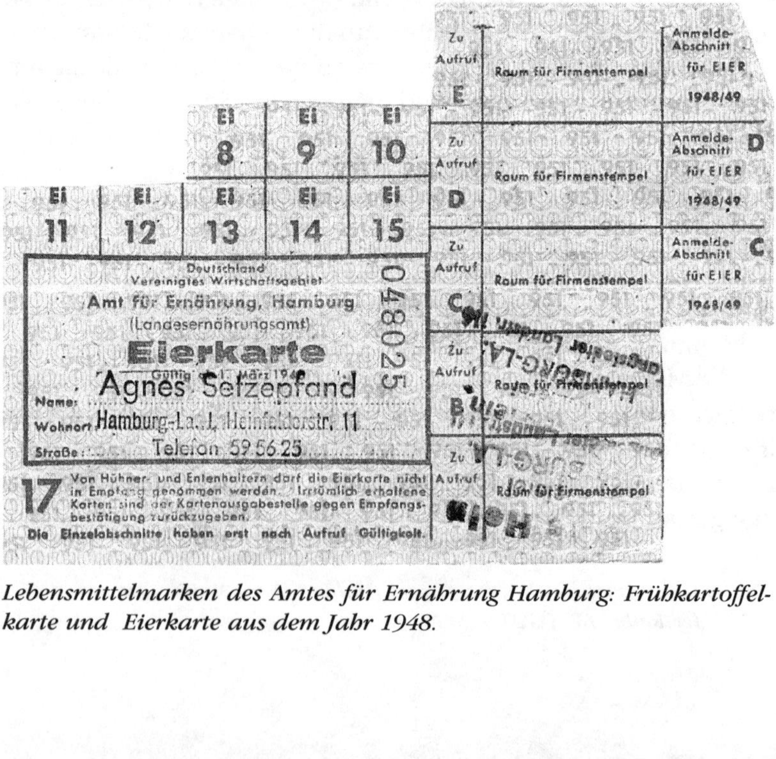
Zu Aufruf E	Raum für Firmenstempel	Anmelde-Abschnitt für EIER 1948/49
Zu Aufruf D	Raum für Firmenstempel	Anmelde-Abschnitt D für EIER 1948/49
Zu Aufruf C	Raum für Firmenstempel	Anmelde-Abschnitt C für EIER 1948/49
Zu Aufruf B	Raum für Firmenstempel	
Zu Aufruf	Raum für Firmenstempel	

Ei 8 · Ei 9 · Ei 10
Ei 11 · Ei 12 · Ei 13 · Ei 14 · Ei 15

Deutschland
Vereinigtes Wirtschaftsgebiet
Amt für Ernährung, Hamburg
(Landesernährungsamt)
Eierkarte
Gültig ab 1. März 1948
Name: Agnes Setzepfand
Wohnort: Hamburg-La. I, Heinfelderstr. 11
Straße: Telefon 59 56 25
048025
17
Von Hühner- und Entenhaltern darf die Eierkarte nicht in Empfang genommen werden. Irrtümlich erhaltene Karten sind der Kartenausgabestelle gegen Empfangsbestätigung zurückzugeben.
Die Einzelabschnitte haben erst nach Aufruf Gültigkeit.

Lebensmittelmarken des Amtes für Ernährung Hamburg: Frühkartoffelkarte und Eierkarte aus dem Jahr 1948.

[Rotenburg an der Fulda; 1945]

Sigrid Becher

Die Amerikaner

Vielleicht sollte ich den Amerikanern – in dieser Zeit nur „die Amis“ genannt – doch ein Extrakapitel widmen, überlegt Lina, denn diese vorwiegend jungen Soldaten aus Übersee waren Linas – und nicht nur ihre – erste Begegnung mit einer freien, unkomplizierten, heiteren Welt.

So mußte es einem Kind direkt nach dem Krieg vorgekommen sein, denn die sogenannten Eroberer waren ausgesprochen kinderlieb. Sie verteilten an die Rotenburger Kinder freigiebig Apfelsinen – wie schält man die bloß? – und Süßigkeiten, wobei die mit Schokolade überzogenen Butterfinger aus Erdnußmark besonders beliebt waren. Jedenfalls haben Lina und ihre Freundinnen nur schöne Erinnerungen an diese Zeit kurz nach dem Krieg. Bei den Erwachsenen mochte das anders gewesen sein.

Schlimmes war noch in letzter Minute verhindert worden, als die Amerikaner nämlich die Schüler, die noch kurz vor Toresschluß Panzerfäuste auf die feindlichen Panzer werfen sollten, alle an die Wand stellen wollten. Den nicht sehr hellen Sohn eines Eisenwarenhändlers schlugen sie so zusammen, daß sein Verstand seitdem überhaupt nicht mehr funktionierte.

Das Bäumerchen und Lina philosophierten manchmal über einen anderen Ausgang des Krieges, und wie schrecklich das für sie alle geworden wäre. Die beiden mußten doch mehr von den Erwachsenengesprächen mitbekommen haben, als gemeinhin vermutet. Der Krieg war im Frühjahr schon verloren, obwohl einige Rotenburger das nicht wahrhaben wollten.

Als die Amerikaner vor Braach, dem Nachbardorf, standen, und man ihre Artillerie im nahen Rotenburg laut und deutlich vernehmen konnte, versicherte Bäumerchens Mutter der skeptischen Nachbarin Korn, daß es sich hierbei natürlich um deutsche Geschütze handele.

Nun, kurz darauf stand direkt neben dem Haus vom Postmeister Weinand ein Panzer, und zwar ein amerikanischer, wie sich nach einigem Rätselraten herausstellte. Das war kurz bevor die Bewohner des Frauenbergs im „Kapitulationswald" verschwanden.

Bald danach gehörten die amerikanischen Soldaten zum Stadtbild, und die Rotenburger konnten die ersten Schwarzen in Uniform bestaunen. Die Kantine der Amis war in der ehemaligen Fremdarbeiterunterkunft. Abend für Abend spielte

Rotenburg an der Fulda. Aufnahme aus dem Jahre 1942. Die Stadt blieb unzerstört.

sich hier das gleiche ab: Die deutschen „Fräuleins“ standen hungrig und mit einem Teller in der Hand vor der Kantine, bis die gesättigten Amis herauskamen und ihre Essenreste auf die Teller legten, anstatt sie in die bereitstehenden Mülleimer zu kippen.

Lina fand das Ganze reichlich unappetitlich, besonders als sie einmal sah, wie eine junge Frau die Butterreste von einem abgegessenen Teller kratzte. Vielleicht hatte Lina nie richtigen Hunger verspürt, denn dann kann man sich eigentlich keinen Ekel leisten.

Natürlich hatten die Rotenburger auch ihre Probleme mit den Amerikanern, nicht überall führten sich diese so gut auf wie auf dem Frauenberg. Wahrscheinlich hatten sie in einigen Häusern auch Hinweise auf eine rege Nazitätigkeit gefunden. Warum sonst hätten sie in einem Haus an der Landstraße alle Polstermöbel aufschlitzen sollen?

Frau Korn hatte ein eher ärgerliches Erlebnis mit einem der Soldaten. Er stand mit einem Sack Mehl vor ihr und wollte diesen gegen des Führers „Mein Kampf“ eintauschen, ein Buch, das in jeder deutschen Familie zu finden gewesen war – wenn es auch keiner gelesen haben wollte –, denn es wurde bei der Eheschließung zusammen mit dem Familienstammbuch überreicht.

Nun hatte Frau Korn dieses bedeutende Werk kurz vor dem Einmarsch der Amerikaner hastig in den Ofen gesteckt und in Flammen aufgehen lassen.

Woher hätte sie auch wissen sollen, daß es für die Amis ein begehrtes Souvenir werden würde? Auf das kostbare Mehl mußte sie nun leider verzichten.

Für die Schulkinder aber war die amerikanische Besatzung eine Rettung vor dem preußisch geprägten Schulsystem: Kein Kind durfte mehr von einem Lehrer geschlagen werden, und im Gleichschritt zu marschieren war verboten, was die Lehrer zu merkwürdigen Anstrengungen veranlaßte, wenn sie eine Schulklasse von einem Ort zum anderen geleiten mußten. Die

Schüler fanden das natürlich eher lustig und hampelten munter durch die Gegend.

Die Kinder vom Frauenberg entdeckten eines Tages am Eingang zum Mottenbachtal die von den Amis dort abgestellten Schneefräsen, über die sie sich gleich hermachten. Es gab viel auszuschlachten! Auf diese Weise waren sie wochenlang beschäftigt, und manch einer trug eine interessante Trophäe nach Hause.

Da Kindheitserlebnisse prägend sind, hatte sich bei Lina und Gertrude eine Vorliebe für Amerika eingeschlichen. Sie lasen alle einschlägigen Bücher, die das Amerika-Haus zu bieten hatte, und verfolgten mit Spannung den amerikanischen Wahlkampf. Gertrude wedelte mit der amerikanischen Flagge und schrie lauthals: „I like Ike", womit sie auf der Seite des Siegers stand. Daß sie später, während ihrer Ausbildung in Heidelberg, – natürlich! – einen amerikanischen Wehrdienstleistenden treffen und ehelichen würde, das hat sie weiß Gott damals nicht ahnen können. Und aus diesem Grund gelangte auch Lina eines schönen Tages nach Amerika, wo sie bei wiederholten Besuchen ihre guten „Vorurteile" von damals bestätigt fand.

[Aken, Sachsen-Anhalt;
Mai 1945]

Karl-Heinz Genz

Mutproben

In unserem Haus am Rande der Stadt, am Klapperstorchturm, wohnten in fünf Räumen zehn Personen. Darunter Ausgebombte aus Duisburg, Mutter, Großmutter und Sohn.

Aken: Der Dessauer Torturm, im Volksmund wegen des Storchennestes Klapperstorchtum genannt. Hier wurde eine der Panzersperren errichtet.

Der Sohn, 19 Jahre alt, war ein rechter Tausendsassa. Im Krieg hatte er durch eine Mine beide Beine verloren, dennoch fuhr er eine 750er BMW mit Seitenwagen. Mit dem Motorrad und zwei Säcken und zwei Koffern Gepäck waren Großmutter, Mutter und Sohn von Duisburg gekommen.

Auf dem großen Hof fuhr Hans Barten, so hieß der junge Mann, mit angehobenem Seitenwagen Kreise und Achten. Und er konnte so interessant erzählen. Wenn er von seinen Abenteuern als Kradmelder berichtete, hing ich ganz verzückt an seinen Lippen. Ich war neun, und er war mein Vorbild.

Ein Tag kurz vor Kriegsende. Es war Feindalarm gegeben worden, und die Amerikaner, aus Calbe kommend, standen bereits wenige Kilometer vor Aken.

Wir wohnten am anderen Ende des Ortes, Richtung Dessau. Die Straße war nicht mehr zu benutzen. In Höhe Klapperstorchturm war aus Bäumen und Sand eine Panzersperre errichtet worden, drei Meter hoch, vier Meter tief, ein ganz schönes Bollwerk. Der Bogendurchgang des Turmes war bis auf eine Schießscharte ebenso gesichert. Im Turm lagerten Panzerfäuste und Munition. Wir Jungen machten immer einen großen Bogen darum.

Aken, kurz vor Kriegsende: Aus Bäumen und Sand waren Panzersperren errichtet worden, drei Meter hoch, vier Meter tief.

Da, wie gesagt, Feindalarm gegeben worden war, spielten wir nur auf dem Hof. Auf einmal ging es wie ein Lauffeuer von Haus zu Haus: „Die Amerikaner sind da!"

Hans sprang in großen Sätzen, drei Stufen gleichzeitig nehmend, mit seinen Holzbeinen in Richtung Dachluke.

„Komm runter", rief entsetzt seine Mutter, „die erschießen dich noch!"

„Ach was", schallte es nur von oben. Mit dem Fernglas konnte Hans bis zur Kleinzerbster Straße schauen. Unbeirrt gab er seine Lageberichte: „Die Panzer fahren an Aken vorbei. Die Staubwolke ist deutlich zu sehen." Und weiter: „Nein, sie drehen bei, sie fahren auf uns zu!"

Unter den Frauen der Straße mußte es ein paar Tage zuvor eine Verschwörung gegeben haben, denn als die Panzer mit dem fünfeckigen weißen Stern unsere Straße heraufrollten, standen plötzlich zehn, zwölf Frauen auf der Panzersperre, schwenkten weiße Bettlaken und gingen daran, die Baumstämme mit Seilen aus der Verankerung zu ziehen.

Die Amerikaner warteten bei laufenden Motoren, bis die Frauen die Panzersperre eingerissen hatten. Sodann wühlte sich der erste Panzer durch den riesigen Sandberg, der noch liegengeblieben war, die anderen folgten. Einige Soldaten sprangen ab und durchkämmten die Häuser. Die anderen sicherten sie von den Panzern aus, die MP im Anschlag.

An unserem Ende des Ortes zeigte sich kein einziger „Verteidiger". Der Volkssturm, eine Ansammlung nicht kriegsfähiger Männer von 16 bis 70 Jahren, stand am anderen Ende des Ortes und erwartete dort den Feind.

Zirka 1000 Meter von unserer Panzersperre entfernt war zwischen Ritter- und Elbstraße die nächste. Als die Panzer dort ankamen, wollten wieder einige mutige Frauen die Bäume wegräumen, doch sie wurden vom Rathaus her von Deutschen beschossen, so daß sie das Vorhaben aufgeben mußten. Ohne zu feuern zogen sich die Panzer zur Ritterstraße zurück.
An der Ecke zur Bärstraße befand sich die Gaststätte „Deut-

sches Haus". Im Keller des Hauses saß Hitlerjunge Max. Wie in allen Kellern, die Fenster zur Straße besaßen, lagen auch dort zwei Panzerfäuste. Max hörte die Panzer herannahen, nahm eine Panzerfaust, ließ den ersten Panzer ein Stück vorbeirollen und schoß von hinten auf ihn, traf aber nur die Kette. Die Amerikaner, wütend ob des Empfanges, feuerten Handgranaten und Granaten zurück, Teile des Hauses brachen ein, der Keller wurde für Max zum grausigen Grab einer unsinnigen Mutprobe.

Die Stadt wurde kampflos übergeben, die kämpfenden Einheiten zogen weiter, die Besatzungstruppen trafen ein. Langsam normalisierte sich das Leben. Wir Kinder trauten uns wieder auf die Straße. In der Bärstraße befand sich ein Bunker, zwei Meter tief unter der Erde, zirka 30 bis 50 Meter lang, oben dick mit Erdreich abgedeckt und gepflastert. Im Bunker, aber auch oben ließ es sich herrlich spielen.

Die älteren Jungen kamen auf die verrücktesten Ideen. Um anerkannt zu werden, gab es Mutproben. In der Gaststätte „Zum Goldenen Stern" an der Ecke Fährstraße hatten sich die Amerikaner einquartiert. Unter dem Fenster neben der Eingangstür stand ein Panzerspähwagen. Davor ein Lastwagen, der Kartons geladen hatte mit für uns sehr, sehr wertvollem Inhalt: Schokolade, Zigaretten, Kaugummi, Keksen, Käse und Wurst in Dosen. Eiserne Rationen für die Soldaten. Wer solch ein Päckchen stahl, der war wahrlich ein ganzer Kerl.

Also legten wir uns am Klapperstorchturm auf die Lauer. Bis zum Lastwagen waren es ungefähr 50 Meter. Ein Amerikaner verließ die Gaststätte, machte sich am Wagen zu schaffen, ging wieder hinein. Die Spannung wuchs. Los, zehn Meter vorwärts! So ein Pech, wieder kam ein Soldat heraus. Mit dem Bauch im Sand schnell zurückgerobbt. Warten. Der Soldat kehrte um.

Jetzt los, rennen, was die Füße hergaben, dann ein Sprung, ein Klimmzug, das Päckchen greifen und zurücklaufen, als ob der Teufel hinter einem her war!

Erst zum Turm, keiner hatte etwas bemerkt, dann schnell die

30 Meter bis zur Himmelreichstraße und noch einmal 80 Meter bis zum Bunker. Keuchend kauerte ich mich in eine Ecke, alle Jungen um mich herum. Die Großen packten gleich aus und nahmen die Zigaretten und Streichhölzer an sich. Der Rest wurde an alle verteilt. Jeder bekam nur ein kleines Stück, aber es schmeckte vorzüglich!

Unser Haus hatte ein Schaufenster, das wegen der Verdunkelung bei Fliegeralarm mit einem Rollo versehen worden war. In den unteren Teil des Rollos hatten Norbert und ich kleine Löcher gepolkt, um unbemerkt auf die Straße sehen zu können: Drei amerikanische Soldaten kamen näher. Der eine trug eine Rolle auf dem Rücken, während die beiden anderen den Telefondraht abrollten und entlang den Häuserwänden verlegten. Am Turm schräg gegenüber lag er im Sand verborgen.

Da kam uns die Idee, den Draht durchzuschneiden, dann könnten die Amis nicht mehr telefonieren. Wir warteten, bis niemand mehr zu sehen war. Dann gingen wir über die Straße, taten so, als ob wir spielen wollten. In einem unbeobachteten Moment durchtrennten wir mit der Schere den Draht und verscharrten die Enden wieder im Sand. Blitzschnell liefen wir zurück ins Haus, kauerten uns hinter unser Rollo. Mit Herzklopfen harrten wir der Dinge, die nun geschehen würden.

Wir wurden auf eine harte Probe gestellt. Schon dachten wir, die Amerikaner hätten es nicht bemerkt. Enttäuschung machte sich breit.

Doch jetzt kamen zwei Soldaten, der eine hatte eine Stange in der Hand, vorne mit einer Rolle, über die ein Kabel lief. Gleich würden sie die Stelle finden, an der wir den Sabotageakt verübt hatten. Da, jetzt hatten sie die zerschnittene Litze entdeckt! Sie schauten sich um. Wir fingen an zu schwitzen und hatten das Gefühl, sie könnten uns durch das Rollo sehen. Dann machten sich die Soldaten daran, die Stelle mit Isolierband zu flicken und verschwanden wieder.

Wir schauten uns an und wußten beide, so eine Mutprobe mußte nicht noch einmal sein.

[Hamburg;
1945–1948]

Agnes Setzepfand

Der Alptraum ist ausgeträumt

Als sich die Lage an allen Fronten dramatisch zuspitzt, ziehen wir in das vier Kilometer entfernte Haus meines Großvaters. Wir fürchten den Einmarsch der Engländer, haben Angst um unser Leben. Wenn es zum Äußersten kommt, wollen wir wenigstens alle zusammen sein.

Eines Tages kommt mein Vater mit seinem Adjutanten. Aufgrund seiner vielen Magengeschwüre war er vor Monaten in die Kaserne nach Wentorf bei Hamburg versetzt worden. Er bringt uns grüne Wolldecken und viele Schachteln Schoca Cola aus Armeebeständen, denn die Übernahme der Kaserne durch die Engländer steht bevor. Die coffeinhaltige Schokolade bekommt uns schlecht, zumal wir uns alle darauf stürzen.

Gott sei Dank wird Hamburg kampflos übergeben. Ich erinnere mich an die bewegenden Abschiedsworte des Gauleiters Kaufmann. Wir sitzen um den Küchentisch herum und weinen.

Kaufmann hat eine große Menge Lebensmittel freigegeben. Tante Frieda kocht mit Backpflaumen gefüllte schlesische Speckknödel, über die ich mich hermache wie ein wildes Tier. Bald wird mir übel. Tagelang bin ich sterbenskrank.

Eigentlich soll ich bei meinen Fahrradfahrten in Rufweite bleiben. Trotzdem fahre ich nach Hause, um meine Spielkameraden zu besuchen.

Wie erschrecke ich, als ich in die Heinfelderstraße einbiege! An der rechten Seite, zum Park hin, steht ein englischer Panzer hinter dem anderen. Fremde Soldaten laufen herum, sitzen im Gras, liegen in der Sonne.

So also sehen Feinde aus, Menschen, die ich mir wie Ungeheuer vorgestellt habe! Sie lachen, scherzen mit uns in ihrer komischen Sprache mit deutschen Brocken durchsetzt, ja sie zeigen uns einen Panzer und geben uns Schokolade. Ich kann es nicht fassen, traue mich nicht, die Süßigkeiten zu essen aus Angst, ich werde vergiftet.

Wir beziehen unsere Wohnung wieder, um sie vor der Beschlagnahme zu retten. Das ist wichtig, denn kaum sind wir zu Hause angekommen, da erscheint ein englischer Offizier. Meine Schwester Christa bekommt gerade die Flasche. Margret nutzt den Augenblick der Abwesenheit meiner Mutter, um die Flasche auszutrinken, worauf ein mörderisches Geschrei folgt. Der Offizier winkt ab: „Gutt, gutt, Babys", und verabschiedet sich. Wir bleiben die einzigen im Hause, die keine fremde Einquartierung bekommen.

Es folgt eine schlimme Zeit. Die Schulen bleiben geschlossen. Sie werden für die britischen Soldaten und Flüchtlinge gebraucht. Mein Vater ist in Putlos in Holstein gefangengenommen worden. Er hat dort nichts auszustehen, ja er kommt sogar hin und wieder zum Wochenende nach Haus.

Da meine Eltern meine geistige Verwahrlosung befürchten und Angst haben, ich würde die Aufnahmeprüfung für die Oberschule nicht bestehen, erhalte ich zusammen mit einigen Freundinnen Privatunterricht bei Frau Will. Sie ist furchtbar dick, hat eine tiefe Stimme, tritt burschikos auf und erinnert mich an ein Lutherbild, das ich einmal gesehen habe. Was sie zu bieten hat, finde ich schrecklich langweilig und verfluche die Oberschule zum ersten Mal.

Nach seiner Entlassung aus der Gefangenschaft muß mein Vater als ehemaliger PG (Parteigenosse) in den Trümmern arbeiten und Steine klopfen, denn das Baumaterial wird zum

Wiederaufbau gebraucht. Er ist sehr deprimiert und kommt täglich mit blutigen Händen nach Hause. In seinem Rucksack bringt er angekohlte Holzstücke mit. Damit beheizen wir den einzigen kleinen Ofen, der aus Stahlplatten zusammengenietet ist, und dessen Rohr durch einen Pfeiler am Fenster ins Freie geleitet wird. Wenn der Wind aus einer bestimmten Richtung weht, wird der Qualm ins Zimmer gedrückt, so daß wir lieber frieren.

Im Winter können wir von unserer Wohnung nur das zwölf Quadratmeter große ehemalige Eßzimmer nutzen. Hier steht eine Couch, auf der meine Mutter und Tante Frieda schlafen, ein Kinderbett, für das ich schon zu groß bin, ein Tisch und Stühle. Unter den Fenstern werden die Briketts gestapelt. Papier und Kleinholz zum Feueranzünden befindet sich im Sekretär meiner Mutter. Wir trauern unserer Zentralheizung nach.

Mein Vater und unser Hausmädchen schlafen in den unteren Räumen. Im Zimmer unserer Inge werden unter ihrem Bett Kartoffeln gelagert. Damit sie nicht dauernd in den Raum kullern, hat mein Großvater ein Brett vor das Bett genagelt.

Meine kleinen Schwestern schlafen im ehemaligen Wohnzimmer, das an den beheizbaren Raum grenzt. Nachts wird die Verbindungstür zwischen den beiden Zimmern geöffnet, so daß auch dieser Raum ein wenig erwärmt wird.

Täglich gibt es Stromsperren. Wir sitzen um den Tisch bei einem sogenannten Hindenburglicht. Man muß sich diese Kerze vorstellen wie ein Teelicht mit größeren Durchmesser, wobei das bräunliche Wachs in einer Pappschale schwimmt. Der Geruch ist gewöhnungsbedürftig.

Die schönste Erinnerung aus dieser Zeit sind die Abendstunden, in denen mein Vater uns im Schein der flackernden Kerze Romane vorliest. So habe ich, gemütlich im Bett liegend, die erste Bekanntschaft mit Literatur gemacht. Besonders „Onkel Toms Hütte“ von Beecher-Stove hat mich sehr beeindruckt, auch Hauffs „Das Wirtshaus im Spessart“. Aber es geht auch leichter zu. Wir lachen über die Berliner „Familie Buchholz“ von Julius Stinde und andere Humoresken. Tante Frieda schläft immer schon nach den ersten Seiten ein und schnarcht melodisch vor sich hin. Am nächsten Morgen müssen wir ihr den Ausgang der Geschichten erzählen.

Theoretisch findet der Schulunterricht wieder statt, aber da die Schulen nicht beheizt werden, läuft es darauf hinaus,

Sommer 1946. Meine Eltern mit uns drei Geschwistern. Die Größte bin ich, 11 Jahre alt, Christa sitzt auf meinem Schoß, Margret bei meiner Mutter.

daß wir uns nur kurz treffen, um Hausaufgaben abzuholen, die am nächsten Tag besprochen werden. Diese Zeit genügt, um uns schlecht ernährte Kinder völlig auszukühlen.

Die Prüfung zur Aufnahme in die Oberschule im Frühjahr 1946 besteht in einem 14tägigen Probeunterricht, der von den Studienräten erteilt wird. Wir schreiben ein sehr schweres Diktat. Schon auf dem Nachhauseweg weiß ich, daß ich sechs Fehler habe. Das ist mir noch nie passiert. Ich bin am Boden zerstört. Zum Glück geht es den anderen Kindern ebenso. Die Arbeit ist so schlecht ausgefallen, daß sie nicht gewertet wird.

Viel schlimmer erlebe ich den Rechenunterricht bei Dr. Franke. Bei den Kopfrechenaufgaben müssen wir stehen. Wer als erstes die Lösung hat, darf sich setzen. Da ich sehr langsam bin, gehöre ich immer zu den letzten, die sich setzen dürfen, und meine Verzweiflung wird von Aufgabe zu Aufgabe größer.

In der Oberschule bekommen wir eine knackige junge Sportlehrerin als Klassenlehrerin, die ich sehr mag. Den Deutsch- und Geschichtsunterricht erteilt Frau Hofmeister, unsere Hofi. Sie erzählt uns die griechischen Sagen, reißt uns mit in die Welt des Altertums, mitten hinein in das sonnige Griechenland. Ich leide und bange mit Niobe, mit Orpheus und Euridike, mit Prometheus, Herakles und all den anderen Helden.

Hofi ist heute 88 Jahre alt. Seit die meisten von uns im Ruhestand sind, reisen wir mit ihr durch die Republik und veranstalten unsere jährlichen Klassentreffen um die Zeit ihres Geburtstages über ein verlängertes Wochenende abwechselnd bei den einzelnen ehemaligen Klassenkameradinnen.

Der Winter 1946/47 ist bitter kalt. Montags holen wir uns in der Schule unser Wochenpensum ab. Ich setze mich dann sofort an die Arbeit und kann dann die ganze Woche unbeschwert rodeln und Schlittschuhlaufen.

Die Versorgungslage ist inzwischen so schlecht, daß meine Mutter zur Selbsthilfe greift. Sie fährt nach Dithmarschen aufs Land und verhökert alles, was sich gegen Speck und Butter eintauschen läßt.

Lebhafte Handelsbeziehungen gibt es auch nach Ostfriesland, der Heimat meiner Großeltern. Oft poltert es mitten in der Nacht an unserem Fenster, und es ertönt ein Jubelschrei: „Die Buttermänner sind da!"

Das Reisen ist schwierig, und die U-Bahnen fahren nur zu bestimmten Zeiten. So müssen unsere ostfriesischen Freunde im Asyl warten, bis morgens gegen vier Uhr die erste U-Bahn fährt. Alles steigt jetzt aus den Betten. Es gibt sofort ostfriesischen Tee und Schwarzbrot mit Butter, Speck und Wurst, soviel wir essen können.

Jede Frau erhielt eine Karte für 20 Zigaretten im Monat, jeder Mann eine für 40 Zigaretten. Anstelle von Zigaretten gab es auch Tabak. Die von mir zu je 2 RM hergestellten Zigaretten stammten aus schwarz angebautem Tabak, die englischen und amerikanischen Zigaretten von britischen Soldaten.

Ich werde oft zu Botengängen herangezogen und beteilige mich an den Schwarzmarktgeschäften. So liegt bald der Zigarettenhandel in meiner Hand. Ich bekomme englische und amerikanische Zigaretten für 5 Reichsmark und verkaufe sie für 5,50 RM. Ferner drehe ich aus losem Tabak Zigaretten, die ich für zwei Reichsmark verkaufe.

Im Frühjahr 1948 wird von der bevorstehenden Währungsreform geredet. Ich habe zu der Zeit 400 Reichsmark und bitte meine Mutter, mir das Kapital in Speck anzulegen. Das große Ereignis findet im Juni statt, während ich auf einer Klassenreise bin.

Bei meiner Rückkehr erhalte ich zwei Kilo fetten Speck. Ich verstecke meinen Schatz im Wohnzimmer hinter der Gardine und zwinge mich, nur von Zeit zu Zeit mit dem Messer hinter den Vorhang zu schleichen und einige Scheiben abzuschneiden.

Aufgrund der gefährlichen Einsätze meiner Mutter kommen wir vergleichsweise gut durch die schlechten Zeiten, aber was haben wir ständig für Ängste!

Einmal klingelt es. Meine Mutter und meine Tante sind gerade dabei, Butter und Speck zu portionieren, das Pfund zu 240 RM. An der Tür ein Polizist. Der Schreck fährt uns in die Glieder. Aber blinder Alarm, er bringt nur den Ausweis, den meine Mutter verloren hat.

In der Sandkiste spielen meine Schwestern: „Guten Tag, Frau Reemann, haben Sie Speck für uns?“ – „Nein, Frau Krüger, aber heute können Sie Zucker von mir haben!“

Die Kinder werden nicht mehr unbeaufsichtigt gelassen.

Trotz der Strapazen fährt Tante Frieda mindestens zweimal im Jahr in die Ostzone, um ihre Schwester zu besuchen. Tante Käthe ist im Februar 1945 mit dem Treck nach Zwikkau gekommen. Hier hat sie mit den Pferden und Wagen, die sie von dem schlesischen Rittergut mitgebracht hat, ein Fuhrgeschäft eröffnet, aber es geht ihnen schlecht. In dem kommunistisch gewordenen Land werden sie als ehemalige Rittergutsbesitzer schikaniert.

Tante Frieda packt einen Rucksack mit Lebensmitteln für vier Wochen, da sie sich illegal in der Zone aufhält, bekommt sie keine Lebensmittelkarten. Sie schnürt sich eine grüne Militärwolldecke über den Rucksack, denn sie wird im Wald in Grenznähe übernachten, um noch im Dunkeln über die

Grenze zu kommen. Die ersten Male schließt sie sich anderen Grenzgängern an, und sie nehmen sich einen Führer. Aber auch das hilft ihr nicht.

Mehrere Male wird sie von Russen aufgegriffen und verhört. Einmal wird sie geschlagen und mit anderen in ein finsteres Loch eingesperrt, wo es nach Urin riecht. – Das muß meiner empfindlichen Tante passieren, die jedes Brot abwäscht, nachdem sie einmal gesehen hatte, wie ein Bäcker sich die Hose zuknöpfte!

Die verkrachten Gestalten, denen sie auf diesen Reisen begegnet, machen ihr angst. Sie wird bestohlen und belästigt, aber das hält sie nicht davon ab, sich immer wieder in das Abenteuer zu stürzen, und ihre Schwester zu besuchen.

Es geht aufwärts. Endlich ist das Entnazifizierungsverfahren für meinen Vater abgeschlossen, und er bekommt bei der Iduna-Nova seine alte Stellung wieder.

Aus den westlichen Ländern kommen die Kriegsgefangenen zurück. Nur mein Onkel Jonny nicht. Er ist noch 1945 zum Volkssturm gezogen worden, völlig unausgebildet. Schon bei der ersten Feindberührung wurde ihm der Unterkiefer weggeschossen. Auf dem Weg zum Verbandsplatz soll er verblutet sein.

Unsere Nachbarin, Frau Baus, ist gerade beim Kartoffelschälen, als eine befreundete Nachbarin kommt. Sie hat den aufgeregt immer wieder „nach Hause, nach Hause" stotternden Mann mit der rauhen Stimme kaum verstehen können, aber so viel wird ihr klar, Herr Baus ist schon am Hauptbahnhof.

Mit einem Jubelschrei stürzt seine Frau aus dem Hause. Sie rennt zum U-Bahnhof Flughafen. Tränen laufen ihr über das Gesicht. Sie merkt es nicht, merkt nicht, daß sie noch ihre Schürze trägt, daß sie die Kartoffel und das Messer noch in den schmutzigen Händen hält. Erst am Bahnhof wird ihr klar, daß die U-Bahn vom Hauptbahnhof 45 Minuten braucht. Also noch einmal Geduld, ein letztes Mal.

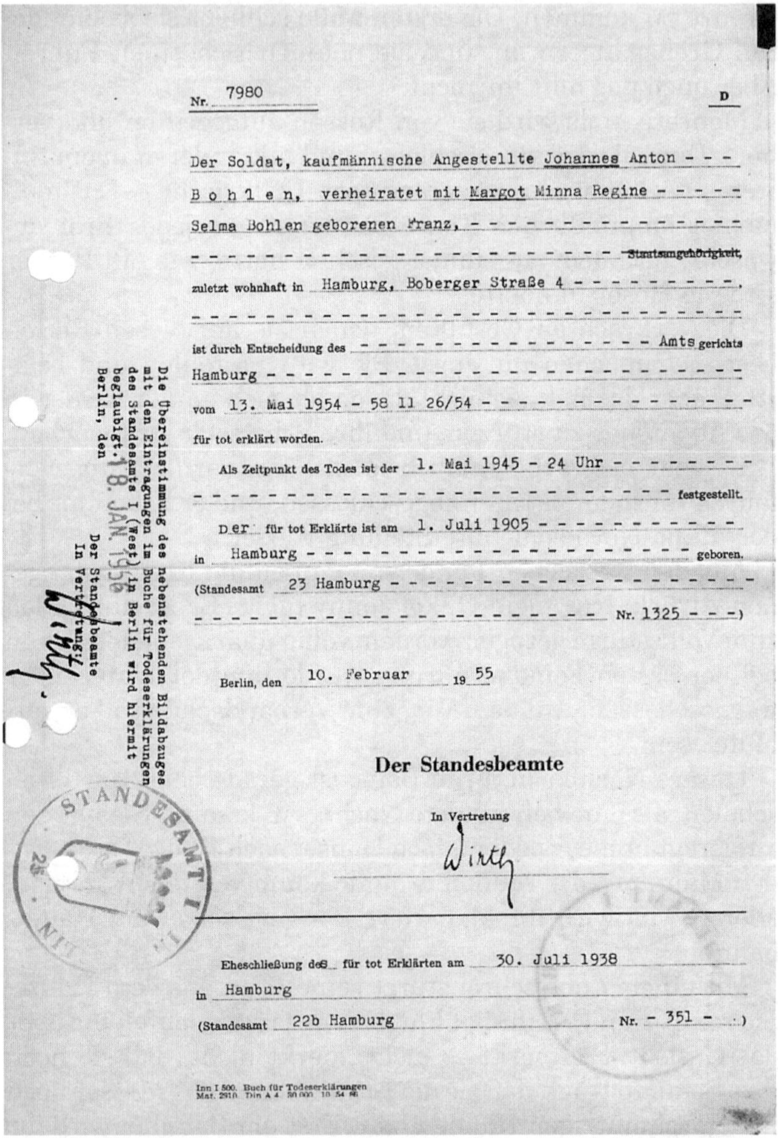
Nr. 7980 D

Der Soldat, kaufmännische Angestellte Johannes Anton - - -
B o h l e n, verheiratet mit Margot Minna Regine - - - -
Selma Bohlen geborenen Franz, - - - - - - - - - - - - - -
- ~~Staatsangehörigkeit~~,
zuletzt wohnhaft in Hamburg, Boberger Straße 4 - - - - - - - - -,
- -
ist durch Entscheidung des - - - - - - - - - - - - - - - - Amtsgerichts
Hamburg -
vom 13. Mai 1954 - 58 II 26/54 - - - - - - - - - - - - - - -
für tot erklärt worden.

Als Zeitpunkt des Todes ist der 1. Mai 1945 - 24 Uhr - - - - - - - -
- festgestellt.

Der für tot Erklärte ist am 1. Juli 1905 - - - - - - - - - - -
in Hamburg - geboren.
(Standesamt 23 Hamburg -
- Nr. 1325 - - -)

Berlin, den 10. Februar 19 55

Der Standesbeamte

In Vertretung

Wirth

Eheschließung des für tot Erklärten am 30. Juli 1938
in Hamburg
(Standesamt 22b Hamburg Nr. - 351 -)

Inn I 500. Buch für Todeserklärungen
Mat. 2910 Din A 4 30 000 10 54 86

Die Übereinstimmung des nebenstehenden Bildabzuges mit den Eintragungen im Buche für Todeserklärungen des Standesamts I (West) in Berlin wird hiermit beglaubigt.
Berlin, den 18. JAN. 1956
Der Standesbeamte
In Vertretung:
Wirth

STANDESAMT I

Erst im Februar 1955 bekam meine Tante die offizielle Todeserklärung für Onkel Jonny.

Auf die Kriegsgefangenen in Rußland müssen die Angehörigen noch lange warten. Im Handarbeitsunterricht strikken wir aus Wollresten Strümpfe, die von caritativen Einrichtungen nach Sibirien geschickt werden. Zu Weihnachten sammeln wir Spielzeug und zu klein gewordene Kinderkleidung. Wir laden Waisenkinder ein und beschenken sie. Es wird gesungen und musiziert und das Krippenspiel aufgeführt.

Meine Eltern haben sich einer privaten Initiative angeschlossen, die bedürftige Studenten sonntags zum Essen einlädt. Zu uns kommt jetzt einmal im Monat Herr Schröder.

Besonders gebannt lausche ich seiner Erzählung von der Flucht aus dem Zug, der die Gefangenen nach Sibirien bringen sollte. Monatelang ist er nachts in Richtung Westen unterwegs gewesen, immer den Schienen nach. Die Gefahren und Abenteuer dieser Flucht lassen mich nicht los.

Mit der Währungsreform wird die Reichsmark ungültig. Jeder bekommt ein sogenanntes Kopfgeld von 40 DM. Es ist wie ein Wunder: Plötzlich kann man in den Geschäften wieder etwas kaufen. Die Schaufenster sind voll von Waren aller Art.

Während dieser Zeit muß ich mit meiner Mutter häufig ins Eppendorfer Krankenhaus, denn ich habe ein Ekzem Auf dem Kopf, und die Haare gehen mir büschelweise aus.

Jedes Mal kehren wir in der „Konditorei Keim“ ein und essen Buttercremetorte. So haben wir unser Kopfgeld angelegt.

Langsam normalisiert sich das Leben. Nach und nach verschwinden die Lebensmittelkarten und die Schlangen vor den Läden. Der Alptraum ist ausgeträumt. Wir haben wirklich Frieden.

(Weitere Erinnerungen dieser Autorin finden Sie im Band „Gebrannte Kinder. Kindheit in Deutschland 1939–1945“ der Reihe **ZEITGUT***.)*

[Bad Marienberg, Westerwald;
Juni 1945]

Manfred Wenderoth

Trommlerhände

Heute war Sonntag, und sonntags war Steve Musiker.
Die Woche über war er mein Schüler, ein mäßig engagierter Schüler, von dessen nachgewiesenen musikalischen Fertigkeiten ich mich schon längst hätte überzeugen können, wenn ich ihn, seiner wiederholten Einladung Folge leistend, einmal mit meinem Besuch im Musik- und Festzelt beehrt hätte.

Ehrlich gesagt, den einen Besuch war ich ihm heute wohl schuldig. So kämpfte ich mich, leicht verstört, der wuchtigen Schallmauer des Hard Rock mutig die Stirn bietend, vorwärts in Richtung Bühne, dorthin, wo ich Steves dunklen Krauskopf, eingemauert zwischen Verstärkerboxen, Drums, Mikros, Becken, Kessel, Pauken und Trompeten, vermutete.

Steve hinter den Schlaginstrumenten: Ich registrierte sein schweißglänzendes dunkles Gesicht, das Weiß seiner lebhaft leuchtenden Augen, den mitreißenden Schwung seiner geschmeidig fliegenden Hände, das rhythmisch sanfte Pendeln seines Kopfes.

War das mein Schüler Steve, der da spielte?

Oder sah ich nicht plötzlich, deutlich und klar, Dan vor mir? Den großen dunklen Dan mit der kleinen Kindertrommel?

Juni 1945. Ein ungewöhnlich heißer Tag lag hinter uns. Ich war mit meiner Mutter auf dem Heimweg von einer Hamstertour. Die große wie die kleine Welt lebte von Tauschgeschäften.

Unsere kleine Welt? Tausche Leinentuch und Gehäkeltes aus Großmutters Truhe gegen ein Stück Butter, 5 Eier, einen Streifen Schinken vielleicht?

Der Leinenrucksack schlug mir beim Gehen in die Kniekehlen; meine Zehen, die über die Sohlen meiner aufgeschlitzten Schnürschuhe hinausragten, waren aufgerieben und schmerzten. Mutter drängte.

Seit zwei Tagen hatten wir Amerikaner im Haus einquartiert. Die Großeltern hatten ihre Stube nicht mehr verlassen, die Küche benutzten sie nur noch nachts, wenn die harten Tritte der Soldatenstiefel auf dem Steinboden des Hausflurs nicht mehr zu hören waren.

Zum Glück Weißamerikaner, meinte Mutter, die würden uns schon nichts tun. Wenn aber die Schwarzen kämen? Was sich die Erwachsenen von denen insgeheim alles zu erzählen hatten! Nichts für die Ohren eines Siebenjährigen, bestimmt nicht.

Wir schleppten uns den letzten Bergrücken hinauf, oben empfing uns der schattige Buchenwald.

Dort, wo der Trampelpfad hinter dem Wasserwerk in die geschotterte Dorfstraße einmündete, standen sie: Dunkelhäutige, große, schlanke Männer in Tarnuniform im dämmrigen Buchenwald.

Gewiß waren solche Begegnungen in den vergangenen Tagen oft genug unter Erwachsenen und Kindern unseres kleinen Dorfes gewissenhaft durchgespielt worden: Unauffällig den Rucksack zu Boden gleiten und hinter einem Baum oder Busch verschwinden lassen; dann freundlich auf den Fremden zugehen, die Hand ausstrecken und den Spruch aufsagen: „Have you a cigarette, please?“

Für uns Kinder galt natürlich die abgewandelte Formel: „Have you a chewing gum, please?“

Da standen nun die dunkelhäutigen Siegersoldaten, lässig an ihren Jeep gelehnt, hatten wie auf Kommando die Köpfe gedreht und musterten uns. Wir standen wie angewurzelt, bis einer von ihnen auf Mutters und meinen Rucksack deutete.

Wie groß kam er mir vor und wie stark, als er, links und rechts einen Rucksack in der Hand, begleitet von einem zweiten Soldaten, den Weg zum Dorf einschlug, heftig gestikulierend, daß wir ihm folgen sollten!

Ab und zu blieben sie stehen, redeten auf uns ein, lachten. Immer, wenn Mutter leise schluchzte, lachten sie. Diese schrecklich großen Zähne und die schrecklich großen Augen, wenn sie lachten!

Was meinte nur der zweite, als er auf uns, dann auf die ersten Häuser deutete und mit den Händen durch die Luft fuhr? Wo wir daheim waren, wollte er wissen?

Auf der Treppe saßen sie, Dunkelhäutige und Weiße, kauten und schnarrten Worte, die wir nicht verstanden. Ihre Stiefel glänzten, im Hausflur standen sie und tranken aus Büchsen, im Wohnzimmer saßen sie, kauend, auf dem Dielenboden und auf dem fransenverzierten, samtenen, roten Sofa.

Unser Begleiter hatte die Rucksäcke neben dem Ofen abgestellt, drehte sich um, streckte einladend beide Hände vor, deutete auf sich und gurgelte: „Dan! Dan!“. Dann wies er auf seinen Kameraden: „Tom! Tom!“ – Was gab es dabei nur wieder zu lachen!

Dan stand mitten im Zimmer, er sprudelte Worte in alle Richtungen, es zuckte in seinen Händen, es ruckte in seinen Armen, es schlingerte in seinen Beinen. Seine Augen waren auf das Klavier geheftet, Mutters Klavier am Fenster.

Eigentlich spielte Mutter gern Klavier, sie kam aus einer musikalischen Familie. Beethoven war ihr Lieblingskomponist und Schubert. In den letzten Wochen hatte sie nicht mehr gespielt, seit sie die Nachricht erhalten hatte, daß Vater in russischer Kriegsgefangenschaft war.

Mutter schob sich vorsichtig an dem großen, schwarzen Soldaten vorbei und schlug zögernd den Klavierdeckel zurück. Sie saß da, steif wie ein Stück Holz, sie starrte auf die vielen, kleinen Elfenbeintasten und ich auf die großen, starken Elfenbeinzähne des Mannes, der ohrenbetäubend laut nun in die Hände klatschte und auf- und abwippte wie ein Stehaufmännchen.

Mutter hatte die ersten Töne angeschlagen und spielte, Beethoven und Brahms. Die fremden Soldaten sangen, pfiffen, johlten, schwadronierten, aber das klang alles nur wenig nach Beethoven oder Schubert. Mutter spielte unverdrossen, ihren sorgenvollen Blick immer wieder zurück, auf mich gerichtet, und während sie spielte, rief sie mir über die Schulter zu: „Lauf zur Oma! Lauf schnell!"

Und weiter spielte sie, dann wieder dieser Blick: „Hörst du denn nicht?" Ich blieb.

Die Männer wurden ausgelassener. Aber das Klavier kriegten sie nicht unter.

Zwischendrin Mutters Stimme. Schrie sie mir den nächsten Befehl zu oder sang sie?

Mutter sang. Es wurde ruhiger in der Stube. Was sang sie da? „Horch, was kommt von draußen rein, holla hi, holla ho."

Niemand trampelte mehr, stattdessen ein mehrstimmiges Holla-Hi, Holla-Ho.

Auch der große Dan hatte zuletzt friedlich auf dem zweiten Klavierstuhl gesessen und das Holla-Ho mitgesungen.

Aber jetzt? Aufgesprungen war er und hatte hinter die Gardinen gelangt.

„Bitte nein!" schoß es mir durch den Kopf. Warum half mir meine Mutter nicht? Die gehört doch mir! „Bitte, großer starker Soldat, nimm dir die Rucksäcke, beide Rucksäcke. Eier sind drin und eine Tüte Mehl und ein Stück Butter. Du kannst dir alles nehmen. Nur bitte nicht die Trommel, meine rote Blechtrommel!"

Die hielt er jetzt zwischen den Knien, seine Hände sausten geschmeidig durch die Luft und nieder auf die Trommel, gegen die Oberschenkel und die Stuhllehne. Holla hi, holla ho.

Ein- oder zweimal versuchte Mutter auszubrechen aus dem Singsang und eine andere Melodie zu spielen, aber sie wurde zurückgepfiffen, zurück zum Holla-Ho.

Dan, über die zerbeulte Kindertrommel gebeugt, hatte in den angstvollen Kinderaugen gelesen. Er stand auf, strich mit seiner großen Trommlerhand dem kleinen Buben besänftigend übers Haar, und aus der Seitentasche seiner Uniformhose zog er zwei gerippte Päckchen hervor. Der kleine Bub nahm sie zaghaft mit Daumen und Zeigefinger in Besitz.

Die erste Tafel Schokolade meines Lebens verschlang ich, begleitet vom lauten Holla-Ho, sogleich hinterm Johannisbeerstrauch, die zweite versteckte ich hinterm Küchenschrank.

Drei oder vier Tage später waren die Soldaten morgens auf große Laster gesprungen und hatten lachend zurückgewunken.

Auf der Bühne im Festzelt hatte die Musik ausgesetzt. Steve, der Junge, saß hinter seinen monströsen Schlaginstrumenten und lachte mir zu. Ich sah mich vor der Bühne stehen und ihm zum Gruß die Hand entgegenstrecken. Wie fühlte sich das an, zwischen Daumen und Zeigefinger?

Ach, zwei Chips! Bitte, Steve, ich steck sie dir in deine Trommlerhand; wink mal zurück aus dem Auto-Scooter!

[Piesteritz bei Lutherstadt Wittenberg – Bernau bei Berlin; 1945]

Ursula Fiessler

Auf den Elbwiesen

Als der zweite Weltkrieg ausbrach, war ich vier Jahre alt. Wir, später kam noch ein Bruder hinzu, wohnten in einem kleinen Ort bei Lutherstadt Wittenberg an der Elbe. Dort verbrachte ich meine Schulzeit, spielte, lachte und weinte mit meinen Freundinnen.

Den Krieg haben wir in erster Linie als Luftkrieg erlebt: Fliegeralarm, in den Keller rennen bei Tag oder Nacht. Vor größeren Bombenangriffen blieben wir glücklicherweise verschont, aber die Angst war immer da, ich wurde dadurch ein sehr nervöses Kind. Wenn nachts die Sirene ertönte, sprang ich schon bei Voralarm aus meinem Bett, zog mich an und rannte vor Schreck gleich zum „Klöchen" (Das ist bis heute bei Aufregung so geblieben). Ein Eimerchen wanderte immer mit in den Keller.

1941 wurde ich eingeschult. Der Unterricht war mäßig. Etliche Lehrer waren im Krieg, viele Stunden fielen aus, einige Fächer wie Handarbeit oder Kunst wurden mangels Material gar nicht mehr gelehrt.

So vergingen die Jahre. Kurz vor der Kapitulation im Frühjahr 1945 flüchteten meine Eltern – wie so viele andere Menschen unserer Gegend auch – mit uns aufs Land auf die andere Elbseite, in der Hoffnung, statt den Russen den Amerikanern in die Hände zu fallen. Die Amerikaner kamen auch, blieben aber nicht lange, die Russen lösten sie ab.

Wir wohnten zu dieser Zeit in einem kleinen Dorf bei der Familie eines Arbeitskollegen meines Vaters. Beim Herannahen russischer Autos oder Panzer versteckten sich die Frauen mit uns Kindern in den Gärten hinter hohen Büschen oder Bäumen. Warum, haben wir Kinder nicht verstanden. Es hieß immer, die Russen würden die Frauen und Mädchen mitnehmen. Drangen sie dann laut polternd in die Häuser ein, versuchten die noch anwesenden Männer, sie schnell wieder loszuwerden, indem sie ihnen Schmuck, Uhren oder begehrte Haushaltsgegenstände gaben. War die Luft dann wieder rein, krochen wir aus unseren Verstecken hervor, oft naßgeschwitzt und zitternd vor Angst. Das hat sich fest in meinem Gedächtnis eingeprägt.

Aber die Besatzungsmacht zeigte sich auch von anderer, besserer Seite. Als sich die erste Hektik des Zusammenbruchs gelegt hatte, und wir in unser Zuhause zurückgekehrt waren, wo die halbe Wohnung inzwischen ausgeräumt und geplündert worden war, lernten wir Kinder die Besatzer aus der Nähe kennen. Es waren meistens einfache russische Soldaten, die auf den Elbwiesen auf die weidenden Pferde aufpaßten und uns Kindern beim Löwenzahnschneiden zusahen oder uns halfen. Der Löwenzahn diente als Kaninchenfutter. Fast jede Familie hatte damals Hühner oder Kaninchen im Stall.

Oft bekamen wir von den Rotarmisten Bonbons zugesteckt. Sie sangen uns russische Volkslieder vor, spielten auf der Mundharmonika. In dieser chaotischen Zeit war uns Kindern alles willkommen, was Abwechslung und etwas Freude brachte.

Da es damals fast nichts zu essen gab, gingen wir nach der Ernte auf die Felder zum Ährenlesen, stoppeln genannt, oder zum Kartoffel- und Zuckerrübenlesen. Aus letzteren kochte Mutter im großen Waschkessel im Keller Sirup.

Zu Weihnachten oder anderen Festtagen wurden Kaninchen geschlachtet. Wir Kinder durften dabei nicht zusehen, taten es aber heimlich doch und jammerten dann ums liebe Vieh, das uns ja sehr ans Herz gewachsen war.

1945: Mein kleiner Bruder Helmut und ich vor unserem Haus in Piesteritz)*

Der Schulunterricht lief nach Kriegsende nur langsam an. Viele Lehrer fehlten, wir bekamen sogenannte Neulehrer, die im Schnellverfahren ausgebildet worden waren.

Russisch war Pflichtfremdsprache, Englisch oder Französisch wurden nicht gelehrt. Um wenigstens einige Grundkenntnis

---

*) Dieses Foto wurde anläßlich einer Geburtstagsfeier im Garten unseres Hauses gemacht. Es war das letzte Kinderfoto, bevor wir das Haus verlassen mußten. Bei diesen Häusern handelte es sich um Werkswohnungen der damaligen Stickstoffwerke Piesteritz, in denen mein Vater gearbeitet hat. Nach Kriegsende wurde er arbeitslos, und wir mußten umziehen.

se in der englischen Sprache zu erlangen, ließen meine Eltern mir heimlich Privatunterricht geben. In späteren Jahren konnte ich gut darauf aufbauen.

Schöne Erinnerungen habe ich an die Ferien in dieser Zeit. Die Geschwister meiner Mutter wohnten in Berlin und hatten im nahen Bernau kleine Laubengrundstücke oder Schrebergärten. Dort hatten sie schon während des Krieges Gemüse, Salat und Kartoffeln angebaut. Es gab Beerenobst, Äpfel und Birnen.

In den Ferien war es für uns Kinder eine Freude, ja ein „Muß“, nach Berlin und von dort mit der S-Bahn nach Bernau zu fahren. Die Züge waren immer sehr voll, denn viele Berliner fuhren zum „Hamstern“ raus aufs Land.

An einem solchen Ferien-Ernte-Tag strömten wir, wie viele andere Leute auch, abends mit gefüllten Taschen und Rucksäcken zur S-Bahn Richtung Berlin. Wir erwischten gerade noch den Zug vor der Abfahrt, ich wurde in den Wagen gezogen, die Tür schloß automatisch. Ich war zwar drin, mein Rucksack aber draußen! Eine nicht ganz ungefährliche Situation bis zur nächsten Haltestelle. Fortan mußte ich meinen Rucksack vor dem Einsteigen abnehmen.

[Grattersdorf – Nabin, Niederbayern;
1. Juni – 31. August 1945]

Evelyn Steudel

Gastkind bei niederbayerischen Bauern

Zwei Wochen hatte unsere Fluchtodyssee aus dem KLV-Lager Schüttenhofen in der Tschechoslowakei nach Niederbayern gedauert. Am 1. Mai kamen wir in Grattersdorf an. Das kleine Schulhaus bot uns Unterschlupf. Wir waren hungrig und erschöpft. Wir wollten und konnten nicht mehr weiter. Nur wenige halfen uns.

Da baten unsere Lehrer den katholischen Pfarrer um Hilfe. Von der Kanzel forderte dieser seine Gemeinde auf, uns unterernährte Berliner Mädchen den Sommer über in Kost und Logis zu nehmen. Viele Häusler und Bauern erklärten sich dazu bereit. In manche Dörfer kamen zwei, drei oder auch vier Mädchen, die sich gegenseitig besuchen konnten.

In dem kleinen Dorf Nabin war nur eine Bäuerin bereit, ein Mädchen aufzunehmen. Und da sie sich das Alter des Mädchens selbst aussuchen durfte, wollte sie partout eins von zehn Jahren haben, und da blieb nur ich übrig, die anderen waren schon elf. Also: Krümel geht nach Nabin.

Und so begannen für mich am 1. Juni 1945 die einsamsten und fremdartigsten drei Monate meines Lebens in einem winzigen katholischen Dorf, in dem ich die Sprache der Menschen so gut wie nicht verstand und niemanden in der Nähe hatte, der zu mir gehörte.

Ich hatte mein feines kariertes Taftkleid mit den Rüschen und den Perlmuttknöpfen an, als ich auf dem Zierer-Hof in

Nabin abgegeben wurde. Resi, die stattliche Bäuerin von Mitte Dreißig, nahm mich in Empfang. Meinen Vornamen verwandelte sie in „bischt halt das Everl". Ihre 22jährige rothaarige Schwester Agnes sollte ihre Schlafkammer mit mir teilen. Ein richtiges Bett, weißbezogen, erwartete mich – welch ein Luxus!

Es war noch etwas Zeit bis zum Abendessen, so ging Resi gleich mit mir in den Kartoffelkeller, um mich in einen Teilbereich meiner künftigen Mithilfe einzuweisen. Der Keller war kühl und roch moderig. Alle paar Tage sollte ich einen Korb voll Kartoffeln entkeimen und in die Küche bringen. Sie zeigte mir, wie man das machte.

Da saß ich nun mit meinem feinen Taftkleid im Keller, es war Sonntag, und keimte stumm mit Resi Kartoffeln ab. Nachdem schon eine ganze Weile vergangen war, fragte sie: „Bischt proteschtantisch?"

Als Antwort sagte ich nichts weiter als ein klares „Ja".

Nach geraumer Zeit folgte ihre zweite Frage: „Bischt a Preiß?"

Wieder antwortete ich wie vor einem Traualtar klar und deutlich mit „Ja". Oder hätte ich sagen sollen „Ja, aber alles nur ein bißchen", damit sie mir wohlwollender gestimmt gewesen wären? Jedenfalls hatte ich mit der Nennung meines Vornamens und mit diesen beiden Antworten meine Charakteristik abgegeben, mehr wollte auch später nie einer von mir wissen. Ich wunderte mich, daß sie nachfragte, der Herr Pfarrer hatte doch im Gottesdienst in Grattersdorf alles über uns gesagt.

Dann gingen wir in die große Wohnküche, die Lebensraum für alle war. Von der Eingangstür an zog sich links herum an drei Wänden entlang eine lange Bank. In der Ecke, zwischen zwei Fenstern, stand vor der Eckbank ein quadratischer Tisch. Darüber war der Herrgottswinkel mit dem Kruzifix. An zwei Seiten gab es wackelige Hocker. Aus den niedrigen Fenstern erblickte man ringsum alle Stall- und Scheunengebäude, die zum Hof gehörten. Genau in der Mitte des Hofes lag rund und groß der Misthaufen.

Vor dem Abendessen versammelte sich die Familie in der Wohnküche. Ich versuchte, ohne zu fragen die Verwandtschaftsverhältnisse herauszufinden.

„Das ist das Everl“, sagte Resi.

„Grüß Gott“, sagten sie und „Jo mei!“

Nun holte Resi aus der Tischschublade eine dunkelblaue Leinentischdecke heraus und breitete sie über den quadratischen Tisch. Sie hatte ein interessantes Muster. Auch bekam jeder einen anderen Löffel. Als Resi die große Schüssel mit der warmen gestockten Dickmilch in die Mitte des Tisches stellte, begriff ich das Muster in der Decke: Jeder saß mit aufgestützten Ellenbogen am Tisch und langte mit seinem Löffel in die einzige Schüssel. Auf dem Weg von der Schüssel in den Mund entstand eine Kleckerbahn, eine richtige Milchstraße, die säuerlich roch und von Tag zu Tag mehr festbackte.

Resi, Agnes und der Jungbauer Xaver hatten eine schöne, gerade Kleckerbahn, aber der Altbauer Xaver hatte eine breite Bahn, denn seine Hand war zittrig. Meine Bahn sollte erst entstehen. Gleich zeigte sich, daß mein Arm viel zu kurz war, um bis in die Schüssel zu reichen. So gab es nur die eine Lösung: Ich mußte beim Abendessen stehen. Besser im Stehen satt werden, als im Sitzen hungern, dachte ich mir. Bald hatte auch ich meine eigene, sehr schmale Kleckerbahn.

Zur warmen Dickmilch hatte es trockenes Brot gegeben. Als nächstes kam eine große Schüssel mit warmem Hirsebrei auf den Tisch. Es schmeckte mir gut. Diese beiden Gerichte gab es unverändert Abend für Abend. Keiner wußte, seit wann, vielleicht schon seit dem 30jährigen Krieg. Wie gesund diese Ernährung war, ist mir erst Jahrzehnte später aufgegangen.

Als die zweite Schüssel auch leer gegessen war, nahm jeder seinen Löffel noch mal in die Hand, wischte ihn am Rand der blauen Leinendecke trocken, und Resi steckte alle Löffel samt dem Tischtuch wieder in die Schublade. So einfach konnte das Leben sein. Warum nur meine Mutter und meine Großmutter immer so einen Aufstand mit dem Abwasch gemacht haben?

Während Resi nun am Herd mit Töpfen und Schüsseln hantierte, holte Agnes den Holzzuber zum Füßewaschen herein. Nun wurde es richtig aufregend. Alles passierte zur selben Zeit: Altbauer Xaver begann, mit seiner brüchigen Stimme das Nachtgebet anzustimmen, und nach einem bestimmten Modus fielen alle anderen mit ein. Dann wieder Altbauer Xaver allein, dann alle, stets ein Wechsel. Währenddessen gossen die Frauen heißes Wasser in den Zuber, Altbauer Xaver kratzte sich mit einem spitzen Messer die Zähne frei, Jungbauer Xaver krempelte die Hosenbeine hoch und steckte die Beine in den Zuber, Agnes und Resi liefen hin und her, räumten und klapperten.

Ich war von diesem Geschehen unglaublich fasziniert. Nicht nur, weil ich kein Wort verstand, auch, weil alle vier Stimmen eine andere Tonlage hatten, und dadurch die Monotonie der Gebete zum lebendigen Singsang wurde – nein, am meisten bewegte mich, wie man beim Beten arbeiten kann und dann auch noch so etwas Profanes veranstaltet wie Füßewaschen.

Ich dachte an meine frommen und gottesfürchtigen Großeltern in Kolberg. Wenn Großmutter die Hände zum Gebet faltete, dann nahm sogar Großvater die Schirmmütze vom Kopf, die er ständig im Hause trug. Dann blickte jeder voller Andacht auf seine gefalteten Hände, und außer dem großen Regulator hörte man nichts. Selbst Emma, die Stubenfliege, stellte während des Gebets ihr Summen ein.

Und nun dieses hier! Keiner hatte die Hände gefaltet. Den Satz: „Die Katholiken sind viel frommer als die Protestanten" hatte ich oft gehört. Doch damit kam ich hier nicht zurecht. Das Herumgewirtschafte, das Füßewaschen, Kopfkratzen und Zähnestochern – was sollte der liebe Gott davon halten? Meine Großeltern wären außer sich. Es kam mir vor wie auf einem Jahrmarkt.

Und nun passierte das Schlimme. Ich konnte wirklich nichts dafür. Ich versuchte, die Luft anzuhalten, aber es gelang nicht – ich bekam einen solchen Lachanfall, daß ich rauslaufen mußte. Als ich wieder Luft bekam, entschuldigte ich mich beim lieben Gott.

Erst nach langer Zeit waren sie fertig mit Beten und Füßewaschen, da ging ich verschämt wieder zu ihnen in die Wohnküche. Ob sie mich jetzt rauswerfen würden? Der Jungbauer Xaver guckte mich verschmitzt an, die anderen gingen darüber hinweg. Es tat mir so leid, aber ich hätte wirklich nicht gewußt, wie ich diesen Lachanfall hätte stoppen können. Ich wußte genau, daß ich mich bereits am ersten Abend grausam danebenbenommen hatte.

Nun mußte ich als letzte in den Zuber zum Füßewaschen steigen. Das Wasser war nicht gewechselt worden. Es war inzwischen eine stinkende, bräunliche Brühe. An meinen Beinen hatte ich elf Hungerödeme, fünf am rechten, sechs am linken Bein, die wir „Eiterbeulen“ nannten. Ob dieses Familenfüßewaschwasser gut für die Heilung meiner Eiterbeulen war, bezweifelte ich. Bei uns zu Hause hatte immer jeder sein eigenes Waschwasser gehabt, egal, wieviel Mühe darauf verwendet werden mußte.

Aber in dem weißen, weichen Bauernbett schlief es sich wunderbar! Morgens kein Stroh mehr aufschütteln zu müssen, keinen Staub mehr in die Nase, den Mund und die Augen zu bekommen, ach, war das gut!

Agnes bürstete vor dem Schlafengehen ihr brennendrotes Haar, das sie tags zu einem Kranz geschickt um den Kopf flocht. Sie lachte viel und bemühte sich, mit mir ein bayerisches Hochdeutsch zu sprechen.

Am nächsten Morgen schien die Sonne so herrlich in die Wohnküche, das Feuer flackerte verheißungsvoll im Herd, es roch nach warmer Milch und Brot und Butter. Davon bekam ich reichlich und war dafür sehr dankbar. Langsam wichen meine Ängste von mir.

Resi wies mich ein. Ich hatte dafür zu sorgen, daß in der Küche stets frisches Wasser verfügbar war. Auf der Bank standen vier Wasserkannen aus Emaille, eine kleine dunkelblaue, eine große weiße und zwei mittlere graue. Wenn ich sah, daß eine leer war, mußte ich sie am Brunnen füllen gehen.

Zum Brunnen ging ich rund um den Misthaufen und dann durch ein großes, offenes Tor, da stand er prächtig aus Stein gehauen. Innen und außen war er teilweise vermoost. Das Wasser kam aus einer nahen Quelle, lief durch ein Rohr nach oben und plätscherte dann über ein Querrohr mit immer gleichbleibender Geschwindigkeit in den Brunnen hinein, über seinen Rand hinweg und weiter in die Wiesen. Wie alt mochte er sein? Er faszinierte mich immer wieder.

Zu Mittag gab es Apfelstrudel. Mit unglaublicher Schnelligkeit rollte Resi den Teig auf dem einzigen Tisch aus, wendete ihn wieder und wieder in Mehl, bestrich ihn mit Butter, belegte ihn mit Äpfeln, rollte die Teile zu Strudeln zusammen und buk sie im Ofen. Für mich eine leckere Köstlichkeit. Ich durfte mich richtig satt essen.

Für den Abend nahm ich mir fest vor, nicht noch einmal beim Beten zu lachen, auch wenn es noch so komisch war, und als erste mit den Füßen in den Waschzuber zu steigen. Mit viel Geschick gelang mir beides. Handtücher gab es nicht. Man mußte mit den Beinen so lange hin und her wedeln, bis sie trocken waren. Auch das gelang mir. Doch dabei entdeckte Resi meine Eiterbeulen an den Beinen und sagte: „Derndl, ab morgen bischt du de letzte im Zuber.“ Resi sprach sehr wenig, wie alle, bis auf Agnes. Resis Wort galt.

Am nächsten Tag wurde Mist aufgeladen. Den ganzen Tag über standen Xaver, der Jungbauer, und Xaver, der Altbauer, barfuß auf dem Misthaufen und beluden den Leiterwagen. Es half auch ein etwa 14jähriger Nachbarsjunge, den sie „de

Bua“ nannten. Wie er richtig hieß, habe ich nie erfahren. Er aß auch bei Tisch mit, bekam seinen Löffel und machte seine eigene Kleckerspur. Ich befürchtete, daß er auch mit den Füßen in den gemeinsamen Zuber hineinwollte. Und richtig! Agnes machte den Anfang, dann folgte Resi, dann die Xavers eins und zwei, dann der Bua. Zum Schluß war ich dran. Resi hatte zwar zweimal warmes Wasser nachgegossen, aber es insgesamt nicht erneuert.

In diese Brühe wollte ich mit meinen Eiterbeulen nicht mehr hinein. So ging ich die Stiege hoch zur Schlafkammer, holte den einzigen Schuh, den ich noch besaß, und meinen Waschlappen, der für alles gut war. So ausgerüstet ging ich zum Brunnen. Ich rubbelte Füße und Beine mit dem Lappen in dem eiskalten Quellwasser ab, zog den einen Schuh an und hüpfte auf diesem Bein, ab und zu mit dem nackten Fuß auftippend, um den Misthaufen herum wieder ins Haus. Ich zeigte Resi meine gerubbelten Beine und meinen Waschlappen für alles und sagte nichts. Sie auch nicht. Wir verstanden uns ohne Worte.

Zum Hof gehörte Roland, der schwarze Hofhund. Er war an einer eisernen Kette angebunden, lebte draußen in seiner Hundehütte und kläffte jeden Fremden fürchterlich an. Er sprang dabei so gewaltig in Richtung Eindringling, daß er sich an der Eisenkette den Hals wund und blutig gerissen hatte. Kein Fremder traute sich in seine Nähe.

Eines Abends sagte Resi, ich solle ihm sein Fressen bringen. Ich traute mich erst nicht, aber sie meinte, dann würde er sich besser an mich gewöhnen. So war es auch. Schon beim dritten Mal wedelte er freundlich. Bald traute ich mich, ihn zu streicheln. Fortan brachte ich ihm abends sein Fressen. Wenn er satt war, setzte ich mich hinter seiner Hütte auf die Holztreppe zum Speicher, nahm seinen Kopf in meinen Schoß und streichelte ihm sanft den Hals. Wenn er mich dann mit seinen bernsteinfarbenen Augen lange ansah, dann öffneten sich bei mir alle Schleusen und ich weinte hemmungslos.

Ich hatte Sehnsucht nach meinen Freundinnen, die jetzt sicherlich mit halbhungrigen Mägen, aber fröhlich auf der Decke saßen und wieder stundenlang mit Steinen kobelten. Ich dachte an meine Familie. An meine Mutter, die noch kurz vor der Ausbombung mit meinem kleinen Bruder in die Mark Brandenburg evakuiert worden war, und an meine Schwester, die zuletzt in einem KLV-Lager in Ostpreußen lebte. Ob ich ihr lustiges Sommersprossengesicht jemals wiedersehen würde? Und ob Oma und Opa in Kolberg den Krieg überlebt hatten, das bewegte mich am meisten. Ich hatte von den Großen den Satz gehört „Ganz Kolberg liegt in Schutt und Asche". Dieser Satz verfolgte mich bis in meine Träume.

So kreisten meine Gedanken um meine Familie immer dann, wenn ich Roland im Arm hatte, abends, wenn die Zierer-Familie so sehr laut und so sehr lange betete. Bei Roland gestattete ich mir zu weinen. Aber Zierers sollten mich nicht weinen sehen. Denn wir Preußen waren schuldig am Krieg, und ich gehörte dazu. Also mußte ich jetzt vor ihnen stark und tapfer sein, wie es uns gesagt worden war.

Eines Tages stellte ich fest, daß auf einem Nachbarhof ein kleiner Flüchtlingstreck von etwa 20 Menschen angekommen war. Es waren Berliner Familien, die während des Krieges nach Schlesien evakuiert worden waren und jetzt nach Berlin zurück wollten. Jede Familie führte ihr Hab und Gut auf ein oder zwei Handwagen mit sich. Nun wollten sie hier einige Zeit anhalten. Die Kinder konnten nicht mehr laufen, die Frauen waren erschöpft und die Handwagen reparaturbedürftig.

Der Bürgermeister hatte sie auf den Dachboden eines Hauses gewiesen. Sie schliefen auf Stroh, familienweise durch Decken voneinander getrennt. Unter ihnen hatte ich die zehn Jahre alte Waltraud kennengelernt, ein ernstes, sehr mageres Mädchen. Resi gestattete mir, sie mit in den Obstgarten zu nehmen. Waltraud fand es herrlich, erlaubtes Obst und kein geklautes zu essen. Sie sagte, das geklaute Obst schmeckt ihr nicht so gut und ihre Großmutter bekommt von geklautem Obst immer Durchfall, weil der liebe Gott das nicht so gern sieht.

Ich ging sehr gern zu ihnen. Sie sprachen meine Sprache und teilten mein Lebensgefühl. Waltrauds Mutter hatte Ähnlichkeit mit meiner Mutter. Sie war sehr lieb, unterhielt sich mitfühlend mit mir und flickte meine Kleider.

Eines Tages sagte Resi, ich solle in den Wald gehen und für die Familie Heidelbeeren pflücken. Ich hatte Angst davor, mich zu verlaufen, weil ich den Wald nicht kannte. Ich ging zu Waltrauds Mutter und schüttete mein Herz aus. Sofort erklärten sich Waltraud und ihre schlesische Großmutter bereit, mich zu begleiten. So pflückten wir zu dritt.

Es war ein sehr warmer und trockener Sommer, und nach langer Zeit hatte ich erst eine halbe Milchkanne voll. Ich war betrübt. Da schüttete Waltrauds Großmutter all ihre Blaubeeren in meine Milchkanne hinein und sagte: „Nimm sie nur mit für die Zierers."

Ich war überwältigt und verstand das nicht. „Warum tun Sie das?" fragte ich, „die haben doch mehr zu essen als Sie."

„Ich tue das für dich, mein Kind", antwortete die Großmutter, „ich will dir helfen, damit sie freundlich zu dir sind. Sieh mal, ich habe noch einen Sohn im Krieg, von dem ich nicht weiß, ob er noch lebt. Aber wenn ich einem anderen Kind etwas Gutes tue, dann hoffe ich darauf, daß irgendein anderer Mensch in der Ferne auch meinem Sohn etwas Gutes tut. Denn das, mein Kind, sind die Gesetze des Lebens." Und leise fügte sie hinzu: „Vielleicht gibt gerade jetzt eine Russin meinem Sohn Wasser."

Jahrelang habe ich die Worte dieser alten Frau mit mir herumtragen. Erst als ich mit der Anthroposophie in Berührung kam, habe ich sie verstanden. Aber da wurde mir auch klar, daß man keine Anthroposophin sein muß, um die kosmischen Gesetze des Lebens zu erfüllen. Die schlesische Flüchtlingsfrau hat es mich gelehrt.

[Roggersing, Niederbayern – Krün, Oberbayern –
Wallgau – Berlin;
Oktober 1945–Juni 1946]

Evelyn Steudel

Ende gut – alles gut!

Auf den Tag genau waren wir nun 14 Monate von zu Hause weg, und ich war gerade erst 11 Jahre alt geworden. Morgen früh sollte die letzte Etappe der KLV-Zeit beginnen: Es war der 15. Oktober 1945, und wir sollten von Niederbayern nach Oberbayern gebracht werden.

In der Nacht überdachte ich die bisherigen Stationen: Drei Wochen unfreiwilliger Prag-Aufenthalt – sieben Monate Schüttenhofen – zwei Wochen Flucht nach Niederbayern. Erschöpft hatten wir das Ziel erreicht, bei Kriegsende wieder auf deutschem Boden und unter amerikanischer Besatzung zu sein. Vorbei nun die tiefsitzende Angst, daß die Tschechen uns Kindern nach Kriegsende ein Hakenkreuz in die Stirn brennen würden. Wir hatten überlebt, die niederbayerische Bevölkerung hatte uns dabei geholfen.

Fünfeinhalb Monate hatten wir hier gelebt. Morgen also sollten wir dieses Gasthaus in Roggersing verlassen, in dem wir wochenlang auf Stroh geschlafen hatten. Der Saal war nicht heizbar, und durch die kaputten Fenster flogen die Schwalben aus und ein. Die Nahrungsmittel hatten wir uns auf umliegenden Bauernhöfen überwiegend erbettelt, wobei wir Kleinsten oft reich beschenkt wurden.

Am 16. Oktober nun brachte uns ein amerikanischer Militärlaster nach Krün in Oberbayern. Glücklich zogen wir in den Gasthof „Zur Post“ ein. Der große Tanzsaal war durch eine Bretterwand in einen Wohn- und Eßbereich und in einen Schlafbereich mit doppelstöckigen Betten getrennt, und die Lehrer bekamen endlich richtige Zimmer. Von nun an wurden wir aus der Gasthofküche ausreichend verpflegt.

Nicht nur das bedeutete Glück: die herrliche bayerische Alpenlandschaft begeisterte uns! Das Karwendelgebirge zum Greifen nahe, die Isar floß am Haus vorbei – es war so schön wie in einem Märchenland.

Der Krieg war vorbei, die Menschen wollten fröhlich sein. Damit die Einheimischen keinen Zorn auf uns bekamen, weil wir in ihrem Tanzsaal lebten, gestatte unser Direktor, daß in der Wohn- und Eßsaalhälfte jeden Sonnabend getanzt werden konnte. Die Großen durften mittanzen, wir Kleinen sollten „ins Bett." Aber wir standen im Nachthemd hinter dem Bretterverschlag, brachen heimlich Astlöcher aus der Bretterwand und sahen dem Tanzspektakel zu. Und wenn die bayerischen Jungen ihren tollen Schuhplattler aufs Parkett legten, dann waren wir total hingerissen.

Die Schattenseite unseres Daseins wurden nun die Läuse. Niemand blieb verschont. Wir bekamen große Flaschen mit „Cuprex" und mußten uns gegenseitig alle paar Tage eine sogenannte Cuprex-Kappe verpassen. Keiner kannte genau das Mischungsverhältnis mit Wasser, so rieben wir uns das Konzentrat unverdünnt auf die Kopfhaut. Am nächsten Morgen hatten wir von dem heruntergelaufenen „Cuprex" am ganzen Hals stets lange Blasen von zwei, drei oder sogar vier Zentimetern. Es schmerzte so sehr, daß ich oft heftig weinte, obwohl ich in diesem Jahr schon ganz schön hart im Nehmen geworden war. Doch irgendwann war auch das vorbei.

Dieser Spätherbst war die Zeit, in der sehr viele Eltern von Berlin kamen, um ihre Kinder abzuholen. Manche waren auf abenteuerliche Weise bis zu drei Wochen unterwegs gewesen. Auch der Rückweg, nun mit den Kindern, barg Gefahren und Entbehrungen.

Wir Dableiber waren inzwischen über die schlimmsten Heimwehanfälle hinaus und blieben gern in Bayern.

Da wir keinen Schulunterricht hatten, brauchten wir Beschäftigung und wollten etwas Geld verdienen. So eröffneten wir ein Strickstudio. Draußen hängten wir ein Schild auf, und die Leute kamen und brachten uns Wolle und Stricknadeln. Nun zauberten die großen Mädchen daraus die schönsten bunten Pullover. Ich bekam alle Aufträge für Fausthandschuhe. Wenn die Leute mich sahen, klein und mickerig, wie ich war, scheuten sie oft davor zurück, mir ihre kostbare Wolle anzuvertrauen. Doch das Ergebnis überraschte sie so sehr, daß ich immer mehr Geld bekam, als ich forderte. Kurz vor Weihnachten hatte ich mir 37 Reichsmark erstrickt, so viel Geld hatte ich noch nie besessen!

Am 22. Dezember 1945 zogen wir nach Wallgau in zwei wunderschöne Erholungshäuser, die von katholischen Nonnen geführt wurden. Nun waren wir nur noch ein kleiner Rest von 21 Mädchen und drei Lehrern und wurden von den Nonnen liebevoll umsorgt. Mit ihnen feierten wir wieder ein christliches Weihnachtsfest, sagten die Weihnachtsgeschichte auf, und jedes Mädchen bekam ein warmes Kleidungsstück geschenkt.

Das gute Essen, die weißbezogenen warmen Betten, zu dritt nur in einem Zimmer lebend, wieder Briefkontakt mit zu Hause, die märchenhafte schöne oberbayerische Landschaft – wir fühlten uns sehr wohl.

Die letzten anderthalb Jahre hatten uns so fest zusammengeschweißt, daß eine jede die anderen Mädchen als derzeitige Familie empfand. Aber das Schönste war: es gab keinen Schulunterricht! Unsere Tage füllten wir aus mit Strikken, Lesen, Singen, Briefeschreiben, Pflegen der Kleidung und Ausflügen in die Umgebung von Wallgau.

Als das Frühjahr kam, wurde alles noch viel schöner: Die Wiesen und Hänge prangten in allen Frühlingsfarben, ihr Schimmer änderte sich ständig. Vom Bett aus aufs Karwendelgebirge zu schauen, keine Not mehr zu leiden und umsorgt zu sein in liebevoller Geborgenheit – es war für uns alle eine schöne Zeit.

Im Frühjahr 1946 gab es in Bayern noch 2000 Berliner Kinder aus der Kinderlandverschickung. Im Mai begann die offizielle Rückführung. Viermal fuhr ein amerikanischer Lazarettzug jeweils 500 Kinder von Bayern nach Berlin.

Am 12. Juni begann für uns der Abschied von Wallgau. In München stand der Zug 24 Stunden, denn die Verpflegung für drei Tage mußte verstaut werden. Wir lagen jeweils zu zweit auf den dreistöckigen schmalen Pritschen. Als wir durch die sowjetisch besetzte Zone fuhren, wurde der Zug verplombt.

Am 15. Juni 1946 kamen wir nach 22 Monaten KLV-Zeit in Berlin-Lichterfelde an. Auf dem Bahnsteig standen schon seit Stunden viele Eltern, die ihre Kinder erwarteten. Ich dachte erst, wir stehen auf freier Strecke, denn der Bahnhof hatte kein Dach. Aus dem Lautsprecher tönte eine Männerstimme im altvertrauten Berliner Tonfall: „Die Stadt Berlin begrüßt ihre lange erwarteten Kinder."

Erika und Ulla und viele andere jubelten, als sie ihre Eltern sahen. Und da wurde mir zum ersten Male in furchtbarem Schmerz bewußt, daß wir ja ausgebombt waren und meine Mutter nicht da sein würde, denn sie lebte in der Mark Brandenburg. Eine Tante sollte mich abholen.

Alle meine Freundinnen waren plötzlich im Gewühl verschwunden. Sie gingen jetzt richtig „nach Hause". Aber mein Zuhause am Belle-Alliance-Platz gab es nicht mehr. Ich setzte mich neben mein Pappköfferchen, hielt das Brot fest im Arm, das die Nonnen für jede von uns zum Abschied gebacken hatten, und weinte bitterlich. Doch als ich die vertraute Stimme meiner Tante hörte, versiegten die Tränen, und für diesen Moment war alles gut.

(Weitere Erinnerungen dieser Autorin finden Sie im Band „Gebrannte Kinder. Kindheit in Deutschland 1939–1945" der Reihe **ZEITGUT***.)*

[Vachendorf, Chiemgau;
1945–1950]

Hermine Nistler-Obermeier

„Zwoa Loabi, aufschreib'n!"

Im Mai 1945, ich war noch nicht ganz fünf Jahre alt, hatte ich mein erstes einschneidendes Erlebnis. Meine Eltern zogen mit uns Kindern, bedingt durch das Kriegsende, aus dem Fränkischen in das großmütterliche Haus im Chiemgau. Ein LKW barg uns und unseren Hausrat. Mein geliebtes Puppenhaus mußte zurückbleiben, es war dafür kein Platz mehr.

Kurz vor unserer Ankunft in Vachendorf verloren wir aus dem fahrenden Wagen die Matratzen, alles war aufregend. Noch heute ist mir die Stelle auf der Straße im Gedächtnis.

In dem Dorf lebten neben deutschen Flüchtlingen Polen, Franzosen und Ungarn. Auf Anordnung des Bürgermeisters mußten in jedem Haus Wohnräume für die heimatlosen Menschen zur Verfügung gestellt werden. Ein jeder fügte sich in das dörfliche Leben ein. Das „Anderssein" dieser Menschen war für uns Kinder ganz selbstverständlich. Fremde Sprachen oder ein anderer Dialekt der Flüchtlingsfamilien hatten ihre Gültigkeit. So schmeckte uns das egerländische „Fettabrout" genauso gut wie unser bayerisches „Schmoizbrot".

Ganze Tage verbrachten wir außerhalb des Elternhauses. Auf der Straße gab es für uns Kinder kaum Gefahren.

In der großen Scheune beim Nachbarbauern waren hochoben Seile gespannt. Dort probte eine ungarische Artistenfamilie ihre Seilakte, um für bessere Zeiten in Form zu bleiben. Für uns Kinder ein spannendes Zirkuserlebnis, ganz ohne Eintrittsgebühren. Die gleichaltrige Julischka wurde meine beste Freundin.

Wenn es bei der Reiser Rosa „geisterte", es fielen tatsächlich Teller vom Wandbord, war das unheimlich und aufregend. Da gab's auch noch die Zeller Tres, eine Kunstmalerin mit 17 Katzen. Ihre Behausung war ein wahrer Saustall. Niemand durfte jemals einen Fuß über ihre Schwelle setzen. Lediglich meine Mutter, die auch malte, brachte ihr manchmal Ölfarben. Der Geruch, der aus dieser Wohnung kam, ein Gemisch aus Farben, Katzen und Unrat, war unbeschreiblich! Die Leute redeten, aber keiner regte sich ernsthaft darüber auf. Erst später, in „Saubermannzeiten", wurde die Zeller Tres zwangsgeräumt und in ein Altersheim gebracht, wo sie dann verstarb.

Im Sommer ging's mit dem Rad oder zu Fuß zum nahegelegenen Tüttensee. Niemand lehrte uns das Schwimmen, wir brachten es uns selbst bei. Eines Tages vergaß ich dort meinen heißgeliebten türkis-rosaroten Ball, ich fand ihn nie wieder.

Welch ein Vergnügen! Ganze Tage verbrachten wir Kinder am Tüttensee.

Meine beiden Brüder und ich vor dem Haus der Großmutter in Vachendorf.

Einmal organisierte unser Lehrer eine Muttertagsfeier für die Mütter, deren Söhne im Krieg gefallen waren. Ich sollte ein langes Gedicht vortragen. Meine Mutter band mir extra neue, weiße Schleifen ins Haar. Vor Aufregung brachte ich jedoch auf der Bühne sämtliche Strophen durcheinander. Ich fühlte die große Enttäuschung meines Lieblingslehrers und schämte mich sehr.

Noch lange litt ich unter dem verpatzten Auftritt, denn die Feierstunde sollte doch helfen, die Mütter aufzurichten.

Oft nahm ich den Weg über den Friedhof, wenn ich von der Schule nach Hause ging. Bei gutem Wetter besserte meine Mutter Grabkreuze und Inschriften mit Pinsel und Farbe aus.

Wir Kinder hielten uns gern beim Nachbarbauern in Hof und Stall auf. Dort quetschte ich mir einmal am Schafstall so arg meinen linken Zeigefinger, daß der Fingernagel seitdem gespalten ist. Zeugnis der Kindheit.

Wollten wir das „Häuschen mit dem Herz" aufsuchen, mußten wir die Altbäuerin um Papier bitten. So griff dann die alte Küberin nach der Katholischen Kirchenzeitung. Jedoch waren die Seiten, wo die Worte „Jesus" oder „Maria" geschrieben standen, für unheilige Zwecke tabu. Wie sehr haben wir zu Hause darüber gelacht!

So schön das Landleben für uns Kinder auch war, Hunger hatten wir in dieser Zeit trotzdem. So zeigte ich auf dem Schulhof den Bauerskindern gern meine Bilderbücher unter der Bedingung, daß sie mich von ihrem Pausenbrot abbeißen ließen.

Damals gaben die Bauern ihr Mehl beim Bäcker in Zahlung, es wurde in Form von Brot und Backwaren verrechnet. Diese Zusammenhänge kannte ich nicht und war daher sehr beeindruckt, als meine Mitschüler im Bäckerladen ohne Geld ganz selbstverständlich verlangten: „Zwoa Semmeln, aufschreib'n!"

Wie praktisch, dachte ich und verlangte daraufhin ahnungslos: „Zwoa Loabi, aufschreib'n!"

Tags darauf klärte mich meine Großmutter auf. Ich hatte Schulden gemacht und mußte nunmehr einsehen, daß dies eine ganz üble Sache war!

Was mag wohl meine Enkeltochter Isabella denken, wenn sie später einmal über diese entbehrungsreiche Zeit lesen wird?

[Erfurt – Elxleben, Thüringen; 1945]

Jutta Beinicke

Überlistet!

Die Wehrmacht hatte noch in den letzten Kriegstagen Lebensmittellager gesprengt. Die Vorräte sollten dem Feind nicht in die Hände fallen. Was jedoch vernichtet war, konnte auch der Bevölkerung nicht zugute kommen. Der Hunger war groß. Die Lebensmittelzuteilungen waren zum Sterben zu viel und zum Leben zu wenig. Jeder mußte selbst sehen, wie er sich zusätzlich noch etwas beschaffen konnte.

Wir hatten Glück, denn Großmutter stammte aus der Landwirtschaft. Ihre Verwandten und frühere Freunde würden uns bestimmt helfen. Es gab nur ein Problem, das war der Weg zu ihnen nach Elxleben, da die Busse noch nicht wieder fuhren und eine Strecke 18 Kilometer betrug. Außerdem mußte man an den Kontrollposten vorbei. Das Hamstern war ja bei Strafe verboten.

Hunger macht erfinderisch. Uns fiel eine List ein. Als zehnjähriges Mädchen war ich noch nicht zu alt, um mit einem Puppenwagen Verdacht zu erwecken. Deshalb verstaute unsere Mutter unter der Matratze einige Dinge, über die man sich auf dem Lande freuen würde und einige Kleidungsstükke von uns. So kam die Puppe höher zu liegen.

Dann begann unser Trip. Am Stadtausgang Erfurts in Richtung Stadtilm traten uns auch sogleich zwei amerikanische Besatzer entgegen, ein weißer und ein farbiger. Dieser bleckte seine Zähne, als er den Puppenwagen sah.

Er fragte mit starkem Akzent: „Wohin? Was da?“, wobei er mein Gefährt meinte.

Mein kleiner Bruder trat verängstigt hinter unsere Mutter. Diese erwiderte unerschrocken: „Meine Mutter ist schwer krank; wir wollen sie besuchen. “

Eine Aufnahme aus dem Jahr 1942. Mein Bruder und ich und der spätere „Hamster“-Puppenwagen.

Nachdem der Dunkelhäutige die Matratze angehoben hatte und nur unsere Kindersachen sah, winkte er ab und sagte „Go on!“

Uns fiel ein Stein vom Herzen. Die erste Hürde war genommen. Würde es auf dem Heimweg auch so gut klappen? Der meist ansteigende Weg war sehr anstrengend.

Bei unserer Ankunft waren wir sehr erschöpft. Deshalb blieben wir zwei Tage, ehe wir den Rückweg antraten.

Die Strapazen unserer Hamstertour hatten sich gelohnt. Jetzt lagen zuunterst im Puppenwagen ein Stoffbeutel Getreide, eine Tüte Grieß, etwas Speck und ein paar Eier, die gut zwischen der Schmutzwäsche verstaut waren. Das kam einem Sechser im Lotto gleich.

An der Kontrollstelle trafen wir wieder unsere „alten Bekannten". Sie konnten sich gleich an uns erinnern, denn eine Mutter mit zwei Kindern und ein Puppenwagen blieben schon im Gedächtnis, wenn man sonst nicht viel zu tun hatte.

Der große Dunkle fragte: „Mama wieder okay?"

Mutter antwortete: „Es geht ihr besser. Sie hat sich sehr über unseren Besuch gefreut!"

Da sie das so unbefangen hervorbrachte und auch mein Bruder sich nicht wieder hinter ihr versteckte, konnten wir diesmal ohne Kontrolle passieren. Das uns nachgerufene „Good luck!" hallte noch lange in unseren Ohren nach.

[Friedberg, Hessen;
Winter 1945]

Eva Korhammer

Wunderbare Brotvermehrung

Ich war zwölf im Dezember 1945. Unser erstes Weihnachten wieder ohne Angst vor Sirenen, Bomben und Bunker!

Sogar einen Winzling von Weihnachtsbaum hatte mein Vater „organisiert". Einen größeren hätte er ohnehin nicht schleppen können, geschwächt, wie er gerade heimgekehrt war. Ein größerer hätte auch nicht in unsere „Wohnmansarde" unterm Dach gepaßt, diesen Verschlag ohne Wasser und Strom, der uns Bomben-Flüchtlingen zugeteilt worden war. Wenigstens fehlte es dem Winzling an nichts: mehrmals eingeschmolzene Kerzen (Luftschutzzuteilung!) mit Dochten aus Pfeifenreinigern, Lametta (Stanniolstreifen, die zu Störzwecken abgeworfen worden waren), Kugeln (aus nassem Zeitungspapier geformt und mit Ich-weiß-nicht-was gefärbt).

Was fehlte, waren Backzutaten. Der Bäcker um die Ecke hätte unser Blech mit in seinen Ofen geschoben – wenn was draufgelegen hätte!

Meine Mutter hamsterte unverdrossen für ihr Anstatt-Rezept: Graue Kleie statt Weizenmehl, „Sowei"-Eiersatzpulver, Süßstoff statt Zucker, Natron statt Hefe, Wasser statt Milch. Mit viel Glück konnte sie ein Klümpchen ergattern. Für Rosinen oder Sukkade gab es keine Alternative...

In jenem Winter fing ich an, als Rathauswegweiser zu arbeiten. Dies zu erklären, muß ich meine Zeugnisnoten von damals preisgeben, die aus der Stadt, in der wir ausgebombt worden waren: In der Spalte Kunst stand ein „Ungenügend“ (weil ich keinen HJ-Pimpf aus dem Gedächtnis malen konnte), in der für Fleiß ein „Mangelhaft“ (wegen meines fehlenden Eifers beim Knochensammeln für Seife). – Nur bei Englisch stand ein „Gut“. Und das prädestinierte mich nun zum Rathauswegweiser.

Auch die kleine hessische Provinzstadt, in die wir geflohen waren, wollte sich vom Krieg erholen. Ihren Bewohnern lag daran, rasch zu den Besatzungsbehörden vorzudringen, um wieder ein bißchen Ordnung in ihr Leben zu bringen.

Unsere Sieger kamen aus dem Land der unbegrenzten Möglichkeiten und waren gar nicht so unfreundlich. Nur verstanden sie eben kein Wort Deutsch. Und die Bürger des Städtchens nur mäßig Englisch.

Heute würde man sagen, meine Laufbahn sei vorprogrammiert gewesen. Ich sehe es allerdings mehr als Folge meiner guten Beobachtungsgabe. Ich merkte, wie schwer es die beiden Nationen miteinander hatten – und pflanzte mich vor dem Rathaus auf. Möglichst dicht bei den US-Posten. Und sobald ich merkte, daß der Dialog zwischen Bürger und Soldat mangels Vokabeln zu kippen drohte, sprang ich als lebender Wegweiser mit Englischkenntnissen ein.

Was ich da radebrechte, hätte meinen Englischlehrer wohl vorzeitig ins Grab gebracht. Die Amis fanden es toll! Sie konnten bald nicht mehr auf mich verzichten und belohnten mich mit „Hershey“-Schokoriegeln, „Schoka-Cola“ und Chewing Gum satt.

Das Spielchen war so bequem und ertragreich, daß ich es wohl bis zur Währungsreform durchgehalten hätte. Aber eines sonnigen Wintertages trat Bill in mein Leben.

Bill war zwei Meter lang, hatte etwa den gleichen Taillenumfang und wog so seine zwei Zentner. Er arbeitete im Hauptquartier als Koch. Und er fand, ich sähe viel zu unterernährt aus, um bei den Rathausposten herumzulungern. Sprach’s, schleppte mich in seine Stabsküche (unsere Turnhalle), räumte den nächstbesten Tisch leer und schöpfte aus beängstigend brodelnden Riesentöpfen, was auf einen großen Eßteller ging.

Als nächstes stand ein üppiges, dampfendes, soßiges, fettschimmerndes Mahl vor mir!

Mir wurde schon vom Anblick der ungewohnten Dinge speiübel. Ich fing an zu heulen. Meinen gutherzigen Bill brachte das aus dem Tritt.

Während unserer Evakuierung nach Hessen 1945/46. Man sieht es am Muster - ich trug ein Kleid, das aus der „geretteten" Küchengardine meiner Eltern genäht worden war.

„Hey, sister!" flötete er. „Honey! Why are you crying? Tell me, sister, please!"

Wenigstens höflich wollte ich bleiben. „Thank you for this, but I can not, and my name is Eva not Hanni and sister is also not right", schluchzte ich zusammen.

„Your sister is also not right?" fragte Bill erschrocken weiter. „How many brothers and sisters do you have?"

Natürlich, Geschwister hieß „brothers and sisters“! Jetzt wußte ich's wieder, und jetzt konnte ich Bill klarmachen, daß ich keine hatte.

„How many?“ beharrte Bill.

Die erkaltende Soße bleckte mich aus glibbrigen Fettaugen an. Ich hob abwehrend die Hand. „No...“ setzte ich an.

Da hatte Bill schon aufgeschrien. „Five brothers and sisters?“ Im nächsten Moment war er verschwunden.

Ich fand mich damit ab, ihn mit meinem Gejammere vertrieben zu haben. Aber an der Tür holte mich seine Stimme ein: „Hej, Eva, wait!“

Bills obere Hälfte verschwand fast hinter einem Karton, der bis zum Rand vollgepackt war mit Weißbrotpäckchen, Schokobarren, Milchpulver, Zucker, Süßkartoffeldosen, Erdnußbutter und noch mehr. Alles in fünffacher Ausfertigung! Ich mußte das Zeug zu kleinen, tragbaren Stapeln türmen, denn Bill bat mich, möglichst unauffällig nach Hause zu bringen, was ich der Stabsküche entzog.

Am ersten Weihnachtstag probte ich mit Erni, Sigrid, Paul und Suse aus meiner Klasse „brothers and sisters“. Und natürlich genossen auch meine Eltern, daß mein Englisch so holprig war!

Am Dreikönigstag beichtete ich es Bill aber dann doch. Zur Verstärkung hatte ich Erni, Sigrid, Paul und Suse dabei. Das war wohl ein Fehler. Bill lachte nur und schenkte jedem von uns eine Dose Maiskolben.

Aber als ich das nächste Mal in die Stabsküche schaute, arbeitete dort ein dürrer, muffiger US-Soldat. Ich fand nicht den Mut, ihn nach Bill zu fragen. Wenn ich es getan hätte, wäre mir heute wohler.

So nagt immer noch ein Quentchen Reue an mir. Womöglich war Bill über meine fünf Geschwister gestolpert...

[Hebel, Nordhessen;
1945]

Falko Berg

Die Lehrerin

In der Schule hatte es eine einschneidende Veränderung gegeben. Lehrer Dippel war von der Besatzungsmacht nun doch noch wegen seiner Vergangenheit als Ortsgruppenleiter vom Dienst suspendiert worden und bekam Unterrichtsverbot. An seiner Stelle bemühte sich jetzt ein Fräulein Weber um das geistige Wohl der Schüler. Zufälligerweise (?) war die neue Lehrerin eine Nichte des Herrn Dippel. Die altbewährten Seilschaften bestanden ja nach wie vor und funktionierten noch immer.

Das Fräulein war im Dorf keine Unbekannte, obwohl sie nicht hier aufgewachsen war. Während des Krieges war sie häufig bei Onkel und Tante zu Besuch gewesen. Sie trug damals meistens die braune Jacke des BDM*), in dem sie eine mittlere Führungsposition innehatte. Falko war diese Jacke bei Fräulein Weber so gut in Erinnerung geblieben, weil deren enorme Oberweite das Bekleidungsstück fast bis zum Zerreißen spannte, und die runden Knöpfe über der Wölbung der beachtlichen Brüste immer kurz vor dem Abspringen zu sein schienen.

Jetzt trug die Endzwanzigerin vorzugsweise enge, kurzärmelige Pullover mit tiefem V-Ausschnitt, der ihren schlanken Hals äußerst günstig zur Geltung brachte. Wenn sie sich auch nur leicht nach vorne beugte, sah man ihre Brustansätze. Ihr Erscheinungsbild wurde abgerundet durch eine schlanke Taille und ein paar wohlgeformte Beine, die nur bis zu den Knien

*) BDM = Bund Deutscher Mädel, Teil der nationalsozialistischen Jugendorganisation.

von einem engen Rock verborgen wurden, der sich straff über die knackigen Pobacken spannte.

Nur das Gesicht schien nicht zu diesem vollkommenen Körper zu passen. Ihre Augen waren blaßblau und kalt, die Stirn zu kurz, Nase und Kinn zu spitz, die Lippen zu schmal, kurzum, es war ein unschönes, berechnendes Gesicht mit einem ständigen Ausdruck von wachsamer Boshaftigkeit.

Man hätte über diese Einschränkungen ihrer Makellosigkeit noch hinweggesehen, wären da nicht noch drei Schönheitsfehler aufgetaucht, die das Erscheinungsbild von Fräulein Weber schwerwiegender beeinträchtigten: Sie trank Whisky wie andere Menschen Wasser, sie war ein Flittchen und eine miserable Lehrerin. Ihre Examina verdankte sie mehr ihrer Figur und ihrer NS-Linientreue als ihren pädagogischen Kenntnissen und Fähigkeiten.

Ihre Versorgung mit Whisky, Zigaretten, Kaffee, Schokolade, Dollarscheinen usw. stellten die amerikanischen Offiziere und Soldaten sicher, die sich in ihrer Wohnung im alten Schulhaus die Klinke in die Hand gaben. So war das Einkommen aus ihrem Nebenverdienst weit höher als das bescheidene Gehalt einer Dorfschullehrerin. Es war also klar, wo sie Prioritäten setzte.

Diese Zierde des Lehrerstandes war nun auserkoren worden, die einklassige Dorfschule zu leiten, um den ihr anvertrauten Kindern den rechten Weg ins Leben zu weisen.

Einklassige Schule bedeutete, daß es mangels Schülermasse keine Klassenstrukturen gab. Die ABC-Schützen wurden im selben Raum unterrichtet wie die Schüler der höheren Altersstufen bis hin zu den Achtkläßlern. Im ständigen Wechsel arbeitete immer nur jeweils eine Altersgruppe direkt mit der Lehrerin, während die anderen sich selbst überlassen waren und – so jedenfalls war die Theorie – eigene Studien betreiben sollten.

Fräulein Weber war mit dieser schwierigen pädagogischen Aufgabe, die selbst für Könner dieses Berufes nicht leicht zu meistern war, total überfordert. Ständig am Rand eines Nervenzusammenbruchs, versuchte sie mühsam und vergeblich, halbwegs Ruhe und Ordnung im Schulraum herzustellen, die Kinder irgendwie zu beschäftigen und einen Rest von Disziplin aufrechtzuerhalten. Aber sie war gegen die Meute temperamentvoller Landkinder chancenlos und resignierte mehr und mehr.

Manchmal rettete sie einer ihrer Freier aus der alltäglichen Tristesse. Dann hörte man auf dem Schulhof eine Autohupe, und wenn man aus dem Fenster sah, war ein Ami hinter dem Lenkrad seines Jeeps zu erkennen, der breit grinsend mit einer Hand eine Flasche Whisky schwenkte und mit der anderen herrisch herausfordernd winkte. Der Lehrerin und den Schülern war klar, was das bedeutete: Fräulein Weber sollte herauskommen.

Das nun folgende Ritual war schon oft durchgespielt worden und allen Beteiligten geläufig. Die Lehrerin stammelte irgend etwas von einer dringenden Verpflichtung, die sie leider vom Unterricht abberufe, und winkte einen Jungen aus der achten Klasse nach vorn ans Pult, der während ihrer Abwesenheit die Aufsicht führen sollte. Sie drückte ihm ein Stück Kreide in die Hand und befahl, die Namen aller Schülerinnen und Schüler an die Tafel zu schreiben, die sich bis zu ihrer Rückkehr undiszipliniert verhalten würden.

Indem sie den Aufgeschriebenen harte Strafen androhte, verschwand sie sichtlich erleichtert aus dem Schulraum. Im Hof konnte man noch beobachten, wie das Fräulein ihren Freier freudig begrüßte, um dann mit ihm eng umschlungen ins Schulhaus zu gehen. Die Kinder hörten noch, wie die beiden in Erwartung der Dinge, die da kommen sollten, fröhlich lachend die Treppe hochstiegen. Dann wurde die Tür zur Lehrerwohnung im ersten Stock aufgeschlossen und wieder ins Schloß geworfen. Eine Weile lang hörte man nichts mehr.

Inzwischen war der von Fräulein Weber ernannte „Schulaufseher“ tätig geworden. Mit großen, ungelenken Druckbuchstaben schrieb er mehrere Namen seiner MitschülerInnen an die Tafel. Dabei ließ er sich ausschließlich von Sympathie und Antipathie sowie von der Angst vor stärkeren Schulkameraden leiten. Letztere blieben, ebenso wie die Sympathischen, vom Aufschreiben verschont. Andere Kriterien wären auch kaum anwendbar gewesen. Ein jeder machte ohnehin, was er wollte. Es herrschte ein völliges Chaos.

Die in den Augen des „Aufsehers" besonders unsympathischen Kinder bekamen hinter ihrem Namen noch ein, zwei oder mehr Striche. Jeder Strich war eine erneute angebliche Disziplinlosigkeit. Die Gesamtzahl der Striche war die Berechnungsgrundlage für die Anzahl der Schläge, die später, natürlich in Anwesenheit von Fräulein Lehrerin, als Strafaktion exekutiert werden sollten.

Es gab eine Möglichkeit, wieder von der Liste an der Tafel gestrichen zu werden. Man mußte allerdings im Besitz der hierfür vorgesehenen, ortsüblichen Währung sein. Sie bestand aus Murmeln, kleinen bunten Glaskügelchen, die bei allerlei Spielen zur Anwendung kamen. Der „Aufseher" hatte vor Aufnahme seiner verantwortungsvollen Tätigkeit ostentativ einen kleinen Pappkarton auf das Lehrerpult gestellt, der seinen Besitz an Murmeln enthielt. Diese Geste war eindeutig und für jedermann verständlich. Sie bedeutete: „Ich nehme."

Wer also von der Liste wieder herunter wollte, mußte zahlen. Die Relation zwischen der Anzahl der Striche und der Anzahl der abzugebenden Murmeln wurde vom „Aufseher" festgelegt. Er ließ sich dabei von einem bewährten kapitalistischen Marktgesetz leiten: dem Verhältnis zwischen Angebot und Nachfrage. Wer über kein Murmel-Kapital verfügte, hatte Pech gehabt. Sie oder er blieb auf der Liste.

Wie man sieht, war die Zeit ohne Lehrerin keineswegs verlorene Zeit. Die SchülerInnen erhielten einen Einführungskurs in die üblichen Praktiken der Marktwirtschaft, die sich – allseits gepriesen – gerade in der Nachkriegsgesellschaft entwickelte.

Apropos Lehrerin: Ein Freund des „Aufsehers" stand zwar am Treppenabsatz vor der Lehrerwohnung Schmiere, um die Rückkehr des Fräuleins rechtzeitig zu vermelden. Aber eigentlich war diese Vorsichtsmaßnahme überflüssig. Aus den vom Obergeschoß durch die Decke bis in den Schulraum dringenden Geräuschen konnten erfahrene Lauscher unschwer heraushören, wie weit die Dinge oben gediehen waren. Ein langsames, rhythmisches Quietschen der Matratze bedeutete: Die Sache ist im vollen Gange. Wurde der Rhythmus schneller und heftiger, und wurden zudem noch halberstickte, stöhnende Laute hörbar, so hieß das: Achtung, das Ende naht. Ein spitzer kleiner Schrei markierte den erfolgreichen Abschluß des Besuches. Dann dauerte es nicht mehr lange, bis der Schmiere stehende Junge die kurz bevorstehende Rückkehr der Lehrerin ankündigte.

Während der Besucher sich auf die unnachahmlich lässig sportliche Art, die nur amerikanische Soldaten beherrschen, hinter das Lenkrad seines Jeeps gleiten ließ und winkend davonfuhr, erschien Fräulein Weber mit vom Whisky gerötetem Gesicht und noch leicht außer Atem wieder im Schulraum.

Ihr erster Blick galt dem Tafelanschrieb. Ohne eine Diskussion über die Berechtigung dieses Machwerks zuzulassen, schritt sie sofort zur Exekution der angedrohten Strafen.

Zunächst mußten sich die aufgeschriebenen Mädchen mit dem Oberkörper über das Pult ihrer Schülerbank beugen und das Röckchen heben. Die Lehrerin ergriff das große Zeichenlineal, das für geometrische Aufgaben an der Tafel benutzt wurde, und verpaßte mit diesem, einer langen Holzlatte ähnlichem Instrument den Mädchen die ihnen zugerechnete Anzahl von laut klatschenden Schlägen auf die nur unzulänglich von ihren Höschen bedeckten, halbnackten Pos. Natürlich flossen dabei Tränen, und die Opfer schrien bei jedem Schlag vor Schmerz auf.

Danach kamen die Jungen dran. Sie mußten ihre Hose herunterlassen und wurden noch heftiger geschlagen als die Mädels. Trotzdem bemühten sie sich, nicht aufzuschreien und nach der Prozedur tapfer zu grinsen, auch wenn sie vor Schmerz Tränen in den Augen hatten.

Falko stand auch auf der Liste. Als er aufgeschrieben wurde, hatte er nur verächtlich ausgespuckt und keinerlei Anstalten gemacht, sich freizukaufen. Er würde sich nicht schlagen lassen. Noch nicht einmal der Lehrer Dippel hatte es nach seinem diesbezüglichen Gespräch mit Falkos Mutter gewagt, Hand an den Jungen zu legen. Was Dippel nicht geschafft hatte, das sollte dieser „Zimtziege", wie Falko das Fräulein insgeheim nannte, erst recht nicht gelingen.

Als die Lehrerin mit ihrem Lineal zu ihm kam, machte er keinerlei Anstalten, die Hose fallen zu lassen und sich über die Schulbank zu beugen. Ihrer Aufforderung, sich zu bücken, begegnete er mit einem entschlossenen: „Ich lasse mich von Ihnen nicht schlagen!"

Fräulein Weber, die es gerade wieder so schön erlebt hatte, wie die Männer bei ihr schwach wurden, wollte diesen Widerspruch eines Knaben nicht hinnehmen und beging einen verhängnisvollen Fehler. „Das wollen wir doch erst einmal sehen!" meinte sie und ergriff den Jungen energisch bei den Schultern, um ihn zunächst einmal herumzudrehen.

Die Antwort kam schnell und unmißverständlich: Falko schlug ihr mit aller Kraft die Faust in den Bauch, so daß sie vornüberkippte und atemlos zu würgen begann.

Kaum erholt, richtete sie sich wieder auf und blickte ihn ungläubig in die haßerfüllten Augen.

„Na warte, du kleines Biest, dich krieg' ich schon noch klein!" schrie sie und schickte sich an, ihren Fehler noch schlimmer zu machen.

Sie holte aus, um Falko ihre Hand ins Gesicht zu schlagen. Der aber zog in Erwartung des Schlages den Kopf ein und ließ die Hand der Lehrerin ins Leere sausen. Blitzschnell ergriff er ihren Unterarm und vergrub seine Zähne in ihrem schönen, weißen, weichen Fleisch. Er biß so fest zu, daß ihm ihr Blut aus den Mundwinkeln tropfte. Dann ließ er los.

Die Lehrerin hatte vor Schmerz laut aufgeschrien. Jetzt betrachtete sie fassungslos ihren verwundeten, blutenden Arm, in dem sich der Abdruck von Falkos Gebiß tief eingegraben hatte. In ihren Augen waren alle Wut und aller Zorn verschwunden. Ihr Gesicht verriet nur noch nackte Angst, und sie war leichenblaß.

Falko hatte den süßlich-bitteren, klebrigen Geschmack des Blutes im Mund und war davon wie berauscht. Er fühlte in diesem Moment eine ungeheure Macht über die junge Frau, die ihm gegenüberstand und ihm ihren heißen Alkoholatem entgegenhauchte. Er spie ihr Blut in den Ausschnitt ihres aufreizenden Pullovers und verließ das Schulgebäude, ohne sich noch einmal umzudrehen.

Hinter ihm herrschte Totenstille.

Bei aller scheinbaren Gelassenheit, die er nach außen zur Schau getragen hatte, war Falko in seinem Innersten jedoch tief aufgewühlt. Kaum war die Schule außer Sichtweite, wurde er von einem hemmungslosen Weinkrampf geschüttelt. Er versteckte sich in einem leerstehenden Schuppen, bis er sich einigermaßen beruhigt hatte. Dann ging er völlig erschöpft, leer und ausgepumpt nach Hause.

Falkos Mutter hatte gerade eine Besprechung mit dem Chefarzt des Lazaretts. Bei dem Gespräch ging es um die Aufhebung des Verbotes der Küchenbenutzung, das die amerikanischen Besatzer im Pfarrhaus eingerichtet hatten. Der Familie, einschließlich Großeltern, Tante und zwei Cousinen, war ein Raum im ersten Stock zugewiesen worden. Wenn sie etwas Warmes zum Essen zubereiten wollten, mußte das auf der kleinen Abstellfläche des Kohleofens bewerkstelligt werden, der das Zimmer beheizte. Für acht Personen war das kaum ausreichend.

In diese Besprechung platzte Falko unvermutet hinein.

„Wo kommst du denn her?“ fragte die Mutter, „die Schule ist doch noch nicht zu Ende?“

Der Junge wirkte verstört und erregt. Er scherte sich auch nicht um die Anwesenheit des amerikanischen Offiziers, sondern erzählte, was sich in der Schule ereignet hatte.

Als er fertig war, sagte die Mutter nur: „Aber so fest hättest du ja nun auch nicht zubeißen müssen."

Der Ami, der jedes Wort verstanden hatte, lächelte, legte ihm die Hand auf die Schulter und sagte: „Good boy."

Alsbald berichtete er seinem Vorgesetzten über das Treiben in der Schule. Das hatte zur Folge, daß Fräulein Weber als Lehrerin untragbar geworden war und – wie schon ihr Onkel – vom Dienst suspendiert wurde. Da die Nachfolge so schnell nicht geregelt werden konnte, hatten die Dorfkinder sehr zu ihrer Freude in der nächsten Zeit schulfrei.

Die amerikanischen Soldaten verließen das Dorf genauso schnell, wie sie es besetzt hatten. Ohne vorherige Ankündigung zogen sie eines Nachts ab. Im Dorf kehrte wieder Ruhe ein. Das Leben ging weiter, fast so, als ob nichts gewesen wäre.

[Weimar;
1945]

Jutta Beinicke

Not macht erfinderisch

Für die erste Friedensweihnacht nach dem Kriege hatte sich Mutter vorgenommen, den begehrten Stollen zu backen. Aber, wie heißt es doch in dem Kinderlied? „Wer will guten Kuchen backen, der muß haben sieben Sachen."

Ja, woher nehmen und nicht stehlen? Da hieß es, schon im Sommer mit den Vorbereitungen zu beginnen.

Als unmittelbar nach Kriegsende die Lebensmittellager geplündert wurden, waren wir nicht dabei. Solches Tun hätte sich mit unserem Glauben nicht vereinbart. Meine Mutter betreute in dieser Zeit alle Kinder unseres vierstöckigen Hauses. Dafür erhielt sie von dem Beutegut eine große Tüte Zucker.

Unsere Verwandten belohnten unsere Garten- und Feldarbeit während der Ferien auf dem Lande mit Mehl, Grieß, Öl und Trockenpflaumen.

Der Herbst spendete uns Bucheckern und Sonnenblumenkerne, aus denen wir die süßen Mandeln gewannen. Das Innere der Zwetschgensteine wurde als bittere Mandeln verwendet. Feingeschnittenes Dörrobst, wie Pflaumen und Äpfel, ersetzte die Sultaninen.

Wir sammelten Lebensmittelmarken für die entsprechende Menge Margarine. Trotzdem mußten wir kein trockenes Brot essen, denn Mutter verstand es, aus Wassergrießbrei mit etwas Öl und Kräutern, wie Majoran, Petersilie, Dill oder

Schnittlauch, einen wohlschmeckenden Brotaufstrich herzustellen.

Die Hefe wurde krümelweise bei verschiedenen Bäckern ergattert.

Die Überraschung für uns Kinder behielt sich Mutter bis zuletzt vor. Eines Tages, als wir aus der Schule kamen, schnupperte es zwar verführerisch, aber von dem Stollen war weit und breit nichts zu sehen. Wie wir später erfuhren, hatte sie diesen in einem Tuch im Steintopf aufbewahrt, den sie in den Keller, und nicht, wie erwartet, in die Speisekammer gestellt hatte.

Am ersten Weihnachtsfeiertag war die Kaffeetafel wie in alten Zeiten geschmückt. Mitten auf dem Tisch stand die Platte mit dem Stollen als Krönung und lud zum Schmaus ein. Obwohl es nur Muckefuck dazu gab, schmeckte es uns so gut wie vor dem Krieg, und es blieb kein Krümchen übrig. Dieses Weihnachtsfest gehört zu den schönsten in meinem Leben.

(Weitere Erinnerungen dieser Autorin finden Sie im Band „Lebens-Erinnerungen 1970–1980“ der Reihe **ZEITGUT**.*)*

[Mannichswalde/Crimmitschau, Sachsen – Köln; 1945–1948]

Edda Flindt

Die Decksteiner Mühle

Im Mai 1945, als die Russen immer näherkamen, um das Gebiet, in dem wir wohnten, zu besetzen, floh Mama mit uns in Richtung Köln, ihrer geliebten Heimat, nach dem Motto: „Ich möch zo Fooß no Kölle jon!“

Ich war fünf Jahre alt und das vierte von sechs Kindern. Tante Kati, Mamas jüngste Schwester, lebte zu der Zeit auch bei uns. So machten sich die beiden jungen Frauen, Mama war 31 Jahre alt und Tante Kati 24, mit uns sechs Kindern im Alter zwischen einem und neun Jahren auf den Weg. Zu unserem Schutz nahmen wir die Schäferhündin Anja mit.

Ich erinnere mich an den Bollerwagen, sicher derselbe, mit dem wir immer den Kuchen zum Bäcker gefahren hatten, hochbepackt mit dem Nötigsten. Dann der Kinderwagen, in dem Baby Roland lag, unter seiner Matratze waren die Wertsachen versteckt. Er war also der Hüter des Grals. So zogen wir los, wie viele andere Frauen und Kinder auch. Streckenweise sind wir in einem Güterwaggon gereist.

Eine Wohnung in Pausa war für kurze Zeit unsere Zwischenstation. Die Amerikaner, die dort als Sieger eingezogen waren, durchkämmten die Wohnungen nach Wertsachen. Mama hatte alles in einer Deckenlampe versteckt. Auch bei uns drangen sie eines Tages ein. Aber Mama schnappte sich in ihrer Cleverness Roland, legte ihn auf den Tisch und begann, ihn zu wikkeln. Er jedoch, aus seinem süßem Schlaf gerissen, begann fürchterlich zu brüllen. „Oh, little Baby!“ meinten die Soldaten und verließen gerührt die Wohnung. Überhaupt waren die Amis sehr kinderlieb. Mit der Erinnerung an sie bringe ich weißes Brot, Kaugummi und Schokolade in Verbindung.

Schließlich ging es weiter in Richtung Köln. Auf den Landstraßen und Wegen liefen wir Gefahr, auf ehemalige polnische Soldaten zu stoßen, die hier als Fremdarbeiter eingesetzt worden waren. Sie plünderten und vergewaltigten, um sich zu rächen. Einmal waren wir auf solch eine Gruppe aufmerksam geworden. Hinein ins nächste Gebüsch! Nun ganz still, kein Laut! Wir spürten die Angst der beiden Frauen um sich selbst und um uns Kinder. Das Baby stellten wir ruhig, indem wir sein Däumchen in Zucker steckten, es lutschte hingebungsvoll.

Nachts schliefen wir in Turnhallen oder auf Bauernhöfen im Stroh. Mama und Tante Kati brachten es fertig, für unsere große Schar immer etwas Eßbares aufzutreiben: Milch, ein warmes Essen, Brot. Hinten am Bollerwagen hing ein Kessel mit Pellkartoffeln. Ohne Schaden genommen zu haben, sind wir nach sechs Wochen in Köln angekommen. Gott sei Dank! Für mich ist dies bis heute eine bewunderungswürdige Leistung der beiden Frauen.

Mamas Elternhaus, die Decksteiner Mühle, stand noch, obwohl in der Nähe Bomben gefallen waren. Einiges hatte auch unser Haus abbekommen. Mit einem Brei aus Lehm und Stroh wurden die Löcher im Innenputz ausgebessert. Ersatzglas, ein Drahtgeflecht mit Pergament bezogen, wurde vor den Fensteröffnungen angebracht. In zwei Zimmern mußten Stützen aufgestellt werden, damit die Decken nicht einstürzten. Aus den Trümmern der Umgebung holte sich damals jeder noch verwertbare Dinge wie Bretter, Möbelreste, Balken, alten Hausrat. Nach und nach war ein neuer Anfang gemacht.

Was war unsere Mühle doch für ein wunderschöner Wohnsitz! Man stelle sich ein altes, ländliches Anwesen vor. Die Gebäude waren im Viereck um einen Innenhof angeordnet. Es gab eine große, ehemalige Scheune, später die Maschinenfabrik meines Urgroßvaters, der die Mühle 1898 gekauft hatte, um mit der Wasserkraft seine Maschinen anzutreiben, sowie Nebengebäude, die einst wohl Stallungen waren.

Am schönsten aber war das Wohnhaus, fast schon herrschaftlich mit dem Säulenbalkon über dem Eingang. Die großen Räume besaßen gediegene Inneneinrichtungen. Mein Ahne hatte für Generationen vorgesorgt. Ein riesiger Garten, in dem viele alte Bäume standen, umgab das Ganze. Am dicksten Ast einer mächtigen Kastanie hing immer eine Schaukel, und man konnte sich bis in die Baumkrone hinaufschwingen und die Zöpfe fliegen lassen. In den Stamm waren Eisensprossen gehauen, wohl für die Kindergenerationen vor uns.

Oben, im dichten Blätterwerk, bauten wir uns ein Baumhaus. Sicher hatte es im Laufe der Zeit dort viele Baumhäuser gegeben, wo sich Tanten und Onkel, als sie noch Kinder gewesen waren, dort wie kleine Könige gefühlt hatten. Unter der Kastanie stand ein schwerer Steinquader, der ideale Tisch für viele Spiele. Und zwischen den Wurzeln, die zum Teil armdick waren und über der Erde verliefen, hatten wir unsere Klickerkuhlen und -bahnen gebaut.

Zwischen einer Lärche und einer mächtigen Pappel hing später unsere Hängematte. Allein, oder wenn man sich vertrug, auch zu zweit oder zu dritt, wiegten wir uns hin und her, wobei wir erzählten, lasen oder lauthals sangen. Gleich neben der Lärche stand etwas erhöht ein Gartenpavillon. Ein achtekkiger, aus Eisenstäben geschmiedeter, anmutiger Bau. Anfangs diente er als Zwinger für unsere Schäferhündin. Schließlich mußte jemand Wache halten, damit bei Nacht kein Unbefugter in unser Territorium eindrang. Wenn Anja nachts anschlug, stellten wir uns oft vor, wie ein böser Mann gerade entsetzt die Flucht ergriff.

Eines Tages hatte Anja Junge, 13 an der Zahl. Wachhunde waren damals im Tauschgeschäft sehr begehrt. Mama bekam für sie viele schöne, vor allem aber nützliche Dinge, wie eine Nähmaschine, Einweckgläser und unseren Puppenwagen.

Wasser hatten wir anfangs nicht im Haus. Wir mußten es mit unserem bewährten Bollerwagen am Pümpchen, etwa drei Minuten entfernt, holen. Der Einfachheit halber wurden Rolands Windeln schmutzig hin- und sauber zurückgefahren.

Wir Kinder hatten schon früh unsere Pflichten. Unkraut zupfen, zum Beispiel, war so eine lästige Aufgabe. Im Weiher, so hieß die große Senke im Garten, weil dort früher der Mühlteich gewesen war, baute Mama Gemüse und Blumen an. In der fruchtbaren Erde gedieh alles Mögliche vorzüglich, nicht nur das Kraut, sondern auch das Unkraut. Ab und zu eine Reihe Möhren zu jäten gehörte bei uns zum Kinderalltag.

An einer hohen Tanne vor dem Wohnzimmerfenster hing eine Glocke mit Zugverbindung zum Gartentor. Wer herein wollte, konnte sich durch kräftiges Ziehen an der Leine, worauf die Glocke läutete, bemerkbar machen. Meistens war die Schnur jedoch abgerissen, aber wir hatten ja Anja.

Unsere Oma Annchen bewohnte ein Zimmer im Souterrain. Sie war eine bemerkenswerte Frau. Ihre Frisur bestach durch kunstvoll um ihren Kopf gelegte Flechten. Sie trug zu jeder Jahreszeit hochgeschlossene, langärmelige Kleider. Oft zierte sie eine Brosche mit dem Bildnis einer Madonna oder eine dikke Bernsteinkette.

Vieles an Oma war geheimnisvoll. In Schachteln und Dosen bewahrte sie die herrlichsten Kleinode auf. Es gab dort Püppchen, Tierchen und Muscheln, aus denen Blumen wuchsen, wenn man sie ins Wasser legte. Eine Porzellanpuppe, die Japanerin, hatte es mir besonders angetan. Manchmal durfte ich unter Omas Aufsicht sehr vorsichtig mit dieser Kostbarkeit spielen. Viele Jahre später, kurz vor ihrem Tod, schenkte sie mir diese Puppe.

Oft versammelten sich am Abend alle Kinder des Hauses unten bei Oma. Sie saß dann wie eine Bilderbuchoma in ihrem roten Plüschsessel neben dem Ofen. Auf dem Schoß hielt sie das dicke Märchenbuch, wir alle auf Hockern oder Bänkchen um sie geschart. Dann kam der große Augenblick: Oma zog aus ihrem Haargeflecht eine Haarnadel, und einer von uns durfte damit in den Schnitt des dicken Buches stechen. An dieser Stelle wurde nun das Buch aufgeschlagen und vorgelesen. Wir fanden bald heraus, wo wir zu stechen hatten, um unser Lieblingsmärchen zu erwischen.

Da Papa immer noch nicht aus dem Krieg zurückgekehrt war, nahm Mama, um Geld zu verdienen, Näharbeiten an. Als Naturtalent verstand sie es, aus alten Uniformen, Mänteln, Kleidern und Stoffresten schicke, neue Kleidungsstücke anzufertigen. Oft saß sie bis spät am Abend an der Nähmaschine. Die „Singer", wie erwähnt aus dem Hundetausch stammend, hatte ein Untergestell aus verschnörkelten Eisenteilen, das ich oft mit einem ölgetränkten Lappen auf Hochglanz brachte.

War der Tag verregnet, nahm Mama sich den immer vollen Stopfkorb vor. Dann saß sie ganz still, und wir durften sie mit allem verfügbaren Verbandmaterial verarzten. Der eine nahm sich ein Bein vor, der andere den Kopf oder einen Arm. Nur die Bewegungsfreiheit zum Stopfen mußte erhalten bleiben. Ein herrliches Spiel, wobei viel erzählt und gelacht wurde. Zum Schluß saßen wir in Bergen von Mullbändern, die wir dann wieder aufrollten, bis zum nächsten Mal.

Manchmal, aber Gott sei Dank selten, mußten echte Wunden verarztet werden. Jürgen, mein Bruder, hatte einmal schlimme Furunkel. Mit Auflagen aus Salatblättern, Zugsalbe und mittels Bädern aus lila Wasser wurden sie kuriert.

Wir schafften uns Hühner an, sie trugen alle Namen. Franziska und Natascha fallen mir gerade noch ein. Im Herbst, wenn das Getreide eingefahren war, liefen wir über die Stoppelfelder und sammelten die liegengebliebenen Ähren ein, um die Körner an die Hühner zu verfüttern. Unsere Hühner schlachteten wir nie, sie starben aus Altersschwäche.

Auf der Tür zum Hühnerstall stand mit Bleistift in verblaßter Sütterlinschrift „Dunkelkammer". Mein Großvater hatte früher dort seine Bilder entwickelt. Wunderschöne Aufnahmen aus der Zeit um die Jahrhundertwende waren darunter.

Eines Tages zogen Onkel Leo, Mamas einziger Bruder, Tante Lilo und die Kinder Norbert und Gabi ein. Nun wohnten in der Mühle fünf Erwachsene und acht Kinder.

Es gab unten im Haus nur eine Toilette. Im Winter ein ungemütlicher, kalter Ort. Damit bei Frost die Leitungen nicht einfroren, stand ein Zinkeimer mit einem glühenden Brikett neben der Kloschüssel.

Ein Badezimmer hatten wir nicht. Das ursprüngliche Bad war unbrauchbar geworden, an eine Instandsetzung nicht zu denken. Daher standen ab Samstag mittag alle verfügbaren Kochtöpfe, bis an den Rand mit Wasser gefüllt, auf dem Herd. Wohlgemerkt, es wurde auf einem Kohleherd gekocht, der gleichzeitig heizte, leider auch im Sommer.

Am Abend wurde die Zinkwanne vom Speicher geholt und nach einer bestimmten Rangordnung gebadet. Zuerst Roland und Armin, dann wurde der „Rahm" vom Badewasser abgeschöpft, ein Kessel heißes Wasser dazugegossen, worauf Ina und ich das Vergnügen hatten. Wie die weitere Rangordnung verlief, weiß ich nicht mehr.

Nach dem Baden saßen wir alle mit glänzenden Gesichtern und Windelkapuzen über den nassen Haaren auf der Küchenbank um den großen Tisch und warteten auf unser Abendessen. Oft stellte Mama eine große Pfanne mit Bratkartoffeln mitten auf den Tisch. Mit dem Pfannenmesser wurden, wie bei einer Torte, Stücke abgeteilt. Wir knieten auf der Bank, jeder eine Gabel in der Hand, und ließen es uns schmecken. Wenn einer dem andern ein besonders knuspriges Stück stibitzt hatte, zankten wir uns. Manchmal gab es Milchsuppe mit Nudeln oder Griesbrei, später, als die Zeiten besser waren, Weißbrot mit Käse und dazu Kakao.

Im Winter war es im Haus eisekalt. Nur die Küche und das Wohnzimmer wurden beheizt. Um uns im Bett etwas Startwärme zu geben, hatte Mama eine tolle Idee. Gummiwärmflaschen gab es nach dem Krieg noch nicht, und wenn, hatten wir kein Geld, um sechs Stück davon zu kaufen. Also füllte Mama

Steinkrüge, wie es sie heute noch für Schnaps gibt, zunächst mit Sand, dann ein Korken drauf, in den Backofen gelegt, oder hinten auf den Herd gestellt, wo sie sich langsam erwärmten.

Bei der Premiere dieser genialen Idee hatte Mama nicht bedacht, daß der Sand vielleicht etwas Feuchtigkeit enthalten könnte. Es kam, wie es kommen mußte. Durch den Überdruck in der Flasche flog der Korken weg, und viel, viel Sand ergoß sich in die Küche. Das passierte jedoch nur einmal.

So zogen wir abends, jeder mit einem warmen Krug in einem Wollstrumpf unter dem Arm, ab in unsere Betten. Viel später bekamen wir zu Weihnachten richtige Gummiwärmflaschen. Unsere Schlafzimmer waren in besonders kalten Wintern so eisig, daß unsere Wärmflaschen, die im Laufe der Nacht neben dem Bett auf dem Boden gelandet waren, zu Eis froren. Auf den Fensterscheiben blühten die schönsten Eisblumen, Rauhreif war an der Oberkante der Bettdecke. Unglaublich, aber wir waren so gut wie nie erkältet.

Überhaupt lebten wir sehr naturnah. Wenn es regnete, tropfte immer an irgendeiner Stelle Wasser durch die Decke. Auf dem Speicher stand Topf an Topf, und nach besonders starken Güssen mußten alle Töpfe entleert und genau an die gleiche Stelle zurückgestellt werden.

Manchmal waren im Winter die notdürftig reparierten Wasserleitungen zugefroren, dann mußte jeder Tropfen Wasser aus dem Raum über dem Mühlkeller geholt werden. Dieser Anschluß lag geschützt und fror nie ein.

In diesem Raum befand sich im Boden eine Falltür. Darunter war die Stelle, an der einst der Mühlbach unter dem Haus hindurchgeflossen war und das Mühlrad in Bewegung gesetzt hatte. Hierzu wußte Oma eine gruselige Geschichte:

Vor langer Zeit soll der Müller einen ungetreuen Knecht durch diese Falltür in das laufende Mühlrad gestoßen haben, wo dieser unter jämmerlichem Klagen zu Tode kam. In bestimmten Nächten konnte unsere Oma das Stöhnen und Jammern dieses armen Mannes hören!

Diese Geschichte hatte zur Folge, daß sich bei Nacht keines von uns Kindern allein nach unten zur Toilette traute. Manchmal war Mama richtig böse auf Oma, weil sie uns solche „Spinnereien" erzählte.

An einer anderen Stelle im Haus führte eine Treppe hinunter in den Hauskeller, wo alle verderblichen Lebensmittel aufbewahrt wurden. Nur eine Ecke des riesigen Gewölbekellers konnte mittels einer elektrischen Birne erleuchtet werden, der Rest blieb in tiefe Dunkelheit getaucht, wahrlich kein angenehmer Ort.

Was jedoch noch viel schlimmer war für mich: Rund um die Kellertür und die Treppe hingen wahre Girlanden aus Spinngeweben, in denen manchmal sogar ein langbeiniger Weberknecht zitterte! Spinnen waren für mich der absolute Horror. Am schrecklichsten fand ich die dicken, schwarzen Exemplare, die in Windeseile irgendwohin verschwanden.

Nun kam es öfter vor, daß eines der Kinder in den Keller geschickt wurde, um aus dem Fliegenschrank Milch oder Butter zu holen. Es war nicht zu vermeiden, daß das Los auch mich traf. Mit Todesverachtung eilte ich die Kellertreppe hinunter. Kein Blick auf die dunklen Gewölbe, nur nicht an den Müllersknecht denken! Den Milchtopf schnappen und nichts wie raus hier!

Manchmal konnte ich meinen Bruder Armin mit irgendetwas bestechen, daß er für mich hinunterging. Die Spinnweben wurden mir zuliebe manchmal entfernt, aber schon nach kurzer Zeit waren sie wieder da.

Außerdem hieß es: Stell dich nicht so an!

Im Jahre 1947 erkrankte ich schwer an einer Lungenentzündung. Mit hohem Fieber lag ich im Bett. An der Zimmerdecke tauchten an den mit Lehm und Stroh ausgebesserten Stellen die absonderlichsten Figuren auf. Manche schön, manche bedrohlich. Geradeaus, auf dem Kleiderschrank, zeichneten sich in einem weißen Kissenbezug die Umrisse unserer Maisbrote ab, sicher sechs bis zehn Laibe. Dieses Nachkriegsbrot, wie alles andere nur auf Lebensmittelkarten zu bekommen, hatte eine gelbliche Farbe und schmeckte eigenartig fremd, eben nach Mais.

Das Fieber stieg bedrohlich, mein Zustand war besorgniserregend. Vom Hof hörte ich, wie die anderen Kinder tollten. Ab und zu kam Oma mit einem reizvollen Spielzeug, um mich aufzumuntern. Aber es wurde und wurde nicht besser. Penizillin gab es nicht. Wadenwickel brachten nur kurzzeitig Linderung.

Unser Doktor verordnete Schwitzpackungen. Sie wickelten mich von oben bis unten in ein kaltes, nasses Bettuch, legten mich im Bett auf eine Gummiunterlage und deckten mich mit allem Möglichen zu.

Da lag ich nun, eingepackt wie eine Schmetterlingspuppe, und mußte schwitzen. Um diesen äußerst unangenehmen Zustand zu mildern, saß Oma an meinem Bett und las mir vor. Erschöpft schlief ich jedoch bald ein. Nach einer bestimmten Zeit wurde ich ausgepackt, abgerubbelt und in ein frisches Nachthemd gesteckt. Das Fieber war gesunken. Erneut schlief ich ein.

Von Tag zu Tag ging es mir etwas besser. Ich konnte schließlich wieder aufstehen, war aber noch sehr wackelig auf den Beinen, sehr dünn und blaß. Später ließ mich mein Onkel, Priester in der Schweiz, dorthin kommen. Er hatte für mich eine sehr nette Pflegefamilie gefunden, bei der ich mich erholen sollte. Also fuhr ich 1948, von meiner großen Schwester Susi begleitet, in die Schweiz.

(Weitere Erinnerungen dieser Autorin finden Sie im Band „Kindheit 1950–1960" der Reihe **ZEITGUT**.*)*

[Fahrenholz bei Rostock – Paetrow bei Schwerin–
Neubrandenburg, Mecklenburg-Vorpommern;
1945–1948]

Dieter Pecat

Aus der „Russenzeit“

Meine Mutter, mein Bruder und ich lebten nach unserer Flucht aus Neubrandenburg in Fahrenholz auf dem Lande. Mutters Schwester hatte hier eine Kleinbauernstelle. Mein Vater war von Norwegen aus in französische Kriegsgefangenschaft geraten und sollte, ebenso wie der Onkel, erst 1948 entlassen werden.

Das Leben auf dem Dorf war bunt. Wir Kinder tobten in der Sandkuhle und in der Scheune, die damals das Mecklenburger Wahrzeichen, einen riesigen Ochsenkopf, trug. Karauschenfischen mit Drahtkörben war eine beliebte Sache, zumal die Teiche sauber waren und einen guten Fischbestand auswiesen.

Aus Staebelow kam regelmäßig Bäcker Stoll mit seinem Wagen zum Brotverkauf. Auch Fischhändler mit Heringen und Schollen aus Rostock kamen zu uns aufs Dorf. Aber wer hatte damals schon Geld für den Kauf? Fleisch und Wurst waren, ebenso wie Butter oder Öl, Fremdworte geworden. Das Schlachten war verboten, denn der Viehbestand war äußerst gering. Meine Tante und meine Mutter nahmen ein Kleinkind in Pflege, um ein „Zubrot“ zu den Naturalien zu bekommen.

Nach Kriegsende gab es keinen Strom. Für die Beleuchtung wurden Talgkerzen in flachen Pappschalen verwendet. Es war nicht einfach, den Docht in der Mitte aufrecht zu halten. Zum Heizen und Kochen wurden Sammelholz oder auch gestohlene Bäume verwendet, Kohlen waren nicht aufzutreiben.

Selbst Streichhölzer gab es nicht. Man mußte sich Glut im Herd sichern oder vom Nachbarn holen.

Das Wasser wurde mit der Schultertrage von der Dorfpumpe geholt. So hatte jeder eine Eimerbank, auf der zwei bis vier volle Eimer Wasser standen. Aus diesen wurde mit einem Litermaß geschöpft. Hunde und Katzen gab es im Gegensatz zu heute nur in geringer Anzahl. Man mußte gut auf sie aufpassen, da sie von einigen Flüchtlingen als Nahrungsquelle angesehen wurden!

Aus der Stadt kamen Leute, die ihr Hab und Gut gegen Lebensmittel tauschen wollten, denn die Hungersnot war besonders in den Städten sehr groß. Diese Leute waren allgemein als „Hamsterer" verschrien. So manche legten große Strekken zu Fuß zurück, um für die Familie etwas zu essen zu beschaffen.

Die Speicher wurden von den russischen Besatzern strengstens bewacht. Erstaunlicherweise gab es immer wieder Menschen, die dennoch an die Vorräte gelangten. Die besten „Devisen" für die Russen hatte derjenige, der heimlich Schnaps brannte oder Tabak anbieten konnte.

Hosen, Jacken und Mäntel wurden aus alten Decken und alten Kleidern geschneidert, vorhandene Pullover wiederholt aufgeräufelt und neues daraus gestrickt. Von den Hausierern bekam man solche Kleinigkeiten wie Zwirn, Nadeln, Schlüpfergummi und Knöpfe.

Im Herbst gingen die Frauen reihum von Haus zu Haus, um bei der Kartoffelstärkegewinnung zu helfen. Die kräftigsten trugen die Kartoffeln zur Wäsche und führten diese durch. Alle anderen saßen auf einem drei- oder vierbeinigen „Hüker", schälten die Kartoffeln und rieben sie in Holzbottiche. Darin wurde dann mit Wasser die Stärke ausgewaschen, die sich am Boden absetzte. Den oberen Teil nahm man zum Essen, oder er wurde an das Vieh verfüttert. Getrocknet ergab der „Satz" Kartoffelmehl – eine langwierige Prozedur, aber unvermeidbar.

Den Frauen gehört noch heute meine ganze Bewunderung, wie sie unter diesen Umständen ein Essen auf den Tisch zauberten!

Der Herbst 1945 veränderte schlagartig unsere Lage. Aus Paetrow bei Gadebusch kam die Nachricht, daß meine Tante und meine Cousine an Typhus erkrankt sind. Da die Männer noch nicht zurückgekehrt waren, fiel es meiner Mutter als nächste zu, den Bauernhof ihrer Eltern zu führen. Wir fuhren also mit einer „Russentaxe" (ein Wagen mit einem Pferd, die Russen nahmen gern Leute mit) von Fahrenholz nach Rostock und von da mit der Bahn über Schwerin nach Gadebusch.

In Paetrow stand es sehr schlecht. Meine Tante verstarb an der Krankheit, meine Cousine wurde gerettet. So geschah es, daß meine Mutter nun mit fünf Kindern allein dastand. Aber ihr blieb wenig Zeit zum Überlegen, denn nicht nur wir Kinder wollten essen, auch die vier Kühe, zwei Pferde, die Hühner und später auch noch Gänse wollten versorgt werden.

Zudem waren fünf Flüchtlinge aus dem Osten einquartiert. Diese arbeiteten auf den Feldern und im Stall mit und bekamen dafür ihr Essen. Erst als sie über den Suchdienst den Aufenthalt ihrer Angehörigen erfuhren, reisten sie ab. Zwei Frauen aus dem Sudetenland blieben bis zu ihrem Lebensende hier wohnen.

Ein eitel Leben war es auch hier nicht. Die Russen forderten insbesondere von den Altsiedlern und Bauern hohe Soll-Abgaben, die erst einmal erbracht werden mußten. Die Neusiedler hatten es dabei etwas günstiger. Als „Selbstversorger" erhielten wir keine Lebensmittelkarten, die Mittelbauern zudem bis zur Sollerfüllung keine Butter. Meist konnten sie ihr Soll erst im November erfüllen. Die Neusiedler dagegen bekamen immer Butter. Es waren haarsträubende Ungerechtigkeiten. Außerdem wurde sehr viel gestohlen.

Das Soll war oft schwierig zu erfüllen, aber es gab eine Klausel, daß man fehlende Mengen eines Erzeugnisses durch Mehrlieferung anderer ersetzen konnte. So hatte meine Mutter das große Glück, fehlende Getreidemengen durch die Lieferung von größeren Mengen Flachs (Leinen) und grünen Tomaten ersetzen zu können. Die Kartoffelerträge der Sorte „Kapella" waren sehr gut. Sie war gelblich und zur Kartoffelmehlherstellung gut geeignet. Später, als wir wieder Schweine im Stall hatten, haben wir Kinder gern gekochte Kartoffeln aus dem Dämpfer gemaust.

Unsere Verpflegung bestand größtenteils aus Kartoffeln und Brot. Kartoffeln gab es mittags fast immer als Pellkartoffeln, wobei so viele gekocht wurden, daß es am Abend zu Bratkartoffeln reichte. Gebraten wurden diese in einer fettlosen Pfanne mit einem „Anguß" aus der Malzkaffeekanne. Dies war notwendig, um ein Anbrennen zu verhindern. Speck und andere Fette fehlten ebenso wie Eier, Fleisch oder Wurst. Zum Frühstück gab es eine verdünnte Milch-Mehl-Suppe. Für den „Kaffee" wurden Gerste oder eine andere Getreideart auf dem Kuchenblech geröstet und mit der Kaffeemühle gemahlen.

Zum Spielen hatten wir Kinder kaum Zeit. Wir mußten in der Wirtschaft mithelfen, so Haferhäcksel für die Pferde herstellen, im Winter Rüben und Wruken*) für die Kühe zerkleinern, Holz reintragen, Kühe hüten, Kartoffeln für den Dämpfer heranschaffen und waschen sowie Wasser von der Pumpe holen. Da die älteste Cousine schon 15 Jahre alt war, brauchten wir Kleineren für das Kochen nur kleine Leistungen zu erbringen.

Wenn wir Zeit hatten, spielten wir gern das „Butche–Butche unterm Wagen". Der Milchwagen stand immer auf unserem Hof, aber auch ein Kasten- oder Leiterwagen war gut zu gebrauchen. Der „Jäger" stand an der Deichsel und klapperte mit einer Runge**). Daraufhin wurde er gefragt: „Was willst Du?" Die Antwort war immer: „Butter und Speck!" Darauf antworteten die auf dem Wagen Sitzenden: „Wir schieten di wat!" und liefen davon. Mindestens einen mußte der Jäger fangen, um die Rolle zu wechseln.

---

*) Wruken = mecklenburgisch für Kohlrüben

**) Runge = Holz zum Anschirren der Pferde

Die Schule war in Gadebusch. Bis dorthin waren es sechs Kilometer, die wir natürlich zu Fuß gingen. Wenn man Glück hatte, erwischte man ein Pferdefuhrwerk aus dem Dorf. Der Milchwagen fuhr ja jeden Tag nach Gadebusch und brachte Molke, Quark und Butter mit.

Dieses Foto schenkte mir ein Lehrerehepaar aus der Nachbarschaft zu Weihnachten 1949 oder 1950. Mit dicker Joppe und einem „runderneuerten", mit Pflaster umwickelten Füllfederhalter sitze ich im Zimmer vor den Hausaufgaben. Hinter mir ist die „Tür" zur Küche zu sehen, die aus einer alten Armeedecke bestand.

Leider bekam mein Cousin Hansi im sehr kalten Winter 1946/1947 eine schwere Lungenentzündung. Das „Rettungsmittel" ist wohl bis heute probat – der Arzt verlangte sein Honorar in Form von Butter. Gut, daß wir zu der Zeit schon welche hatten. So half die „Naturalie" meinem Cousin zu überleben.

1947 wurde im Dorf eine Einklassenschule eröffnet, so daß ich mit allen Kindern unseres Hauses gemeinsam auf der Schulbank saß. Als Arbeitsmaterial hatten wir jeder eine kleine Schiefertafel, Griffel, Schwamm und Lappen. Zwar gab es damals noch öfter Prügel in der Schule, aber aus heutiger Sicht finde ich, hat es genutzt. Wir wurden mit großer Achtung vor dem Leben und vor fremdem Eigentum erzogen.

Ein Fest war für uns Kinder die Sirupherstellung aus Zukkerrüben. Das war ja unser täglicher Brotaufstrich, den esse ich heute noch gern. Wenn die Rüben gewaschen, zerkleinert und ausgepreßt waren, lauerten wir Kinder schon auf die Eindickung im Kartoffeldämpfer. Mit einem Stückchen Holz haben wir den süßen Schaum in unbeobachteten Momenten abgeschöpft und vernascht.

Wir Kinder waren damals natürlich auch keine Engel. Kirschen, Pflaumen, Äpfel, Möhren, Schoten, Mohn und Wruken waren vor uns nicht sicher. Die Parole war, sich ja nicht erwischen zu lassen, sonst mußte das Hinterteil alles bezahlen.

Wenn die Wruken (mit Spitznamen Mecklenburgische Ananas) ausgepflanzt wurden, mußten wir Kinder mithelfen, ebenso beim Kartoffelnsammeln und bei der Getreideernte.

Wir hatten zwar einen Mähbinder, aber es gab kein Bindegarn. Die Frauen liefen dem Binder hinterher und banden aus den abgelegten Haufen Garben. Das war eine zermürbende Arbeit, weil wegen der großen Hitze die Bindehalme brachen. Die weniger Qualifizierten und wir Kinder mußten dann die Garben in Reihen zu Hocken aufstellen.

Die verdammten Disteln haben uns mehr als genug zu schaffen gemacht! Jeder konnte am Abend „Inventur" machen und die Stacheln entfernen. Manchmal kam es sogar zu Vereiterungen.

Das Einfahren der Getreidegarben war für uns Kinder ein besonderer Spaß. Man mußte nur nach dem Anbringen der Halteseile (Erntebinder) rechtzeitig das wackelige „Schiff" erklimmen. Unterwegs konnte man dann herrlich leicht die grünen Äpfel von den Straßenbäumen pflücken. Sie schmeckten zwar verdammt sauer, aber wer Hunger hatte, den störte das nicht.

Einen besonderen Reiz übte auf mich das Moor aus, in dessen Nähe wir Wiesen hatten. Hier mußten wir des öfteren Kühe hüten, aber es war ein gefährlicher Ort. Manchmal sind Kühe ins Moor gelaufen und eingesunken. Hier konnte man aber viele Pilze und auffallend große Blaubeeren (hier „Bickbeeren" genannt) sammeln. Das Moor war ausschließlich mit Birken bewachsen. Die Sträucher standen reihenweise und hatten eine Höhe von etwa einem Meter. Besonders gefährlich waren die mit Moos überwachsenen Löcher. Man mußte sich mit größter Vorsicht bewegen.

Mit großem Spaß verbunden war das Toben in der Sandkuhle. Dabei sprangen wir vom oberen Rand in den lockeren Sand der Grube und rutschten bis nach unten. Heute weiß ich, wie gefährlich das eigentlich war. Natürlich waren wir darauf aus, eines der zahlreichen Uferschwalbennester auszunehmen. Aber die Schwalben waren so klug, ihre Nester in großer Tiefe, bis zu 80 Zentimeter tief im Sand, anzulegen, so daß wir (zum Glück) ganz und gar erfolglos blieben.

Mit Vorliebe turnten wir auch in einer Scheune herum. Dabei brachte ich es als erster zu halben Saltos in Rückenlage in die Strohhaufen.

Das eingefahrene Getreide wurde in Scheunenfächern oder in Mieten gelagert, so daß der wandernde Dreschkasten für einen Bauernhof nur einmal aufgebaut werden mußte. Ein Deutz-Dieselmotor trieb die Lederriemen des Dreschkastens an. Das Biest brauchte aber eine Unmenge an Kühlwasser. Damit waren immer zwei Leute beschäftigt, denn auch Löschwasser mußte verfügbar sein. Ging dieses Ungeheuer los, war volle Deckung geboten, da sich des öfteren die Riemen lösten.

Wir Kinder standen auf den Mieten und Fächern und mußten die Garben nach vorne zuwerfen. Den Staub und den Lärm, den diese Anlage verursachte, werde ich nie vergessen.

Die nachgeschaltete Strohpresse war mangels Bindegarn nicht in Gebrauch. Das Stroh mußte deshalb manuell beseitigt werden. Aus einer Extra-Röhre wurde der sogenannte Kaff (Abfall) ausgeworfen. Er konnte, je nach Drescherzeugnis, als Futter weiter verwendet werden. In der Regel waren darin noch viele Getreidekörner enthalten.

Das Distelstechen im Flachs zählte zu den ganz besonderen „Sportarten". Dazu diente eine schwalbenschwanzähnliche Forke. Da der Flachs mit der Hand geerntet und zu kleinen Garbenbündeln gebunden wurde, konnte man sich keine Disteln im Feld leisten. Die geernteten Bündel wurden bis zur endgültigen Trocknung ebenfalls zu runden Hocken aufgestellt. Das Dreschen erfolgte nach einem uralten Ritual: Eine Plane auf der Tenne ausbreiten, den Flachs daraufschichten und die Ähren mittels Flegeln schonend bearbeiten.

Das Gedroschene wurde dann über ein Gebläse gejagt, um die Spelzen von den Früchten zu trennen, und schon konnten wir Kinder händeweise Leinsamen essen.

Für die Kartoffeln gab es eine sogenannte Rummel. Die schmutzigen Kartoffeln wurden auf das oberste Sieb geworfen, und man begann, die berühmte Kurbel zu drehen. Der Schmutz fiel unten heraus, und entsprechend der Siebe wurden die Kartoffeln nach Größen sortiert.

Jedes Jahr wurde im September das obligatorische Erntefest gefeiert. Dazu gehörte immer ein schöner Erntekranz, der in vielen Stunden gebunden worden war. Auf einem Kornspeicher gab es nachmittags Kindertanz, und am Abend spielte die übliche Drei-Mann-Kapelle für die Erwachsenen.

Wir Jungen gingen gern Pilze suchen und Karauschen fischen, fast immer in Gemeinschaft. Dabei kamen uns die Pilzkenntnisse der Leute aus dem Sudetenland sehr zupaß, da gingen wir gern mit „ei die Schwämma".

Das Schlachten von jeglichem Vieh war streng verboten. Fast alle 14 Tage kamen die „Viehzähler" durch das Dorf. Wie oft sie bestochen wurden, ist heute nicht mehr nachvollziehbar. Aber es war offensichtlich, daß es beim Schlachten besonders Begünstigte gab.

Weihnachten war damals mit umfangreichen Vorbereitungen verbunden, die schon Wochen vorher begannen. Während meine Mutter aus Mehl und Rübensirup große Mengen brauner Pfeffernüsse buk, wurden bei den Leuten aus Ostpreußen, Schlesien und aus dem Sudetenland meistens Mohnstriezel oder ähnliches gebacken. Geschmeckt hat uns damals alles, wenngleich Hunger zugegebenermaßen große Abstriche an die Qualität zuläßt. Leider hatten wir Kinder die ganze Zehn-Liter-Milchkanne voll brauner Pfeffernüsse schon vor Weihnachten vernascht, so daß Mutter erneut backen mußte.

Mein erstes Weihnachtsgeschenk waren ein Paar hohe Schuhe: die Sohle aus Pappelholz, das Obermaterial altes Schweineleder, irgendwo abgeschnitten und mit Stahlkrampen im Holz festgemacht. Sie hielten einen Winter, und waren zum „Glitschen“ (Schlittern) hervorragend geeignet: Sie waren so glatt, daß ich ständig auf der Erde lag.

Meine dritte Tante mütterlicherseits wohnte seit 1936 in München. Ihr Mann war schon 1940 an schwerer TBC verstorben. Sie hatte große Angst, zu uns in die Russenzone zu fahren. Zum einen wurden die Besucher stark kontrolliert (bestimmte Dinge wurden ihnen abgenommen), zum anderen war die Reise mit vielen Strapazen verbunden. Kein Zug war pünktlich, und wegen des großen Andrangs war oft kein Weiterkommen. Auf ihren ersten Reisen mußte sie gar an der Grenze raus, um einen „Entlausungsschein“ zu beantragen, ohne den kein Bürger der Westzonen in die Ostzone einreisen durfte. Weitere Behinderungen gab es dann aber nicht.

Sie hat uns sehr unterstützt, sei es mit Fahrradbereifung, Kleber oder anderen Dingen, die lange Zeit Mangelware blieben. Alkohol und Tabak waren nach wie vor „Handelsware“. Viele verschacherten ihre Alkohol- und auch Tabakmarken an die Russen oder an starke Raucher bzw. Trinker. Der Schwarzhandel mit allen eßbaren Produkten war in vollem Gange.

Westberlin war das ersehnte Handelsziel. Aber viele wurden von den Russen erwischt, und die gingen mit den Leuten beileibe nicht zimperlich um. Ihnen alles abzunehmen, war noch eine gelinde Strafe. Es machte ihnen aber auch nichts aus, Schwarzhändler für Wochen und Monate, manche gar jahrelang einzusperren. Sie waren der Willkür der Besatzer völlig ausgeliefert.

Das Jahr 1947 begann für Paetrow mit großen Schrecken. Die Besatzer hatten es sich einfallen lassen, das Gebiet mit einem großen Manöver zu beehren. Alle Dorfeinwohner mußten Einquartierungen hinnehmen. Dafür wurden Zimmer geräumt und mit Stroh ausgelegt. Auf die Ackerkulturen und Weiden wurde keine Rücksicht genommen. Die Panzer fuhren alles kurz und klein. Durch den Einsatz von Sprengstoff und Phosphor kamen etliche Kühe um. Meine Mutter nutzte die günstige Stunde und entwendete den Russen bei deren Abwesenheit Streichhölzer, natürlich aus jeder Schachtel nur ein paar.

Das morgendliche Feuer wurde zumeist mit einem Gummistück eines alten Autoreifens in Gang gesetzt. Weiter ging es dann mit Tannenreisig oder Nadelholz. Zum Suppekochen wurden mehrere Herdringe abgenommen, und ein entsprechend großer Topf, ebenfalls mit einem Herdring versehen, aufgesetzt. Dadurch waren die Töpfe von unten immer schwarz. Ein Rosten war ausgeschlossen. Hatte ein Topf dann doch mal ein Loch, wurden Topfflicken gekauft und festgeschraubt. Flicken gab es für jede Stelle des Topfes, auch als Winkel. So hielten sie von „Ewigkeit zu Ewigkeit“. Für einen neuen Topf hatte ohnehin niemand Geld.

Waschen konnte man sich auf dem Flur mit Ziegelfußboden, der ein Ablaufloch zum Hof hatte. Die Waschgelegenheit bestand aus einer Schüssel, die auf einem Ständer aus Metall mit drei Füßen stand. Die Wassereimer standen in greifbarer Nähe. Man benutzte Schmier- oder Kernseife für alle Gelegenheiten, denn etwas anderes war nicht zu haben. Zum Zähneputzen nahm man etwas Salz.

Zu dieser Zeit und weit in die Zeit des Sozialismus hinein gab es auch kein Toilettenpapier zu kaufen. Das wurde einmal in einem polnischen Spielfilm humoristisch aufs Korn genommen: Ein Verkehrspolizist bestrafte eine Verkehrssünderin, indem sie seinen Posten auf der Kreuzung einnehmen mußte, derweil er in ein Geschäft rannte, um Toilettenpapier zu ergattern.

Auf dem damals verbreiteten Plumpsklo steckte ein kopfloser Nagel in der Wand, da wurde das auf Format geschnittene Zeitungspapier an einer Ecke aufgespießt. Je nach Anzahl der Benutzer wurde dann in entsprechenden Abständen „Honig geschleudert". Das heißt, die Kiste wurde hinten rausgezogen und der Inhalt vergraben.

Ein Vergnügen war es nicht, im Winter bei starken Frostgraden das Haus verlassen und 50 Meter zur kalten Toilette gehen zu müssen. Da kamen Nieren, Blase und Hinterteil nicht immer unbeschadet davon.

Gern denke ich an einen Schulausflug mit einem Lanz-Bulldog und Anhänger an die Ostsee, nach Boltenhagen, zurück. Dazu wurden am Vortag die mit Stahlzacken besetzten Eisenreifen gegen glatte Stahlreifen ausgetauscht. Es war schon ein Ereignis, wenn der etwa eine Stunde mit der Lötlampe vorgewärmte Motor angeworfen wurde! Das gute Stück machte einen fürchterlichen Krach und rumpelte entsetzlich, aber er war zuverlässig. Mit einer Lage Stroh hatten wir eine gute Unterlage. Bei dem möglichen Tempo wurde es eine Tagesreise, aber wir Kinder waren glücklich und schleppten Unmengen an Sand und Muscheln nach Hause.

Als Verpflegung gab es Mitgebrachtes: Schmalz-, Sirup- oder Margarinestullen. Zum Trinken hatte jeder eine Armeefeldflasche oder einfache Blechflasche mit, die mit Ersatzkaffee oder bestenfalls mit selbstgemachtem Saft gefüllt war. Begriffe wie Cola, Selters oder Brause waren unbekannt und wurden auch nicht vermißt. Für den Fahrer muß es jedoch eine schlimme Tortur gewesen sein: das ständige Gewackel des Traktors und das Stuckern der Eisenreifen auf der unebenen Straße. Da nützte ihm auch eine Deckenauflage auf dem Eisensitz nicht allzuviel. Hiermit sei ihm für diese Reise gedankt.

Wenn die Pferde angespannt wurden, hieß das für meinen Cousin Großalarm. Wir hatten zwei Pferde: einen sehr friedlichen Schimmel und den braunen Fuchs Bubi. Letzterer versuchte immer, meinen Cousin in den Kopf zu beißen, weil der etwas rötliche Haare hatte.

Bei der Anfahrt zur Ernte von Heu oder anderen Futterkulturen durften wir Jungs dann auch mal reiten. Ich habe es aber dabei nicht sehr weit gebracht. Da diese Tiere weder Bremse noch Gashebel haben, bin ich ihnen gegenüber bis heute skeptisch geblieben. Die „Einhebelschaltung" für das Anfahren und Gasgeben, die Peitsche, liegt mir nicht.

Die Stare waren damals noch keine Landplage. Überall sah man in den Kirschbäumen Starenkästen. Das brütende Pärchen vertrieb alle Fremdstare. Dafür sah man ihnen die paar Kirschen, die sie vertilgten, nach.

In der Umgebung von Gadebusch und im Bereich Schwerin war es seit langer Zeit üblich, Haselhecken mit Baumeinpflanzungen als Windschutz anzulegen. Diese gab es in der Gegend um Paetrow in reicher Zahl. Im Herbst zogen wir Jungen, oft auch die Mädchen, dorthin zur Haselnußernte. Vorhandene Apfel- und Pflaumenbäume wurden natürlich mitbedient.

Weihnachten 1947 kam, und meine beiden Onkel sowie mein Vater waren noch immer nicht zurückgekehrt. Meine Mutter sagte mir unter vier Augen, daß sie nur für zwei Weihnachtsgeschenke Geld habe. Als sie anbot, daß derjenige, der auf sein Geschenk verzichtet, zu Tante Erna nach Schwerin fahren darf, habe ich sofort zugesagt.

Meine Tante Erna, eine Bäckersfrau in der Werderstraße, war mir in der Kinderzeit immer das Liebste gewesen. Sie sah jedem Kind sofort an, womit man es erfreuen konnte. So konnte ich mich bei ihr zum ersten Mal in meinem Leben rundum satt essen. Zum Weihnachtsfest mußte ich acht (!), wenn auch dünne, Schnitten essen, da halfen keine Einwände. Es hätte kaum schöner werden können: In seinem Käfig sang der Kanarienvogel, und am Tisch saßen wir alle beim Einkleben der Brot- und Brötchenmarken.

Aber keine Freude ist ungetrübt. Es war bereits dunkel geworden, da gab es einen fürchterlichen Knall, Klirren und Scheppern. Als die Tür zum Verkaufsladen geöffnet wurde, stand ein Russen-LKW vor dem Ladentisch. Das große Schaufenster war total zerstört. Der Russe sagte nur „Otschen karascho“ (sehr gut) und meinte es nicht so. Trotz aller Skepsis wurde dieser Schaden jedoch bald beseitigt.

Wie leichtsinnig sich die sogenannten Neusiedler aus Unkenntnis verhielten, mag ein Beispiel belegen: Sie legten ihre Rüben-, Wruken- und Kartoffelmieten in Senken an. Als im Frühjahr die Schneeschmelze kam und zusätzlich ergiebige Niederschläge fielen, standen ihre Mieten unter Wasser. Es gab große, unsinnige Verluste. Aber damals war die Solidarität weitaus größer als heute. Man half sich untereinander mit vielen Dingen: Saatgut, Hühner-, Enten- und Gänseküken, Akker- und Erntegeräten, Mähbindern und Pferden als Vorspann. Beim Dreschen des Getreides ging die Hilfe ohnehin reihum. Wer viele Ferkel hatte, tauschte diese gegen andere Wunschprodukte.

Ein großer Unsinn war die Aufteilung der Wälder an die Bauern ohne jegliche echte Kontrolle. Wer es geschickt anstellte, fällte die besten Bäume und verkaufte sie nach Bedarf. Andere schonten ihren Waldbestand und haben nie eine Mark verdient. So war es auch auf unserem Bauernhof. Es wurden nur Bäume für den Schuppen- und Scheunenneubau gefällt.

Langsam ging es in der Versorgung etwas bergauf.

Schließlich wurden, zu unserer großen Freude, nacheinander die beiden Onkel und mein Vater aus der Kriegsgefangenschaft entlassen. Die Heimkehrer wurden von ihren Angehörigen stürmisch begrüßt. Mutters Bruder war jetzt da, sie wurde endlich von der vielen Arbeit entlastet.

Wir Kinder aber hielten die Männer anfangs für „Hamsterer“, denn wir kannten sie nicht mehr! – Niemand kann mich je davon abbringen, diese Gefangenschaft von drei Jahren und mehr als ein Verbrechen gegen die Menschlichkeit zu betrachten. Wurden doch diese Männer nach dem langen Kriegsgeschehen erneut für eine lange Zeit von ihren Familien getrennt. Und das alles, weil sie von einem gewissenlosen Staat zum Kriegsdienst gezwungen worden waren!

Bald stand eine Hochzeit ins Haus. Mein Onkel fand eine neue Frau unter den hier lebenden Flüchtlingen.

Das Schlachten war nach wie vor durch die Militärverwaltung verboten. Da war es ein Riesenglück, daß eine Kuh zwei Kälber zur Welt brachte. Das zweite Kalb war ein Bullenkalb und deshalb wertlos für die Milchviehzüchtung. Es wurde sofort im Keller versteckt und dort „aufgebörnt“. So erhielten wir einen unkontrollierten Festtagsbraten.

Um diese Zeit wurde uns eine Sterke*) von der Koppel entwendet. Alle glaubten natürlich, das waren die Russen. Erst auf dem Sterbebett hat der ehemalige Bürgermeister des Ortes Paetrow diesen Raub zugegeben, weil ihn das Gewissen plötzlich drückte. Solche Niederträchtigkeiten unter den eigenen Leuten gab es eben auch immer mal.

Fischer Fenske, mit dessen zwei Kindern ich zur Schule ging, befischte einen Grenzsee an der Westgrenze. Es wurde gemunkelt, daß er Leute, die aus der „Russenzone“ raus wollten, dort übergesetzt hat. Dafür sollen die Russen ihn fürchterlich gequält haben. Von denen war auch insofern zu hören, als immer wieder Leute spurlos, ohne jegliche Nachricht, verschwanden. Erst nach Jahren erfuhr man, daß diese ohne Gerichtsverfahren nach Rußland verschleppt worden waren.

In Vietlübbe steht die älteste Holzkirche Deutschlands. Dort sind die Eltern und Großeltern meiner Mutter beigesetzt. An manchen Sonntagen fuhren wir mit dem Milchwagen dorthin zum Gottesdienst. Als wir von einem Sponsor aus dem Westteil Deutschlands hörten, der die Restaurierung der Kirche

---

*) Sterke = junge Kuh, die noch keine Milch gibt.

unterstützen würde, war unsere Freude groß. Für mich war natürlich die Rückkehr meines Vaters vorerst am wichtigsten.

Aber wie sehr mich dieses Ereignis einmal beeinflussen sollte, ahnte ich zu dem Zeitpunkt wohl kaum. Mein Vater brachte aus Frankreich Angelhaken und „Silk" mit. Der Rest war dann einfach. Die Angelrute schnitten wir aus einer Haselhecke, für die Angelpose verwendeten wir große Gänsefedern.

Mein erster Angeltag am Draguner See ist mir bis heute unvergeßlich geblieben. Es war nicht allein die Freude über den guten Fang – Plötze, Bleie, Güstern, Rotfedern und Barsche gab es reichlich –, mir riß sogar aus Unvermögen eine gute Schleie ab. Nein, das beste war der Fund, den wir machten: zwei Doppelstullen mit gutem Butterbelag! Die teilten wir uns und aßen sie mit großen Behagen. Angler aus den umliegenden Orten mochten sie verloren oder vergessen haben.

Von Stund an war ich ein begeisterter Angler und bin es bis heute geblieben. Die guten Fischbestände jener Zeit wurden für uns zu einer zuverlässigen zusätzlichen Nahrungsquelle. Das Wasser der Teiche, Seen und Flüsse hatte noch eine gute Qualität. Wir haben bei großem Durst sogar davon getrunken.

Mein Vater fing wieder bei der Post in Neubrandenburg zu arbeiten an und bekam zu Anfang ein Riesengehalt von 180 Ost-Mark. Im Spätherbst, wir waren gerade mit dem Rübensirupkochen fertig geworden, bekam er dort eine 2-Raum-Wohnung in der Katharinenstraße 3. Sie befand sich im dritten Geschoß und hatte teilweise schräge Wände. Das waren wohl ursprünglich Dienstbotenwohnungen.

Wir teilten die eine Schräge als Küche ab und erhielten irgendwoher einen zweiflammigen Gaskocher. Zwischen den Zimmern wurde von dieser „Küche" aus eine Tür herausgebrochen, um nicht immer über den Flur laufen zu müssen. Das war sehr einfach, da es sich nur um eine 12er Wand handelte. In den Fenstern befand sich kein Glas, sie waren mit milchiger, undurchsichtiger Folie zugenagelt. Glas war 1948 eine Kostbarkeit.

[Hannoversch Münden;
Ende 1945]

Gabriele Schmidt

Stromsperre

Ein paar Monate nach Kriegsende. Der größte Teil unserer Familie war während des Krieges aus Berlin nach Hannoversch Münden evakuiert worden. Dort lebte eine Schwester meiner Mutter, bei der wir allerdings nicht wohnten.

Wir, das heißt meine 24jährige Schwester Lisa, mein 19jähriger Bruder Fred und ich, das 14jährige Nesthäkchen, hausten zusammen in zwei Zimmern einer größeren Wohnung. Dort waren neben den Hauptmietern, zwei ältlichen Schwestern, noch schlesische Flüchtlinge einquartiert.

Unsere Mutter konnte leider nicht mit uns zusammenleben, weil sie eine schwer rheumakranke alte Dame betreute, wofür sie auch nachts bereit sein mußte. Mutti war bereits seit sieben Jahren Witwe und bekam in der ersten Zeit nach Kriegsende keine Pension.

So lag die Last, uns Heranwachsende und ewig Hungrige satt zu bekommen, allein auf den Schultern unserer großen Schwester. Sie verdiente ihr Geld als Dienstmädchen bei einer alteingesessenen Holzhändlerfamilie, bis sie wieder in ihrem erlernten Beruf Fuß fassen konnte.

Die Einheimischen der vom Krieg nicht zerstörten Städte hatten es mit Abstand leichter als die Vertriebenen und Evakuierten, die Nachkriegsjahre mit all den Entbehrungen und dem Hunger zu überstehen. Sehr viele von ihnen hatten Gärten oder außerhalb der Ortschaft ein Stückchen Land und konnten so mit dem Anbau von Obst und Gemüse die zugeteilten Nahrungsmittel ergänzen.

Auch hatten sie noch ihre Fenstervorhänge, aus denen man hübsche Röcke und Kleider nähen konnte, sie besaßen verwertbare Tisch- und Bettwäsche, sie hatten ihren Hausstand nicht durch Bomben oder Feuer verloren. Sie verfügten, wenn sie zu den Bauern gingen, über genügend Tauschobjekte: Teppiche, Brücken, Silber und viele andere Dinge. Dafür konnten sie Speck, Würste, Eier und andere heißbegehrte Köstlichkeiten mit nach Hause nehmen.

Natürlich erhielten alle Personen Lebensmittelmarken und hin und wieder auch Bezugsscheine für Kleidung und Schuhe. Aber die Einheimischen hatten auch hierbei Vorteile, den Bezugsschein „B“, das heißt, sie konnten ihre Beziehungen spielen lassen: Der eine war mit dem Lederfabrikanten befreundet, der andere mit einer Angestellten des Wirtschaftsamtes, der Verteilerstelle der Lebensmittelkarten, ein dritter mit dem Kaufmann in der Straße, der noch über ein recht gut gehortetes Warenlager verfügte.

Die Liste „B“ ist endlos lang, und Tante Trude erfreute sich mehrerer guter Beziehungen. Wir besaßen leider keine, deshalb hatte Lisa echte Beschaffungsprobleme, die zudem durch unsere diversen Beschäftigungen noch vergrößert wurden.

Fred war Abiturient mit Fronterfahrung und arbeitete jetzt beim Wiederaufbau der von deutschen Truppen kurz vor Kriegsende gesprengten Brücken über Fulda und Werra.

Da der Schulbetrieb noch nicht wieder begonnen hatte, fand ich einen Job in einer Gärtnerei und wurde deshalb nicht zum Steineklopfen herangezogen. Diese für uns ungewohnten Arbeiten führten besonders bei meinem Bruder und mir zu chronischem Hunger. Das alles ließ unser Stimmungsbarometer nicht steigen. Obgleich wir Geschwister sehr aneinander hingen, gab es zu dieser Zeit einige deftige Reibungspunkte.

Zusätzlich zu allen Einschränkungen gab es häufig Stromsperre. Dann ging nichts mehr, es herrschte nur noch Finsternis, denn auch Kerzen waren nicht erhältlich, es sei denn, man hatte sie lange vorher in Massen gehamstert oder durch Tausch erworben.

Eines Abends, Fred und ich trafen nach getaner Arbeit fast gleichzeitig in unserem Domizil ein, war mal wieder der Strom abgeschaltet, so dachten wir. Lisa hatte bereits den Abendbrottisch gedeckt. Ein trübseliges Hindenburglichtchen*), nicht kraftvoll genug, um einen Schatten zu werfen, krönte das Arrangement. Dies war an jenem Abend fürstlich, denn es gab Harzer Käse satt. Das hatten wir noch nicht erlebt, es war geradezu phantastisch! Gierig machten wir jüngeren Geschwister uns darüber her, während sich unsere Schwester, wie wir dachten, aufopferungsvoll zurückhielt. Nach meiner Frage, wie sie an die lukullischen Köstlichkeiten in solchen Mengen gekommen sei, antwortete sie lakonisch: „Tante Trude".

„Donnerwetter, sie ist doch wohl nicht krank?" entfuhr es meinem Bruder, der dabei lustvoll weiterkaute.

Dazu muß man wissen, daß meine Tante starken Trennungsproblemen unterworfen war. Sie saß wie eine Glucke auf ihren Hamsterwaren, die sie mit Argusaugen hütete. Bei großem Einfallsreichtum gelang es mir hin und wieder, kostbare Beute zu ergattern. Den Käse heute hatte sie tatsächlich geschenkt. So sagte Lisa nur: „Meckert nicht, freut Euch und seid dankbar!"

Das waren wir, allerdings nicht länger als zehn Minuten. Als ich nämlich unser Zimmer verlassen wollte, sah ich einen erhellten Flur. Es war also keine Stromsperre! Ich meinte: „Unsere Birne muß kaputt sein, im Flur brennt das Licht."

Mein Bruder machte sich sofort an unserer Lampe zu schaffen und nach ein, zwei Drehungen schien auch bei uns wieder Licht, die Birne war nicht festgeschraubt gewesen.

Doch dann ging uns noch ein Licht auf: Wir sahen, nein starrten voll Entsetzen auf die Reste unseres so köstlichen Abendessens. Der Käse, das üppige Geschenk, er lebte! Viele kleine Maden hatten ihn für uns schön aufgelockert und unsere Schwester zur freiwilligen Stromsperre veranlaßt.

---

*) Stearinkerze in Teelichtform, seit dem 1. Weltkrieg Notbeleuchtung.

[Stolp*), Pommern – Leipzig – Oschersleben – Uelzen –
Schöningen;
Dezember 1945–Ostern 1948]

Ingeburg Zimmermann

Überlebt

Zwischen Weihnachten und Neujahr 1946 ging in Stolp die Kunde um, Post sei eingetroffen. Gretchen, meine ältere Schwester, und ich liefen zum Rathaus, wo die Post ausgeteilt werden sollte. Wir hofften auf ein Lebenszeichen von unseren Verwandten. Viele Menschen warteten dort bereits. Ein Russe schüttete den Postsack aus, und die Leute fielen gierig über die Briefe und Karten her. Doch ehe wir uns versahen, hatte der Russe bereits Feuer gelegt. Wir wurden verjagt. Es war die reinste Schikane. Später ging es geordneter zu. Wir erhielten einen Brief von Muttis Eltern. Sie hatten sich in die Schweiz abgesetzt, waren also durchgekommen.

In diesen Wintertagen gingen wir immer früh zu Bett. Dadurch sparten wir Heizung, Petroleum und Nahrung. Manchmal, wenn ich vor Hunger nicht einschlafen konnte, setzte ich mich auf die Fensterbank und schaute zum Himmel hinauf. Der Mond wurde mein Freund. Ich erzählte ihm meinen Kummer. Er hörte schweigend zu, und es schien, als würde er lächeln. Eines Nachts entdeckte ich am Himmel einen großen und einen kleinen Stern. Von nun an glaubte ich, der große sei mein verstorbener Papa und der kleine mein verstorbenes Schwesterchen Gesine. Ich war sehr froh, denn für mich waren sie im Himmel. Zu meinen beiden kleineren Schwestern sagte ich, als ich ihnen die Sterne zeigte: „Nun brauchen wir keine Angst mehr zu haben, Papa guckt immer auf uns herab."

*) heute Słupsk in Polen

Die Tage wurden wieder heller und länger. Der Frühling nahte. Einmal konnten wir so viel Fleisch bekommen, wie wir wollten! Wir aßen, bis wir fast platzten: Frikadellen, Braten, Rouladen – alles aus Pferdefleisch. Es schmeckte uns.

Gretchen und ich gingen – wie schon letztes Jahr – auf die Dörfer, um Eßbares zu beschaffen.

Auf einem Gut, es wurde nun von Polen und Russen bewirtschaftet, holten wir Milch. Als ein Russe, der die Milch austeilte, in der Kanne einer alten Frau etwas Wasser entdeckte, schrie er das Mütterchen an: „Frau, meine Augen sehen Wasser! Geh nach Hause, mach Kanne trocken. Will nicht hören von Hitlerschwein, das sagen, Russki panschen Milch!"

Ich konnte mit dem Vorfall nicht viel anfangen. Gretchen erklärte mir auf dem Heimweg alles. Nun wußte ich, wer Hitler gewesen war.

In einem Dorf, wir fragten nach ein paar Kartoffeln, schlug ein polnischer Junge Gretchen mit dem Gewehr in den Rükken. Sie fiel lang hin, blieb liegen. Der Junge lief fort. Ich hatte viel Mühe, meiner Schwester wieder auf die Beine zu helfen. Sie weinte. Wir hörten noch, wie man uns nachrief: „Geht zu Hitler!"

Einmal, es war auf dem Heimweg und eine große Strecke lag noch vor uns, wimmerte Gretchen, ihr ganzer Körper würde wie Feuer brennen. Sie zog ihr Kleid aus und legte es in einen Wassergraben. Da sah ich große, rote Flecken auf Brust und Rücken, Armen und Beinen. Mit viel Mühe zog sie das Kleid wieder an, das kühle Naß sollte Linderung bringen. Da sie aber immer noch weinte, heulte auch ich. Zu Hause angelangt, wusch Mutti Gretchens Körper mit Essigwasser ab, aber das half nicht. Gretchen weinte die ganze Nacht.

Am nächsten Tag konnte sie nicht aufstehen. Sie war schwer krank. Da lag sie nun, in Schweiß gebadet und zitterte am ganzen Leib, obwohl es draußen heiß war. Wenn wir sie ansprachen, schien sie uns nicht zu hören. Mutti machte Wickel. Sie flößte ihr Wasser ein, aber Gretchen lag da, als wäre sie tot. Sie mußte trockengelegt werden, weil sie unter sich gemacht hatte. Da sahen wir es: Blut! Also auch Typhus – wie Papa!

Ich flehte: „Mutti, bitte, Gretchen darf nicht sterben! Papa und Gesine sind tot, Gretchen darf nicht auch noch sterben!" Ich weinte und bettelte. Mutti war verzweifelt.

Nun betete ich wieder. Zwar grollte ich dem lieben Gott immer noch wegen Papas viel zu frühem Tod, aber ich versuchte einzulenken. Jeden Abend schloß ich Vater in mein Gebet ein.

Da Gretchen nicht mehr mit mir betteln gehen konnte, entfernte ich mich aus Furcht nicht so weit von zu Hause, blieb in der Stadt. Jeder Tag war ein erneuter Kampf ums Überleben. Wie oft wurde mir vor der Nase die Tür zugeschlagen, wenn ich höflich nach einem Stückchen Brot fragte! Wie oft wurde ich ausgelacht und gedemütigt! Die Worte „Geh zu Hitler" klingen mir noch heute in den Ohren. Ich konnte nicht begreifen, warum die Menschen so böse auf mich waren. Ich war doch noch ein Kind!

Manchmal traf ich jedoch auf freundliche Menschen. Sie hatten vielleicht auch Kinder und dachten an sie, wenn ich artig „bitte" zu ihnen sagte.

An den Einfahrten zu den großen Straßen hatten die Russen Tore errichtet, auf denen Stalin sowie Hammer und Sichel abgebildet waren. Dazu hatten sie rote Fahnen aufgestellt. Zwei Russen hielten Wache.

Einmal, ich weiß es noch wie heute, lief der eine Posten, groß wie ein Baum, auf mich zu. Ich hatte furchtbare Angst. Er blieb vor mir stehen und beugte sich zu mir herab. Da ich gelernt hatte, in Gesichtern zu lesen, merkte ich bald, daß seine Augen mich lieb anschauten. Freundlich sagte er zu mir: „Malenka, du singen ‚Stille Nacht'! Du chleb."

Chleb bedeutet Brot. Aber ich konnte doch gar nicht singen! Er merkte wohl, daß es nicht ging. Er zeigte auf die Uhr an seinem Arm und deutete mir an, daß ich am nächsten Tag um die gleiche Zeit singen sollte. Ich bekam ein Stück Brot und durfte gehen.

Heute weiß ich, wie Mutti zumute gewesen sein muß, mitten im Sommer mit mir ein Weihnachtslied zu üben. Sie hatte genug Sorgen. Die Melodie saß bald, aber der Text war so schwer. Abends im Bett übte ich immer noch, bis in den Traum hinein.

Am anderen Tag ging ich folgsam erneut zu dem Tor. Mein Herz schlug bis zum Hals! Der Russe aber war nicht zu sehen.

Hatte ich ihn nicht richtig verstanden? Ich hielt Ausschau. Soldaten kamen anmarschiert. Gewehr ab, Gewehr auf! Zwei Russen traten aus der Menge. Die beiden, die vor dem Tor gestanden hatten, gingen zu den anderen hinüber und marschierten mit ihnen davon.

Plötzlich stand er vor mir!

Der Riese nahm mich an die Hand: „Du singen!"

Meine Kehle war wie zugeschnürt. Ich brachte keinen Ton heraus. Er summte die Melodie. Meine Angst ließ nach, und mit piepsiger Stimme sang ich „Stille Nacht". Der Russe hielt Wort, ich bekam ein halbes Brot! Wie oft mußte ich dieses Lied noch singen, immer und immer wieder!

Gretchen ging es noch sehr schlecht. Sie schlief mit mir im Kinderzimmer. Mutti mußte also ständig hin- und herlaufen. Schließlich nahm sie Gretchen mit ins Schlafzimmer. Jetzt fand ich ein paar Stunden Ruhe.

Eines Nachts wachte ich auf. Am ganzen Körper juckte es, auch an den Händen. Im Schlaf hatte ich mich schon blutig gekratzt. Ich hielt es im Bett nicht mehr aus.

Am nächsten Tag meinte ein alter Mann, ich hätte die Krätze. Mutti und meine beiden kleineren Schwestern, Rita und Molly, bekamen ebenfalls diese Krankheit. Der Alte schaute auch nach Gretchen. Er brachte eine Flasche Wodka mit und riet, sie solle davon trinken, unbedingt, koste es, was es wolle!

Gretchen war so dünn geworden, ihre Augen waren immer geschlossen, die Lippen rissig, der Rücken war durchgelegen, und die Haare fielen ihr aus. Sie war sich gar nicht mehr ähnlich. Immer wieder versuchte Mutti, ihr den Wodka einzuflößen. Anfangs reagierte sie nicht, aber dann muß es wohl ihren

Lippen weh getan haben, denn sie fing zu weinen an. Jetzt wußten wir, sie wird gesund werden!

Ganz langsam nahm Gretchen wieder Nahrung zu sich, lernte zu sitzen, zu stehen und zu gehen. Eigentlich hätte Mutti den Typhusfall melden müssen, aber der alte Mann hatte abgeraten. Es war gut so, Gretchen hätte, wäre sie ins Krankenhaus gekommen, sicher nicht überlebt.

Die Krätze machte uns schon genug zu schaffen, dazu kamen jetzt noch Läuse. Es war so schlimm, daß Mutti uns die Haare abschneiden mußte. Wir sahen putzig aus. Die Läuse waren wir mittels Petroleum bald los. Aber die Krätze noch lange nicht!

Im Sommer 1946 zogen die Russen ab. Es ging ganz heimlich vor sich, so daß wir es kaum bemerkten. Dafür kamen die Polen. Nun waren sie die Herren hier.

Der Russe, dem Mutti Weihnachten 1945 auf sein Verlangen hin Christbaumschmuck gegeben hatte, wies als bisheriger Kommandant die Polen ein. Als diese uns aus der Wohnung vertreiben wollten, konnte er es verhindern. Die dazu vorgesehene polnische Familie mußte im Parterre einziehen.

Betteln und Stehlen wurden immer schwieriger. Unsere Nahrung bestand aus Kartoffeln, Öl und Heringslauge. Brot war teuer. Die Währung war jetzt der Zloty. Woher aber nehmen? Wie gut, daß Gretchen und ich in den Monaten zuvor auf unseren Streifzügen alles Mögliche mitgenommen hatten. Jetzt konnte ich manches verkaufen.

Die Polen nahmen alles in Besitz. Auch der schöne Garten gehörte uns nicht mehr. Den großen Kirschbaum, an dem meine Schaukel hing und der im Frühjahr so herrliche Blüten trug, durften wir nicht mehr berühren. Heimlich wünschte ich mir, der Baum wäre tot.

Eines Nachts ging über Stolp ein gewaltiges Gewitter nieder. Es blitzte und krachte, als wollte die Welt untergehen. Der Himmel war gelb erleuchtet, dann ein Knall! Vom Küchenfenster aus konnten wir zusehen, wie der Kirschbaum, in zwei

Hälften gespalten, zur Erde sank. Nie mehr würden andere seine Früchte essen! Hatte ich das tatsächlich gewollt?

Gretchen war immer noch krank, und Mutti mußte bei meinen beiden kleinen Schwestern zu Hause bleiben. Also sorgte ich bis in den Herbst hinein allein für die Familie. Konnte ich auf dem Markt schon handeln und feilschen, so lernte ich nun auch das Betrügen.

Waren ein paar Zlotys da, mußte ich einkaufen gehen, auch für Krügers, unsere Nachbarn. Da es nur lose Ware gab, mußte ich für Öl leere Flaschen mitnehmen. Mutti gab 10, Frau Krüger 20 Zlotys. Nach dem Kauf füllte ich so viel Öl aus der einen in die andere Flasche, bis beide gleich voll waren.

Einmal ist mir dabei etwas Schlimmes passiert: Beim Umfüllen fiel mir eine Flasche aus der Hand und zerbrach. Das Öl breitete sich auf dem Gehweg aus. In meiner Not ging ich in den Laden zurück, in der Hoffnung, der Pole würde mir helfen, aber weit gefehlt! Er lachte mich noch aus! Zu Hause gab Mutti das Öl Frau Krüger, und wir mußten, wie so oft, die Kartoffeln trocken essen.

Ich holte heran, was ich konnte, blieb tage- und nächtelang von zu Hause weg. Meine Füße waren schon wundgelaufen und schmerzten. Die Wege waren weit, für ein kleines Mädchen zu weit! Aber ich gab nicht auf. Die Nächte verbrachte ich in Feldscheunen. Mutti war jedesmal froh, wenn ich wohlbehalten zu Hause ankam.

Wie schaffte ich das bloß? Ich war doch noch ein Kind – nein, wir waren damals keine Kinder mehr, wir waren kleine Erwachsene! Über unsere Gesichter huschte selten ein Lächeln. Wir hatten auch kaum Grund zur Freude. All das Elend um uns herum hatte in uns Bitterkeit gesät. Kinder, die nicht spielen, lachen oder albern sein dürfen, sind seelische Krüppel. Das hatte der Krieg aus uns gemacht!

Zu der polnischen Familie, die in die untere Wohnung eingezogen war, gehörten drei Kinder: Lottja, Janek und Wittek. Lottja ging nicht mehr zur Schule, sie war älter als Gretchen.

Janek mochte so alt wie Gretchen gewesen sein, Wittek war in meinem Alter. Lottja war ein liebes Mädchen, fleißig und sehr klug. Sie sprach gut deutsch. Wenn sie uns heimlich ein Stück Brot gab – und das geschah oft –, legte sie stets den Zeigefinger an die Lippen. Lottja ging täglich auf den Markt, um frische Pfannkuchen zu verkaufen.

An einem Sonntag, ich ging nicht betteln, sondern saß auf der Treppe vor dem Haus in der Sonne und wartete, daß die häßlichen Kopfschmerzen aufhörten, kam Wittek um die Ecke. Als er mich sah, fing er zu zanken an. Er ließ nicht locker. „Hitlerschwein!“ und anderes warf er mir an den Kopf, schmiß mit Steinen nach mir, bis mich einer traf. Jetzt reichte es!

Ich rannte zu ihm hin. Entgegen Muttis Warnung, mit den polnischen Kindern nicht zu streiten, sondern besser wegzulaufen, verprügelte ich ihn so richtig! In diesem Moment vergaß ich alle guten Ratschläge. Wittek schlug zurück. Sicher mußte ich mehr Schläge als er einstecken. Er aber schrie wie am Spieß. Mir war auch zum Heulen, aber ich schluckte tapfer die Tränen hinunter. Die Freude, daß auch ich weinen würde, gönnte ich ihm nicht. Da tauchte Lottja auf. Er brüllte: „Niemka mnie bije!“ Ich höre es noch heute.

Lottja nahm ihren Bruder an die Hand und kam zu mir herüber. „Nun wirst du etwas erleben“, dachte ich. Sie fragte, was geschehen sei. Ich erklärte es ihr, hatte aber immer noch Angst. Sie hingegen schnappte sich ihren Bruder und versohlte ihm den Po. Danach sperrte sie ihn in die Besenkammer. Noch von oben konnte ich ihn schreien hören. In diesem Moment nahm ich mir vor, gegen den Haß anzukämpfen. Es gelang mir nicht sofort. Ich benötigte viele Jahre dafür. Nicht zu hassen ist jedoch ein gutes Gefühl.

Wittek und ich waren nicht lange böse aufeinander. Er lernte von mir Deutsch, ich von ihm Polnisch. Kinder sind eben Kinder, gleich welcher Nation. Ich denke heute noch oft an diese Familie, besonders an Lottja. Ahnte sie damals, wie weh uns der Hunger tat? Hatte sie selbst Leid ertragen müssen?

Letzteres wird wohl der Fall gewesen sein. Ob sie heute glücklich ist? Ich wünsche es ihr so sehr, sie hätte es verdient.

Als der Winter 1946 kam, konnte Gretchen immer noch nicht mit mir auf Streifzüge gehen. Bevor ich mich also nach wie vor allein auf den Weg machte, steckte ich zwei heiße Kartoffeln als Wegzehrung und zum Wärmen in die Taschen.

Zwischen den Häusern unserer Straße fühlte ich mich noch nicht so allein gelassen. Sobald ich aber die Briskower Chaussee erreichte, stieg in mir die Angst hoch. Hier war ich ein kleiner, einsamer Wurm. Die riesigen, alten Bäume sahen im Mondlicht gespenstisch aus. Ihre Zweige warfen eigenartige Schatten auf den Asphalt. Um meine Furcht zu bezwingen, sagte ich mir immer wieder: „Du hast keine Angst!“

Wenn ich bloß bessere Schuhe besessen hätte, dann wäre mir das Laufen etwas leichter gefallen. Doch ich hatte nur zwei linke Schuhe, der eine drei Nummern zu groß.

Die Polen kannten mich schon. So bekam ich hier eine Handvoll Kartoffeln, dort ein bißchen Milch oder ein Stück Brot. Manchmal luden sie mich zu einem Teller Suppe ein. Das Brot, das dazu gereicht wurde, steckte ich immer in meinen Beutel für zu Hause.

Nach Weihnachten schneite es heftig. Der Winter wurde zur Qual. Die Krätze hielt an. Der Eiter gefror unter der Haut. Riesige Wunden bedeckten meine Hände und meinen Rücken. An manchen Stellen konnte man die Knochen sehen. Es ist ein Wunder, daß keine Narben zurückblieben. Trotzdem war ich täglich unterwegs, immer in eine andere Himmelsrichtung. Schneestürme fegten über das Land. Die Schneeflocken wirbelten so dicht, daß ich oft die Orientierung verlor. Den Schlitten konnte ich nur mit einer Schulter ziehen, denn die Hände schmerzten zu sehr. Auf dem Heimweg fror meine Habe. Bei Brot und Milch war das nicht so schlimm, aber die Kartoffeln schmeckten danach süß.

Die Tage wurden wieder länger, aber auch kälter. Rita ging nun mit mir, aber nur bis in die Stadt. – Und endlich war Gretchen wieder gesund und die Krätze bei uns allen abgeheilt.

Im Frühjahr 1947 begannen die Polen, die Deutschen aus Pommern auszuweisen. Wir verkauften, was wir noch besaßen, zu Schleuderpreisen.

Im Juli war es auch für uns soweit. Unser Gepäck bestand aus Brot, einem Aluminiumtopf mit Holzgriffen, einer Bibel und einem Foto von Papa. Sammelplatz war die Mädchenschule. Hier blieben wir einige Tage, so daß wir noch einmal das Grab von Papa und Gesine besuchen konnten. Es sollte ein Abschied für immer gewesen sein.

Am 12. Juli wurden wir in Viehwaggons getrieben. Der Zug war zwar lang, aber auf dem Bahnsteig standen sehr viele Menschen. Die Waggons wurden mit Querbalken verriegelt, nur in Augenhöhe blieben sie etwas geöffnet. Als der Zug sich in Bewegung setzte, begannen die Menschen, mit Tränen in den Augen, „Nun ade, du mein lieb Heimatland" zu singen. Ich fragte mich, warum sie denn weinten, es ginge doch jetzt heim ins Reich. – Viel später, als wir dieses Lied in der Schule singen mußten, sah ich das Bild vom Bahnhof in Stolp wieder vor mir. Plötzlich begriff ich, warum die Menschen damals geweint hatten. Schluchzend rannte ich aus dem Klassenzimmer.

Zwei oder dreimal hielt der Zug bei flimmernder Hitze. Frauen und Männer, Alte und Junge verrichteten neben den Gleisen ihre Notdurft. Nach drei Tagen und Nächten erreichten wir unser Ziel: Leipzig.

Das Lager, das Tausende von Flüchtlingen beherbergte, befand sich am Rande der Stadt. Mutti wurde mit einmal bewußt, daß ich Geburtstag hatte. Nun war ich acht Jahre alt.

Später wurden wir bei einem Ehepaar untergebracht. Es waren nette Leute. Sie hatten keine Kinder und freuten sich deshalb über uns. Sie stellten die beiden größten Zimmer ihrer Wohnung zur Verfügung.

Eines Tages hieß es, wir müßten zur Schule gehen. Ich hatte mir unter Schule etwas Wunderbares vorgestellt. Die Enttäuschung folgte auf den Fuß! Ich kam gleich in die zweite Klasse.

Aber ich kannte noch keinen einzigen Buchstaben. Meine Deutschkenntnisse ließen sehr zu wünschen übrig. Ich hatte ja in der letzten Zeit fast nur Russisch oder Polnisch gesprochen. Es war ein richtiger Sprachensalat, den ich benutzte.

Meine Lehrerin war ein Mensch, den ich damals nicht richtig einordnen konnte. Sie hatte eine merkwürdige Art, mich spüren zu lassen, daß ich anders war als die übrigen Mädchen. Immer erzählte sie von einem „Neuen Deutschland" und von Wilhelm Pieck, einer Art Führer.

Ich schwänzte die Schule, so oft es ging. Vielleicht fiel es auch gar nicht auf. Viel lieber streifte ich durch die Ruinen der Stadt. Leipzig mußte einmal sehr schön gewesen sein. Die kleinen Geschwister nahm ich oft mit. Wir stahlen in den Schrebergärten Tomaten und Obst. Ich kannte Leipzig bald so gut wie Stolp. Eines Tages standen wir vor einem riesigen Monument, dem Völkerschlachtdenkmal.

Im Herbst 1947 erhielten wir Post von Tante Frieda. Sie hatte uns über das „Rote Kreuz" suchen lassen. Jeder Brief von ihr endete mit den Worten: „Kommt, so schnell Ihr könnt, in den Westen!" Das war leichter gesagt als getan.

Mutti und Gretchen planten alles allein. Eines Tages war Gretchen verschwunden. Auf unsere Fragen hieß es nur, sie sei zu Tante Frieda gefahren. Mutti wartete täglich auf Post von ihr. In den ersten Januartagen 1948 kam endlich die ersehnte Nachricht. Gretchen war gut angekommen. Sie beschrieb uns, wie wir fahren sollten. Treffpunkt war Uelzen.

Abermals packten wir unsere Habe zusammen. In meinen Rucksack kamen besagter Topf, die Bibel und Vaters Foto. Auch meine Puppe, die erste in meinem Leben. Ich hatte sie zu Weihnachten bekommen. Sie war aus Porzellan und hieß Rita. Ich legte sie in den Topf, so konnte sie nicht zerbrechen.

Eines Nachts ging es los. Wir liefen zum Hauptbahnhof. Mutti löste Fahrkarten. Die Züge waren überfüllt, wie Trauben hingen die Menschen an Türen und Fenstern. Im Abteil zog es entsetzlich, die Fenster hatten keine Scheiben.

In der darauffolgenden Nacht erreichten wir Oschersleben, unser erstes Ziel. Hier brachte uns ein Mann über die „grüne Grenze“. Ich konnte nicht begreifen, warum sie so genannt wurde, standen wir doch bis zu den Hüften in weißem Schnee. Dann ging es weiter nach Helmstedt. Von dort brachte uns der nächste Zug nach Uelzen. Im Lager wurden wir mit der Entlausungsspritze empfangen. Es stank fürchterlich. Alle, die noch nicht registriert waren, kamen in eine sogenannte Nissenhütte. Gretchen war auch rechtzeitig eingetroffen, wir mußten uns ja gleichzeitig eintragen lassen.

Eine riesige Schlange vor uns. Viele Stunden standen wir vor der Aufnahmebaracke an, bis wir gegen Mitternacht den Eingang erreichten. Hier wurde Tag und Nacht gearbeitet, um den großen Andrang zu bewältigen. Unsere Beine wollten uns kaum noch tragen. Nie im Leben dachte ich, daß ein Mensch fähig ist, im Stehen zu schlafen. Ich schreckte auf, als Mutti mich anfaßte. Wir mußten morgen wiederkommen.

Am nächsten Tag begann die ganze Prozedur von vorn. Wieder standen wir in der Schlange. Müdigkeit kann grausam sein, man wird willenlos. Wie in Trance beantwortete ich die Fragen, und zwar so, wie es mir Mutti eingeschärft hatte. Wir durften auf keinen Fall verlauten lassen, daß wir aus Leipzig kamen, sonst wären wir dorthin zurückgeschickt worden. Wir behaupteten, direkt aus Pommern zu kommen. Alles andere war in unserem Gedächtnis wie ausgelöscht. Die Lüge war plötzlich zur Wahrheit geworden. Die Kleinen wurden nicht befragt. Tief in der Nacht bekamen wir Plätze zum Schlafen zugewiesen. Wie Steine ins Wasser fielen wir auf die Strohbetten.

Da Uelzen ein Auffanglager war, mußten wir, nachdem Gretchen und Rita von einer Erkrankung genesen waren, den Ort verlassen. Mit dem Zug fuhren wir nach Schöningen. Vom dortigen Durchgangslager wurden die Familien später den einzelnen Ortschaften zugewiesen.

Kurz vor Ostern fühlte ich mich nicht gut. Ich führte meine Schmerzen und die Appetitlosigkeit auf das Essen zurück. Es gab nämlich dreimal in der Woche Pellkartoffeln und Heringssalat, den ich daher bis heute nicht mag.

Das Lager war früher ein Hotel gewesen. Ich lag in meinem Bett, das unten im Saal stand, und schaute zur Galerie empor. Auf dem Geländer saß ein junger Mann und spielte Gitarre. Er sang dazu das Lied von den Capri-Fischern.

Plötzlich drehte sich alles vor meinen Augen. Die Menschen nahmen seltsame Gestalten an. Ich fror und schwitzte gleichzeitig. Ich verspürte nur Durst. In meinen Träumen war viel Wasser, aber ich konnte es nicht erreichen. Ich spürte, wie etwas Weiches auf mein Bett fiel und an mir hochkrabbelte. Die anderen schrien: „Ratten! Ratten!" Ich hatte das Gefühl, in ein tiefes Loch zu fallen und hart aufzuschlagen. Unten kamen mir Papa und Gesine entgegen, schauten mich an und verschwanden wieder. Meine Hände schmerzten, aus riesigen Eiterbeulen blickten mir böse Gesichter entgegen. Ich schreckte auf, starrte meine Hände an, doch da war nichts!

Mutti zog mich an. In einem mir unbekannten Raum saß hinter einem Tisch ein Mann mit weißen Haaren. Die Stimmen rings um mich wurden immer leiser. Von da an umgab mich nur noch Dunkelheit.

Mein Bewußtsein kehrte nur langsam zurück. Ich hörte Gesang. Wie war ich bloß in die Kirche gekommen?

Nur schemenhaft nahm ich meine Umgebung wahr. Alles war fremd. Allmählich erkannte ich, daß ich mich in einem Krankenhaus befand, in einem Bett lag, in einem richtigen Bett mit weißen Bezügen. Drei Tage und Nächte war ich bewußtlos gewesen. Die Krankenschwestern gaben sich große Mühe mit mir. Sie wickelten mich von der Kinnspitze bis zu den Zehen in heiße Tücher, hielten abwechselnd Wache an meinem Krankenbett. Ihnen war die Freude darüber anzusehen, wieder ein Menschenleben gerettet zu haben.

(Weitere Erinnerungen dieser Autorin finden Sie in den Bänden „Gebrannte Kinder. Kindheit in Deutschland 1939–1945" und „Kindheit in Deutschland 1950–1960" der Reihe **ZEITGUT**.*)*

[Schleiden, Eifel;
Dezember 1945]

Marlies Schröder

Weihnachten 1945

Heiligabend. Wir waren gerade aus der Evakuierung zurück. Von Vater hatten wir lange kein Lebenszeichen erhalten.

Unsere Mutter besuchte mit meinem Bruder und mir die Kirche in Blumenthal. Der Kirchturm war beschädigt, die Kirche kalt. Ein großer Tannenbaum stand spärlich geschmückt in Altarnähe. Die Leute waren arm gekleidet. Dann erklang die Orgel, und wir sangen: „Stille Nacht, heilige Nacht..." Die Gesichter waren von Leid gezeichnet, fast jeder hatte durch die Bombenangriffe ein Familienmitglied verloren. Die Stimmen erstickten und Tränen flossen.

Nach der Mette ging es nach Hause. Die Wohnzimmertür war mit einer Kordel zugebunden, auf einem Pappschild stand: „Hier ist das Christkind!" Mein Bruder und ich waren gespannt und mußten noch warten, bis die Tür aufging.

Dann, plötzlich war die Kordel weg, und unsere Mutter trat mit uns ins Zimmer. Da stand ein Teller mit Gebäck, ein Strickjäckchen und ein Puppenwägelchen sah ich. Mein Bruder hatte einen Pullover gesichtet.

„Mutter, ist das vom Christkind?" fragte ich. „Ja, Marlieschen." Mutter wischte sich die Tränen aus den Augen.

Im Backofen schmorten Bratäpfel, die einen köstlichen Duft verbreiteten. Mein Bruder nahm sich einen Stuhl, legte eine Decke darüber und spielte „Radio". Er imitierte es, ein richtiges Radio hatten wir nicht, er erkannte schon viele

Weihnachtslieder. Dann holte er den Kohlenwagen vom Herd, da waren Räder drunter, legte ein Brett hinein, und ich mußte mich reinsetzen. Nun zog er mich damit durch die Wohnung, wir hatten einen Riesenspaß.

Am nächste Morgen gingen wir zu den Nachbarn. Da wurde am Weihnachtsbaum gesungen. Der ganze Baum war mit weißer Watte umspannt, wir nannten es Engelshaar.

Draußen lag Schnee. Wir legten uns mit dem Rücken in den Schnee, bewegten die Arme seitlich und nach oben, standen vorsichtig auf und siehe, im Schnee war ein Engel abgedrückt. Es war so schön, daß wir es mehrmals wiederholten.

Jetzt waren wir ganz naß, und Mutter schimpfte, denn zum Wechseln hatten wir nur wenig. Sie hing unsere nassen Sachen an die Herdstange, legte immer wieder Holz auf und schlug uns in eine große Decke ein. Neben dem Herd stand eine große Kiste für den Holzvorrat, darauf saßen wir. Das Feuer knisterte, die Ofenplatte wurde rot. Mutter erzählte uns Märchen, bis die Kleider wieder trocken waren,

Am Nachmittag gingen wir zu unseren Verwandten. Ich wurde gefragt, was mir denn das Christkind gebracht habe. Begeistert erzählte ich von meinem Puppenwagen und stockte ... Mir fehlte ja noch ein Püppchen für den Wagen!

Mutter hatte noch eins, das im Krieg beschädigt worden war, beide Arme fehlten. Ein Onkel hatte für die Puppe zwei Ärmchen aus Holz geschnitzt und eingesetzt. Tante Margarete hatte zwei Kleider für sie genäht.

Als ich die Puppe sah, war ich überglücklich! In eine spitze Tüte wurde sie gesetzt, und ich durfte sie heimtragen. Unterwegs habe ich die Tüte sicher 15mal aufgemacht, und mir die Puppe angesehen, es gab ja nichts zum Spielen. – Keine spätere Puppe war mir so lieb wie diese.

Die Freude war groß, als ich sie zu Hause in den Wagen legte und damit fahren konnte. Der Griff des Puppenwagens wurde alle zwei Jahre höhergemacht, so wie ich wuchs, auf diese Weise konnte ich einige Jahre damit fahren.

[Berchtesgaden;
1946–1950]

Peter Grell

Mutters Bücherei

Der Winter 1945/46 war unendlich dunkel und langsam vergangen. Wir lebten noch. Regelmäßige Besuche beim Juden hatten ein paar Lebensmittel ins Haus gebracht. Unsere Schätze schrumpften immer mehr zusammen. Großvaters Kisteninhalt, vom ehemaligen Ortsgruppenleiter als deutsches Kulturgut bezeichnet, wurde in Lebensmittel umgetauscht. Meißner Porzellan, gebrannt und hergestellt 1754, konnte unter Umständen einen Laib Brot abgeben. Brot stillt den Hunger, Porzellan nicht.

Palmsonntag 1946 wurde mein Bruder Eberhard konfirmiert. Es wurde ein wunderbares Fest. Großvater trug einen Frack, der mit allen Orden, die er je erhalten hatte, geschmückt war. Großmutter und Mutter hatten herrliche lange Kleider angezogen. Eberhard war zu beneiden in seinem schicken schwarzen Anzug, den er geschneidert bekam.

Nach der Kirche wurde im Wohnzimmer eine große Tafel gedeckt. Es war das letzte Mal, daß ein Teil des Porzellans zur Geltung kam. Silbernes Besteck wurde aufgelegt, und an jedem Platz standen geschliffene Pokale. Das Essen dagegen war für heutige Begriffe spartanisch – Schweinebraten und Kartoffeln. Großvater hatte auch eine Flasche Wein organisiert. Das Essen war feierlicher als das Abendmahl. Jeder bekam ein Stückchen Fleisch und ein paar Kartoffeln. In der Sauciere war von Großmutter eine Soße serviert worden, von der ich begeistert war. Andächtig und voller Genuß ließ sich jeder sein Essen auf der Zunge zergehen.

Eberhard bekam viele Geschenke, alles unsinnige Dinge, die irgendwo aufgetrieben worden waren, mit zwei Ausnahmen: die Traubibel der Urgroßeltern und einen Siegelring mit dem Wappen der Familie. Ich wußte, daß der Ring Vater gehört. Er hatte ihn nicht mit ins Feld genommen.

Wie kann man etwas verschenken, was einem nicht gehört? Großmutter erklärte es mir. Vater hatte bestimmt, daß dieser Ring seinem ältesten Sohn zur Konfirmation geschenkt werden sollte. Die Erklärung war einleuchtend, sowohl Eberhard als auch ich glaubten fest daran, daß Vater nicht tot sei, sondern lebte. Er konnte aus bekannten Gründen eben nur nicht an Eberhards Festtag teilnehmen. Sicher würde er aber heute ganz intensiv an uns, und besonders an Eberhard, denken.

Mutter bekam bis Mai 1945 für den an der Front stehenden Ehemann eine Art Rente. Seit dem Umsturz hatten weder Großvater Pension noch Mutter Rente erhalten. Großvater war zwar entnazifiziert, doch er bekam nichts und Mutter sowieso nichts. Bisher lebten wir vom Ersparten, wenn man so etwas leben nennen konnte. Die Reichsmark war nichts wert, lediglich die laufenden Kosten wie Miete, Wasser und Strom konnte man damit bezahlen. Lebensmittel gab es trotz Marken kaum dafür.

Mutter sagte sich wohl, daß es so nicht weitergehen könne, und sie entschloß sich, ein Geschäft zu eröffnen. Hierfür brauchte sie aus mehreren Gründen ein paar Wochen Vorlauf.

Wie Mutter auf den Gedanken kam, eine Bücherei aufzumachen, weiß ich nicht. Sie hatte zwar eine sogenannte Höhere-Töchter-Schule erfolgreich besucht, aber mehr auch nicht. Einen Beruf, auf den sie ihren Entschluß gründen konnte, hatte sie jedenfalls nicht erlernt. Großvater hätte das wohl auch nie zugelassen. Andererseits hatte sie von jeher sehr viel gelesen – nicht gerade „Die Gartenlaube“ oder Courths-Mahler – und sich ein erstaunliches Allgemeinwissen angeeignet.

Sie zog jetzt von einem Bekannten zum anderen, wir hatten in Berchtesgaden sicher eine ganze Menge, und erhamsterte sich Bücher, Bücher aller Schattierungen, vom Fachbuch über Schmetterlinge bis zu Goethe. Zu Hause wurde eine Ecke ausgesucht und der Schatz dort gelagert. Täglich wurde der Haufen größer. Mutter machte das peinlich genau: Jedes Buch wurde registriert, eingeteilt, gestempelt und dann erst weggelegt.

Unterdessen hatte Mutter den Kiosk der Berchtesgadener Taxifahrer gemietet. Die Taxifahrer, die weder Benzin noch Autos besaßen und wohl auch kaum Kunden gefunden hätten, waren froh, die Bude vermieten zu können. Es handelte sich um einen einseitigen Unterstand für Fahrgäste, zirka sieben Meter lang und zwei Meter tief. An der einen Seite befand sich der zwei mal zwei Meter große Kiosk, dessen Tür einen Schalter hatte. Mutter baute ein wenig um. Auf der einen Seite, zur Straße hin, ließ sie ein Fenster einbauen, und an die restlichen zwei Wände stellte sie Holzregale.

So weit, so gut, aber eine Erlaubnis zur Eröffnung erhielt sie von den Berchtesgadenern nicht. Ein Preuße wollte hier ein Geschäft eröffnen – unmöglich!

Nun, so unmöglich war es denn doch nicht. Mutter verstand es prima, mit der amerikanischen Kommandantur umzugehen, die den Unterschied zwischen Preußen und Bayern nicht so genau kannte. So bekam sie die Genehmigung in falscher Reihenfolge, erst von den „Amis“, dann von den Bayern. Was blieb denen dann auch anderes übrig?

Jetzt konnte es ernst werden. Die Bücher waren eingeräumt, vielleicht so an die 500 Stück, mehr waren es nicht.

Und dann kam der große Tag. Auf einem Pappdeckel wurde in Mutters, damals noch gut lesbarer Schrift, kundgetan, daß am soundsovielten um 15 Uhr die „Neuzeitliche Leihbücherei“ eröffnet werden würde. Zu Hause gab es nur noch ein Thema: die Bücherei.

Als es so weit war, bekam Mutter wohl Angst vor der eigenen Courage. Ich durfte jedenfalls nicht mit. Eberhard und

Mutter zogen los, Eberhard von Großvater eine ausgediente Zigarrenkiste mit Wechselgeld unterm Arm. Beide befürchteten, daß die Einheimischen vor der Bude stehen und jeden verprügelten würden, der zu nahe käme.

Was die beiden nicht wußten war, daß ich ihnen in gebührendem Abstand folgte, um zu sehen, wie die Sache laufen würde. Die Bude, sprich Bücherei, lag neben dem Café Rottenhöfer, schräg gegenüber den „Vierjahreszeiten“. Die Straße macht dort einen leichten Linksbogen, so daß man die Bude erst kurz vorher sehen konnte. Mutter und Eberhard wurden immer langsamer. Kurz vor der Biegung der Straße blieben sie schließlich für einen Moment stehen, ich auch. Dann gingen sie, Mutter mit festem Schritt voraus, auf ihr Ziel zu.

Ich lief etwas schneller, um den Abstand zu verringern und um die Prügelei auch von Anfang an mitzubekommen. Als ich um die Ecke bog, erstarrte ich. Was ich sah, konnte ich nicht glauben: Vor der Bude standen die Menschen in einer langen Schlange, fein säuberlich und gesittet. Ganz vorn schloß Mutter gerade die Tür auf, Eberhard mit Zigarrenschachtel neben ihr. Ein paar Minuten sah ich mir den friedlichen Laden an. Die Leute gingen weg mit Büchern unterm Arm, also nichts Gefährliches. Ich sauste nach Hause, um die Großeltern zu informieren, daß alles prima gelaufen sei.

Und dann, am Abend, kamen sie. Mutter und Eberhard waren überglücklich. Eberhard kippte die Zigarrenschachtel um und zählte das Geld. Es stellte sich eine Einnahme von 100 Mark heraus, da waren also bei einem Durchschnittspreis von 50 Pfennigen je Buch 200 Bücher weggegangen!

Mutter wurde unruhig: „Das habe ich mir doch gedacht!“ Mit Eberhards Fahrrad sauste sie los, wieder von einem Bekannten zum anderen, um Nachschub zu besorgen. Nun, es reichte für den nächsten Tag.

Die Menschen waren wie trockene Schwämme. Sie waren nicht nur auf Essen hungrig. Der Geist hatte zwölf Jahre lang nur Primitivkost bekommen, und jetzt las man alles, nur um zu lesen. Sogar Lexika wurden verliehen, nicht um etwas Bestimmtes nachzuschlagen, sondern um zu lesen. Beliebt war natürlich die ehemals verbotene Literatur.

Ein paar Jahre später habe ich die Naziliteratur interessehalber nachgelesen: „Mein Kampf", „Volk ohne Raum", „An die Dunkelmänner des 20. Jahrhunderts", „Der Mythos des 20. Jahrhunderts" und andere, desweiteren Ausgaben des „Stürmers" und des „Völkischen Beobachters", schließlich die Fleißaufgabe „Deutschland im Kampf". Dieser Kampf geht allerdings nur bis 1944, den Rest haben sich die Jungen gespart.

Als ich dieses Zeug gelesen hatte, konnte ich verstehen, wie der Lesehunger entstanden war, und warum die Leute damals alles lasen, was ihnen angeboten wurde. Mutter hatte sich gut überlegt, was sie tat, und damit voll ins Schwarze getroffen.

In den Jahren bis 1948 wurde die Bücherei viermal umgebaut, das heißt, jedesmal vergrößert. Zum Schluß war es ein fünf mal acht Meter großer Raum, voll unterkellert. Die Bücherei ernährte uns zwar nicht, brachte aber einiges Geld. Mutter versuchte, mit dem Überschuß, den sie erwirtschaftete, zunächst die Bücherei auszubauen, was sie auch ausgiebig tat. Desweiteren versuchte sie, Lebensmittel zu kaufen, was weniger gelang, um nicht zu sagen, gar nicht.

Wer weiß, vielleicht hätte sie Aktien und Land kaufen sollen? Letzteres wurde ihr ganz in der Nähe angeboten. Es waren zirka 1000 Quadratmeter, für eine Mark und 50 Pfennige pro Quadratmeter hätte sie Land kaufen können.

Die Bücherei blühte jedenfalls, Mutter hatte sogar Schwierigkeiten, Nachschub an Büchern zu bekommen. Das Risiko des Ausleihens stellte sich als sehr gering heraus. Die Leute waren damals erfreulicherweise ehrlich. Kaum einer, der sein Buch nicht zurückbrachte oder falsche Personalien angab. Das war wirklich die Ausnahme. Großmutter half rege in der Bücherei mit. Sie kannte ziemlich viele Bücher und konnte Mutter somit schon mal vertreten. Großvater war stolz auf seine Tochter, die sich so durchgesetzt hatte.

Mutters Bücherei war jedenfalls innerhalb weniger Wochen in Berchtesgaden zu einem Begriff geworden. Zu erwähnen wäre vielleicht noch, daß die meisten von Mutters Kunden „Flüchtlinge“ waren. Die Einheimischen waren bei weitem nicht so begeisterte Leseratten, wenn sie auch im Laufe der Zeit immer regelmäßiger und öfter kamen.

In jener Zeit konnte man in einer Bücherei den Bildungsstand der Bevölkerung gut verfolgen.

In Mutters Bücherei habe ich damals viel gelernt, zunächst als Achtjähriger. Was ich als erstes lernte, war wichtig für mein ganzes Leben: „Der Kunde hat immer recht.“ Ich, in unserem Fall Mutter, will dem Kunden etwas verkaufen, nicht er mir. Der Kunde war bei uns immer König, und so mußte er auch behandelt werden. Erst mal kontaktieren und sondieren, die meisten fallen in eine Schablone. Diese Kunden konnte man mit wenig Aufwand bedienen: Sie wollten Krimis, Frauenromane oder Belletristik. Sie fühlten sich bestätigt, und bei uns klingelte das Geld in der Kasse.

Aber es kamen auch die schwierigeren Kunden.

Ich beobachtete Mutter oft dabei und lernte in den zehn Jahren bei ihr viel in Bezug auf Menschenkenntnis und Gesprächsführung. „Sie meinen, Kafka ist zu demoralisierend? Was halten Sie von Borchert?“ – „Nein, Sie haben recht, keine Unterhaltungslektüre, aber äußerst interessant!“

Später habe ich diesen Schmu auch erzählt. Mutter hatte mir den Trick beigebracht. Sie las überhaupt kein Buch mehr, sondern nur noch die sogenannten „Waschzettel“. Somit wußte sie, welchen Inhalt das Buch hatte und konnte es empfehlen. Mich wies sie so ein: „Schau dir an, was der Kunde vorher gelesen hat, frage ein bißchen nach und du weißt, wes Geistes Kind er ist.“ Damit hatte man das Terrain sondiert und konnte den Kunden einordnen.

Vorsicht war jedoch geboten, wenn es darum ging, Kundenempfehlungen weiterzugeben. Mutter hatte es mir strikt verboten, als ich später bei ihr beschäftigt war.

Einmal habe ich es ausprobiert – und bin ganz gewaltig reingefallen.

„Sie hatten mir dieses Buch empfohlen, weil Herr X Ihnen gegenüber geäußert hatte, es wäre lesenswert. Es war eine Zumutung!“ Meine kaufmännische Gabe ließ mich im Stich.

„Selbstverständlich bekommen Sie kostenlos ein neues Buch.“ Diesmal machte ich mir mehr Mühe, den „Bismarckfan“, wie ich ihn schon getauft hatte, zu befriedigen. Und siehe da, als er das nächste Mal wiederkam, verlangte er nach meiner Bedienung. Mutter erzählte es mir später, weil ich ausgerechnet zu diesem Zeitpunkt in der Schule war.

Aber wo bin ich hingeraten? Sicher, Mutters Bücherei spielte für mein weiteres Leben eine große Rolle, aber wir schreiben das Jahr 1946 und nicht 1955.

Beinahe hätte ich Herrn Schillmeyer vergessen, ein stiller, netter Mann, Diplombibliothekar, der eines Tages zu Mutter in die Bücherei kam. Er suchte Arbeit, fand aber keine, da er eine sehr niedrige Parteinummer hatte. Mutter stellte ihn ein. Zwar hatte er einen verschrobenen Geschmack, aber gelernt habe ich doch sehr viel von ihm.

Schilli, wie er nur noch bei uns hieß, machte aus der Bücherei erst eine richtige. Mutter war schon clever, aber Schilli war noch eine Nummer besser. Mutter hatte jedenfalls mit Herrn Schillmeyer eine guten Fang gemacht. Die Bücherei blühte auf, Mutter und Schilli hatten die Sache voll im Griff.

Manchmal wollten sich andere an Mutters Erfolg anhängen, so zum Beispiel ein Graf. Unfähig, selbst etwas auf die Beine zu stellen, fragte er an, ob er in Mutters Bücherei seine Briefmarken verkaufen könne. Nachdem Großvater mit dem Worten: „Du kannst den Grafen doch nicht vor die Tür setzen!“ nachgeholfen hatte, stimmte Mutter zu.

Schillmeyer war außer sich. „Was soll der Trottel hier?“

Nun, die Chefin hatte zugestimmt, der Graf saß in der Bücherei und versuchte, seine Briefmarken zu verkaufen. Ich sehe ihn noch im Winter 46/47 mit gestrickten, fingerlosen Handschuhen in der Ecke sitzen und mit seinen Spinnenfingern seine Marken sortieren. Kunden hatte er keine. Eigentlich konnte er einem leid tun. Das Gastspiel dauerte auch nur sechs Monate, dann gab er auf. Schillmeyer frohlockte. Der Graf zog sich ins Privatleben zurück. Da war er besser aufgehoben.

[Hebel, Nordhessen;
Sommer 1946]

Falko Berg

Vaters Heimkehr

Im Frühsommer 1946, über ein Jahr nach Kriegsende, war es endlich soweit: Falkos Vater hatte seine Heimkehr aus amerikanischer Kriegsgefangenschaft in Arkansas angekündigt.

Sobald der Termin seiner Ankunft im Bahnhof des fünf Kilometer entfernten Marktfleckens feststand, wurden in der Gemeinde und in der Familie Anstalten getroffen, um den Pfarrer und Familienvater gebührend zu empfangen. Natürlich würden die Frau Pfarrer und die beiden Söhne am Bahnsteig bereitstehen, um ihn zu begrüßen.

Als Transportmittel vom Dorf zum Bahnhof und zurück hatte man sich etwas Originelles einfallen lassen: In der Remise des Kirchner-Hofes stand noch eine alte Kutsche. Obwohl sie seit Jahrzehnten nicht mehr gebraucht worden war, stellte sich heraus, daß sie noch völlig intakt war. Nachdem sie von Spinnweben, Staub und Schmutz befreit worden war, und man ihr einen neuen schwarzen Anstrich verpaßt hatte, war sie wieder sehr ansehnlich geworden. Sogar ein schönes, mit Messing beschlagenes Geschirr für das Kutschpferd war noch vorhanden. Onkel Paul und Falko unterzogen es einer gründlichen Renovierung, fetteten das Leder ein und putzten die Messingbeschläge auf Hochglanz.

Als Kutschpferd stand allerdings nur Fuchtel zur Verfügung. Nun stellt man sich sicherlich vor einer eleganten, einspännigen Kutsche ein anderes Zugpferd vor, als es das schwere, belgische Kaltblut darstellte. Schon das Einspannen machte Probleme. Die Flanken der Stute waren einfach zu breit, um sie zwischen die beiden zierlichen Holme zu stellen. Also mußte die Deichsel abmontiert und durch Fuchtels gewohnte Wagendeichsel ersetzt werden. Der Stilbruch zwischen diesem Teil und dem sonstigen Fahrzeug war zwar nicht zu übersehen, aber da kein anderes Pferd vorhanden war, mußte die Kutsche sich eben nach dem Gaul richten. Überflüssig zu sagen ist es auch, daß Onkel Paul und Falko Fuchtel putzten und striegelten, bis das Tier glänzte wie ein Zirkuspferd.

Nun war alles bereit: die Kinder frisch gewaschen in ihren Sonntagssachen, die Mutter in ihrem besten Kleid. Falko saß bei Onkel Paul, der sich in einen viel zu engen, dunklen Anzug gequetscht hatte und einen Zylinder auf dem Kopf trug, auf dem Kutschbock, Jörg mit der Mutter im Fond.

Langsam und mit stolzer Haltung, die seinen zu kurz geratenen Oberkörper länger erscheinen ließ, als er war, kutschierte Onkel Paul durch das Dorf. Kaum hatten sie die letzten Häuser hinter sich gelassen, schnalzte er mit der Zunge und berührte Fuchtels Flanke leicht mit der Peitsche. Die brave Stute wechselte vom Schritt in einen leichten Trab, von dem sie sich – ein Ackergaul ist ja kein Rennpferd – jedoch bald wieder im gewohnten Schritt erholte. Aber man war ja früh genug abgefahren und hatte genug Zeit.

Es war ein herrlicher, warmer Frühsommertag. Das Verdeck der Kabriolettkutsche war nach hinten geschlagen, so daß die Insassen frei und ungehindert den Blick auf die sie umgebende Kulturlandschaft mit ihren grüngelben Feldern und saftigen, grünen Wiesen genießen konnten. Von Zeit zu Zeit grüßte Onkel Paul einen Feldarbeiter, indem er mit dem Peitschengriff an den Rand seines Zylinders tippte. So fuhr man langsam und bedächtig einer lang ersehnten Begegnung entgegen. Falkos Mutter strahlte förmlich ihre Vorfreude aus und redete ohne Unterlaß über das bevorstehende Wiedersehen mit dem Vater, um die Söhne richtig einzustimmen.

Falko fuhr dem Treffen mit gemischten Gefühlen entgegen. Natürlich freute auch er sich, daß die Familie endlich wieder komplett sein würde, und er freute sich besonders darüber, daß sich die Mutter so freute. Aber die Person des Vaters hatte er eigentlich nie vermißt. Wie sollte er auch? Er kannte ihn ja kaum, und der Mann im Haus war immer der Großvater gewesen. Was sein Bruder empfand, wußte Falko nicht. Aber sicherlich hatte der vier Jahre ältere Jörg schon mehr Erinnerungen an den Vater als er.

Nach vierzig Minuten Fahrzeit war der Bahnhof erreicht. Onkel Paul schnarrte sein „Brrr" und brachte die Kutsche genau vor dem Eingang der Bahnhofshalle zum Stehen. Die Mutter und ihre beiden Söhne stiegen aus und gingen zum Bahnsteig. Als sich der Zug mehrfach pfeifend näherte, wurde auch Falko etwas nervös. Immer wieder rieb er sich vergeblich an der Hose den Schweiß von den Händen.

Der Zug hielt, die Türen öffneten sich, und acht Reisende stiegen aus, davon waren fünf Männer. Falko sah sie sich alle genau an. Zwei von ihnen waren zu jung, der dritte zu alt. Der vierte und der fünfte kamen vom Alter her beide in Frage. Sie waren etwa Mitte vierzig, das war das Alter des Vaters. Sie schienen sich zu kennen, jedenfalls redeten sie beim Aussteigen miteinander. Als sie nebeneinander auf dem Bahnsteig standen, sah Falko, daß sie nahezu gleich gekleidet waren. Sie waren barhäuptig, trugen eine Militärhose und darüber ein dikkes, schwarzes Baumwolljackett. Allerdings war einer sehr groß und sehr schlank, der andere nur mittelgroß und übergewichtig.

Noch ehe sich Falko für den einen oder anderen entscheiden konnte, war die Mutter losgerannt. Einer der Männer kam ihr mit offenen Armen entgegengelaufen und umarmte sie fest und anhaltend. Sehr zur Enttäuschung Falkos war es nicht der große Schlanke. Inzwischen war auch Jörg dem Ankömmling entgegengegangen, und Falko schloß sich an. Auch wenn er es gar nicht so eilig hatte, wollte er nicht vom unausgesprochenen

Protokoll der Begrüßungszeremonie abweichen, das offensichtlich dieses ungeduldige Aufeinanderzugelaufe vorschrieb.

Im nächsten Augenblick war er ein Teil des Menschenknäuels, das sich da abwechselnd lachend und weinend glücklich in den Armen lag. Der Vater versuchte, mit einer herkulischen Kraftanstrengung seine Frau und seine beiden Söhne auf einmal zu umschlingen und hochzuheben. Er hatte sich dabei allerdings übernommen. Der Versuch scheiterte, und fast wäre die ganze Familie gestolpert und übereinander gefallen.

Also nahm sich der Heimkehrer jeden noch einmal einzeln vor. Er zog Falko an seine Brust und überhäufte den Sohn mit kurzen, feucht schmatzenden Küssen, die sich mit Tränen der Wiedersehensfreude vermischten und einen unangenehmen salzigen Geschmack auf dem Gesicht des Jungen hinterließen, das außerdem bei der stürmischen Umarmung von Vaters Dreitagebart zerkratzt wurde.

Falko fand das alles übertrieben und unangenehm. Als es vorbei war, wischte er sich erst einmal gründlich das Gesicht ab, ohne Rücksicht darauf zu nehmen, daß der Vater diese Geste als Zurückweisung empfinden könnte. Dann sah er sich den für ihn fremden Mann genauer an. Der hatte ein rundes Gesicht mit ausdrucksvollen, vom Lachweinen geröteten Augen, die hinter starken Gläsern einer Metallbrille lagen. Die Brille war bei der aufwühlenden Begrüßung beschlagen. Der Vater nahm sie ab und putzte sie. Dabei bemerkte Falko, daß er tiefe, dunkle Ringe unter den Augen hatte. Er war fast kahlköpfig. Nur am Rand seiner Schädeldecke wuchs ein Kranz schütterer Haare. Das sah so aus, dachte Falko, wie die spärliche Vegetation am Ufer eines Fischteiches.

Auf dem Rücken des schwarzen Jacketts, das der Vater trug, konnte man deutlich die weißen Buchstaben PW*) lesen, obwohl vergeblich versucht worden war, die Aufschrift herauszuwaschen.

Die Unterhaltung während und kurz nach der Begrüßung war eher ein ständiges Wiederholen gefühlsbetonter Wieder-

---

*) PW = Abkürzung für Prisoner of War (Kriegsgefangener)

sehensformulierungen als der vernünftige Austausch von Gedanken und Informationen.

„Mein Liebling, was bin ich glücklich, wieder bei euch zu sein! Ihr lieben, lieben Jungen! Geht es euch allen gut?“ stieß der Vater hervor.

„Nein, du, mein Liebster, wie geht es dir nach all den Jahren? Gott sei Dank, jetzt bist du für immer wieder bei uns!“ echote die Mutter.

Als auch das überstanden war, ergriffen die Söhne das spärliche Gepäck des Vaters, das nur aus einer abgewetzten Aktentasche aus Kunstleder und einem Militärbrotbeutel bestand, und die Familie bewegte sich in Richtung Bahnhofsausgang. Der Vater verabschiedete sich noch von dem anderen Mitreisenden, der auch gerade aus einem Gefangenenlager entlassen worden war, und den offensichtlich niemand abholte, obwohl er aus einem Nachbardorf stammte. Ob er keine Angehörigen mehr hatte wie so viele andere auch?

Auf der Rückfahrt mußte Falko neben seinem Bruder auf dem kleinen Sitz gegenüber den Eltern Platz nehmen. Darauf hatte der Vater bestanden, als er wieder auf den Kutschbock klettern wollte. Der Heimkehrer wollte die Familie in unmittelbarer Nähe haben, nachdem er sie so lange vermißt hatte. Seinen rechten Arm hatte er um die Schultern der Mutter gelegt und sie eng an sich gezogen. Die linke Hand legte er abwechselnd den Söhnen auf die Knie und blickte ihnen dabei tief und fest in die Augen, so, als wolle er jetzt und für alle Zeiten einen Pakt mit ihnen schließen. Falko fand dieses Bemühen zwar rührend, beschloß aber für sich, erst einmal abzuwarten, wie sich die Beziehung zwischen ihnen entwickeln würde, ehe er auf das Angebot des Vaters einging.

Die Rückkehr des Pfarrers glich einer Triumphfahrt. Fast das ganze Dorf schien auf den Beinen zu sein, um ihn zu begrüßen.

„Sind das dieselben Menschen, die mir bis vor kurzem noch das Leben so schwer gemacht haben?“ fragte sich die Mutter.

Aber von alledem wußte ja ihr Mann nichts. In ihren Briefen hatte sie bewußt alles ausgelassen, was ihn belasten würde. Der Vater genoß seinen Wiedereinzug in die Gemeinde in vollen Zügen.

„Unter anderen Umständen müßte man über die anachronistische Skurrilität der Situation lachen", dachte die Mutter.

Da saß nun ihr Mann, wegen dessen Beruf man ihr so manchen Knüppel zwischen die Beine geworfen hatte, mit den halb herausgewaschenen Stigmata des besiegten Kriegsgefangenen auf dem Rücken und winkte aus einer alten Pferdekutsche, die von einem Ackergaul gezogen wurde, seiner Gemeinde zu wie ein Politiker auf Staatsvisite. Und über allem thronte der kleine, stolze Kutscher mit seinem lächerlichen Zylinder.

Zu Hause angekommen, packte der Vater seine Mitbringsel aus. Die Begrüßung durch die Großeltern war, wie Falko erleichtert registriert hatte, nüchterner und weniger gefühlsbeladen ausgefallen als die auf dem Bahnhof. Das lag am Großvater, der allzu heftige Gefühlsausbrüche nicht mochte.

Der Brotbeutel enthielt Überraschungen aus der fernen Welt wie Tabak für den Großvater, Nähgarn für die Großmutter, einen Schal für die Mutter, Kaugummi und Schokolade für die Kinder. Außerdem waren noch begehrte Schätze wie Kaffee, Büchsenmilch, Kekse, Erdnußbutter und ein paar Stangen Zigaretten zum Tauschen auf dem Schwarzen Markt vorhanden.

Die geräumige Aktentasche war vollgepackt mit den persönlichen Dingen des Vaters wie Strümpfen, Unterwäsche und Hemden zum Wechseln sowie mit einer Bibel in englischer Sprache, einem deutsch-englischen Wörterbuch und dem Manuskript eines Theaterstückes mit dem Titel „Columbus". Das Drama hatte der Vater in der Gefangenschaft selbst geschrieben und mit seinen Kameraden im Lager aufgeführt.

Zur Feier der Heimkehr des Pfarrers waren zwei Ereignisse geplant: ein Festgottesdienst, in dem er von der Gemeinde begrüßt werden und selbst die Predigt halten sollte, sowie ein Fest, bei dem ein Schwein geschlachtet werden sollte.

Beide Veranstaltungen wurden ein voller Erfolg. Die Dorfkirche war überfüllt, als der Gottesdienst stattfand. Als Motto seiner Predigt hatte der Vater das Bibelwort gewählt: „Richtet nicht, auf daß ihr nicht gerichtet werdet." Wie schon sein Amtsbruder Lamberts bei jener denkwürdigen Andacht am 9. Mai 1945, betonte der Vater die Notwendigkeit zur Aussöhnung und zur Vergebung.

Falko, der diesmal mit der ganzen Familie in der ersten Reihe saß, beobachtete, wie seine Mutter während der Ausführungen ihres Mannes mehrfach fast unmerklich den Kopf schüttelte. Offensichtlich war sie mit der Tendenz seiner Predigt gar nicht einverstanden. Schon vor dem Gottesdienst hatte sie geäußert, ohne ein klärendes Strafgericht sei ein Neuanfang in Deutschland nicht möglich. Als alle gemeinsam das „Vater Unser" sprachen, sah Falko, wie die Mutter die Lippen geschlossen hielt, als gebetet wurde: „Und vergib uns uns're Schuld, wie auch wir vergeben unseren Schuldigern."

Zunächst amüsierte er sich über diese Meinungsverschiedenheit der Eltern. Bald aber wurde ihm klar, daß es beiden bitterernst mit ihren jeweiligen Standpunkten war.

Die Amerikaner hatten eine Institution ins Leben gerufen, die sich mit der Entnazifizierung der Deutschen beschäftigen sollte: die Spruchkammer. In ihr saßen unbelastete deutsche Bürger als Laienrichter und verhörten ehemalige NS-Parteimitglieder sowie Zeugen, die etwas über deren Aktivitäten im Dritten Reich aussagen konnten.

Die Verfahren griffen tief in das Leben der Betroffenen ein. Sie konnten in fünf Kategorien eingestuft werden: Hauptschuldige, Belastete Aktivisten, Minderbelastete, Mitläufer und Entlastete. Folgende Strafen konnten verhängt werden: Freiheitsentzug, Einziehung des Vermögens, Berufsverbot, Amtsverlust, Pensionsverlust, Geldbuße, Aberkennung des aktiven und passiven Wahlrechts.

Ein solches Spruchkammerverfahren war auch gegen den Lehrer und ehemaligen Ortsgruppenleiter Dippel anhängig. Zu dem entscheidenden Termin in der Kreisstadt wurde Falkos Vater geladen. Alleine darüber war die Mutter sehr erbost. Warum wurde sie nicht geladen, die doch direkt unter der Willkür Dippels gelitten hatte? Was sollte ihr Mann bei der Anhörung aussagen? Er war doch gar nicht da gewesen in dieser Zeit. Aber es blieb bei der einmal getroffenen Entscheidung.

Bevor der Vater in die Kreisstadt fuhr, berichtete ihm die Mutter ausführlich von allen Schikanen, denen sie durch Dippel ausgesetzt gewesen war.

Der Vater hörte sich alles in Ruhe an. Dann sagte er: „Es tut mir leid, daß du das alles ohne mich durchmachen mußtest."

„Dann sorge dafür", antwortete die Mutter, „daß der Kerl nicht ungeschoren davonkommt." Dazu schwieg er.

Als er abends aus der Kreisstadt zurückkehrte, fragte ihn seine Frau: „Wie ist es gegangen? Hat er gekriegt, was ihm zusteht?"

Die Antwort des Vaters war leise, aber bestimmt: „Er ist weitgehend rehabilitiert, ich konnte ihn nicht belasten."

„Was konntest du nicht?" Die Stimme der Mutter war jetzt laut und schrill. „Du hast diesem Menschen, der deine Familie jahrelang gequält hat, einen Persilschein*) ausgestellt?! Das ist doch nicht zu fassen!"

Was folgte, war der einzige Ehekrach, den Falko bei seinen Eltern erlebte, wobei er den Standpunkt der Mutter teilte, der noblen Haltung des Vaters allerdings den Respekt nicht versagen konnte.

Dippel wurde lediglich als Minderbelasteter eingestuft. Sein Berufsverbot wurde aufrechterhalten. Da er schon über 60 Jahre alt war, schickte man ihn in Pension.

Wie gut, daß man sich nach diesem Vorfall wieder erfreulicheren Ereignissen zuwenden konnte: Das Schlachtfest stand vor der Tür. Kirchners hatten eine dreieinhalb Zentner schwere Sau gestiftet, die allerdings noch lebend zum Pfarrhaus transportiert werden mußte. Diese Aufgabe sollte Falkos Bruder Jörg übernehmen. Der tat das gar nicht gerne. Aber da Falko, aus

---

*) Persilschein nannte man eine Aussage, die bewirkte, daß der Betreffende von Vorwürfen entlastet wurde.

welchen Gründen auch immer, verhindert war, blieb ihm nichts anderes übrig. Er meldete sich also wie verabredet bei dem Bauern, wo ihm das stattliche Schwein übergeben wurde. Man hatte dem Tier einen Strick um den Hals gebunden, an dem Jörg es überführen sollte. Das erwies sich jedoch als schwieriger als gedacht.

Zunächst rannte das Schwein wie verrückt immer im Kreis herum, so daß sich Jörg vorkam wie ein Zirkusdirektor bei der Pferdedressur. Dann blieb es plötzlich bockig stehen und wollte sich überhaupt nicht mehr bewegen. Jörg versuchte, es anzuschubsen – umsonst. Er ging nach vorne und zog kräftig an der Leine – das Vieh rührte sich nicht.

Plötzlich, Jörg hatte die Hoffnung schon fast aufgegeben, startete das Schwein durch. Es raste auf den vor ihm breitbeinig stehenden Jungen zu und versuchte, ihn zu „tunneln". Jörg aber preßte geistesgegenwärtig seine Schenkel und Waden zusammen, als das Tier unter ihm durchsausen wollte, und landete so rückwärtsgewandt rittlings auf seinem Rücken. Diesen einmal gewonnenen Sitz gab er nicht mehr auf.

Um nicht abzustürzen, umklammerte er das dünne Ringelschwänzchen der Sau wie einen Haltegriff und jagte in dieser Stellung durchs Dorf. An ein gezieltes Lenken des rennenden Tieres war dabei natürlich nicht zu denken. Aber irgendwie schaffte es der Reiter, nach einigen Umwegen zu Hause anzukommen, wo ihn die Großmutter bereits lächelnd erwartete. Sie nahm die Leine auf, die das Schwein hinter sich hergezogen hatte, hieß ihren Enkel absitzen und geleitete die Sau, die sich von ihr ruhig und friedlich führen ließ, zum Stall.

Selbstverständlich ging dieser Schweineritt von „Parsch's*) Ältestem" in die mündlich überlieferten Annalen des Dorfes ein, und der arme Jörg wurde noch oft damit gehänselt.

Zur Hausschlachtung kam der Metzger schon früh am Morgen. Das Schwein wurde aus dem Stall geholt und im Hof getötet. Der Metzger setzte ihm ein Bolzenschußgerät an die Stirn und drückte ab. Der Bolzen drang dem Tier mehrere Zentime-

*) Parsch = nordhessisch für Pfarrer

ter weit ins Hirn und betäubte es auf der Stelle. Es fiel sofort, wie vom Blitz getroffen, um. Dann stach der Schlachter sein Messer tief in die Halsschlagader und ließ das Schwein ausbluten. Das Blut wurde in einem Holzkübel aufgefangen und ständig gerührt, um ein Gerinnen zu verhindern. Später wurde es dann für die Blutwurst verwendet.

Danach wurde das tote Schwein in einem Trog mit kochendem Wasser gebrüht, und seine Borsten wurden mit scharfen, glockenförmigen Schabern entfernt. Mit einem vom Schwanz bis zum Kopf durchgehenden Schnitt teilte der Metzger die Sau in zwei Hälften und weidete sie aus.

Die herausquellenden Gedärme wurden entfernt, sorgfältig von Verdauungsrückständen gesäubert und ausgekocht. Sie wurden später als Hülle für die Würste gebraucht. Auch die Blase fand entsprechende Verwendung. Die Innereien, Herz, Lunge, Leber und Nieren, wurden herausgeschnitten und zur weiteren Verarbeitung beiseite gelegt. Besonders vorsichtig mußte die Galle entfernt werden, die anschließend weggeworfen wurde. Dann wurde das Schwein in seine Einzelteile zerlegt.

Die begehrtesten Stücke waren das Filet, Schnitzel, Koteletts und Rippchen sowie die Keulen, die als Schinken geräuchert oder zum Braten verwendet wurden. Aus der Fettschicht am Bauch wurde Speck oder Schmalz gewonnen. Die Haxen wurden zu Eisbein verarbeitet. Auch der Kopf und die Pfoten fanden Verwendung. Aus ihnen wurde eine delikate Sülze hergestellt. Die Zunge wurde in der Wurst verarbeitet.

Falko wartete mit Spannung darauf, daß endlich die Würste hergestellt wurden. Dabei kam es vor allem auf die richtige Gewürzmischung an. Sie war das gut gehütete Geheimnis eines jeden Metzgers. Ob Blut- oder Leberwurst, Bratwurst, Schwartenmagen, Zungen- oder „rote“ Wurst – Falko liebte sie alle und schwor auf die Einmaligkeit ihrer nordhessischen Machart. Am besten schmeckte ihm die „rote“ Wurst, wenn sie ausreichend abgehangen war. Dann wurde sie hart und trocken und wurde „ahle Wurscht“*) genannt.

---

*) alte Wurst

Das eigentliche Schlachtfest begann gegen sechs Uhr abends. Im Hof waren Tische und Bänke aufgestellt. Gäste waren die Mitglieder des Kirchenvorstandes, Kirchenbedienstete wie das Küsterehepaar, der Organist, die Gemeindeschwester und der Totengräber sowie Freunde und Nachbarn.

Da der Fleischbeschauer an dem geschlachteten Schwein keine Beanstandungen, zum Beispiel im Hinblick auf Trichinen, gehabt hatte, konnte man sich ohne Hemmungen dem Genuß von Gehacktem, Wellfleisch, Weckewerk – einer hessischen Spezialität – und frischer Bratwurst hingeben. Dazu gab es Brot, Kraut- und Kartoffelsalat sowie reichlich Bier und Kornschnaps zu trinken. Die Unterhaltung war laut und fröhlich.

Als alles vorbei war, und der Alkohol mit dem fetten Essen für allgemeine Zufriedenheit gesorgt hatte, war man sich einig, an einem gelungenen Fest teilgenommen zu haben und froh, daß der Pfarrer wieder zu Hause war.

Die übriggebliebenen Reste und die „Wurschte-Brühe" wurden an die Kinder des Dorfes verteilt, die mit Töpfen und Kochgeschirren schon vor dem Pfarrhaus warteten. Der kleinste Junge bekam traditionsgemäß den Ringelschwanz, der am Tag zuvor noch Jörg bei seinem Ritt durch das Dorf als Haltegriff gute Dienste geleistet hatte.

*(Weitere Erinnerungen dieses Autors finden Sie im Band „Gebrannte Kinder. Kindheit in Deutschland 1939–1945" der Reihe **ZEITGUT**.)*

[Dröschkau, Kreis Torgau;
1945–1946]

Ingeborg Noack

Die Geschichte einer Uhr

Meine Eltern und ich lebten nach unserer Vertreibung aus dem Sudetenland ab 1945 auf dem Rittergut Dröschkau im Kreis Torgau. Wir hatten kaum etwas an persönlicher Habe aus unserer Heimat mitnehmen dürfen. In unserem Haushalt fehlte praktisch alles, vom Kochtopf bis zu Federbetten, von Kleidung ganz zu schweigen. Wir drei besaßen zusammen eine einzige Wolldecke, mit der ich mich in der Nacht zudeckte. Meine Eltern mußten sich mit einem Mantel behelfen. Als Mobiliar hatten wir von der Gutsverwaltung nur eiserne Bettgestelle mit Strohsäcken erhalten. Wir wohnten in den ehemaligen Unterkünften für Kriegsgefangene, deshalb waren auch die Fenster vergittert. Aber wir hatten ein Dach über dem Kopf.

Da mein Vater als Eisenbahner in seinem Beruf keine Anstellung gefunden hatte, mußten meine Eltern bei dem Gutsbesitzer auf den Feldern arbeiten.

Im Jahre 1946 wurden die Großgrundbesitzer im Rahmen der Bodenreform enteignet und das Land an Interessenten verteilt. Um zu überleben, beteiligte sich mein Vater an der Bewerbung um Land und wurde so Bauer, obwohl er von der Bewirtschaftung eines Bauernhofes keine Ahnung hatte. Meine Mutter eignete sich noch weniger als er für die Landwirtschaft. Wir lebten mehr schlecht als recht, vor allem, weil wir weder Vieh noch Maschinen hatten.

In den Nachkriegsjahren hungerten die Menschen in den Städten. Leute aus den Städten kamen in Scharen zu uns aufs Land. Sie boten den Bauern alles an, was sie halbwegs entbehren konnten, um dafür Lebensmittel einzutauschen.

Jeder Bauer mußte anteilmäßig auf die Größe seiner landwirtschaftlichen Nutzfläche von allen Produkten ein sogenanntes „Soll" an den Staat abliefern. Diese Abgabe war recht hoch bemessen. Den Rest durfte dann jeder für sich verbrauchen. Wir lebten nicht gerade üppig, aber Kartoffeln und Brot waren immer da. Leider hatten wir nicht so viel, um anderen davon abgeben zu können. Trotzdem konnten meine Eltern von den Städtern manchmal dies oder jenes auf diese Weise erwerben.

Eines Tages kam ein Mann vor unsere Tür. Er trat sehr bescheiden auf. Man konnte meinen, daß ihm diese Art zu handeln peinlich sei. Sicher trieb ihn die Not zu diesem Schritt. Er bot eine sehr schöne Taschenuhr zum Tausch an und verlangte 30 Pfund Weizen dafür.

Mein Vater suchte schon lange eine Uhr, da wir zu diesem Zeitpunkt keine einzige besaßen. Es gab nur ein Problem, er konnte die geforderten 30 Pfund nicht hergeben. Die Uhr hätte er jedoch gern gehabt. Sie hatte ihm sogleich gefallen. Er hatte das Gefühl, daß diese Uhr etwas Besonderes wäre. Wunderschöne Muster waren eingraviert, das Gehäuse aus Silber, die Zeiger meisterhaft gearbeitet und mit Verzierungen versehen.

Nach einigem Nachdenken sagte Vater: „Ich benötige dringend eine Uhr. Sie gefällt mir auch sehr und 30 Pfund Weizen als Preis finde ich auch angemessen. Leider kann ich vor der Ernte nicht so viel entbehren. Deshalb möchte ich Ihnen einen Vorschlag machen. Allerdings müßten Sie mir vertrauen, was in der heutigen Zeit wohl nicht einfach ist.

Wenn Sie mir die Uhr heute anvertrauen würden, gebe ich Ihnen zunächst 15 Pfund Weizen. Nach der Ernte würde ich Ihnen dann die restlichen 15 Pfund geben. Ich kann Ihnen nur versichern, daß ich ein ehrlicher Mann bin, leider arm, da ich aus meiner Heimat vertrieben wurde und kaum etwas von meinem Eigentum mitbringen konnte.“

Der Fremde wollte wohl nicht noch weiter von Haus zu Haus laufen und seine Uhr anbieten. Ob er sie bei anderen Bauern losgeworden wäre, war ebenfalls fraglich. Sicher hätte er sie auch ganz gern selbst behalten. Jedenfalls war seine Familie auf das Getreide angewiesen, also ging er auf den Handel ein. Für ihn bedeutete das Geschäft ein Risiko, denn mein Vater hätte nach der Ernte diese mündliche Übereinkunft leugnen können. Schriftlich wurde jedenfalls nichts ausgemacht. Der Städter nahm also die 15 Pfund Weizen und ging seiner Wege.

Als dies geschah, war ich ein Kind von 12 Jahren. Mein Vater hatte nun endlich eine Uhr.

Als die Ernte eingebracht war, näherte sich der Zeitpunkt, an dem der fremde Mann wieder zu uns kommen sollte. Mein Vater äußerte sich eines Tages dazu. Er meinte, daß er ja nun die Uhr in der vergangenen Zeit genügend kennengelernt und liebgewonnen habe. Abgesehen von dem wunderschönen Aussehen, ginge sie auch auf die Minute. Da die Uhr offensichtlich sehr wertvoll sei, sei er der Meinung, daß er dem ehemaligen Besitzer statt insgesamt 30 Pfund, doch lieber 50 Pfund Weizen geben sollte. Das sei angemessen.

Sicher bangte der Fremde bereits darum, ob er überhaupt noch etwas bekommen würde. Wenn nun mein Vater die eingegangene Vereinbarung abstritt? Leider gab es in dieser Zeit viele Bauern, die die Not der hungernden Stadtbevölkerung ausnutzten und für wertvolle Gegenstände wenig hergaben.

Mein Vater konnte sich wohl in dessen Situation hineinversetzen, aber er wollte dem guten Mann ein wenig auf die Folter spannen, wenn er käme.

Er hatte sich schon die Situation ausgedacht. Sagen wollte er zu ihm: „Lieber Herr, wir hatten ausgehandelt, daß Sie für die Uhr nach der Ernte 15 Pfund Weizen erhalten. Aber ich habe nachgedacht. So viel will ich Ihnen nicht geben." Nach einer angemessen „Schreckpause" wollte er dann sagen, daß er sehr zufrieden mit der Uhr sei, und ihm deshalb statt der versprochenen 15 Pfund nun sogar 35 Pfund geben wolle.

So machte er es dann auch. Man konnte sehen, wie der fremde Mann erst einmal erschrak, als mein Vater ihm die geplante Szene vorspielte. Als sich jedoch dann alles klärte, kann man gar nicht beschreiben, wie glücklich der Mann war.

Die Jahre vergingen. Nach und nach ging es uns besser. Mein Vater konnte die Landwirtschaft aufgeben und eine für ihn geeignetere Tätigkeit ausüben. Die Uhr begleitete ihn, er hielt sie immer in Ehren. Als er verstarb, ging die Uhr in meinen Besitz über. Als mein Sohn sich einmal über die Schönheit dieser Taschenuhr äußerte, schenkte ich sie ihm. Sie bekam in seiner Wohnung einen Ehrenplatz, und ich freute mich immer, wenn ich sie sah.

Eines Tages hing sie nicht mehr an dem gewohnten Platz. Ich vergaß die Uhr mit ihrer Geschichte.

Zum ersten Advent im Jahr 1997 fuhr ich wieder einmal nach Berlin, um meine Kinder zu besuchen. Wir unterhielten uns über frühere Zeiten, als mein Sohn plötzlich die Uhr hervorholte und berichtete, daß sie immer noch funktioniert. Sie war auch einmal kaputt gewesen. Er hatte sie zu einem Uhrmacher gebracht und reparieren lassen. Der Uhrmacher wollte sie ihm abkaufen, erzählte mein Sohn. Er habe sie aber nicht hergegeben.

Während wir uns unterhielten, betrachtete meine Enkeltochter die Uhr. Da erzählte ich ihr die Geschichte und merkte dabei, daß sie die Uhr nun mit anderen Augen ansah.

(Weitere Erinnerungen dieser Autorin finden Sie im Band „Gebrannte Kinder. Kindheit in Deutschland 1939–1945" der Reihe **ZEITGUT***.)*

[Berchtesgaden;
Sommer 1946]

Peter Grell

Ganze acht Tage in „Lohn und Brot“

Leo und ich bereiteten uns langsam auf die Aufnahmeprüfung für das Gymnasium vor. Auf unsere Art. Wir sprachen zwar darüber, dieses und jenes lernen zu wollen, ja eigentlich lernen zu müssen, taten hingegen aber gar nichts.

Die Prüfung fand vor den großen Ferien statt, und wir nahmen daran teil. Mein Bruder Eberhard, bereits Untersekundaner, brachte uns schonend bei, daß unsere beiden Namen nicht am Schwarzen Brett gestanden hätten. Also, das war uns klar, würden wir nach den Ferien in die fünfte Klasse der Volksschule gehen und am Ende die Aufnahmeprüfung noch einmal machen. So gingen wir in die großen Ferien, die jedenfalls den Vorteil hatten, daß wir jetzt ganztägig, ohne Schule und Hausarbeiten, auf Essenklau gehen konnten.

Im Frühjahr waren gegenüber dem „Berchtesgadener Hof“, ganz in der Nähe unseres Plünderobjektes, Planierraupen aufgefahren, hatten Bäume weggeschoben, Boden ausgehoben und neuen Boden aufgebracht. Und als die Ferien begannen, waren zunächst zwei herrliche Tennisplätze entstanden.

Großvater meinte zu den Aktivitäten der „Amis“: „Die werden sich jetzt hier für alle Zeiten einnisten“, und „Denen geht es hier doch besser als in ihrer eigenen Heimat.“

Dafür ging's uns hundsmiserabel.

Die „Amis“ hatten alles zum Leben, wir nichts. Also war seit 1945 unser Hauptlieferant für geklaute Ware der „Ami“.

Während dieser Klauphase zwischen 1945 und 1948 bin ich nur einmal erwischt worden, sonst nie. Die Amis waren allerdings mit der Zeit vorsichtiger geworden. Jeeps mit vollgefülltem Handschuhkasten voller Schokolade, Zigaretten usw., gab es nicht mehr. Die paßten auf ihre Sachen jetzt höllisch auf.

Da blieb oft nichts anderes übrig, als die „normale Tour“ zu nehmen, die Mülltonnen. Bei den Deutschen brauchten wir darin nicht zu suchen, aber bei den Ami-Häusern lohnte es sich. Die höheren Offiziere hatten deutsche Häuser requiriert und wohnten meist mit ihren Familien dort. In deren Mülltonnen konnte so manches halbe Weißbrot – an einer Ecke leicht verschimmelt – erbeutet werden. Der Schimmel wurde abgeschnitten, der Rest mit der Hand von Unrat gesäubert und dann hinuntergeschlungen.

Hunger tut weh, und Stolz ist etwas, was man sich nur erlauben kann, wenn man keinen Hunger kennt.

Der Tennisplatz versprach eine neue Einnahmequelle zu werden. Leo und ich lungerten also dort herum, während die Amis Tennis spielten. Der Platzwart war ein Deutscher.

„Habt ihr nicht Lust, Bälle aufzuheben?“

Welch eine Frage, natürlich hatten wir, denn nur so konnten wir in die Anlage kommen. Wir hatten beobachtet, daß die Spieler, bevor sie auf den Platz gingen, den ganzen Inhalt ihrer Taschen wie Geldbörse, Zigaretten, Kaugummi, auf den längs der Plätze stehenden Bänken ablegten. Da mußte doch die Möglichkeit bestehen zu klauen!

Die Sachen einfach wegzunehmen, wäre unklug gewesen. Erstens war der Platz, wie üblich, von einem hohen Zaun umgeben, zweitens, selbst wenn es gelingen würde, dürfte man sich in der Nähe kaum wieder blicken lassen. Also ließen wir uns erstmal als Balljungen anheuern.

Meine zwei Amis spielten sehr verbissen, und wann ich mich bewegen durfte, ja mußte, lernte ich schnell. Auch die Regeln, nur eben in amerikanisch, hatte ich bald begriffen.

„What the score?“ fragte der eine.

Als mir automatisch ein „Ad in" rausrutschte, schauten beide etwas verdutzt, aber der andere lachte und sagte etwas, das sich wie „korrekt" anhörte.

Weder während des Spiels, noch während der Pausen kam ich zu meinem eigentlichen Ziel. Und als das Spiel zu Ende war, gab es keine Gelegenheit mehr. Beide packten ihre Utensilien wieder ein; nicht einmal ein Profi hätte jetzt noch klauen können. Und zu der Zeit war ich ein Profi! Ich sammelte also die Bälle ein, nahm den breiten Besen, wie ich es schon oft gesehen hatte, und zog den Platz ab. Anschließend wurden mit dem kleinen Besen die Linien gesäubert.

Meine beiden Amis saßen unterdessen auf einer Art Veranda vor dem Holzhäuschen, in dem der Platzwart das Regiment führte, und tranken Cola.

Ich hatte meine Arbeit getan und wollte gehen.

„Peter, where you want?"

Ich drehte mich um, und einer von den Amis winkte mich zu sich. „Okay, gehen wir zurück, mal sehen, was er will", sagte ich mir. – Ob ich nicht auch eine Coke haben wolle?

„Nein, ich hab Hunger", sagte ich.

Die beiden verstanden zuerst nicht recht, nur das Wort Hunger war ihnen wohl bekannt. Der Platzmeister wurde gerufen, und ich mußte wiederholen, was ich gesagt hatte. Die beiden nickten verstehend, als sie die Übersetzung hörten. Darauf sagte der eine etwas zum Platzmeister. Der nickte und wandte sich dann an mich: „Setz dich und warte etwas."

Sprach's, lief hinüber zum „Berchtesgadener Hof" und verschwand darin.

Die Amis wollten Unterhaltung. Sie sprachen mich an, aber ich verstand kein Wort. Sie wiederholten es, nur langsamer. „Hunger" hörte ich heraus, es klang so ähnlich wie die Steigerung von „Hang". Ich nickte. Das nächste konnte ich fast verstehen, das Wort Moment fiel. „Mal sehen, was daraus wird", dachte ich. An einem Tisch hatte ich mit den Amis bisher jedenfalls noch nie gesessen.

Der Platzwart kam zurück mit einem Riesenteller, oben mit Folie abgedeckt. Er stellte den Teller vor mich hin, zog die Folie ab und ich erstarrte. Herrliche geschmierte Brote! Schnell wurde durchgezählt, ganze sechs Stück. Zwei davon verschwanden in unheimlicher Geschwindigkeit in meinem Mund, zum Vergnügen der drei Erwachsenen.

„Darf ich den Rest mitnehmen – für heute abend?“

Der Platzmeister nickte. Flugs packte ich die vier Schnitten in die Silberfolie ein.

„Bis morgen!“ rief ich, und weg war ich.

Verdutzt schauten sie mir nach, einer rief noch etwas, das ich aber nicht verstand. Jetzt erstmal mit der Beute weg! Die zu Hause hatten auch Hunger, nur durfte man das nicht offen sagen. Die Amis hätten mich sonst nicht so leicht laufen lassen.

Am nächsten Morgen war ich wieder da und verdiente wieder etwas zu essen. Das ging acht Tage gut. Dann erklärte der Platzmeister allen Beschäftigten, daß deutsche Kinder und Erwachsene hier nicht mehr erwünscht seien. Er müsse leider auch gehen.

Somit war diese Quelle, kaum erschlossen, schon versiegt.

[Köln;
November 1946 oder 1947]

Hans Engels

Alles umsonst

Auch an diesem Morgen war ich schon früh aufgewacht. Mich durchzog jedesmal eine zufriedene Behaglichkeit, wenn ich noch etwas unter der mollig warmen Bettdecke liegen konnte. Ich lauschte den Geräuschen im Haus und den wenigen Lauten, die von außen in mein Zimmer drängten.

Es war ja meist Bekanntes, Wohlvertrautes: Feste, harte Tritte, wenn Mutter die Treppe eilig hinunterging; sie eilte ja immer. Oder da war ihr Husten, ihr Niesen, das man nie mit anderem hätte verwechseln können.

Im Gegensatz zu Vater war Mutter recht temperamentvoll, was oft zu kleinen Reibereien zwischen ihnen führte, ganz sicher, wenn Mutter wieder einmal zu fest an der Kette des Klospülers gezogen hatte. Dann war der Verschluß herausgesprungen und fand den Weg nicht mehr hinein. Das Wasser lief und lief... Es war schon gut, daß Mutter den ewigen Wasserfluß zu unterbrechen wußte, indem sie an einem kleinen Rädchen drehte. Am Abend renkte Vater dann den entsprungenen Hebelarm wieder ein.

Aber heute morgen kam ich nicht mehr dazu, den wohlbekannten Geräuschen zu lauschen, denn Mutter kam recht bald ins Zimmer, um mich zu wecken. Sie öffnete sofort das Fenster und die Klappläden. Eine dunkle und undurchdringbare Nebelwand stand davor. Kein Laut drang da hindurch, kein Licht fand den Weg zu mir.

Ich drückte meine Nase an die Scheibe, denn Mutter hatte das Fenster schnell wieder geschlossen, und versuchte hindurchzuspähen.

Vielleicht hätte ich doch noch etwas erblickt, aber Mutter rief schon: „Beeil dich! Wir müssen gleich einkaufen gehen."

Viel Lust hatte ich nicht dazu, deshalb dauerte meine Eile heute etwas länger. Schließlich half Mutter mir noch beim Waschen, auch so eine lästige Eigenschaft mancher Erwachsener, und zog mir den Pullover über den Kopf.

Schnell aß ich eine Schnitte Brot mit Rübenkraut. Mutter zwängte mich in den Mantel und schob mich zur Haustüre hinaus.

Der Nebel draußen war inzwischen etwas heller geworden, aber undurchdringlich wie zuvor.

Mutter nahm mich bei der Hand und zog los, so schnell, daß ich kaum mitkam. Hätte sie mich doch besser in einen kleinen Wagen gesetzt und gezogen, aber das blieb damals einer meiner unerfüllten Wünsche.

„Hoffentlich kommen wir nicht zu spät", murmelte sie vor sich hin, und dann zog sie mich mit, so daß ich fast neben ihr herlaufen mußte.

Bisher war uns kein Mensch begegnet, geschweige denn ein Auto; Autos waren zur damaligen Zeit sowieso eine Seltenheit. Doch nun tauchte plötzlich aus dem Nebel eine lange Reihe Menschen auf. Wie lang die Reihe war, konnte ich nicht sehen, denn die ersten Gestalten verschwanden im trüben Dunst.

Mutter stellte mich hinten an die Reihe und sagte der Frau vor mir, daß sie auf mich aufpassen möge. Zu mir gewandt sagte sie eilig: „Du bleibst jetzt hier, immer bei der Frau. Ich bin gleich wieder da. Es kann aber auch etwas länger dauern." Und schon war sie im Nebel verschwunden.

Ich bekam einen Schreck, vielleicht hatte ich auch etwas Angst. Die Angst wollte ich der Frau aber nicht zeigen. Deshalb begann ich bald, vor mich herzusummen. Erst ganz leise, dann immer lauter, schließlich sang ich sogar ein Lied. Den Leuten vor mir schien es sogar zu gefallen. Sie drehten sich um und lächelten mir zu. Dies machte mich aber dann doch verlegen, und ich schwieg.

Mittlerweile waren noch mehr Leute gekommen und stellten sich an. Die Reihe wurde immer länger, ich aber stand noch immer an derselben Stelle.

Die Frau hinter mir schien mich zu kennen, denn sie begann von meinem Großvater zu erzählen. Großvater war Geldbriefträger gewesen. Als solcher genoß er bei vielen Menschen verständlicherweise einen sehr guten Ruf. Er war gern gesehen, wenn er an den Türen schellte oder klopfte, um seine Geldtasche zu erleichtern. Und da er seine Arbeit sehr gewissenhaft und pünktlich versah, blieben nur die guten Seiten meines Großvaters in den Köpfen der Menschen aufgezeichnet.

„Bei uns daheim ist Opa als Geldbriefträger noch nie gewesen“, meinte Mutter einmal und lächelte.

Aber nun war Opa sehr krank.

„Es geht ihm gar nicht gut“, meinte ich zu der Frau hinter mir. Sie wollte mehr wissen. Aber ich schwieg, weil ich nicht mehr wußte.

Überhaupt redeten die Menschen in der Reihe wenig miteinander, nur waren sie dauernd in Bewegung. Sie trampelten von einem Bein auf das andere, manche stampften auch fest auf oder schlugen sich mit Armen und Händen gegen den Körper.

„Das mußt du auch machen!“ meinte die Frau vor mir, „dann wird dir wärmer.“

Und tatsächlich merkte ich, wie eine unangenehme Kälte von meinen eisigen Füßen an den Beinen hochstieg. Bald ging mir ein kalter Schauer über den Rücken. Ich begann zu zittern, und meine Zähne klapperten aufeinander.

„Bewegen! Bewegen! So!“ sagte die Frau hinter mir und machte es vor.

Also stampfte auch ich eine Weile auf der Stelle oder machte ganz kleine Schritte und schlug mit den Händen gegen die Oberarme.

Eine unendlich lange Zeit, so schien mir, standen wir schon auf einem Fleck; die Reihe bewegte sich nicht vorwärts.

Die Leute standen fast stumm in der Reihe.

Plötzlich fühlte ich mich so allein. Ich kam mir ganz verlassen vor. Ich fürchtete, Mutter hätte mich vergessen.

„Hoffentlich ist ihr nichts passiert!“ schoß es mir durch den Kopf. Ich hatte Angst.

Die Tränen rollten über die Wangen. Ich wischte sie mit dem Jackenärmel ab. Ich versuchte, die Tränen zu unterdrücken, aber es gelang nicht. Immer neue schossen hervor. Nun lief auch noch die Nase, und ich hatte kein Taschentuch. Immer wieder zog ich hoch. Aber dann gebrauchte ich doch wieder den Jackenärmel.

Ich war so sehr mit meinem Leid beschäftigt, daß ich nicht bemerkte, daß sich die Reihe plötzlich bewegte. Ganz automatisch war ich schon einige Schritte vorwärtsgegangen, als ich feststellte, daß ich nicht mehr auf dem gleichen Fleck stand. – Und plötzlich war sogar Mutter neben mir, nahm ihr Taschentuch und putzte mir die Nase.

„Es hat leider doch etwas länger gedauert“, meinte sie.

Ich war also Platzhalter gewesen, während Mutter sich nach anderen Einkaufsquellen umgesehen hatte.

Der lange Zug der Wartenden schob sich immer weiter, und bald waren wir an der Türe zum Geschäft. Heute gab es getrocknete Linsen, Mehl und Wäscheklammern zu kaufen.

Im Geschäft selbst war ein heftiges Gedränge. Ich stand unten zwischen den Mänteln der Erwachsenen und wurde von den Leibern hin- und hergeschoben. Manchmal glaubte ich, keine Luft zu bekommen, und suchte verzweifelt nach einer Lücke.

Ich hörte die Leute an der Theke reden und den Verkäufer auch. Endlich hatte ich mich zwischen zwei Leibern bis an die Theke vorgeschoben. Doch so sehr ich mich auch mühte und reckte, ich sah nichts.

Plötzlich hörte ich, wie der Verkäufer rief: „Alles ausverkauft! Nur Wäscheklammern sind noch da!“

Sofort erhob sich ein dunkles Gemurmel, das immer lauter anschwoll. Und dann ging ein wüstes Geschimpfe los. Dies ließ aber rasch nach. Die Leute drängten dem Ausgang zu und verschwanden. Sie sahen enttäuscht und müde aus.

Mutter und ich gingen als letzte aus dem Laden. Die Wäscheklammern wollte wohl niemand kaufen.

Mutter sah sehr traurig aus. Ganz langsam gingen wir nach Hause. Vom nahen Kirchturm läutete die Mittagsglokke.

„Jetzt haben wir uns fast vier Stunden angestellt und nichts bekommen,“ klagte sie.

Mir tat Mutter leid, weil sie so niedergeschlagen war.

Langsam stieg sie die Treppe hinunter in den Keller, um einige Mohrrüben und ein paar Stücke Holz zu holen. Ich saß derweilen am Ofen, um mich aufzuwärmen. Wie das in den Füßen kribbelte!

Als Mutter wieder nach oben kam, rief sie mir zu: „Nun wird es aber Zeit, Opa will gleich sein Mittagessen haben!“

[Brual, Emsland;
1946–1953]

Karl-Heinz Jonas

Im Emsland

Nach der Flucht aus Klein-Krebbel, unserem Heimatort an der polnischen Grenze im Warthegau, Ende Januar 1945 gelangten wir in mehreren Etappen – Pasewalk in Vorpommern, Putbus auf der Insel Rügen, wiederum Pasewalk, Bad Oldesloe in Holstein und Nordhorn im westlichen Niedersachsen – schließlich im Frühjahr 1946 in unsere neue Heimat, ein kleines Bauerndorf im Emsland zwischen der Kreisstadt Aschendorf/Hümmling und dem ostfriesischen Leer.

Im Unterschied zu jenen Flüchtlingen, die damals in großer Zahl auf diese ländliche Region aufgeteilt worden waren, ohne daß man zunächst wußte, wie ihre wirtschaftliche Existenz dort auf Dauer hätte sichergestellt werden können, zogen wir gezielt dorthin. Mein früh aus russischer Kriegsgefangenschaft heimgekehrter Vater konnte an der Grenze zu Holland bereits Anfang 1946 seinen Dienst als Zollbeamter wieder aufnehmen.

Weitere Unterschiede gab es jedoch nicht. Auch wir waren bei unserer Ankunft völlig mittellos. Außer der Kleidung, die wir am Leib trugen, führten wir nur zwei Bettsäcke mit, in denen unsere Mutter neben wichtigen Papieren und etwas Tafelsilber vor allem die damals besonders wertvollen Federbetten verstaut hatte. Mangelhaft war auch unsere körperliche Verfassung. Ausgehungert und abgemagert, litten wir ständig an mancherlei Beschwerden, und erst allmählich kehrte die alte Widerstandskraft zurück. Uns Kindern – meiner älteren

Schwester und mir – war damals kaum bewußt, wie sehr der Verlust der Heimat und des gesamten Hab und Gut auf unseren Eltern lastete. Die Bewältigung dieses Verlustes und das Ringen um die Kraft für den Neuanfang waren noch lange Zeit das beherrschende Thema ihrer Gespräche.

Unterkunft fanden wir bei einem Bauern, bei dem uns ein etwa zwölf Quadratmeter großes Zimmer zugewiesen wurde, eingerichtet mit einer Kommode und zwei älteren Betten, wie sie in den Bauernhäusern damals üblich waren. Eines davon teilten sich unsere Eltern, in dem anderen schlief ich zusammen mit meiner Schwester.

So schwer unsere Situation auch war, nicht übersehen werden darf dabei, daß unsere Anwesenheit auch für die betroffenen Bauern eine arge Last war, vor allem für jene, die gleich zwei Flüchtlingsfamilien aufnehmen mußten. Abgesehen davon, daß einige Söhne von Bauern als Soldat eingezogen worden waren, hatte der Krieg diesen Winkel unseres Vaterlandes kaum berührt. Da unseren Gastgebern vergleichbare Erfahrungen fehlten, fiel es ihnen schwer, sich in unsere Lage hineinzuversetzen. So begegneten sie den Flüchtlingen zunächst durchweg mit Mißtrauen und Ablehnung, was bei diesen das Gefühl, Verlorene in der Fremde zu sein, noch verstärkte.

Während sich die Erwachsenen nicht so leicht mit ihrem Schicksal abfanden, stand für uns Kinder bald all das Neue im Vordergrund, das das dörfliche Leben mit sich brachte. Der Alltag der Bauern – die gerade beginnende Frühjahrsbestellung der Felder, die Versorgung des Viehs und all der anderen Haustiere, der Umgang mit den landwirtschaftlichen Maschinen und besonders mit den Pferden – nahm uns so gefangen, daß wir die unerfreulichen Dinge vergaßen. Dies und das gemeinsame Spiel trugen maßgeblich dazu bei, daß die einheimischen Kinder mit uns alsbald ebenso natürlich umgingen wie mit ihresgleichen.

Das Dorf erstreckte sich in einer Länge von etwa zwei Kilometern beiderseits der in Nord-Süd-Richtung verlaufenden

Straße. Diese bestand in der Ortsmitte aus uraltem Kopfsteinpflaster, das an den Dorfausgängen in jenes Ziegelsteinpflaster überwechselte, das man noch heute auf den Landstraßen im äußersten Nordwesten Deutschlands vorfinden kann.

Die für diese Gegend charakteristischen niedrigen und langgestreckten Bauernhäuser mit im rückwärtigen Teil tief herabgezogenen Dächern standen fast ausnahmslos mit den Wohngiebeln zur Straße. Zwischen ihnen gab es zwei Schmiedewerkstätten, deren eine zugleich Stellmacherei war, eine Bäckerei, eine Schneiderei, zwei Gasthäuser und den Kolonialwarenladen mit der Poststation.

Die Dorfmitte wurde von einer kleinen, aus Ziegelsteinen gemauerten und schiefergedeckten Kirche überragt, in der bis zum Kriegsende ausschließlich Gottesdienste für die katholische Dorfbevölkerung stattgefunden hatten. Da mit den Flüchtlingen nun aber viele Protestanten zugewandert waren, wurde jetzt, jeweils am Sonntagnachmittag, auch ein evangelischer Gottesdienst abgehalten.

Unweit der Kirche lag die Schule. Es handelte sich um eine sogenannte Zwergschule. Sie verfügte über zwei Klassenräume, in denen jeweils vier Schuljahrgänge unterrichtet wurden und die etwa 40 Schülern Platz boten. Sie waren mit mehreren Reihen schwerer Schulbänke eingerichtet, in deren Holz sich Generationen von Schülern mit Bemalungen und Schnitzereien verewigt hatten.

An der Stirnseite erhob sich das Lehrerpodium, daneben stand die Tafel, in einem der beiden Klassenräume auch noch eine Rechenmaschine*), mit deren Hilfe vor allem die Erstkläßler mit einfachen Rechenoperationen vertraut gemacht wurden. Neben dem Podium befand sich je ein riesiger schwarzer Ofen, der mit dem in dieser Gegend schier unbegrenzt vorhandenen Torf beheizt wurde und das Klassenzimmer im Winter in ausreichendem Maße erwärmte.

In diese Schule wurde ich zu Ostern 1946 eingeschult. Meine erste Schreibtafel war eine Schieferplatte, die eigentlich für

*) Tafelgroßes Gerät, das mit verschiebbaren Holzkugeln auf zehn waagerechten Eisenstangen arbeitete.

die Reparatur des Kirchendaches gedacht war. Ich habe darauf schreiben gelernt, erst zu Beginn des zweiten Schuljahres erhielt ich eine richtige Tafel.

Die Lehrer – es waren damals drei – gehörten neben dem Pastor und dem Bürgermeister zu den angesehensten Persönlichkeiten der Dorfgemeinde. Wir Schüler waren gehalten, ihnen mit größtem Respekt zu begegnen, und das taten wir auch, selbst außerhalb der Schule.

Gleichzeitig vier Jahrgänge in jeweils ganz unterschiedlichem Stoff zu unterrichten, stellte hohe Anforderungen an die Lehrer. So war es nur verständlich, daß sie während des Unterrichts auf Ruhe und Ordnung bedacht waren und Störungen mit großer Strenge ahndeten, in besonders schweren Fällen auch schon einmal mit dem Rohrstock. Trotz der schwierigen Umstände ist es ihnen ausgezeichnet gelungen, uns das erforderliche Wissen zu vermitteln. Als ich nach dem vierten Schuljahr auf eine weiterführende Schule wechselte, war ich für die Aufnahmeprüfung bestens gerüstet. Aber auch jene Schüler, die, wie meine Schwester, nach der achtjährigen Schulzeit eine Ausbildung antraten, verfügten über solide Voraussetzungen für ihren weiteren Lebensweg.

Im Oktober zogen wir in das inzwischen notdürftig wiederhergestellte Zollhaus um. Dieses Haus lag etwa einen Kilometer nördlich des Dorfes an der Straße nach Ostfriesland und war als Doppelhaus mit jeweils einer großen Wohnküche und drei weiteren Zimmern für zwei Familien gedacht. Nach hinten hinaus erstreckte sich ein Anbau, in dem sich zwei Plumpsklosetts, zwei Schweinekoben und eine Gemeinschaftswaschküche befanden. Das Haus hatte eine eigene Wasserversorgung und wurde mit Einzelöfen beheizt. Zur Anlage gehörten ferner zwei große Gärten mit reichhaltigem Bestand an Obstbäumen und Beerenobststräuchern sowie ein etwa 5000 Quadratmeter großer Acker, der von den Wohnparteien anteilig genutzt werden konnte. Außerdem gab es noch einen Schuppen für Gerätschaften aller Art.

Zusammen mit uns zogen noch zwei weitere Familien ein. Obwohl wir deshalb einen der uns zustehenden Räume abgeben mußten, kamen wir uns nach dem halben Jahr in dem kleinen Zimmer beim Bauern wie die Könige vor. Vor allem meine Mutter war überglücklich, daß sie nun endlich wieder eine eigene Küche hatte, war doch das Kochen bis dahin nur mit Zustimmung der Bäuerin möglich gewesen.

Allerdings fehlte uns noch fast alles an Mobiliar; so schliefen wir anfangs auf Strohsäcken, die damals anstelle von Matratzen weit verbreitet waren, und die wir einfach im Schlafzimmer auf den Fußboden gelegt hatten. Nach und nach gelang es meinem Vater, einige Möbel zu beschaffen, zumeist altes, gerade noch funktionsfähiges Zeug, das er von den Bauern geliehen oder auch geschenkt bekam.

Was nicht aufgetrieben werden konnte, wurde selbst hergestellt, wie zum Beispiel Tisch und Stühle. Sie konnten erst Jahre später gegen neue Möbel ausgetauscht werden, als meine Eltern sogenannte Lastenausgleichsmittel erhielten.

Mit diesem Umzug begann der eigentliche Neuanfang nach der Flucht. Wir waren als Familie wieder für uns und konnten unser Leben im Rahmen der Möglichkeiten eigenverantwortlich gestalten.

Zu Weihnachten 1946 zog meine Oma zu uns. Nach dem Tod meines Opas – er war als Lokomotivführer im Februar bei einem Eisenbahnunglück ums Leben gekommen – hielt sie es in Pasewalk, wo sich die Lebensbedingungen unter der sowjetischen Besatzungsmacht mittlerweile zu verschlechtern begonnen hatten, allein nicht mehr aus.

Im Frühjahr 1947 schließlich wurde mein Bruder geboren. Damit waren wir komplett.

Im Gegensatz zur Stadtbevölkerung, ging es uns hier auf dem Land in den frühen Nachkriegsjahren verhältnismäßig gut. Unsere Ernährung stellten wir fast ausschließlich als Selbstversorger sicher; lediglich Mehlerzeugnisse, insbesondere Brot, mußten wir kaufen. Eine der ersten Maßnahmen nach dem

Umzug war die Anschaffung von Haustieren. Hühner, Kaninchen, Schaf und Ziege gehörten von nun an ständig zu unserer Wirtschaft. Schon im Winter 1947 beginnend, schlachteten wir jedes Jahr ein selbstaufgezogenes Schwein und verarbeiteten es zu Wurst, Schinken und Pökelfleisch. Diese Vorräte wurden über das ganze Jahr gestreckt.

Aber auch die Hühner, die zunächst möglichst viele Eier zu legen hatten, und die Kaninchen steuerten regelmäßig zur Fleischversorgung bei. Ziege und Schaf indes belieferten uns vor allem mit Milch, letzteres auch mit Wolle.

Darüber hinaus gab es in den zahlreichen Gewässern der Emsmarsch, die sich nach Westen hin in ein weitverzweigtes Kanalnetz zur Erschließung des entlang der holländischen Grenze gelegenen Hochmoores öffnete, ausgezeichnete Möglichkeiten zum Angeln.

Obst und Gemüse ernteten wir großenteils im eigenen Garten. Auf dem bereits erwähnten Acker wurden in großer Menge Kartoffeln und mehrere Arten Rüben angebaut, vor allem Zucker- und Steckrüben. Letztere bezeichneten wir auch als Wrucken, ein pommerscher Ausdruck. Während wir die Zukkerrüben ausschließlich zu Sirup für den Brotaufstrich verarbeiteten, waren die Wrucken als schmackhaftes und vitaminreiches Gemüse geschätzt. Zum Auspressen der Zuckerrüben bedienten wir uns einer von meinem Vater aus einer alten Milchkanne gebauten, vorzüglich funktionierenden Presse, die für Naturalien, vor allem Butter, auch häufig an die Bauern ausgeliehen wurde. Diese stellten aus den Rüben allerdings in erster Linie Schnaps her.

Auch zahlreiche Artikel des täglichen Bedarfes stellten wir selbst her, so Reisigbesen, Körbe aller Art und Größe aus Weidengeflecht sowie Holzschuhe, aber auch allerlei Spielsachen wie Puppen und Handwagen. Manches von dem, was ich in dieser Zeit, gelernt habe, kann ich noch heute. Wenn es etwa darum geht, aus Anlaß eines Jubiläums Kränze oder Girlanden zu binden oder einen beim Förster erstandenen Hasen aus dem Balg zu schlagen und auszuweiden, dann kommen Freunde und Nachbarn zu mir.

Jenseits der Straße zur Ems zu erstreckten sich riesige Wiesen- und Weideflächen, auf denen vom Frühjahr bis zum Herbst das gesamte Vieh des Dorfes weidete. Morgens und abends fuhren die Bauern, zumeist auf dem Fahrrad, hinaus, um die Kühe zu melken. Die Milchkannen, oft vier bis sechs, je nach Anzahl der Kühe, transportierten sie auf kleinen ein- oder zweiachsigen Karren, die von großen Hunden gezogen wurden.

Während des abendlichen Melkens holten wir dort regelmäßig unsere Milch, die wir in unterschiedlicher Menge stets geschenkt bekamen. Dabei stellten wir immer wieder fest, daß jene Bauern, die selbst nicht viel hatten, oft mehr gaben als die besser gestellten. Im Winterhalbjahr erhielten wir unsere Milch bei einem Bauern in der ferneren Nachbarschaft, täglich drei Liter, die er uns in großzügiger Weise über Jahre hin ebenfalls kostenlos zukommen ließ.

Schwierig gestaltete sich anfangs allerdings unsere Versorgung mit Bekleidung und vor allem mit Schuhen. Zwar konnten wir im Sommer mit diesem Mangel noch recht gut leben, für den Winter aber – besonders der Winter 1947 war sehr lang und bitterkalt – brauchten wir wärmende Kleidung. Soweit vorhanden oder beschaffbar, wurden dazu Textilien aller Art, zum Beispiel Uniformmäntel, in halbwegs passende Kleidungsstücke umgearbeitet. Aus der Schafwolle, die nicht nur von unserem Schaf stammte, sondern die wir auch von Stacheldrahtzäunen absammelten, an denen sie sich weidende Schafe büschelweise ausgerissen hatten, wurden dicke Socken, Schals, Pullover und Handschuhe gestrickt.

Unter dem fehlenden Schuhwerk litten wiederum die Erwachsenen mehr als wir Kinder, liefen wir doch den ganzen Sommer über unter der Woche – auch in der Schule – nur barfuß umher. Nur am Sonntag hatten wir Schuhe zu tragen, denn dieser besondere Tag der Woche wurde seinerzeit, einem bestimmten Ritual folgend, viel intensiver gefeiert als heute.

Daß wir unseren Malzkaffee zu Anfang ebenfalls selbst hergestellt haben, ist mir besonders im Gedächtnis geblieben. Dies war Angelegenheit meiner Oma, die überhaupt aus ihrer Jungmädchenzeit, in der sie auf einem hinterpommerschen Gut „in Stellung" gewesen war, über Fertigkeiten verfügte, die sich jetzt als lebenswichtig erwiesen. Sie konnte auch spinnen, melken, Schafe scheren, Kleintiere schlachten, pökeln und wursten.

Zur Kaffeeherstellung röstete sie frisches Gerstengetreide in der Pfanne, wobei sich die Küche mit einer schier undurchdringlichen Qualmwolke füllte, die aus sämtlichen Türen und Fenstern herausquoll und sich erst nach Stunden verzogen hatte.

Problemlos war das Heizen während der kalten Jahreszeit. Dazu wurde fast ausschließlich Torf verwendet. Alle Bewohner des Dorfes waren berechtigt, auf einem bestimmten Abschnitt des nahegelegenen Hochmoores, je nach Familiengröße, selbst Torf zu stechen. Dies geschah stets im Sommer. Es nahm Tage in Anspruch und war meistens eine Angelegenheit der gesamten Familie. Während der Vater den Torf stach, wurde er von Mutter, Oma und den größeren Kindern zum Trocknen aufgeschichtet. Im Herbst wurde er dann auf von Pferden gezogenen mächtigen Ackerwagen heimgebracht und dort in riesigen Stiegen unter freiem Himmel gelagert.

Sieht man von den Nachwirkungen der Flucht und den Entbehrungen der ersten Nachkriegsjahre einmal ab, so war meine Kindheit im Emsland eine großartige Zeit. Wir lebten mit der Natur im jahreszeitlichen Wechsel und wurden mit dem bäuerlichen Milieu vertraut. Wir Kinder konnten uns bis an die Grenzen unserer Phantasie ausspielen; auch mancherlei Ungewöhnliches und Abenteuerliches haben wir erlebt.

Im Herbst wurden weite Teile der Emsmarsch für die Schlickdüngung geflutet. Dadurch entstand just auf der anderen Seite unserer Straße ein flacher See von gewaltigen Ausmaßen, der fast bis zum Horizont reichte. Solange er nicht zufror, was selten vor Dezember geschah, paddelten wir gern auf selbstgebauten Flößen darauf umher, war er mit festem Eis bedeckt, vergnügten wir uns oft tagelang beim Schlittschuhlaufen.

Meine ersten Schlittschuhe bestanden aus überfußlangen Stücken der T-Schiene eines alten Bettgestells, die mein Vater unter passende Hölzer geschraubt hatte und die ich mir mit Riemenwerk unter die Schuhe schnallte. Später besorgten wir uns die hier üblichen holländischen Schlittschuhe.

Dieses Gewässer bot darüber hinaus zahlreichen Wasservögeln auf ihrem Zug nach Süden ein willkommenes Zwischenquartier, das sie erst nach Einsetzen des Frostes wieder verließen. So interessant es auch war, diese Schwärme von Wildschwänen, -gänsen, -enten und anderen Vögeln, die die Luft bei Tag und Nacht mit ihrem schrillen Geschrei erfüllten und ständig ruhelos umherflogen, zu beobachten, richtig spannend wurde es erst, wenn Jagd auf sie gemacht wurde. Die Jäger, die zumeist von weither kamen, hatten es in erster Linie auf die Wildenten abgesehen. Nicht jede von ihnen erlegte Ente wurde jedoch von den zum Apportieren ausgesandten Jagdhunden gefunden, manche landete auch auf unserem Tisch.

Erlebnisreich, aber auch mühevoll war die Arbeit in der Landwirtschaft. So selbstverständlich, wie wir in die Gartenarbeit und die Bestellung unseres Ackers, zum Unkrautjäten, Obst- und Beerenpflücken, Kartoffelnlegen und -ernten sowie Rübenverziehen, eingebunden waren, so früh haben wir bei den Bauern, hauptsächlich bei der Aussaat und der Ernte, ausgeholfen, um mit dem – wenn auch kargen – Lohn, der teils in Naturalien, teils in Geld gezahlt wurde, zum Familienunterhalt beizutragen. Vor allem Kartoffelnlesen und Bohnenpflükken waren auch von Kindern gut zu bewältigende Arbeiten, die wir meistens nachmittags nach der Schule verrichteten.

Manchmal fiel der Schulunterricht auch aus. Dann wurde die ganze Klasse zum Sammeln von Kartoffelkäfern abgeordnet. Diese stellten damals eine große Gefahr für die Kartoffelernte dar und konnten auf andere Weise noch nicht bekämpft werden. Die Furcht vor diesem aus Übersee stammenden Schädling war aber wohl gehörig übertrieben; ich erinnere mich nicht, jemals auch nur einen einzigen gefunden zu haben.

Im Frühjahr 1953 verließen wir das Emsland und zogen ins Münsterländische, wo mein Vater eine neue Aufgabe in der Abfertigung des dort in enormen Mengen gebrannten Schnapses übertragen bekommen hatte. Damit ging meine Kindheit zu Ende.

[Neuenstadt am Kocher;
1946]

Elly Kreeb

Unser Schlachtfest

Während des Zweiten Weltkrieges schlachteten wir jedes Jahr ein Schwein; nach dem Krieg sogar zwei. Auf dem Lande war es damals üblich, daß jede Familie ihre Sauen im Stall hatte. Wir Kinder nannten sie zärtlich Butz. Ein Jahr lang haben wir unsere Schweine täglich dreimal gefüttert. Das Fressen wurde von Mutter in der Küche zubereitet: Wasser, Schrot, Kleie und eine Menge zerdrückte gekochte Kartoffeln wurden in einem Zinkeimer von Hand zum Saufressen vermischt. Dann trug Vater den schweren Eimer zum Stall hinunter. Dabei mußte ihn ein Kind begleiten. Das traf mich als Älteste oft.

Wenn Vater den schweren Riegel der Stalltüre zurückgeschoben hatte, öffnete ich sie. Sofort stürzten die beiden Butzen aus dem Dunkel des Stallinneren auf den Steintrog zu, der quer zur Türöffnung stand. Ich schlug mit dem bereitliegenden Holzprügel vehement auf ihre Rüssel, bis Vater das Fressen in den Trog geschüttet hatte. Dann waren die Schweine nicht mehr zu halten. Sie tunkten ihre Rüssel in das Fressen und schlabberten gierig schmatzend die Brühe in sich hinein. Wir konnten getrost die Stalltüre schließen – sie waren beschäftigt!

Zweimal während der kalten Jahreszeit war es soweit: Eines der beiden Schweine – in der Regel das fetteste – mußte daran glauben. Am Schlachttag kam der Hausmetzger Müller in aller Frühe. Zuerst lud er sein Schlachtgeschirr ab, und dann wurde die Sau vom Stall durch den Flur im Kohlenkeller in unsere völlig ausgeräumte Waschküche bugsiert.

Wenn der markerschütternde, schrille Schrei das Haus durchdrungen hatte, wußten wir Kinder, daß unsere geliebte Butz tot war. Sie wurde vom Metzger mit einem Beilhieb aufs Gehirn betäubt. Dann ließ er das Blut aus ihrer Halsschlagader in einen Eimer rinnen. Mutter mußte es schnell mit einem hölzernen Kochlöffel rühren, damit es nicht gerann.

Schlachtfest bei Familie Wachter in der Brunnengasse in Neuenstadt am Kocher. In der Mitte Metzger Christian Müller in jüngeren Jahren. In meiner Kindheit war er älter. Fotograf unbekannt.

Bereits frühmorgens hatte Mutter den großen Wasserkessel in dem von der Waschküche abgetrennten Bad angeheizt. Die Badtüre wurde ausgehängt und die Zinkbadewanne entfernt, damit Platz war für die Wurst- und Fleischtöpfe. In der hinteren Ecke lagen ein Stapel Holzscheite sowie Briketts. Das Feuer mußte den ganzen Tag brennen, damit der Kessel immer betriebsbereit war.

Der hochgewachsene, grauhaarige und schnurrbärtige Metzger trug Gummistiefel, Manchesterhosen und einen karierten Metzgerkittel, darüber eine weiße Metzgerschürze. An einem Ledergürtel hatte er sein Schlachtwerkzeug befestigt.

Wenn die Sau tot war, wurde sie in einem Holztrog mit heißem Wasser überbrüht und anschließend auf dem Schragen rasiert, so daß sie glatt war wie ein Marzipanschweinchen. Dann teilte der Metzger sie in zwei Teile, die er zum Auskühlen an die Tür zum Kohlenkeller hängte.

Nun kam der Tierarzt, der das Schwein zum Schlachten freigegeben hatte, um zu prüfen, ob es keine Trichinen hat. Erst dann durften die beiden Teile weiterverarbeitet werden.

Beim ersten Teil der Prozedur durften wir Kinder nicht dabei sein, wir wagten höchstens ab und zu einen Blick durch den Türspalt. Erst wenn die Sau in ihre Bestandteile zerlegt war, die kleineren Teile im kochenden Wasser im Kessel lagen, die ganze Waschküche unter Dampf stand, so daß die zwei kleinen Fenster beschlagen waren, kam die Stunde für uns Kinder.

Das Wursteln fand ich besonders interessant. Bei uns wurden nur Bratwurst, Blutwurst und Leberwurst in die Wurstdosen gefüllt. Am liebsten mochte ich Bratwurst, aber davon machten wir nicht viel, sie war damals die kostbarste unter den Würsten.

Zum Wursteln wurde der mit Pfeffer, Majoran, Zwiebeln, Knoblauch, Muskat und Koriander gewürzte Wurstbrei durch eine Maschine in den davorgespannten Darm gepreßt. War dieser voll, wurde er mit einer Schnur zu einzelnen Würsten abgebunden.

Da alles Handarbeit war, fielen die Würste unterschiedlich lang aus. Um die Luft herauszulassen, wurden sie mit einer Nadel eingestochen, über der Schnur abgeschnitten und dann zum Sieden in den Kessel geworfen.

Der Hausmetzger hatte Kinder sehr gern. Er grinste uns stets freundlich und aufmunternd zu. Wenn er uns eine Extrawurst machen sollte, mußten wir ihm zuerst einen Spruch aufsagen:

„Müller mit Deim weißa Schürzle, mach m'r doch a Lewerwürstle, awer net so dick, daß e net verstick."

Dann machte er uns ein kleines Würstchen.

Waren die Würste und das Fleisch im Kessel fertig, wurde zum erstenmal gevespert. Zum Brot konnte man Kesselfleisch oder Wurst haben, je nach Geschmack. Auch Herz, Niere, Zunge und das Schwänzle waren weichgekocht und wurden bevorzugt von uns Kindern gegessen. Die Männer tranken zur besseren Verdauung einen Schnaps dazu.

Wenn dieses Ritual vorüber war, konnten wir Kinder mit dem Austragen der Metzelsuppe beginnen. Es war üblich, daß man allen Verwandten und Nachbarn etwas vom Schlachtfest brachte. Direkt aus dem Kessel schöpfte Mutter die sehr fette Brühe mit Kesselfleisch und Würsten in unsere Milchkannen – je nach Größe der Empfängerfamilie. Wir fünf Kinder trugen sie dann zu den Familien.

Die Hausfrauen begrüßten uns freundlich, wußten sie doch, daß es heute Schlachtplatte mit Sauerkraut zum Mittagessen gab. Als Belohnung erhielten wir Kinder meistens zehn Pfennig, manchmal sogar zwanzig. Deshalb beteiligten sich auch die drei Buben gerne am Austragen.

Am späten Nachmittag, wenn das Schweinefleisch abgekühlt war, begann das große Speckschneiden. Dazu wurden Nudel- und Backbretter auf Holzböcke gelegt. Darauf schnitten die Erwachsenen zuerst die Schwarte von den Fleischbrocken und dann den Speck in gleichmäßige Würfel. Die Speckwürfel wurden zu Schmalz ausgelassen.

Beim Speckschneiden war die Oberin des in der Nähe befindlichen Stifts immer dabei. Diese feine Dame, mit Goethe, Schiller und der Orgel vertraut, war darin ziemlich routiniert. Sie trug die übliche weiße Kittelschürze und verlangte ein scharfes Messer. Sie flirtete gern mit Vater und dem Hausmetzger, wobei ihr asthmatischer Busen heftig wogte. Kein Wunder, war doch das Schlachtfest eine willkommene Abwechslung in ihrem Alltag, in dem sie sonst nur von Frauen umgeben war.

Am nächsten Tag wurde das Fleisch als Vorbereitung zum Räuchern für drei Wochen in Lake gelegt. Die zu räuchernden Würste wurden nun eingesalzen.

Mit unseren Brat-, Leber- und Griebenwürsten stiegen wir mit Vater auf den Dachboden in Großvaters Bauernhaus. Dort öffnete er die kleine Eisentür zum Kamin, zog eine der Holzstangen heran, und wir hängten unsere eingesalzenen, mit Fleischhaken versehenen Stücke zu den anderen. Anschließend schob Vater die Stange wieder durch den Kamin bis zur gegenüberliegenden Mauer, so daß Fleisch und Würste mitten im rauchigen Kamin hingen.

Die Würste konnten wir bereits am nächsten Tag abholen, während das Fleisch zehn Tage im Rauch hängen mußte.

Danach konnten wir unsere hungrigen Mäuler mit Dosenwurst, geräucherten Würsten und Rauchfleisch stopfen, bis unser nächstes Schwein zum Schlachten gemästet war.

[Beelitz, Mark Brandenburg;
1946]

Helmut Rammel

Rote Kohlen

1946. Die Not war groß. Wer überleben wollte, mußte Beziehungen (Vitamin B) haben oder erfinderisch sein. Nachdem viele Betriebe enteignet worden waren, hatte die Propaganda vom Volkseigentum bald Eingang in den Köpfen gefunden. Es war nun moralisch leichter geworden, sich an fremdem Eigentum zu vergreifen, sofern es staatlich war, denn alles gehörte ja nun allen, dachten wir.

Wir, zwei 12jährige Jungen, verbrachten unsere Freizeit häufig mit Spielen im nahen Wald. Dabei machten wir folgende Entdeckung: Jeden Abend um die gleiche Zeit hielt am Bahnhof ein langer Güterzug, der mit Kohlen beladen war. Die Lokomotiven, es waren in der Regel zwei, nahmen Wasser und Feuerung auf, bevor die endlosen Züge in Richtung Osten weiterfuhren – Reparationen.

Häufig waren so viele Wagen angehängt, daß die Loks Mühe hatten, in Bewegung zu kommen. Die Räder knirschten in den Gleisen, die Kessel stöhnten Dampf ablassend, und nur ganz langsam kamen die Züge wieder in Fahrt.

Für uns waren sie ein Ärgernis, wurde doch hier deutsche Kohle nach Rußland abtransportiert, während unsere Keller kohlefrei und die Wälder leergefegt waren. Hier lagen die Kohlen zwar nicht auf der Straße, aber neben den Bahngleisen, denn bei dem ruckartigen Anfahren der Züge rutschten immer ein paar Briketts von den vollgeladenen Waggons.

Die genügten uns bald nicht mehr. Wir sprangen im Schutze der Dunkelheit auf der dem Bahnhof abgewandten Seite auf die Trittbretter der langsam anfahrenden Güterzüge. Das Hinunterwerfen der Briketts und der Absprung mußten hurtig gehen, bevor der Zug zu schnell wurde. Wenn der letzte Wagen in der Ferne verschwunden und das Bahnpersonal in die Gebäude zurückgekehrt war, sammelten wir unsere Beute ein und brachten sie nach Hause.

Erfolg macht übermütig. Eines Tages entdeckten wir an einer Wasserpumpe mitten zwischen den Gleisen einen Haufen Kohlen, es mag ein guter Zentner gewesen sein. Wir schleppten die Briketts in den Wald. Ein verrostetes Untergestell eines alten Schlittens, ein paar Stücken fester Pappe, und wir konnten aufladen. Aber es war eine harte Arbeit, den schweren Schlitten durch den märkischen Sand zu ziehen. Aber dann war es geschafft, die Kohlen lagen aufgeteilt im Keller gestapelt.

Kurz darauf klingelte es an der Wohnungstür. Ein Mann der Bahnpolizei hatte uns beobachtet und war uns gefolgt. Lügen war zwecklos; wir waren geständig. Der Mann war gnädig – er würde von einer Anzeige absehen, wenn wir die Briketts zurückbrächten. Wir waren den Tränen nah, unglücklich, aber auch erleichtert.

Also luden wir die Kohlen auf einen Handwagen und fuhren sie zurück. Daheim schaute ich noch einmal in den Keller und konnte wieder etwas lächeln, denn ein paar Briketts hatte ich doch zurückbehalten.

Der Winter wurde bitterkalt.

[Hamburg;
Dezember 1946]

Inge Vogl

Mein Lied

Vorweihnachtszeit in Hamburg. Am Hauptbahnhof steige ich aus. Hoffnungsvoll, tief in meiner Manteltasche, trage ich die Lebensmittelmarken. Wie dünne Briefmarken befühle ich sie ab und an. Ein Wert für wahlweise 250 Gramm Butter oder Schmalz.

Die Luft ist diesig und frostig. Es dunkelt rasch. Nur zwei Stunden habe ich Zeit, dann machen die Läden zu. Ich bin 11 Jahre alt.

Da! Das erste Lebensmittelgeschäft.

„Butter oder Schmalz? Nee, Kleine, ist schon ausverkauft."

Der nächste Laden. „Tut mir leid, haben wir nicht."

Meine Hoffnung hat nun einen Dämpfer. Trotzdem habe ich noch Mut. Die Gaslaternen werden angezündet. Licht in Wohnungen und in leeren Schaufenstern. Meine Schritte werden länger. Mein Kopf will dichten: „Wiehnachtsmann, stick de Lichter an..."

Wieder ein Geschäft. „Ich möchte gerne Butter oder Schmalz." – Statt einer Antwort höre ich einen Seufzer und sehe ein Kopfschütteln.

Der Himmel hat sich in Schwärze versteckt.

„Wiehnachtsmann, stick de Lichter an, op'n Steendamm, dat ick seehn kann..."

Holla, da drüben ist ein Milchgeschäft. „Butter, Schmalz? Nein, wir haben nichts zugeteilt bekommen."

„Onkel, wie spät ist es?“

„Halv soß, min Deern. Mußt no Hus gohn, is all düster.“

Auch in meiner Seele wird es ein wenig dunkel. Die Straßenlaternen leuchten tröstlich hell. Wann sie die wohl ausmachen? – Genau, das ist es!

„Wiehnachtsmann, stick die Lichter an, opn Steendamm, dat ick seehn kann. Pust se wedder ut –“ und was reimt sich auf „ut“? Mir fällt nichts ein. Dafür bekommt das Ganze eine Melodie und einen Takt für meine Füße.

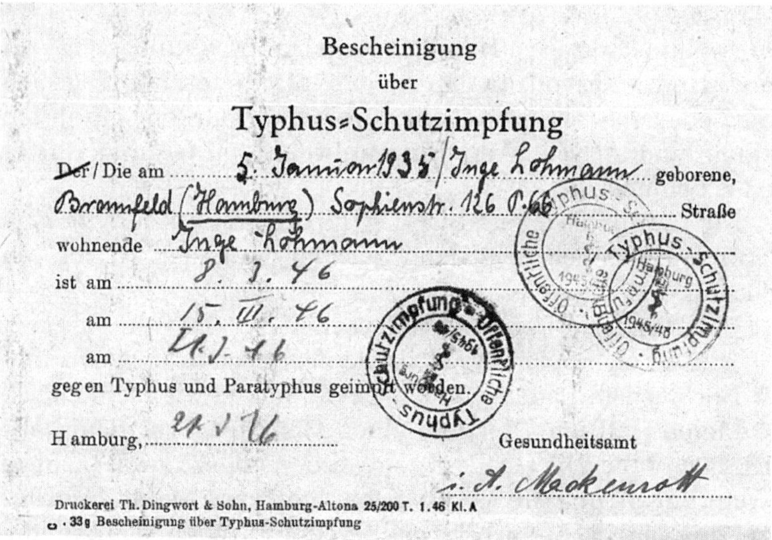

Bescheinigung
über
Typhus-Schutzimpfung

~~Der~~/Die am 5. Januar 1935 / Inge Lohmann geborene,
Bramfeld (Hamburg) Sophienstr. 126 P. 66 Straße
wohnende Inge Lohmann
ist am 8. 3. 46
am 15. III. 46
am 22. 3. 46
gegen Typhus und Paratyphus geimpft worden.

Hamburg, 21. 3. 46 Gesundheitsamt
i. A. Mackenrott

Druckerei Th. Dingwort & Sohn, Hamburg-Altona 25/200 T. 1.46 Kl. A
. 33 g Bescheinigung über Typhus-Schutzimpfung

Mein persönlicher Impfschein aus dem Jahre 1946. Die Engländer hatten eine Typhus-Schutzimpfung für jedermann angeordnet. Wenn man die Lebensmittelkarten vom Amt abholen wollte, mußte die Impfbescheinigung vorgelegt werden.

Hier. Ein Kellergeschäft! Und wenn die auch nichts haben? Mein Mund fragt. Meine Augen betteln stumm. – Nichts, schon seit 14 Tagen nichts.

Auf der Straße packt mich die große Enttäuschung und Zorn kribbelt im Genick.

Das Hansa Theater. Ich bleibe stehen. Große Sehnsucht im Herzen schaue ich zu. Taxen, Türen auf, hübsche Herren und Damen steigen aus, in toller Uniform neigt sich ein Pförtner, öffnet die Tür und nimmt einen rotsamtenen Vorhang zur Seite. Wie im Märchen! Wie Weihnachten, so hell, feierlich, geheimnisvoll.

Enttäuscht, zornig, trotzig, sehnsüchtig gehe ich jetzt singend um die Straßenecke: „Wiehnachtsmann, stick de Lichter an, op'n Steendamm, dat ick seehn kann. Pust se wedder ut, krist wat an de Schnut!"

Genau! Das ist es! Auf „ut" paßt „Schnut."

Oh, noch ein Milchgeschäft!

Die Frau dreht gerade den Schlüssel um. Zu. Läßt mich nicht mehr hinein. Meine Nase wird platt an der Schaufensterscheibe. Meine Augen gehen flink durch den fast leeren Raum. Da, in der Ecke! Ein volles Faß Schmalz!

Mein Lied singend, fahre ich mit der U-Bahn heim in die kleine Schrebergartensiedlung nach Wandsbek Gartenstadt, wo wir seit unserer Ausbombung wohnen.

Am folgenden Morgen stehe ich in aller Frühe auf und mache mich erneut auf den Weg in die Innenstadt. Selig vor Freude, mit 250 Gramm Schmalz in der Tasche, fahre ich laut singend nach Hause.

Mein „Weihnachtsmann-Lied" habe ich bis heute nicht vergessen. Es gehörte bis jetzt ganz alleine nur mir!

Oder hat mich vor 50 Jahren jemand singen hören?

[Mühlheim/Main;
Weihnachten 1946]

Benno Schweizer

Weihnachten 1946

An der Begebenheit, von der ich hier berichte, waren die Jungen der 7. und 8. Klasse der Volksschule Mühlheim mit ihrem Lehrer Alfred Schwemmler, dem späteren Rektor der Schule in Klein-Welzheim, beteiligt.

Alfred Schwemmler hatte im Krieg den rechten Arm verloren und konnte dadurch seinen ursprünglichen Berufswunsch nicht realisieren. Er beschloß, Lehrer zu werden. Seine erste Station als sogenannter Junglehrer war die 7. und 8. Klasse in unserer Schule.

Im Herbst 1946 stellte er uns eines Morgens einen neuen Mitschüler, Karl Gebhardt, vor. Karl wirkte verlegen und scheu. Er gehörte zu einer der zahlreichen Flüchtlingsfamilien, die damals nach Mühlheim gelangten. In unseren Augen waren alle, die aus östlicher Richtung kamen, Flüchtlinge, auch jene, die aus ihrer alten Heimat ausgewiesen worden waren.

Ich hatte die Familie Gebhardt kommen sehen, die Eltern und etwa zehn Kinder, genau kann ich es nicht sagen. Sie war in einer entsetzlichen Lage. Zuerst wurden sie in einer Sammelstelle untergebracht. Später stellte ihnen die Stadt Mühlheim ein altes Häuschen am „Russel“, ein Überbleibsel aus dem Zweiten Weltkrieg, zur Verfügung.

Dort, wo sich heute das neue Industrieviertel der Stadt Mühlheim befindet, wurden früher Kartoffeln, Mais und Weizen angebaut. Mehrere Baggerseen nahmen eine ziemlich große

Fläche ein, im Sommer konnten wir dort baden und im Winter, wenn die Seen zugefroren waren, Eishockey spielen. Es hieß dann nur: „Wir gehen zum Russel."

Während des Krieges hatte die Luftabwehr zwischen den beiden größten Seen einen großen Scheinwerfer stationiert. Die Flaksoldaten waren in einem kleinen Häuschen in der Nähe des Scheinwerfers untergebracht. Es wurde nun von der Stadt Mühlheim bewohnbar gemacht und die Familie Gebhardt mit ihren vielen Kindern dort untergebracht.

Eines Morgens trug uns unser Klassenlehrer folgende Idee vor: „Wie wäre es, wenn wir die Familie Gebhardt zum bevorstehenden Weihnachtsfest unterstützten? Wir könnten doch Christkind spielen."

Da Karl jeden Morgen etwas später kam, denn vom „Russel" über die Lämmerspieler-Straße bis zur Schule am alten Rathaus war es ein weiter Weg, konnten wir alles besprechen. Beide Klassen stimmten dem Vorschlag zu.

Jeweils in der ersten Stunde setzten wir unseren Plan in die Tat um. Wir sammelten Kinderkleidung, Schuhe, Spielsachen, Lebensmittel und auch kleinere Geldbeträge, obwohl die Familien der meisten Mitschüler selbst nicht viel besaßen.

Am letzten Schultag vor den Weihnachtsferien erörterten wir noch einmal die Einzelheiten der Übergabe: Wer geht mit? Wo treffen wir uns?

Am 24. Dezember 1946, am Bescherabend, versammelten wir uns um 18.30 Uhr zunächst bei unserem Lehrer in der Heine-Straße. Alle kamen, Reinhold Kemmerer mit einem Handwagen, die Zwillinge Horst und Ernst Windisch, Max Dietrich aus der 7. Klasse und noch ein paar andere.

Pünktlich setzte sich unser Zug in Bewegung. Der Handwagen war bis zum Rand mit den Gaben beladen. Selbstverständlich war unser Lehrer mit von der Partie.

Es war sehr kalt, gefrorene Schneereste und spiegelglatte Pfützen lagen auf dem Weg. Wir zogen mit unserem Wagen durch die Bahnhofstraße, dann über den Bahnübergang Lämmerspieler-Straße, danach links entlang der Bahn bis zur Höhe des Wasserturmes. Hier bog rechts ein Feldweg in Richtung des Häuschens am „Russel“ ab.

Zwei Jungen wurden vorgeschickt, um die Lage zu erkunden. Bald hieß es: „Alles klar, alle sind im Haus!“

Etwa 100 Meter vor dem Häuschen ließen wir unseren Wagen hinter einem Sandhügel stehen. Jeder nahm einige Päckchen in die Hände. Leise schlichen wir bis vor die Haustür. Dort bauten wir alles auf einer Decke auf, legten das Geld in einem Briefumschlag dazu und zündeten zum Schluß noch eine Kerze an.

Dann suchte sich jeder rasch ein Versteck. Nur unser Klassensprecher, Reinhold Kemmerer, blieb zurück. Er klopfte an die Haustür und ließ eine mitgebrachte Glocke ertönen. Dann rannte er ebenfalls weg.

Die Tür ging auf. Langsam trat der Vater heraus. Er hielt inne, als er die Gaben sah. Dann holte er die anderen.

Einer der Kleineren rief entzückt: „Ein Elefant!“ und angelte sich das Stofftier. Dann jedoch erblickte er einen der Kuchen. Der Elefant flog zur Seite, nur noch „Kuchen, Kuchen!“ war zu hören.

Gemeinsam trugen sie die Geschenke ins Haus. Der Vater ließ noch einmal seine Blicke in die Gegend schweifen, dann schloß er die Tür. Wir konnten hören, wie drinnen ein Gebet gesprochen wurde.

Ebenso leise, wie wir gekommen waren, machten wir uns auf den Heimweg. Inzwischen war es noch kälter geworden, die Straßen waren menschenleer. Keiner sprach ein Wort. Jeder hing seinen Gedanken nach. Nur das Rumpeln des Handwagens war zu hören.

[Köln;
Dezember 1946]

Hans Engels

Das Tretauto

Es war noch zu der Zeit, als man das, was man gerne besitzen wollte, selber machen mußte. Man konnte es nicht kaufen; sei es, daß man kein Geld hatte, sei es, daß es überhaupt nicht käuflich zu erwerben war. Ein solches „Es" war ein blaues Tretauto.

Mein Vater hatte es gebaut für meinen älteren Bruder. „Gebaut" ist eigentlich nicht das richtige Wort. Er schuf es vielmehr, so wie Gott die Welt erschaffen hatte – aus dem Nichts.

Denn es war ja nichts da, oder richtiger, fast nichts. Und aus dem wenigen, das da war, entstanden unter den Händen meines Vaters die wunderbarsten Dinge.

Er war dann fern jeder Hektik, die Ruhe selbst, eine geheimnisvolle, aber auch bergende Ruhe, die uns in seinen Bann zog. Sehr zum Leidwesen der Mutter, die diese himmlische Ruhe jedesmal aus der Fassung brachte: Wie konnte ein Mensch nur eine solche Geduld haben!

Während dieses schöpferischen Tuns kam nicht ein unbeherrschtes oder gar böses Wort von seinen Lippen. Ich glaube, daß sein Wesen mich damals anrührte, denn noch heute steht für mich fest: Alle guten Dinge gedeihen in der Stille, sie benötigen Geduld und Güte und nicht der großen Worte. Leider entschwindet diese Weisheit mir allzuoft, und ich laufe Gefahr, mir selber untreu zu werden.

Das Tretauto wuchs also heran, bis es vollständig war, bis es gleichsam geboren war – ein Wunderwerk an Eleganz und technischer Raffinesse. Und man weiß nicht, wer mehr erstrahlte, ja wessen Augen mehr glänzten, die des Erbauers oder die des Fahrers.

Das blaue Tretauto mit meinem Bruder 1942. Er war damals vier Jahre alt. Mein Bruder starb im März 1945. Das Auto wurde im Dezember 1946 „eingetauscht".

Doch lange währte das Glück nicht. Vater mußte an die Front. Und als er wiederkam, war mein Bruder gestorben.

Es dauerte lange, bis mein Vater den Schmerz überwunden hatte. Ob er je da hinausfand, weiß ich nicht.

Das Schweigen war ihm immer schon sein Zuhause gewesen, und er öffnete nur ganz selten die Tür zu seinem Innern einen Spalt und ließ einen Blick zu. Und wenn es einmal geschah, dann war es weniger ein Wort als vielmehr ein Blick, ein Lächeln oder auch nur ein tiefer Atemzug oder eine Gebärde.

Aber nun stand dieses Wunderwerk von einem Auto im Keller. Doch aller Glanz war von ihm gewichen. Staub bedeckte den glatten Lack, und an den Rädern klebte noch der Schmutz von seiner letzten Fahrt. Einmal trat ich in den Keller und erschrak ein wenig, denn Vater stand an seinem Werk, eine ganze Weile.

Schließlich strich er mit seiner linken Hand über den Lack, ja er streichelte das Gefährt, und die schöne blaue Farbe leuchtete, von der Staubschicht befreit, und zeigte erst jetzt ihre glänzende Schönheit.

Als er mich bemerkte, blieb er unsicher stehen. Schließlich ging er in die Knie und drückte mich, der ich näher gekommen war, an seine Brust. Ein kühler Tropfen fiel auf meine Hand. Wir redeten nicht miteinander, und auch später hätte jedes Wort unser Geheimnis zerstört.

Es ging gerade auf Weihnachten zu, und insgeheim wünschte ich mir, Besitzer des Tretautos zu werden; aber ich wagte ja nichts davon zu sagen. Es wäre wohl ein besonders günstiges Geschenk für mich. Das Christkind brauchte jedenfalls kein Geld auszugeben, das Auto war ja schon da.

Und tatsächlich, eines Abends war das Auto weg. Aber ich brauchte nur dem Duft der frischen Farbe nachzugehen. Blitzeblank stand es in einem Bretterverschlag, die Stoßstangen waren neu gestrichen, mit schwarzer Farbe und die Radfelgen mit gelber. Ich war fest davon überzeugt: Das war mein Weihnachtsgeschenk.

Wenige Tage vor Weihnachten hielt ein LKW vor unserem Haus, damals ein nicht alltägliches Ereignis, aber an diesem Abend ein wunderbares zugleich.

Der LKW brachte Kartoffeln. Sechs Säcke voll Kartoffeln! Sechs Zentner! Eine herrliche Sache. Wir konnten zu Weihnachten Kartoffeln essen!

Die Männer schafften die Kartoffelsäcke in den Keller, einen Sack nach dem anderen. Meinen Vater sah ich nicht in der hereinbrechenden Dunkelheit.

Und dann trugen die Männer das blaue Tretauto aus dem Keller, über den Hof, zur Straße und schoben es in den dunklen Laderaum.

Das Auto verschwand.

Ich habe Vater an diesem Abend nicht mehr gesehen, erst am nächsten Abend, als er von der Arbeit kam. Mutter hatte Kartoffeln gekocht und dann mit Zwiebeln gedämpft. Dies mußte mit Wasser geschehen, denn Fett gab es keines.

Aber an diesem Abend schmeckten die Kartoffeln nicht; und das lag nicht nur daran, daß Mutter sie hatte anbrennen lassen.

Später, ich glaube, es war zwei oder drei Jahre danach, baute Vater wieder ein Tretauto, ein grünes mit roten Kotflügeln. Aber es fuhr nicht so gut wie das blaue, und das war keine Einbildung!

(Weitere Erinnerungen dieses Autors finden Sie im Band „Gebrannte Kinder. Kindheit in Deutschland 1939–1945“ der Reihe ***ZEITGUT****.)*

[Reckenthin bei Pritzwalk, Mecklenburg-Vorpommern; Dezember 1946]

Evelyn Steudel

Ein Sack Weihnachtsholz

Anno 1946. Weihnachten kam näher und näher, aber nichts Wärmendes und nichts Sättigendes rückte in Sicht. Wir drei Kinder hatten Angst vor diesem Weihnachtsfest. Unsere Mutter sagte in ihrer grenzenlosen Naivität immer nur den einen stereotypen Satz: „Der liebe Gott wird schon sorgen!"

Bis jetzt schien es so, als hätte der liebe Gott uns vergessen, wie schon so oft. Uns graute vor Eiseskälte in der Stube unter dem geklauten Tannenbaum. Weder Holz noch Kohlen waren vorrätig, und das nasse Reisig, das wir täglich aus dem leergeräumten Wald klaubten, qualmte nur im Ofen. Wärme gab es nicht ab.

Es war die Zeit der vielen Tanzvergnügungen auf den Dörfern. Die Menschen freuten sich darüber, wieder in hell erleuchteten, warmen Sälen die Nächte durchtanzen zu können. Und da Mamas lieber Gott sich in Sachen „warme Weihnachtsstube bei Zobels" immer noch nicht rührte, beschlossen wir drei Kinder, zur Selbsthilfe zu greifen. Unser Vorhaben fanden wir bestätigt durch das Bibelwort: „Hilf dir selbst, so hilft dir Gott!" Also mußten wir selbst für Holz sorgen.

Am 22. Dezember war nun im Nachbardorf wieder Tanz angesagt. Auch die Einwohner unseres Dorfes marschierten durch die nächtliche Kälte dorthin. So machten wir uns – ohne Wissen unserer Mutter – einen Plan, bei dem jeder eine Aufgabe zu erfüllen hatte: Meine ältere Schwester erkundete, von welchem Hof die Leute zum Tanz gingen, und spähte deren Holzbestände aus. Ich organisierte einen Sack – heil mußte er sein! Mein kleiner Bruder kannte die Hunde im Dorf. Er besuchte sie alle und wollte feststellen, ob er mit ihnen so auf Du und Du stand, daß er den einen, auf den es dann ankommen würde, beruhigen könnte.

Endlich war der Tanzabend herangekommen. Die meisten Höfe standen still und verlassen, und stockdunkel war es sowieso. Meine Schwester hatte einen großen Bauernhof ausgeguckt mit traumhaften Brennholzbeständen. Und mein Bruder hatte nachmittags noch dessen Hund eine gekochte Kartoffel gebracht, das einzige, was wir unbeobachtet verschwinden lassen konnten. Ich hatte mir den Sack fest um den Leib gebunden. In der schützenden Dunkelheit konnte das weihnachtliche Holzabenteuer beginnen.

Wir schlichen unauffällig zu dem dunklen Hof mit dem vielen trockenen Holz. Mein Bruder kroch leise in die Hundehütte zu dem schwarzen Bello, und meine Schwester und ich schlichen mit dem Sack an die Rückwand des Holzschuppens. Natürlich war der Schuppen verschlossen, denn außer uns gab es viele kleine Flüchtlingskinder, die nach Holz suchten.

Nun war es so weit! Durch die Latten der hölzernen Trennwand konnten wir gut mit unseren Händen greifen und Holzstück für Holzstück herausziehen. Wir hantierten leise und füllten schnell den Sack mit duftenden, ganz trockenen Birken- und Fichtenscheiten, wie unser Ofen sie noch nie erlebt hatte. Der würde sich wundern! So hatten wir mit unseren kleinen Händen bald ein kreisrundes Loch in der Innenseite der hohen Holzwand entstehen lassen, dabei jegliche physikalische Gesetze außer acht lassend.

Als unser Sack fast voll war, geschah das Unglück: Mit donnerndem Getöse krachte die ganze hohe Holzscheitwand zusammen. Es krachte und polterte so gewaltig in die nächtliche Stille hinein, daß alle Hunde des Dorfes gleichzeitig in ein fürchterliches Gekläffe fielen. In panischem Schrecken ergriffen wir unseren Sack und machten uns über den Hinterhof davon. Mein kleiner Bruder kam leise fluchend und hinkend hinterher. Bellos Kette hatte sich bei dessen plötzlichem Gespringe und Gekläffe um sein linkes Bein gewickelt, so daß er eine blutige Schramme davontrug, die man durch das Loch in seiner Hose sah.

Aber das zählte alles nicht, auch nicht unsere aufgerissenen Hände. Wir kletterten über zwei Koppelzäune und schoben den Sack jedes Mal unten durch. Ungesehen und mit viel Herzklopfen kamen wir mit der kostbaren Beute an dem Stallgebäude an, in dem wir ganz oben neben der Schrotkammer wohnten. Mühsam asteten wir den Sack die steile Stiege im Dunkeln empor. Leise öffneten wir die Stubentür und stellten strahlend das Diebesgut vor unsere verdutzte Mutter hin.

„Mama, Weihnachten ist gerettet, es wird warm!“ sagten wir fröhlich. „Der liebe Gott hat uns vergessen, aber wir haben ihn an uns erinnert, und er hat uns geholfen.“

Während wir stolz unseren Sack Holz auskippten, schichtete sie Scheit für Scheit hinter dem Ofen auf. Sie sprach dabei kein Wort, und es fiel ihr auch keiner von ihren frommen Sprüchen ein, mit denen sie uns sonst traktierte. Aber auf die Holzscheite fielen ihre Tränen.

[Essen – Mühlheim an der Ruhr;
1947]

Marianne Christa Mullé

Veränderte Welt

Gerda war ein feines, kleines Mädchen mit fast weißen Haaren, die ihr Spitznamen wie „Witköppken" und „Ata" einbrachten. Vor einigen Wochen erst war sie mit der Familie aus dem Evakuierungsort nach Essen zurückgekehrt.

Essen, früher eine blühende Großstadt, war ein einziger Trümmerhaufen. Soviele Schilder: „Einsturzgefahr!" konnte die Stadt gar nicht aufstellen, wie nötig gewesen wären.

Gerda war in Gedanken noch immer im Evakuierungsort auf dem Lande. Sehnsüchtig dachte sie an die blühenden Wiesen und wogenden Felder. Sie hopste hier hin und dort hin, vergaß die Umwelt. Hingebungsvoll stand sie vor dem Schaukasten in dem neben Gartengerätschaft große Zwerge zu sehen waren. Diese putzigen Männlein, in den bunten Hosen, roten Zipfelmützen, den lachenden Gesichtern hatten sie ganz die Welt ringsum vergessen lassen.

Die Familie aber sorgte sich allmählich. Zu allermeist die im Krieg erblindete Mutter. Stunde um Stunde verging.

Gerda kam nicht heim. Der Vormittag, Mittag vergingen. Langsam wurde es Spätnachmittag.

Inzwischen lief das Mädel immer weiter. Da, da drüben, das ist doch unser Milchgeschäft...! Nein, das war es nicht. Von einer Ecke zur anderen wurde sie neu enttäuscht.

Auf der Polizeistation nahm indessen ein Beamter das Protokoll auf: Mädel vermißt, acht Jahre alt, fast weißes, halblanges Haar, feines Gesicht, riesige blaue Augen, schüchtern, mit schwäbischem Dialekt, groß gewachsen und mit weißer Bluse, Faltenrock und gestrickten Strümpfen bekleidet.

Gerda fand sich nicht mehr zurecht und begriff, daß sie sich verlaufen hatte. Im Evakuierungsort hätte das nicht passieren können. Da hatte sie alle Wege gekannt und wäre jedem schnellstens davon geflitzt. Aber sie lief weiter, suchte das Geschäft mit den Zwergen. Nichts, nur ein Schuhgeschäft.

Die Straßenzüge hatten sich verändert: So schnell konnte der frisch gepflanzte Baum in der Max-Fiedler-Straße nicht groß geworden sein. Und seit wann hatte des Nachbars Vorgarten blühende Blumen? Was sollte sie denn nun tun? Sie stand auf einer Brücke und weinte.

In Essen suchte man fieberhaft das Mädel. Alle Lehrer und Mitschüler wurden befragt, der Suchtrupp wurde immer größer. Ein Nachbar meinte: „Wir sollten eine Suchmeldung durchs Radio geben lassen."

Seit einiger Zeit beobachtete ein alter Herr in Mühlheim an der Ruhr, wie ein kleines Mädchen von einer Straßenecke zur anderen lief, und dann auf der Brücke weinend stehenblieb. Langsam ging er auf sie zu, gab ihr schweigend sein Taschentuch. Behutsam fragte er: „Wo wohnst Du denn?"

Zunächst starr vor Schreck, wich das Mädel einen Schritt zurück. Dann fragte es zaghaft: „Kennen Sie die Richard-Wagner-Straße'?

„In welcher Stadt?" fragte der Herr gütig.

„In Essen!"

Auweh, dachte der Mann. Freundlich sagte er dann: „Komm mit mir mit. Du hast Dich gründlich verlaufen. Nicht weit von hier ist die Polizei. Sie wird Dich nach Essen fahren. Denn diese Stadt heißt Mühlheim."

Spätabends hatte sich die Familie wieder beruhigt. Ihr „Witköppken" war wohlversehrt, zwar hungrig und um eine Erfahrung reicher, heimgekehrt. – Todmüde ist sie dann zu mir, ihrer kleinen Schwester, ins Bett gefallen.

[Hohenneuendorf bei Berlin;
Sommer 1947–1950]

Gisela Loock

Quäkerspeisung und Kaugummi

Sommer 1947
Ich war fünf Jahre alt und wieder einmal krank, deshalb ging Papa mit mir zur Ärztin nach Birkenwerder. Auf dem Weg dorthin überholte uns ein Russen-Laster, der mit Möbeln beladen war. Es waren sicher beschlagnahmte Möbel, das war ja so üblich.

Die Oranienburger Chaussee war in einem sehr schlechten Zustand, so daß der Laster einen Stuhl verlor. Mit lautem Knall fiel er auf die Straße. Ein Russe schaute noch hinten unter der Plane vor, machte aber keine Anstalten, den Laster anzuhalten. Ich lief los, unter Protest von Papa, und hob den Stuhl auf. Es war ein wunderschöner Stuhl, er war aus Kirschbaumholz. Das wußte ich zwar nicht, aber die Farbe des Holzes hatte es mir angetan.

Papa sagte, wir dürften den Stuhl nicht mitnehmen, die Russen könnten ja zurück kommen. Und dann würde es Schereien geben, das wäre die Sache nicht wert. Ich ließ von dem Stuhl nicht ab, und nur unter der Voraussetzung, ihn auf dem Rückweg mitzunehmen, versteckten wir ihn solange im Straßengraben.

Die Ärztin interessierte mich weniger, meine Gedanken waren nur bei „meinem" Stuhl. Ich sorgte mich, ob wir ihn nachher wiederfinden würden, und ob uns jemand beobachtet hatte, als wir den Stuhl beiseite schafften.

Auf dem Rückweg bekam ich die Antwort: Der Stuhl lag wohlbehalten noch an der gleichen Stelle im Straßengraben.

Als wir nach Hause kamen, wollte Mutti uns die Geschichte erst gar nicht glauben, aber dann freute sie sich doch über den Stuhl. Er paßte ganz gut in unser Sammelsurium.

Der Stuhl aus Kirschbaumholz blieb mein Stuhl, bis ich aus dem Elternhaus auszog. Zwischenzeitlich hatte er noch einige Umzüge miterlebt, der wichtigste war wieder zurück nach West-Berlin.

Mutti und ich vor unserem neuen Zuhause, dem Behelfsheim in Hohenneuendorf. Es war Sonntag, denn wochentags trug Mutti eine bunte Schürze. 1943 waren wir ausgebombt worden. Papa war bis zum Kriegsausbruch bei der Waffenfirma „Mauser" beschäftigt, die diese Holzhäuser als Notunterkunft zur Verfügung stellte.

Winter 1947/1948

Wir wohnten immer noch im Behelfsheim, und es ging auf Weihnachten zu. Große Vorbereitungen fanden nicht statt, es gab ja nichts. Aber anscheinend hatte Mutti doch etwas

Besonderes ergattert. Wie sie sagte, wollte sie damit Kuchen backen und den Geschmack verbessern. Sonst gab es nur Kuchen, der mit Kaffeegrund gefüllt war.

Ich nehme es vorweg, es war eine Zitrone. So etwas kannte ich nicht, wie so vieles, was es während und nach dem Krieg nicht gab. Wie der Saft in die Tasse gekommen ist, habe ich nicht mitbekommen. Heimlich steckte ich den Finger hinein und kostete. Pfui Teufel, nochmal! Und damit wollte Mutti den schönen Kuchen „verbessern“?

Jedenfalls stand die Tasse mit dieser Flüssigkeit in der Küche auf dem Fensterbrett. Mutti wollte noch einmal aus dem Haus gehen, um etwas zu besorgen. Sie bat mich eindringlich, nicht an die Tasse zu gehen, denn es wäre etwas sehr Kostbares. Ich versprach es.

Als die Tür ins Schloß fiel, nahm ich die Tasse und goß den Inhalt in den Ausguß.

Na, das war ein Theater! Die Strafe folgte sofort. Erst verhaute mich Mutti, dann ging sie in den Schuppen. Dort sprach sie laut mit dem Nikolaus und kam dann mit einem Sack zurück ins Haus. Sie zog mir Mantel, Mütze, Schal und Schuhe an, steckte mich in den Sack, band ihn zu und sprach: „So, der Nikolaus nimmt dich jetzt mit, weil du so unartig warst.“

Sie nahm den Sack auf die Schulter und ging aus dem Haus.

Meine Reaktion? – Kein Weinen oder Jammern!

Mutti war verblüfft und sprachlos über soviel Abgebrühtheit, wie sie mir später erzählte.

Nach mehrmaligem Umrunden des Hauses siegte aber ihre Vernunft. Ich wurde aus dem Sack wieder befreit mit den Worten: „Gisela, was hast du dir dabei nur gedacht? Hast du denn überhaupt keine Angst?“

Ich: „Na, ich dachte, der Nikolaus steckt mich dann in das Tintenfaß, und ich bleibe für immer schwarz wie ein Mohr. Und das ist ja nicht schlimm!“

Mutti wußte nicht, ob sie lachen oder weinen sollte.

1949–1950
Jetzt wohnten wir in Hohenneuendorf schon in einem Zweifamilienhaus mit Garten. Da wir als Westberliner galten und Mutti katholisch war, durfte ich in Moabit, Stromstraße/Ecke Alt-Moabit, in einem Restaurant an der Quäkerspeisung teilnehmen. Das nutzten wir jedesmal, wenn wir im Rathaus Tiergarten die Lebensmittelkarten abholten. War die Kekssuppe gut!

Im Herbst 1947 war mein Bruder Joachim aus amerikanischer Gefangenschaft zurückgekommen. Bis dahin kannte ich ihn nicht. Vier Wochen nach meiner Geburt war er zum Kriegsdienst eingezogen worden. Da war er erst siebzehneinhalb Jahre alt. Er galt lange als vermißt.

Er bekam Arbeit als Fahrer bei den Amerikanern und wohnte bei uns in der Sowjet-Zone. Daß das nicht lange gutgehen konnte, war klar. Er zog dann bald nach West-Berlin.

An so einem Tag meiner Quäkerspeisung traf ich nachmittags meinen Bruder. Er kam mit einem Jeep angefahren. Ich durfte einsteigen, und wir fuhren durch Moabit spazieren. Das war eine feine Sache.

Ich habe damit in der Klasse geprahlt, Hohenneuendorf war ja sowjetisch besetzte Zone. Da war es schon ungewöhnlich, wenn ein Mädchen im Westen mit einem Ami-Jeep spazierenfahren konnte. Alle Jungen in der Klasse beneideten mich.

Auf so einer Rundfahrt bekam ich meinen ersten Kaugummi. Mit guten Ratschlägen versehen, begann ich eifrig zu kauen, und natürlich zu schlucken. Weg war er. Wir übten und übten, denn es war noch kein Meister vom Himmel gefallen. Ab sofort waren die Amerikaner meine Freunde. Als ich das Kaugummikauen richtig konnte, erhielt ich von meinem Bruder zur Belohnung Cadburry-Schokolade.

Ich erwähnte ja schon, daß Mutti katholisch war, deshalb bekam sie von der katholischen Gemeinde in Moabit auch Care-Pakete. In solch einem Paket waren Lebensmittel und unter anderem auch eine Fuchs-Pelzjacke. Leider war die Jacke für Mutti zu klein, so daß ich in den Genuß kam, sie tragen zu dürfen. Aber nur zur Schule, nicht zum Spielen. Und schon gar nicht zum Rodeln. Mit erhobenem Zeigefinger wurde mir das verboten.

Für mich war im Winter eine Rodelpartie im Schillerpark das schönste. Dort war ich fast jeden Tag mit Freunden. Trotz des Verbotes zog ich die Pelzjacke eines Tages doch zum Rodeln an, natürlich heimlich. Das Verhängnis nahm seinen Lauf, der Sturz ließ sich nicht vermeiden, ein Ärmel der Jakke hing in Fetzen. Ach du meine Güte, wie zu Hause beichten? Am besten gar nicht!

Heimlich, wie ich die Jacke angezogen hatte, hing ich sie wieder in den Schrank. Von nun an trug ich sie einfach nicht mehr, zum Erstaunen meiner Mutter. Bis sie hinter das Geheimnis kam. Das gab ein Donnerwetter! Die Reparatur kostete damals DM 12, das war ein Vermögen. Mir wurde das sonntägliche Kinogeld für Monate gestrichen.

Aber ich wußte mir zu helfen: Von nun an putzte ich an den Wochenenden in der ganzen Verwandschaft fleißig Fahrräder. Somit war der Kinogang am Sonntagnachmittag gerettet.

[Leipzig – Löbau – Beiersdorf bei Löbau, Oberlausitz; 1943–1950]

Ingrid Franke

Suppen-Frühstück

Mit Beginn der Bombenangriffe der Alliierten auf Deutschland wurden vor allem die Kinder aus den Großstädten evakuiert. Mein Großvater mütterlicherseits stammte aus der Oberlausitz und so war es naheliegend, daß wir, meine Mutter, mein kleiner Bruder und ich, uns dort bei unseren Verwandten einquartierten. – Das war gut so, denn so erlebten wir den Angriff auf unsere Heimatstadt Leipzig im Dezember 1943 nicht mit.

Stattdessen tollte ich mit anderen Kindern vergnügt im Schnee, der am Hang des Löbauer Berges zum Rodeln verlockte. Waren danach die Kleider naß und vor allem die Schuhe durchnäßt, mußten wir uns so lange in der geräumigen Wohnküche aufhalten, bis alles wieder getrocknet war.

Aber das störte mich nicht. Vom breiten Küchenfenster aus sah man weit über die Felder. Dort tummelten sich Hasen und Wildkaninchen. Sie fraßen an den Resten der nicht abgeernteten Rosenkohlstöcke. Ein possierlicher Anblick.

Es war eine bunte Gesellschaft von verwandten und befreundeten Frauen mit ihren Kindern, die zu dieser Zeit in der Beethovenstraße in Löbau zusammen lebte.

Zu den sächsischen Spracheigentümlichkeiten kam hier, in der Oberlausitz, noch das rollende „Rrrr..." Alle noch so verquirlten Worte bereiten mir immer wieder Wohlbehagen, erinnern sie mich doch an meine früheste Kindheit.

Zu Essen gab es noch täglich etwas. Es war einfach, aber Bratkartoffeln mit nur wenig Speck gebraten, und vor allem „Mauke" mit gekochten Rindfleisch, die sogenannte „Teichelmauke", schmeckten mir wunderbar.

Später, als wir nach dem Krieg wieder in Leipzig wohnten, konnte ich diese Herrlichkeiten jedes Jahr während der großen Ferien im nahen Beiersdorf wiedererleben.

In der Zeit nach dem Krieg war es den wenigsten Kindern vergönnt, in den Ferien zu verreisen. Aber ein Urlaub, wie heutzutage, war es ja auch gar nicht. Wir konnten nicht lange ausschlafen und tolle Dinge unternehmen. Mein Bruder und ich mußten in der Landwirtschaft mithelfen, um so unsere Mahlzeiten zu sichern. Aber das störte uns nicht. Für uns gehörte es einfach dazu, Futter zu wenden, Getreide abzuraffen und Puppen aufzustellen. An manchen Tagen mußten wir die Kühe auf die Weide führen, mittags umpflocken und abends wieder in den Stall führen, beim Ausmisten und Füttern helfen.

Auch beim Dreschen halfen wir, die Garben aufzubinden und zuzureichen. Die Grannen piekten manchmal fürchterlich an Armen und Beinen. Je mehr man sich dem Boden der Tenne näherte, umso unangenehmer wurde es. Dort hielten sich jede Menge Spinnen, Frösche und auch einige Mäuschen auf. Ich ekelte mich fürchterlich vor ihnen, aber da mußte ich durch.

Trotzdem waren diese acht Wochen auf dem Lande für uns Kinder eine herrliche Zeit, und die Nacht vor Reiseantritt verbrachten wir jedesmal schlaflos vor Aufregung.

In Beiersdorf umfing uns eine ganz andere Welt. Das Schönste war das Erwachen am ersten Morgen: Der Duft von vielen Blumen, die noch im Morgentau glänzten, tausend flimmernde Tautropfen im hellen Sonnenlicht. Dazu ein strahlend blauer Himmel. Stille. – In der Ferne der Klang des Dengelns einer Sense. In die frische Morgenluft steigt der Geruch von gemähtem Gras. Hühner gackern, ein Hahn kräht. Man hört Schafe blöken und Kühe friedlich brummen. Aber ich erinnere mich auch an Regentage – an den Geruch, der dabei von der Erde aufsteigt und sich mit dem Rauch der dampfenden Essen vermischte. An solchen Tagen, die auch Ruhe vor der Arbeit auf den Feldern bescherten, war es warm und gemütlich in der großen Wohnküche. Außerdem konnte man so herrlich in der Scheune im Stroh spielen.

Es gehörte zu unserem Pflichtprogramm, während unseres Sommeraufenthaltes auch das Stammhaus der Familie im Schmiedental zu besuchen. Dort lebte und wohnte noch der Bruder meines Großvaters.

Aber wir Kinder fühlten uns dort nicht besonders wohl. Das Haus hatte nur die üblichen kleinen Fenster und wirkte dadurch recht düster. Der Großonkel wirkte ebenso, und sein wortkarges und brummiges Wesen flößte uns Unbehagen ein.

Wir wurden erst fröhlicher, wenn wir sahen, daß der Uhrzeiger die Mittagsstunde anzeigte. Dann ging es wieder hinaus ins Freie. Aber vorher mußten wir erst pflichtgemäß unser „Kaffeetippel" Ziegenmilch austrinken. Sie stammte von den hauseigenen Ziegen und schmeckte ziemlich streng; wir tranken sie voller Todesverachtung.

Der Rückweg war wundervoll, er führte einen breiten Sandweg entlang, der von beiden Seiten mit Birken begrenzt war, am Waldessaum entlang – und vor allem bedeutete er für uns Freiheit und Unbeschwertheit. Wir liefen durch saftige Kleefelder und Wiesen, mit Margeriten, blauen Glocken- und gelben Butterblumen durchzogen. In der Ferne tauchten sanfte Hügel und bewaldete Höhen auf.

Ganz anders war unser Verhältnis zur Schwester meines Großvaters. Bei ihr wohnten wir in unseren Ferien. Da wir keine eigenen Großeltern hatten, nannten wir sie Christel-Oma. Der Mittelpunkt war die geräumige und gemütliche Wohnküche mit seinem einladenden Herd. Er wurde schon morgens für die Zubereitung des Frühstücks angeheizt. Frühstück nicht im heutigen Sinne – es wurde „gesuppt".

Im schwarzen gußeisernen Topf, der innen weiß emailliert war, wurde die allmorgendliche Suppe aus Roggenmehl gekocht. Am liebsten aßen wir sie mit recht vielen Klumpen. Der Trick bestand darin, das Mehl ins kochende Salzwasser einzurühren, wodurch die Klümpchen entstanden. Danach mußte recht lange und intensiv gequirlt werden.

„Gesuppt" wurde aus den in der Oberlausitz üblichen braunen tönernen Schüsseln. Wir achteten genau darauf, daß jedes Kind auch „seine" Schüssel bekam. In die Suppe wurde dann aus einem Milchtopf frisch gemolkene Milch gegossen. Wir machten uns den Spaß und formten Milchstraßen.

Die Suppe mußte bis zum Mittagessen vorhalten. Wenn wir Glück hatten und mit auf dem Feld arbeiteten, gab es zwischendurch noch eine Wurstschnitte. Aber solche Tage waren seltener, es war ja Nachkriegszeit.

Ein besonders Vergnügen bereitete es uns, wenn wir zur Heu- oder Kornernte mit auf dem Erntewagen sitzen durften. Vor diesen wurden die Kühe gespannt, und dann ging es im gemächlichen Trott aufs Feld. Besonderes Glück hatten wir, wenn das am weitesten vom Hause entfernt liegende Feld abgeerntet wurde, denn dann dauerte diese Fahrt besonders lange.

Einmal verließ ich etwas verspätet den Hof und mußte, um den Erntewagen noch zu erreichen, ein Stück hinterherrennen – barfuß natürlich. Die Schuhe mußten für die Schule und die Straße geschont werden.

Also lief ich los und trat mitten in einen noch warmen Kuhfladen, den eine der Kühe gerade hatte fallengelassen. Meine Kinderfüße waren ganz und gar darin eingehüllt.

Das sei gesund und gut gegen späteres Rheuma, wurde mir von den Erwachsenen lachend zugerufen. Ich aber stand verärgert am Feldrain und versuchte, den „Spinat" im Grase abzuwischen. Zurück zu gehen war unmöglich, denn meine Hilfe war auf dem Feld nötig. (Rheuma habe ich trotzdem bekommen, allerdings am Lendenwirbel.)

Nicht nur bei der Arbeit auf dem Feld mußte ich helfen, sondern auch am Butterfaß stehen. Hatte sich genug Rahm angesammelt, mußte gebuttert werden – und ich durfte die Verantwortung dafür übernehmen. Das war schon etwas, denn gebuttert werden mußte ganz gleichmäßig. Nicht zu schnell und nicht zu langsam.

Nach einer halben Stunde etwa begann man, den Anfang des Butterklumpens zu spüren. Dann hieß es, den Schwengel noch gleichmäßiger zu führen. Das Ergebnis war dann wunderbar goldgelb glänzende Butter und noch köstlichere Buttermilch! Richtige kleine Butterklümpchen schwammen obenauf – heutzutage unvorstellbar.

Die Buttermilch wurde in einem kleinen roten Emailleeimer auf den Küchentisch gestellt. Jeder, der darauf Appetit oder Durst hatte, griff nach der daneben liegenden Kelle und füllte sich ein „Tippel“, so sagt man zur Viertellitertasse, voll. Wie konnte es anders sein – natürlich hatten wir immer sehr viel Durst und Appetit.

Den Höhepunkt dieses Tages bildeten dann zu Mittag Bratkartoffeln zur Buttermilch. Dafür mußten die Kartoffeln ganz dünn geschnitten werden. Der selbstgeräucherte Speck und die Hitze des Herdes (auch im Sommer wurde darauf gekocht) brachten ganz knusprige „Broatoabern“ hervor. Die Bratpfanne erschien uns riesig und unerschöpflich.

Man behält ja vor allem die guten Erinnerungen an die Kindheit... Die einst holperige Dorfstraße, auf der Pferde und Kühe die Wagen zogen, ist inzwischen asphaltiert worden. Ununterbrochen fahren Autos darüber hinweg – Gemächlichkeit ist auch dort ein Fremdwort geworden.

Die Angehörigen meiner einst zahlreichen Sippe sind inzwischen verstorben oder verzogen. Aber mich zieht es trotzdem in jedem Jahr dorthin, um zumindest die Gräber auf dem Kirchhof zu besuchen und einen Abstecher auf den Bieleboh*) zu machen.

---

*) Berg bei Löbau, 499 m hoch.

[Rätzlingen bei Magdeburg – Porz bei Köln; 1947/48]

Marga Krix

Streifzüge durch die Kinderzeit

Es muß im Spätsommer gewesen sein, vielleicht stand auch schon der Winter vor der Tür. Ich erinnere mich nur, daß ich nicht fror und noch barfuß Holztreppen hinaufstieg, deren Geländer sehr wackelig war. Offene Stufen gaben den Blick in den dunklen Keller frei. Wir zogen ein in unser neues Domizil, eine zweigeschossige Holzbaracke mit zwei Eingängen für je vier Familien.

Unsere Baracke war bezugsfertig, dann gab es da noch drei halbfertige mit Gruben und Fundamenten. Ursprünglich waren sie wohl für russische Kriegsgefangene und später Evakuierte und Rückkehrer gedacht. Sie wurden aber nie fertiggestellt. Jede Wohnung hatte Wasseranschluß und Waschbecken. Toiletten waren unten im Hof, wo auch jede Familie ein kleines Stück Garten bewirtschaften durfte.

Die 2-Zimmer-Wohnung, in die ich mit meiner Mutter und meinen zwei älteren Brüdern einzog, hatte als Besonderheit ein kleines Flürchen vor der Eingangstür, durch das man in eine große Abstellkammer gelangte, die für alle zugängig war. An deren Seite wiederum befanden sich vier kleinere Kammern, wo – wie ich später erfuhr – eventuell Toiletten eingebaut werden sollten, was aber nie geschah.

Ich erwähne das nur, weil ich in diesem Raum so eine Art Ersatz-Kinderzimmer fand. Hier stöberte ich in alten Büchern und Geräten herum, wenn ich nicht gerade über die Wiesen und Felder lief, die es hier damals noch als große, zusammenhängende Flächen gab. Bombenlöcher waren Spielplatz, im Sommer als See, im Winter als Rutschbahn.

Aber das war alles später. Zunächst erinnere ich mich, daß wir bei unserem Einzug „nichts“ hatten. Nachbarn brachten Geschirr, das sie wohl entbehren konnten, und wo die Möbel herkamen, weiß ich nicht mehr. Unsere Verwandtschaft hatte uns aufgenommen, als wir von einer Evakuierung aus Rätzlingen bei Magdeburg zurückkamen. Mein Vater war in Rußland verschollen, und mein ältester Bruder mußte ihn als Ernährer und Verdiener ersetzen.

Die Jahreszeit habe ich anfangs erwähnt, weil ich die nachfolgenden Episoden in Frühling, Sommer, Herbst und Winter einteilen möchte. So erinnere ich mich am besten.

Der *Frühling* war immer schon die schönste Zeit für mich. Ich lief über die Felder und suchte die blaue Blume. Es war wilder Borretsch. – Wenn ich ihn sehe, steigt auch heute noch ein ungeheures Gefühl von Freiheit und Abenteuer in mir hoch. – Ich lag im Gras auf einer Böschung und schaute den Wolkenfetzen nach, die über mir in unbekannte Länder flogen. In der Nähe war eine stillgelegte Kiesgrube, ich hörte Frösche quaken, Bienen summten, und die Vögel in den Sträuchern kümmerten sich nicht um mich.

Manchmal bekam ich Sehnsucht nach einem Freund oder Spielgefährten. Dann lief ich zum Baggersee und sah den kleinen Fröschen zu. Eines Tages geriet plötzlich einer in meine Nähe. Ein leeres Glas fand sich schnell, ich füllte es mit Wasser, schnappte mir den kleinen Frosch und zog mit ihm im Wasserglas nach Hause. Hier schaute er mich nun traurig an, denn rauslassen wollte ich ihn nicht. Dann kam ein Gewitter auf und der Himmel wurde dunkel. Da tat mir der kleine Gefangene auf einmal leid. Es donnerte schon in der Ferne und die ersten Tropfen fielen, aber ich machte mich mit meinem Fröschlein auf zum Baggerloch und entließ ihn in die Freiheit. Wie froh war ich, daß er nun, bei diesem unheimlichen Wetter, wieder bei seinesgleichen war. Meine Mutter wunderte sich allerdings darüber, warum ich den Frosch nach so kurzer Zeit schon wieder an seinen Platz zurückgebracht hatte.

Ein anderes Mal stromerte ich mit dem Nachbarjungen Willi durch die Kiesgrube. Beim Herumstochern im Sand fand ich einen richtigen Schatz, ein kleines Säckchen mit Glasmurmeln, zur damaligen Zeit eine Kostbarkeit. Es kam zu einer Rangelei zwischen Willi und mir, denn er wollte sie allein besitzen. Wir einigten uns dann so, daß jeder die Hälfte bekam. Von da an war mein Ehrgeiz erwacht – bei jedem Murmelspiel zog ich als Siegerin davon. Aber das war nur die eine Seite, es machte mir eben einfach einen Riesenspaß, die kleinen bunten Murmeln (in Köln sagt man „Ömmer") ins Kühlchen zu „tätschen".

Auch im Ballspielen brachte ich es zu großen Fertigkeiten. Mit drei Bällen zu jonglieren war ganz einfach, ich versuchte es mit bis zu 14 Bällen. Das Proben an der Hauswand muß manchen Mitbewohner genervt haben, aber es regte sich niemand ernstlich auf. Auch das Diabolo, ein Geschicklichkeitsspiel, war eine Zeitlang große Mode. Wir spielten es fast zirkusreif.

Überhaupt war das Spielen im Freien für uns selbstverständlich, auch auf der Straße. Wenn ein Auto kam, und das war höchst selten, traten wir kurz beiseite und spielten danach unbekümmert weiter.

Rollschuhe oder gar ein Fahrrad waren ein unerfüllbarer Traum für mich. Wie stolz war ich, als mich die Nachbarin einmal fragte, ob ich für sie einkaufen gehen könnte, sie hätte den Zucker vergessen, ich dürfe auch mit ihrem Fahrrad fahren. Ich muß gestehen, ich war bis dahin noch nie richtig radgefahren, aber diese Gelegenheit wollte ich mir nicht entgehen lassen. Auf dem Fahrrad meines großen Bruders war ich ja schon mal gefahren, schräg unter der Stange, denn darüber kam ich noch nicht mit meinen Beinen. So freute ich mich natürlich, daß ich mit einem richtigen Damenrad einkaufen fahren durfte. Irgendwie schaffte ich es auch, heil nach Hause zu kommen, mit einer Hand hielt ich die Lenkstange, in der anderen Hand das Paket Zucker.

In meiner Heimatstadt Porz gab es nach dem Krieg wieder viel Glasindustrie. Eine Glasfabrik war ganz in der Nähe, wir mußten nur durch einen „Pionierpark“ gehen. So nannte man ein Gelände, in dem zurückgelassenes Kriegsmaterial gelagert wurde. Die Flakgeschütze wurden von uns Kindern als Karussell benutzt. Eigentlich hielt ich mich von diesem Gelände lieber fern, denn es explodierte öfter irgendetwas. Aber die Aussicht, auf das Fabrikgelände zu gelangen, war verlockend, konnten wir doch dort durch die offenen Fenster den Glasbläsern beim Herstellen von Lampen zuschauen.

Wir Kinder fanden nahe der Fabrik einen kleinen Feldweg, der durch Gärten und Wiesen zu einer alten Kiesgrube mit Abfällen führte. Hier buddelten wir herum und fanden manchen großen bunten, blauen oder grünen Glasklumpen. Zuvor hatten wir uns an den Stachelbeersträuchern der Nachbargärten gestärkt und zogen dann mit unseren Schätzen nach Hause, wo sie den Gartenweg oder ein Blumenbeet schmückten.

Einmal fand ich sogar einen Wasserhahn aus Messing, den ich am kleinen Kiosk, einer Art Sammelstelle für Edelmetalle, verkaufen wollte. Es kostete mich einiges an Überredungskunst, bis ich den Leuten klarmachen konnte, daß ich den Wasserhahn tatsächlich gefunden hatte, und zwar auf der nahen Müllkippe. Ich bekam 2,50 DM dafür, das war für die damalige Zeit viel Geld, meine Mutter konnte es gut gebrauchen.

Eine andere „Kuhle“ nahe den Eisenbahnschienen hatte es mir besonders angetan. Hier lag, wie mir schien, im Gebüsch ein kaputtes Flugzeug. Auf meiner Suche nach Abenteuern und Schätzen war ich auch einmal an die Erdgruben und Löcher geraten, und da entdeckte ich tatsächlich in einer zwei Paar Schuhe mit den, wie ich glaubte, dazugehörigen Beinen, mit Laub bedeckt und halb vermodert.

„Hier liegt ein Toter“, war ich fest überzeugt, lief über den Acker nach Hause und schleppte meinen jüngeren Bruder zu jener Stelle. Aber da war mal wieder meine Phantasie mit mir durchgegangen, es waren wirklich nur Blätter und altes Zeug. Zwar wohl auch alte Schuhe, nur schimpfte mein Bruder, daß ich ihn zum Narren gehalten hätte.

Ein andermal geschah etwas, was mich sehr betrübte und meinen Glauben an die Menschen ziemlich ins Wanken brachte. Mein Vater galt ja als vermißt. Ich beneidete alle Klassenkameradinnen, die einen Vater hatten. Machmal dachte ich, wenn ich draußen spielte oder unterwegs war und einen netten, freundlichen Mann sah: „Wenn das doch dein Vater wäre!“ Aber er kam nicht zurück.

Ich erinnere mich an einen Besuch der Kriminalpolizei, die nachforschte, ob mein Vater noch lebte und wissen wollte, ob wir eine Nachricht von ihm erhalten hätten. Ich spüre heute noch die Traurigkeit meiner Mutter und die Aufregung ringsum, denn irgendjemand mußte sich da wohl einen schlechten Spaß gemacht oder wer weiß was im Sinn gehabt haben.

Aber das war noch nicht alles: Meine Tante, die mit den Großeltern im nächsten Ort wohnte, kam eines Tages zu Besuch und überraschte mich mit den Worten: „Komm mit mir nach Hause, dein Papa sitzt bei uns und wartet auf dich.“

Ich war sechs oder sieben Jahre alt und wollte ihr gar zu gern glauben. So ging ich mit ihr den schmalen Feldweg an Feldern und Gärten vorbei und freute mich auf meinen Papa. Bei den Großeltern angekommen, sagte meine Tante lachend, es sei alles nicht wahr, sie habe nur keine Lust gehabt, den Weg allein zu gehen.

Ich muß gestehen, ich bin diesen Weg danach nur noch selten gegangen. Als uns Jahre später mein Großvater besuchen kam, erkannte ich ihn nicht, und das hat ihn doch sehr erschüttert.

Sommer bedeutete für mich als erstes „Satt werden“. Mein Bruder hatte eine große Kiste gebaut, mit Erde gefüllt und Möhren eingesät. Ich weiß nicht, warum diese Kiste bei uns im Schlafraum stand, vielleicht wurde in den Gärten doch noch viel gestohlen. Ich erinnere mich nur, daß ich fast jeden Tag in die Kiste geschaut und darauf gewartet habe, daß endlich die Möhren aufgehen und groß werden.

In der warmen Jahreszeit kamen auch die Maler, die unsere Wohnung wenigstens von innen verschönerten. Wie freute ich mich, als unsere Wohnküche einen bunten Sockel mit Blümchen und Bändern erhielt! Über die Tür zum Schlafraum wurde ein wunderschöner Spruch gemalt: „Trautes Heim – Glück allein". Wohl, um meiner Mutter eine Freude zu machen oder sie zu trösten, schmückte der Maler den Spruch mit bunten Bändern und allerlei Verzierungen. Zum Schluß bekam ich noch einen Farbklecks auf meine Nase, worüber er sich köstlich amüsierte.

Es muß ebenfalls in der Sommerzeit gewesen sein, als meine Mutter einen längeren Krankenhausaufenthalt hatte. Die Tomaten wuchsen und reiften in unserem Gärtchen und dufteten wunderbar nach Sommer. Ich denke aber, es war in der Schulzeit, denn als ich eines Tages nach Hause kam, war meine Mutter aus dem Krankenhaus zurück. Sie saß am Küchentisch, lächelte mich an, und vor ihr auf dem Tisch stand eine weiße Porzellanschüssel, gefüllt bis oben hin mit den köstlichen Tomaten aus dem Garten. Ein Anblick, den ich nie vergessen werde.

Das Lernen bereitete mir eigentlich nie große Schwierigkeiten. Ich ging gern zur Schule, ich wollte alles lesen und alles wissen. Unsere gute alte Lehrerin hatten wir in unserer Volksschule damals vom ersten bis zum letzten Schuljahr. Sie war wie eine zweite Mutter zu mir, und ich durfte in der großen Schulpause kleine Aufträge für sie erledigen, so in einem kleinen Milchladen jeden Tag einen Joghurt kaufen. Das war ein großes Privileg, denn damals war es strengstens untersagt, den Schulhof zu verlassen.

Oder ich bekam den Auftrag, die korrigierten Aufsatzhefte abzuholen, die bei ihr vor der Wohnungstür lagen. So kam ich ab und zu raus aus der Klassenstube. Wenn ich ganz mutig war, zog ich schon mal an der Schulglocke, die vor dem Schulgebäude hing und die nur der Hausmeister bedienen durfte.

Ärger bekam meinetwegen einmal meine Freundin, die im Nebeneingang wohnte. Das war, als sie nach Köln ins Leihhaus geschickt wurde. Ich war neugierig auf dieses Haus und bat sie, mich mitzunehmen. Da meine Freundin keine Lust hatte, allein zu fahren, war sie einverstanden. Geld für je eine Straßenbahnfahrt hin und zurück hatte sie von ihrer Mutter bekommen, die natürlich keine Ahnung davon hatte, daß ich dabei sein würde. Ich war enttäuscht, ein Leihhaus hatte ich mir ganz anders vorgestellt.

Nun fehlte uns das Geld für den Rückweg, und so standen wir an der Haltestelle und überlegten, wie wir nach Hause kommen sollten. Den Weg zurück wußten wir nicht, nur die Straßenbahnlinie kannten wir. Also zogen wir los, immer den Schienen nach, was offenbar ein Riesenumweg war. Ich werde nie vergessen, wie die Mutter meiner Freundin uns empfing, als wir total verspätet zu Hause ankamen. Sie schalt uns so sehr, daß mir meine Freundin ein paar Tage aus dem Weg ging, dann aber hatten wir beide den Ärger bald vergessen.

Der *Herbst* verbindet sich in meiner Erinnerung mit Drachensteigen, Erbsenpflücken, Kartoffelernte und vielem mehr. Stundenlang konnte ich auf dem Feld auf einem Strohhaufen sitzen – es wurden damals noch Garben aufgestellt – und zu meinem Papiervogel Briefe hochschicken, kleine Zettel, die über den Haltestock gezogen wurden und dann lustig die Drachenschnur nach oben wanderten.

Vorher aber mußten die Felder abgeerntet sein. Der Bauer erlaubte uns, die liegengebliebenen Ähren aufzulesen, und meine Mutter freute sich dann über die Ausbeute. Ich brachte das Korn zu einem Porzer Lebensmittelhändler, dessen Geschäft in der Nähe des Rheins lag. Er tauschte das Korn gegen Mehl. Einmal gab es sogar einen süßen weißen Platz aus bestem Weizenmehl und Butter. Den steckte ich mir unter den Arm, doch ich konnte nicht widerstehen, ab und zu mit der Hand ein Bröckchen abzubrechen. Als ich zu Hause ankam, war das Brot bis zur Hälfte ausgehöhlt. Aber mein Mutter sagte nichts – sie sagte eigentlich nie etwas Böses zu mir.

Ebenso war es erlaubt, die Kartoffeläcker nachzuernten. Noch heute rieche ich den Duft des verbrennenden Krautes und der im Feuer backenden Kartoffeln. Manchen Eimer voll „gestoppelter“ Kartoffeln brachte ich nach Hause.

Es geschah aber auch, daß wir Kinder ins Bockshorn gejagt wurden. Da hieß es, wir dürften eine Ortschaft weiter ein Feld abernten, der Bauer hätte ein kleines Stück für Bedürftige freigegeben. Freudig zog ich los, sammelte einen Sack voll und war zufrieden. Plötzlich stand der Bauer hinter uns, schimpfte uns Diebe und drohte mit der Polizei. Wir mußten alle unsere Kartoffeln wieder ausschütten und durften dann ungestraft nach Hause gehen.

Eines anderen Tages erlebte ich etwas Wunderbares. Der Bauer hatte das Stroh zu Ballen und diese zu einem Strohhaus gestapelt. Da sah ich einen roten Luftballon über das Feld in Richtung dieses Strohhauses fliegen. Ein Luftballon, das war auch so etwas, was ich nicht alle Tage zu sehen, geschweige denn geschenkt bekam. Ich rief meinen jüngeren Bruder Hans und zeigte ihm den Luftballon. Da sauste mein Bruder los wie der Blitz, hin zu dem Strohhaus. Er hatte die Richtung genau eingeschätzt und kam auf dem Strohhaus oben an, als der Luftballon gerade darüberflog. Ein Griff, und er hatte ihn gefangen! Meine Freude war riesengroß, als er mir den Luftballon überreichte.

Der Herbst ist auch die Zeit der Stürme und Gewitter, die den Winter ankündigen. An einen Sturm erinnere ich mich noch sehr gut. Mein Bruder Paul schaffte es gerade noch, die Holzläden an den Fenstern zu schließen. Es heulte und brauste dermaßen ums Haus und durch alle Ritzen, daß ich glaubte, wir würden alle fortgeweht. Als wir wenig später in der Schule über die Schweiz sprachen, durften wir – eine reine Mädchenklasse – über dieses Land erzählen, was wir wußten.

Ich sehe heute noch den verständnisvollen Blick und das kleine Lächeln meiner Lehrerin, als ich erzählte, daß die Dächer der Almhütten in den Bergen zur Sicherung gegen Sturm und Wind mit schweren Steinen belastet würden.

Bei meinen Streifzügen ging ich besonders gerne an den Eisenbahnschienen entlang. Der Verschiebebahnhof war in der Nähe, und es brausten viel mehr Züge über die Gleise als heute. Der Vater meiner Schulfreundin war Schrankenwärter, und es war etwas ganz Besonderes, wenn wir ihn besuchen durften. Es ging erst ein paar Stufen hoch zu seinem Reich, von dem man ringsum durch die Glasfenster einen weiten Blick hatte. Schade, daß wir ihn nicht allzuoft besuchen durften.

Mit großem Eifer suchte ich neben den Schienen nach heruntergefallenen Kohlebrocken, besonders, wenn der Winter vor der Tür stand. So hatte mich wohl einmal ein Lokomotivführer beobachtet und mir einen riesigen Klumpen Kohle zwischen die Sträucher geworfen. Er war viel zu schwer, um ihn allein nach Hause zu tragen. Ich versteckte ihn gut und wartete zu Hause auf meinen großen Bruder, dem ich von meinem Fund berichtete. Unglücklicherweise hatte mein „Freund" Willi wohl Wind von der Geschichte bekommen. Als ich mit meinem Bruder zu dem Kohlenversteck kam, war nichts mehr zu finden. Wir stellten zwar Willis Familie zur Rede, aber die ganze Sippschaft leugnete natürlich, nur Willi grinste mich frech hinter dem Rücken seiner Mutter an.

Der erste *Winter,* den ich in unserer Barackenwohnung erlebte, wurde von keinem nachfolgenden übertroffen. Der Schnee häufte sich meterhoch an den Wänden. Viel mehr ist mir davon nicht in Erinnerung geblieben.

Nur einen herrlichen Kaffeeduft werde ich nie vergessen. Das kam so: Zwischen den Wohnungen, besonders am Kamin, waren ziemlich breite Spalten. Irgendwie war unsere Nachbarin vom Nebeneingang an Bohnenkaffee herangekommen. Ich höre noch wie heute, daß sie meiner Mutter zurief: „Frau Kessel, möchten Sie einen Kaffee?" Natürlich mochte meine Mutter, denn sie konnte sich keinen echten Kaffee leisten. Da sie aber nicht extra hinübergehen wollte, schob ihr die Nachbarin eine kleine Tüte gemahlenen Bohnenkaffee durch die Ritze zwischen Wand und Kamin.

Bemerkbar machten sich die undichten Wände auch beim Hausputz. Mehr als einmal kam die Nachbarin, die unter uns ihre Wohnung hatte, zu mir oder meiner Mutter und bat darum, den Wischlappen mehr auszuwringen, bei ihr käme das ganze Wasser durch die Decke. Ich fragte mich dann immer, wie man denn mit einem trockenen Lappen waschen oder putzen solle!

Daß Weihnachten etwas Besonderes war, stellte ich zum erstenmal bewußt fest, als ich meinen großen Bruder hinter dem Bett hämmern und basteln hörte. Ich bekam von ihm einen selbstgebauten Puppenwagen geschenkt, der so stabil war, daß ich ihn später als Karren benutzen und selbst drin sitzen konnte. Am Tannenbaum bewunderte ich die roten Kugeln und Weihnachtsfiguren, die mein Bruder aus „Pertinax"-Resten*) geschnitten, bemalt und bunt beklebt hatte. Es war der schönste Tannenbaumschmuck, den ich je gesehen habe.

Dann bekamen wir von meiner Mutter noch eine kleine weiße Spitztüte mit leckeren Schokoladenkugeln – weiß der Himmel, wo sie die aufgetrieben hatte! Seitdem habe ich nie mehr so leckere Schokolade gegessen, auch wenn es möglich gewesen wäre. Denn bei einer Weihnachtsfeier, zu der uns die englischen Besatzungssoldaten eingeladen hatten, bekamen wir Kinder ein paar Süßigkeiten und eine kleine Tafel Schokolade geschenkt. Wir wurden von einem Militärfahrzeug zu einer Schule gebracht, wo uns die Eltern wieder abholen sollten.

Ich wußte, mein großer Bruder würde kommen, und so steckte ich die Tafel Schokolade in meine kleine Umhängetasche, um sie ihm zu schenken. Ich spüre noch heute die Überwindung, die es mich gekostet hat, dieses einmalige Geschenk – man bedenke, es gab zu dieser Zeit für uns Kinder nichts Kostbareres als Schokolade – nicht selbst aufzuessen, sondern mei-

*) Kunststoff, mit dem die Firma Dielektra in Porz Schaltungen herstellte.

nem Bruder eine Freude zu machen. Als er kam, wollte ich ihm glücklich meinen aufgehobenen Schatz übergeben.

Aber was war das? Meine Tasche stand offen und die Schokolade war nicht mehr da. Ich weiß bis heute nicht, ob sie mir gestohlen wurde oder ob ich sie verloren habe. Meine Enttäuschung war riesengroß, und ich weinte bittere Tränen. Aber mein Bruder setzte mich auf seine Schultern und galoppierte als mein Pferd mit mir nach Hause.

Wir sprachen nie mehr über dieses Erlebnis, aber ich spürte, daß er mir glaubte und sich auch über mein verlorengegangenes Geschenk freute.

Gefeiert wurde viel in unserem Haus, einen Grund gab es immer, die Geburt einer Tochter, Karneval oder sonstwas.

Aber einmal ging es in der unteren Wohnung die ganze Nacht hindurch sehr lebhaft zu. Mein Bruder verlor fast die Beherrschung, weil immer wieder dieselbe Platte aufgelegt wurde, stundenlang. Schließlich packte ihn die Wut, er nahm den Waschkessel und schlug mit dem Holzstampfer den Takt zu dieser Musik, und zwar mit wachsender Begeisterung.

Am nächsten Tag beschwerten sich alle übrigen Nachbarn über den fürchterlichen Krach, und einer meinte: „Ganz besonders toll trieb es ja der eine Besucher, der auch noch den Takt mit der Trommel dazu schlug."

Wenn die Adventszeit mit ihren Spielen und dem Weihnachtsmarkt näherrückt, denke ich zurück an meinen ersten Weihnachtsbesuch in Köln. Mit meiner Mutter fuhren wir mit der Straßenbahn bis Deutz. Die Brücken waren alle im Krieg zerstört worden, nur kleine Boote, vollbeladen mit Menschen, fuhren auf die andere Rheinseite nach Köln und wieder zurück. Ich sah die zerstörten Brückenpfeiler im Wasser vor mir, und die drangvolle Enge auf dem Boot machte mir angst.

Aber ich wurde bei der weihnachtlichen Vorführung im sogenannten Lichthof im „Kaufhof" entschädigt. Ich ergatterte einen Platz ziemlich vorn an der Bühne und sah die herrlichen Weihnachtsengel herunterschweben, untermalt von einer himmlischen Geigenmusik (sie war von Helmut Zacharias, wie ich später beim Erzählen heraushörte).

Bei einem Kirmesrundgang erinnere ich mich jedesmal an meinen ersten Kirmesbesuch nach dem Krieg. Ich ging noch nicht zur Schule, als auf dem Porzer Markt die Kirmes aufgebaut wurde. Aber es gab weder Kettenkarussells noch Pferdekarussells, nur kleine selbstgebaute Rutschen und Schaukeln.

Die Attraktion war ein „Wunderwürfel". Für einen Groschen durfte ich auch dort hinein, meine Mutter wartete draußen auf mich. Ein kräftiger Mann kassierte das Eintrittsgeld, und los ging es. Wir Kinder saßen auf langen Holzbrettern, die Füße konnten wir gerade noch abstützen, und klammerten uns ängstlich aneinander. Denn um uns herum begann alles zu schaukeln und zu schweben, und die Bänke wackelten mehr oder weniger heftig hin und her. Die Wände des Würfels waren von innen mit Sternen und geheimnisvollen Zeichen bemalt.

Wir wußten damals noch nicht, was „Enterprise" und ähnliches bedeutete, aber ich glaube, dieses Erlebnis hat meine Vorliebe für solche Filme geweckt. Wir sausten und ratterten für einen Groschen durchs Weltall, daß es eine wahre Pracht war.

Als wir wieder aussteigen mußten und die kleine Treppe herunterkamen, wurden wir sogleich aller Illusionen beraubt: An jeder Würfelkante befand sich ein Griff, und es war der Besitzer selbst, der seinen „Wunderwürfel" von draußen mit kräftigen Schwüngen in Bewegung versetzte.

Für den Besuch des Spiegellabyrinths bekam ich erst am anderen Tag wieder einen Groschen. Ich lief zum Kirmesplatz, aber durch die Spiegelgänge konnte ich nicht mehr gehen: Der Besitzer, ein armer kranker Mann, wie meine Mutter mir später erzählte, war über Nacht gestorben.

[Weiden, Oberpfalz;
1947]

Betti Fichtl

Der erste Schultag

Der zweite Sommer nach dem Krieg neigte sich dem Ende zu. Es war ein Sommer voll Sonne gewesen im Land, das noch die Spuren des Krieges trug. Der September brachte einen neuen Lebensabschnitt für mich. Ich wurde eingeschult.

Wir lebten in einer kleinen Wohnung im Hinterhof eines alten Hauses. Mein Vater war im Krieg gestorben, Mutter mußte meinen Bruder und mich allein erziehen. Regelmäßig ging sie mit der Nachbarin über Land, um bei den Bauern um Brot und andere Nahrungsmittel zu bitten. Das nannten sie „Fechtengehen“. Im Haus wohnten sechs Familien. Marianne, die Tochter der Familie Schmidt, kümmerte sich ganz besonders um uns. „Ich werde dir eine Schultüte aus Pappe machen. Einen Schulranzen kann ich dir auch besorgen“, versprach sie.

In unserer kleinen Küche faltete sie aus Pappe eine große Tüte, die sie mit Farbstiften bemalte. Ich bestaunte das Werk. Sie sollte noch gefüllt werden. Damals herrschte Mangel an allen Dingen. So wanderten hauptsächlich Äpfel und Birnen, Bonbons und selbstgebackene Kekse in die Schultüte.

Aufgeregt sah ich dem großen Tag entgegen. Mutter tauschte bei einer Bekannten gegen einen Vorhangstoff eine Schiefertafel mit Schwammdose und Griffelschachtel. Marianne häkelte einen blauen Lappen, den sie an der Tafel befestigte. Ich durfte mit einem Griffel auf der Tafel kritzeln, was ich „schreiben“ nannte, und es dann mit dem Schwamm wieder löschen.

An dem bedeutungsvollen Tag weckte mich Mutter früher als sonst. Ich schlüpfte in ein rotes Strickkleid. Ganz aufgeregt trippelte ich mit dem Schulranzen auf dem Rücken und der Tüte im Arm neben Mutter her. Marianne und mein Bruder Manfred ließen es sich nicht nehmen, uns zu begleiten. Ich achtete auf den nun täglichen Schulweg.

Mein Herz klopfte, als wir mit anderen Eltern und Kindern das Schulhaus betraten. Die Tür zum Klassenzimmer stand offen, doch ich weigerte mich hineinzugehen. Ganz ohne Scheu eilte Manfred zu einer Bank und setzte sich. Kurzerhand schoben mich die beiden Frauen auf den Platz neben ihm. Ängstlich flog mein Blick über die Kinder und Erwachsenen. Mir fiel auf, daß einige Mädchen ganz ungeniert miteinander schäkerten. Ich aber kannte bis jetzt nur die Kinder, die in unserem großen Hof zwischen den vier Häusern spielten.

Ich musterte die Holzbänke mit den Sitzen, die beim Aufstehen hochklappten. Vorne stand in der Mitte ein Pult, daneben eine hohe Tafel und in der Ecke ein Schrank. An der Wand der Türseite hingen Haken für die Mäntel. – Alles mutete befremdlich an, nicht wie in meiner Vorstellung. Ich spürte, daß mir nunmehr die unbeschwerte Zeit, die ich bislang hatte, entrann.

Ich verschränkte die Arme vor der Schultüte und sagte kein Wort, wie immer, wenn ich mich ängstigte. Eine Dame mit dunklem Schopf tauchte am Pult auf und begrüßte die Anwesenden. Sie verlas die Namen der Schulanfänger, die sich erhoben und jeweils mit „hier“ antworteten. Die Stimme der Frau flößte Respekt ein, wie die ganze Atmosphäre im Raum.

„Fichtl, Betti!“ rief sie.

Ich erschrak und bewegte mich nicht. Mein Bruder sprang auf und meldete sich, was ein allgemeines Schmunzeln auslöste. Scheu richtete ich mich auf und sprach leise „hier“.

Die Lehrerin erläuterte die Ziele und den Ablauf des ersten Schuljahres. Ich hörte nicht zu, war in Gedanken bei dem Inhalt meiner Schultüte. Schließlich zog ich einen Keks heraus.

Meine Mutter klopfte mir auf die Finger und steckte das Gebäck wieder hinein. „Im Unterricht darf man nicht essen!" ermahnte sie mich.

Das paßte mir nicht. Was durfte man eigentlich in der Schule? Nur das, was mir nicht so gefiel. Ungeduldig wartete ich, bis die Dame am Pult ihre Rede endlich beendet hatte und sich das Schulzimmer langsam leerte.

„Komm!" Marianne half mir aus der Bank. Mein Bruder weigerte sich, den für ihn so interessanten Raum zu verlassen. „Ich komme wieder!" erklärte er, als sie nach seiner Hand griff.

„Du wirst nächstes Jahr in die Max-Reger-Schule gehen. Hier dürfen nur Mädchen rein. Heute war eine Ausnahme", redete Marianne auf ihn ein. Ich beneidete ihn, weil er nicht mehr in dieses Schulzimmer zurückkehren mußte. Auf dem Gang riß er sich von Marianne los, die ihn aber schnell einholte.

Zwei Jahre später: Meine Schulklasse in der katholischen Mädchenschule im Jahre 1949. Von meiner Einschulung gibt es leider kein Foto. Ich stehe in der letzten Reihe, links neben dem Fenster, unter dem Kreuzchen.

Draußen blinzelte ich in die Sonne, der Tag erschien mir nicht mehr so hell und unbeschwert.

Allmählich faßte ich mich. Ich gestand mir ein, daß mir die Schule nicht zusagte, obwohl ich nun zu den ABC-Schützen gehörte, wie Marianne es nannte. Sie erzählte von ihrem ersten Schuljahr, und was sie alles gelernt hatte. Die Schule bereite auf das spätere Leben vor, das verstand ich nicht. Bisher hatte ich in einer Welt des Spielens und der Bilderbücher gelebt; Mutter hatte mir vorgelesen.

Jetzt sollte ich selbst lesen lernen?

Das konnte ich mir nicht vorstellen! Von Marianne erfuhr ich, wie das funktionieren würde. Es bedrückte mich, täglich in diesem Schulzimmer sitzen und lesen, schreiben und rechnen lernen zu müssen. Mit Zahlen zu rechnen interessierte mich nicht.

„Frau Schmidt hat euch etwas versprochen. Ihr dürft einmal eure Puppen mitbringen“, warf Mutter ein.

„Wirklich?“

„Hast du das nicht gehört?“

Ich schüttelte den Kopf. Ich besaß nur eine alte Stoffpuppe mit zerzausten Zöpfen, meine Christa, die ich sehr liebte.

„Nähst du ihr ein Kleid und kämmst sie?“ Erwartungsvoll hing mein Blick an Marianne.

„Ich kleide sie hübsch ein, so daß sie sich nicht schämen muß, wenn sie sich mit den anderen Puppen trifft“, versprach sie.

Das tröstete mich ungemein. Ich stellte mir meine Puppe ordentlich frisiert und neu eingekleidet vor. Dem bedurfte es wirklich. Sie sollte mehrere Kleider bekommen. Jetzt strahlte ich. Daß Marianne mir bei den täglichen Hausaufgaben helfen wollte, vertrieb sofort wieder meine Freude. Was bedeutete das? Ich spürte den Schatten, der über mein Gesicht flog.

„Wann kann ich überhaupt noch spielen?“ wollte ich wissen.

„Ein Schulkind spielt nicht mehr so viel. Es lernt“, belehrte mich Mutter.

Zu Hause angekommen, stellte ich den Schulranzen in eine

Ecke und räumte auf dem Tisch die Schultüte aus. Manfred heimste Kekse und Äpfel ein, worauf ich zu weinen anfing. Ich weinte bei jeder Gelegenheit, wurde deshalb oft ermahnt.

„In der Schule darfst du nicht immer gleich weinen!" Mutter wischte mir über das Gesicht.

Manfred zeigte großes Interesse für den Ranzen und zog die Schiefertafel und Griffelschachtel heraus. Abwechselnd malten wir auf der Tafel und säuberten sie danach mit dem Schwamm und Tafellappen. Daß wir den schönen, gehäkelten Lappen beschmutzten, störte mich nicht.

Morgen würde ich wieder zur Schule gehen.

Und das jeden Tag!

[Meppen/Ems;
1945–1950]

Elisabeth Lüninghake

Kinderspiele

Die Narben von aufgescheuerten Knien sind heute noch blaß zu erkennen, wenn ich die Haut meiner Beine genau betrachte und mit den Fingerspitzen die rauhen Stellen ertaste. Lebenslange Erinnerung an eine Zeit, die für mich noch greifbar nahe und für meine Kinder schon ferne Vergangenheit ist.

Meine Geschwister und ich wurden mit Kleidungsstücken aus nicht mehr benötigten Wehrmachtsbeständen feingemacht. Trägerröckchen aus eingefärbtem Fahnentuch und ungeliebte steife Wollhosen in verdächtigem Grauton begleiteten unsere Spiele viele Jahre lang. Wir waren kinderreich. Das war damals keine Schande, da in unserer Gegend viele Familien fünf, sechs oder sieben Kinder ihr eigen nennen durften, aber eine besondere Ehre war es auch nicht.

Der Krieg war zu Ende, zerstörte Häuser und karges Essen aber waren geblieben. Die Lebensmittel mußten täglich in kleine Rationen aufgeteilt werden: 10 Gramm Butter vermischt mit der gleichen Menge traniger Margarine, ein Kanten Maisbrot, im Kohleherd aufgebacken, zu Mittag ein großer Topf Suppe aus Erbsen, Bohnen oder Graupen. Das war das tägliche Essen. Aber die Mahlzeiten waren für uns eher nebensächlich. Uns zog es auf die Straße, die doch ganz und gar nur für uns gebaut worden war, vielleicht noch für die Kühe, die morgens durch den Ort auf die Weiden getrieben wurden, oder ein paar Pferdefuhrwerke, die ab und zu vorbeirumpelten.

Unser liebstes Spiel hieß: Deutschland erklärt den Krieg gegen... Es hatte den Vorteil, daß man keinen Ball benötigte; denn den gab es nicht. Einige kluge Mütter hatten zwar Bälle aus Lumpen gefertigt, aber die sprangen nicht und waren für Mannschaftsspiele untauglich. Mit großer Begeisterung gingen wir an unser Kriegserklärspiel. Dazu wurden zwei Felder mit Kalksandstein auf die Straße gezeichnet. Die gegnerische Mannschaft mußte gefaßt werden, dann durfte die gewinnende Partei vom Feld des Feindes so viel Land abzeichnen, wie die gestreckten Arme hergaben. Wer sich geschickt anstellte, hatte Gelegenheit, im Laufe des Spieles das gesamte Terrain des Feindes zu ergattern. Dabei wurde der Krieg einmal gegen England, Rußland oder Frankreich erklärt. Diese Ländernamen waren uns mit den ersten Sprechübungen eingebläut worden.

Ein anderes Spiele hieß: Wer hat Angst vorm Schwarzen Mann? Da ging es ums Vorrücken, Stillstehen, den „Schwarzen Mann“, der mit dem Rücken zu den Mitspielenden stand, als ersten zu überwältigen. Dieses Spiel gibt es immer noch, nur heißt es nun: Wer hat Angst vor Weißenborn? (das ist der Hauswirt, der nicht erlaubt, daß Kinder auf seinem Garagenhof spielen).

Große Freude machten uns auch die sogenannten „Reinlegespiele“. Da gruben wir Löcher, legten Reisig und Laub auf die Öffnung und lockten unliebsame Freunde über schmale Pfade direkt in die heimtückische Falle. Gelang es, eine besonders Doofe auf diese Weise hereinzulegen, freuten wir uns hämisch und meinten, das geschähe ihr ganz recht.

Heimlich beneidete ich meine Freundin sehr. Sie kam aus einem behüteten Elternhaus und mußte immer erst fragen, ob sie spielen dürfe. So etwas gab es bei uns nicht. Wir durften immer alles. Das war mir manchmal richtig peinlich.

Im Sommer, zum Beispiel, nahmen wir nach einem hastigen Mittagessen unsere Badeanzüge und gingen bis zum Dunkelwerden in die Badeanstalt am Fluß. Ich glaube, schon mit Schwimmhäuten zwischen den Zehen auf die Welt gekommen zu sein. Wir schwammen mit und gegen die Strömung, legten weite Strecken zurück und sonnten uns auf den Eisbrechern vor der Holzbrücke.

Ein wenig schämten wir uns zwar wegen der häßlichen, selbstgestrickten Badeanzüge, in denen so leicht Laufmaschen fielen und die obendrein fürchterlich kratzten, wenn sie endlich trockneten, aber Klagen hätten wenig geholfen. Der nächste Anzug, der von der älteren Schwester, war zwar nicht gestrickt, sondern gehäkelt und das ursprüngliche Azurblau einem Blaugrau gewichen. Da konnte man auch gleich beim alten bleiben.

Im Winter packten wir nach Schulschluß die hölzernen Holländer-Schlittschuhe und marschierten auf die überschwemmten, nun zugefrorenen Wiesen. Wir blieben, bis die Füße fast abgestorben waren und die ersten Frostbeulen an den Fersen sichtbar wurden. In der einzigen Stube, die gut beheizt wurde und in der ein gußeiserner Ofen, unser Kanonenofen, seine glühendheißen Dienste tat, tauten wir am Abend wieder auf, zufrieden und abgehärtet von den eisigen Winden auf dem flachen Lande.

Alle vier Wochen roch es beim Eintreffen im Elternhaus nach heißen Dämpfen aus dem Keller. In einem riesigen Waschkessel wurde die Wäsche der großen Familie gekocht und anschließend bearbeitet. Dabei half uns eine Waschfrau, die tagaus tagein bei fremden Leuten die Wäsche wusch. Beim Mittagessen faszinierten mich jedesmal ihre Hände, die, weiß und ausgelaugt, runzelig wie ein Waschbrett aussahen.

Nach dem Waschvorgang wurde die Wäsche in großen Weidenkörben zum Spülen an den Fluß getragen und anschließend auf dem angrenzenden Wiesenstück zum Bleichen und Trocknen ausgelegt und aufgehängt. Eines der Geschwister mußte nun bis zum Abend diese Wäsche bewachen und ausharren, bis die Nässe entwichen war, bis Laken und Kissen lustig in Wind und Sonne flatterten, als wollten sie mitteilen, daß sie nun genug durchgemacht hätten.

Aller vier Wochen war Waschtag. Nach dem Waschen wurde die Wäsche in großen Weidenkörben zum Spülen an den Fluß getragen.

Ein großes Ereignis fand alljährlich im November statt. Dann kamen die Großeltern und halfen beim Schlachten eines Schweines. Dazu wurde der Waschkessel im Keller zweckentfremdet, es roch nicht nach Wäsche, sondern nach heißer Brühe und frischer Blutwurst. In den letzten Kriegsjahren war das private Schlachten von amtlicher Seite verboten worden. Da mußte das Tier vor Morgengrauen zum Schweigen gebracht worden sein und das Verwursten in großer Heimlichkeit geschehen. Das war nun, nach dem Krieg, nicht mehr nötig.

Sonderbar, daß wir Kinder das eine Mal plötzlich weggeschickt wurden und keine Fragen stellen durften. Wir hatten doch das tote Tier auf der Leiter hängen sehen. Die Borsten sollten über der Jauchegrube mit heißem Wasser und einem Schabemesser entfernt werden. Nun war die Schweinebacke weg! Seltsam, wirklich seltsam! Sollte das Schlachten doch noch illegal sein?

War das Tier vielleicht beschlagnahmt worden? Wir Kinder litten große Pein. Wir machten uns aus dem Staube, um draußen zu spielen, bis Hunger und Durst uns nach Hause trieben.

Doch welch wonnige Düfte stiegen uns im Hausflur in die Nase! Die Grützwurst brutzelte im Kessel, der Schweinebraten auf dem Herd in der Küche. Die Erwachsenen munkelten und tuschelten, aber die übrige Familie erfuhr erst viel später, als alle Vorräte aufgegessen waren, wo sich das Schwein vorübergehend befunden hatte: Auf der Leiter unsachgemäß befestigt, war es von dort direkt in die Grube gerutscht, vom Schlachter aber herausgefischt, abgewaschen und verarbeitet worden. Vom Gesundheitsamt war keine Rede.

Spannend, sehr spannend war das alljährliche Kirchweihfest, das immer im August gefeiert wurde. Schon Tage vor Beginn strolchten wir über den Festplatz und lugten heimlich unter die Planen, welche Karussells wohl installiert werden würden. Pünktlich am Sonntag nach dem Kirchgang setzte die Musik ein, die Losbuden zeigten ihre großen Gewinne, die Schiffschaukeln, Ketten- und Kinderkarussells drehten sich gemächlich im Takt der aufgelegten Schellackplatten.

Jetzt war es an der Zeit, sich auf den Weg zu machen. Keines der Geschwister war zu sehen. Aber das machte nichts. Sonntäglich herausgeputzt, mit Hütchen und Handtasche, und 50 Pfennigen Kirmesgeld bummelte ich los. An der ersten Bude sah ich bereits einen meiner Brüder, der Gläser spülte und ein orangefarbenes Getränk ausschenkte. Geld bekam er für diese Arbeit nicht, aber so viel Frei-„Regina“ (wie das Zeug sich nannte), wie er runterkriegen konnte.

An einem Glücksrad drehte ich für 10 Pfennige Einsatz eine Glückszahl und gewann einen echten roten Gummiball. So etwas hatte ich noch nie in meinen Händen gehalten! Dieser Ball würde mich zu einem begehrten Spielführer beim nächsten Völkerballspiel machen. Zwar hatte er eine kleine Beule, die Vulkanisieranstalt hatte hier auf dem Jahrmarkt wohl ihre minderwertige Ware absetzen können, aber das tat meinem

Glück keinen Abbruch. Auf den kleinen Rechtsdrall könnten sich die Mitspielenden einstellen. Die leuchtend rote Farbe und das weißgrüne Blumenmotiv darauf setzten eine unbändige Freude frei, ließen den Trubel und Lärm um mich herum verschwinden. Ein Traum war in Erfüllung gegangen.

Berauscht von dem Glück und den vielen Menschen um mich herum gelangte ich zum Pferdekarussell. Diese schmucken Tiere, die auf- und niederwippten, erregten mein besonderes Interesse. Lederzügel zum Antreiben lagen auf ihren Rücken, glitzernde Spiegelchen zierten die Seiten der Sättel. Aber wen sah ich dort? Einen weiteren Bruder. Er fuhr Runde um Runde auf dem Karussell. Dabei hielt er sich an einer senkrechten Stange fest und warf nach etwa zwei Minuten ein angekettetes Holzbrett auf die Erde, sprang darauf und brachte so das Karussell zum Halten. Welch ein begehrenswerter Job! Er durfte so den ganzen Nachmittag mitfahren, ohne zu bezahlen, während ich 20 Pfennige für eine Fahrt hergeben mußte.

Ich bummelte mit meinen restlichen 20 Pfennigen langsam über den Platz. Es gab so viel zu bestaunen, und die Entscheidung über das verbliebene Geld war nicht einfach. Die Wahl fiel auf die auf- und abwindende Raupe. Hier saß man zu dritt oder viert auf einer Bank. Mit fortschreitender Geschwindigkeit rutschten alle in eine Ecke über- und untereinander. Wenn dann bei höchster Geschwindigkeit ein Verdeck die mitreisende Gesellschaft insgesamt zudeckte, hörte man einen langanhaltenden Schrei sämtlicher Insassen. Mir gefiel das Dunkelwerden im Wagen, ich wunderte mich aber, warum der Kassierer gerade dann auf dem Trittbrett stand, wenn im Wagen mindestens ein hübsches, junges Mädchen saß. Er mußte sich dann ziemlich tief bücken, um mit unter das Verdeck zu gelangen. Mir kam das gefährlich vor, aber es mußte etwas Besonderes dahinterstecken, da er es bei jeder Runde wiederholte!

Nach dem Bummel über den Kirmesplatz zog es mich zu meinen Großeltern. Sie wohnten auf der anderen Seite der Brücke. Nach dem verlorenen Krieg hieß es einige Zeit, daß die deutschen Grenzen neu gezogen würden und der Zollgrenzbezirk den Niederländern zuerkannt werden sollte. Die Vorstellung, daß meine so geliebte Oma dann nur über eine Landesgrenze besucht werden könnte, machte mir große Sorgen.

Wir gingen gern auf einen Sprung zu ihr. Sie bewohnte ein kleines Siedlerhäuschen, in dem zwei ihrer Kinder Unterschlupf gefunden hatten, nachdem das Haus der Tochter ausgebombt und unbewohnbar geworden war und der Sohn aus Schlesien vertrieben wurde. Mindestens zehn Personen lebten hier auf engem Raum. Aber gerade das war für uns Kinder besonders attraktiv, gab es doch dort nie Langeweile.

Oft saßen wir auf der Torfkiste in der engen Küche und lauschten den Geschichten der Großmutter, während der Blick gebannt auf eine Blechbüchse gerichtet war, die auf einem Wandschrank stand. Die Geduld wurde manchmal arg strapaziert, bis endlich ihre Arme nach oben griffen und einen Spekulatius entnahmen. Dabei sagte sie den weisen Spruch: „Eins schmeckt wie's andere." Damit war klar, daß es bei diesem einen Plätzchen bleiben würde.

In der dunklen Jahreszeit mußten die vielfältigen Spiele ins Haus verlegt werden. In unserem großen, alten Haus gab es viele schummrige Ecken, in denen man sich sehr gut verstekken konnte: auf der Fensterbank, in der stickigen Kartoffelkiste oder in der alten Standuhr. „Um 12 Uhr steh'n die Toten auf...", schalt es dann durch das Haus. Schauer liefen uns Kindern über den Rücken, wenn der mit einem Bettuch verkleidete Geist in der Nähe des eigenen Verstecks auftauchte.

Da passierte es leicht, daß man beim Freilaufen über einen Stuhl stolperte oder eine Stufe übersah und sich Beulen und Schrammen zuzog, die damals nicht beachtet wurden, aber bis heute winzige Spuren einer ungezwungenen Kindheit hinterlassen haben ... Sichtbare Spuren auf der Haut, unsichtbare auf der Seele.

[Jena;
1945–1947]

Margrit Novak

Entbehrungen

Als ich ein Jahr alt war, wurde mein Vater an die Ostfront eingezogen. Er kehrte nur zu kurzen Urlauben zu seiner Familie zurück, später überhaupt nicht mehr. Ich war jetzt Halbwaise. Meine Mutter mußte sich allein mit Kind durchs Leben schlagen. Zum Glück fand sie in den Zeiss-Werken Arbeit.

Meine Erinnerungen an die Zeit nach Kriegsende sind eng verbunden mit einschneidenden Veränderungen und zahlreichen Entbehrungen. Die eigene Wohnung mußten wir aufgeben und zu den Eltern meiner Mutter ziehen.

Der Generationenkonflikt war vorprogrammiert. Es hieß jetzt, sich ein- und unterzuordnen. Eine Dominanz, wie sie manche Kinder heutzutage in der Familie durchsetzen, war damals undenkbar.

Mangel machte sich vor allem im Nahrungsbereich bemerkbar, natürlich auch in vielen anderen Dingen des täglichen Lebens. Nicht entbehren mußte ich jedoch in jenen Jahren die Fürsorge und Geborgenheit, die Mutter mir gab. Diese Gefühle habe ich nie wieder so intensiv erfahren.

Durch die Berufstätigkeit meiner Mutter war ich Kindergartenkind. Bei Wind und Wetter, ob ich wollte oder nicht, mußte ich den Weg in die Kindereinrichtung antreten. Oftmals schon morgens um fünf Uhr, je nachdem, welche Schicht Mutter hatte. Im Magen hatte ich für damalige Verhältnisse ein köstliches Frühstück: Eingebrocktes, wie es im Nachkriegsdeutsch hieß.

Es bestand aus heißem, schwarzem Malzkaffee, dem „Muckefuck", in ihn kam in Würfel geschnittenes Brot mit etwas klarem Zucker darüber.

Bei hohen Minusgraden flossen auf dem Weg oft Tränen, und mein kindlicher Bock machte Mutter das Leben zusätzlich schwer. Im Herbst und Winter hatten wir täglich eine Kohle und ein Stück Holz in der Tasche, das war die Garantie dafür, daß der Kachelofen im Kindergarten geheizt werden konnte. An diesen riesengroßen Ofen mit seiner Warmhalteröhre habe ich die schönsten Erinnerungen.

Er stand im großen Aufenthalts-, Spiel- und Speiseraum. Vor allem nach unseren Spaziergängen und Spielaufenthalten im Freien spürten wir dankbar seine wohlige Wärme. Er erwärmte nicht nur den Körper, sondern strahlte bis in die Seele hinein. Wenn Stromsperre war, fühlten wir uns beim Kerzenschein in seiner Nähe geborgen.

Der Ofen diente auch zur Verflüssigung von alten Kerzenresten, aus denen in Gemeinschaftsarbeit wieder neue Kerzen gegossen wurden. Die in seiner Röhre brutzelnden Bratäpfel verbreiteten einen köstlichen Duft, und wir konnten kaum die Zeit erwarten, sie zu essen. So wurde uns das verhaßte Mittagsmahl in Form dickgekochter großer Graupen, zwar sättigend, aber für Kinder nicht gerade eine Delikatesse, verschönt. In Erwartung der Bratapfelköstlichkeiten söhnte man sich sogar mit dem riesengroßen Löffel Lebertran aus, der zum Tag gehörte wie die Luft zum Atmen.

Irgendwie vermittelte der große Kachelofen die Gewißheit, daß es morgen wieder so sein würde, denn schließlich hatten auch meine Kohle und mein Stück Holz mitgeholfen, diese Behaglichkeit herzustellen.

In der Gemeinschaft dieses Hauses bereitete ich mich auf den ersten Schultag vor, der meine vertrauten Lebensgewohnheiten erneut veränderte.

Der Tagesrhythmus war jetzt voll auf die Schule abgestimmt. Das zweite Frühstück wurde durch die Schulspeisung ersetzt, die aus grobem, schwarzem Brot mit Wurst bestand, die wir fast nicht mehr kannten. Der liebe Gott allein wußte, was in der Wurst war! Etliche Kinder konnten sie gar nicht richtig schätzen, denn ihr Geschmack war auf selbstgemachte Fette – Grieß mit Majoran und Gewürzen – und vor allem auf Marmelade eingestimmt. Aufgrund dessen setzte während der Pausen ein lebhaftes „Getuckel" ein: Wurst gegen Marmelade oder umgekehrt.

Mutter brachte das Kunststück fertig, daß ich nie ohne Schuhe und immer ordentlich gekleidet zur Schule gehen konnte.

Die Schulspeisung kostete zwar nichts, war aber trotzdem nicht ganz umsonst. Vor allem im Herbst galt es, sie durch eifriges Sammeln von Eicheln und Kastanien zu verdienen. Dies wiederum bedeutete noch früheres Aufstehen als gewöhnlich, denn unter jedem dieser Bäume lauerte „der Feind“ in Gestalt von mindestens zehn Kindern, die alle die gleiche Absicht hatten. Es wurden regelrechte Kämpfe ausgefochten, die zwar unblutig verliefen, aber das Vokabular jedes Beteiligten ungeheuer bereicherten.

Die Schule war auf eine so einfache Art wie der Kindergarten nicht zu beheizen. Dort hatte man entweder drei Mäntel übereinander an oder man fror entsetzlich. Vor allem an den Füßen, denn diese steckten im allgemeinen in Schuhen aus Igelit oder in Kunstlederschuhen, die auf Bezugsschein erworben und für alles geeignet waren, nur nicht zum Wärmen von Füßen oder um kindlichen Vergnügungen wie dem Waten durch Pfützen zu widerstehen. Zu Hause gab es deshalb Ärger. Nur, wenn Mutter weinte, weil kein Geld für neue Schuhe vorhanden war oder weil es einfach keine gab, dann machte mich das schon nachdenklich und auch traurig. Ich schämte mich.

Wie es Mutter dennoch fertigbrachte, daß ich nie ohne Schuhe und immer ordentlich gekleidet zur Schule ging, ist mir ein Rätsel geblieben. Eine Antwort könnte ihre alte Nähmaschine geben, die ich heute noch besitze und in Ehren halte. Vor allem aber waren es Mutters unermüdlicher Fleiß, ihre Güte und Bescheidenheit, die es ermöglichten, die entbehrungsreichen Jahre zu überstehen.

[Köln;
September 1947]

Hans Engels

Pflaumenkuchen

„Jetzt hat man mal Geld, aber was nützt das schon, wenn es nichts wert ist!“ Mutter machte dem Ärger in ihrem Herzen Luft. Allen Unmut schien sie aufgesammelt zu haben, denn sie schimpfte in einem fort. „Man kann ja doch nichts dafür kaufen. Es ist ja nichts da!“

Vater schien das alles wenig zu berühren, wenngleich auch ihm der Magen heftig knurrte: „Es gibt Leute, denen es viel schlechter geht als uns, Menschen, die wirklich Hunger leiden! Wir haben wenigstens noch unseren Garten, ja und dann“, er lächelte verschmitzt, „manchmal findest du ja auch noch etwas in meiner Tasche.“

Woher Vater die kleinen Schätze hatte, hat er nie verraten. Es blieb sein wohlgehütetes Geheimnis. „Es ist wie in den Märchen,“ meinte er, „man muß darüber schweigen. Jedes unvorsichtige Wort läßt die Quelle versiegen.“

Wenn er aber abends nach Hause kam, fiel ich über ihn her und durchstöberte seine Tasche.

Oft war sie leer, und wir waren alle traurig. Manchmal konnte ich aber einen kleinen Schatz bergen, eine Tüte Zukker oder Mehl oder gar ein Brot, Margarine. Einmal hatte er dreißig Tütchen Vanillezucker organisiert. Das roch so gut.

Die Flasche mit Lebertran hingegen roch abscheulich. Als Mutter dann auch noch uns allen einen täglichen Löffel davon verordnete, war der Friede in unserer Familie für eine

Weile ausgezogen. Es ist schon erstaunlich, was solch ein Gesundheitsgetränk alles anrichten kann!

In der letzten Woche hatte ich meist vergeblich in Vaters Tasche geschaut. Nur einmal steckte ein Stück Stoff darin, aus dem mir Mutter später einen Schlafanzug nähte.

Doch letzten Freitag war die Tasche so dick, daß sie fast zu platzen drohte. Ich mußte mich anstrengen, sie auf den Tisch zu heben. Die Spucke lief mir im Mund zusammen, so daß ich sie kaum halten konnte. Ein kleiner Tropfen entwischte und tropfte vom Kinn herab.

Vater lächelte. Dann half er mir, die Tasche zu öffnen, denn er meinte, Vorsicht wäre schon vonnöten.

Zwei Tüten waren in der Tasche, und jede Tüte war gefüllt mit Getreidekörnern.

„Einmal Weizen und einmal Roggen!“ strahlte Vater und stellte die beiden Tüten auf den Tisch.

„Alles Körner! Was sollen wir denn damit machen?“ Ein wenig enttäuscht war ich schon.

Vater aber war guter Dinge.

Zum Abendessen dämpfte Mutter wieder Kartoffeln aus unserem Garten, und dann holte Vater die Kaffeemühle. Er zog die kleine Lade heraus, stellte dort im Innern an einer Flügelschraube und schob die Holzlade wieder hinein. Nun schüttete er Weizenkörner aus der Tüte oben in die Mühle und begann zu drehen. Damals glaubte ich, er müsse die ganze Nacht drehen, denn die Körner in der Mühle schienen überhaupt nicht weniger zu werden.

Irgendwann hatte er diese erste Füllung doch durchgedreht. Mutter gab den Inhalt der kleinen Schublade in ein feinmaschiges Sieb und schüttelte kräftig. In dem Sieb blieben gelbbraune, dünne Schalen zurück. Mutter nannte sie Kleie. Und darunter im Topf lag das Mehl. Der Boden war fein weißbestäubt. Als sie den Staub zusammengeschoben hatte, blickte ich entsetzt in den Topf. Es war noch nicht einmal ein Eßlöffel voll Mehl.

Und dafür mußte man so hart arbeiten! Ich selbst vermochte die Kaffeemühle mit dem Weizen nicht zu drehen.

Vater muß noch bis spät in die Nacht hinein aus den Weizenkörnern Mehl erzeugt haben, denn am nächsten Morgen meinte Mutter, es würde schon für eine Platte Pflaumenkuchen reichen.

Samstags kam Vater immer schon am frühen Nachmittag von der Arbeit. Unterwegs wollte er noch etwas Hefe bei einem Bäcker organisieren. Ich aber wartete ab Mittag darauf, daß Vater Pflaumen pflückte.

Doch die Zeit wurde mir nicht lang. Ich hockte auf einem Baumstamm und beobachtete die Bienen, Wespen und Käfer, vor allem aber ein Heer von wunderschönen Schmetterlingen, die sich auf den herabgefallenen Pflaumen niederließen, um mit ihrem Rüssel den süßen Saft herauszusaugen.

Der Admiral zeigte mir sein samtschwarzes Gewand. Es war, als ob er sich vor mir ausbreite, um mir seine Schönheit zu zeigen. Würdig bewegte er, langsam auf- und abwippend, seine Flügel mit den roten Bändern und den weißen Punkten. Mit einem Mal wurde er aber doch ungeduldig, erhob sich und suchte, stets auf seine Würde bedacht, eine neue, nahrhafte Quelle.

Währenddessen tanzten einige Kohlweißlinge ihr übermütiges Spiel. Der Zitronenfalter, viele kleine Füchse und Bläulinge kamen zu Besuch, und ein einziges Mal ein großer gelber Falter mit zwei roten Punkten, dem ich gerne eine Weile zugeschaut hätte, aber er entschwebte bald wieder über Nachbars Zaun und entschwand. Vater meinte später, dies sei wohl ein Schwalbenschwanz gewesen.

Die liebsten unter den bunten Freunden aber waren mir die Pfauenaugen. Stundenlang hockte ich zwischen ihnen und freute mich, wenn sie sich auf meine Hand setzten oder auf Hemd oder Hose. – Schauten sie mich nicht ganz vertraut an mit ihren buntschillernden Augen? – Ganz still hockte ich da, damit sie mich nicht verließen.

Es waren wirklich meine Freunde. Einige glaubte ich gar zu erkennen, wenn sie auf mich zugeflogen kamen. Ich hatte sie gezähmt, zutraulich gemacht, meine immer fröhlichen Gesellen.

Als mir die Zeit doch ein wenig zu lang wurde, Arme und Beine eingeschlafen waren, so daß ich sie kaum noch spürte, hauchte ich die Schmetterlinge an oder blies ein wenig. Aber ihre Flügel zitterten nur. Und erst ein heftiger Blasesturm ließ sie auffliegen, für eine Weile jedenfalls.

Schließlich kam Vater mit der Leiter, setzte sie an den Stamm, stieg hinauf, bis dorthin, wo das Astwerk begann, und kletterte nun in den Ästen hoch. Bald sah ich ihn oben im Gipfel; er lachte zu mir herab.

Plötzlich schüttelte er heftig, und eine Menge Pflaumen purzelte herab. Es waren die wurmstichigen und faulen.

Es dauerte nicht lange, da stieg Vater mit gefülltem Eimer wieder herab. Bis der Pflaumenkuchen aber in die Backröhre des Herdes geschoben wurde, war noch eine Menge zu tun und verging noch viel Zeit.

Das Heizen des Ofens übernahm Vater selbst. Es war schon eine Kunst, die richtige Glut zu entfachen, damit der Teig zuerst bei geringer Temperatur aufgehen und dann bei Gluthitze gar und an den Rändern knusprig wurde.

Dann endlich war der Kuchen fertig. Im ganzen Haus duftete es nach herrlichem Pflaumenkuchen. Der Duft quälte mich entsetzlich, mein Bauch rumpelte und knurrte vor Ärger. Das war so unerträglich, daß es fast schmerzte.

Bis Sonntagnachmittag mußte ich das noch aushalten. Bis dahin stand der Kuchen auf dem Wohnzimmertisch, sicher vor kleinen und großen Dieben, sicher aber auch vor meinem kleinen Bruder, der zum Mittagsschlaf immer mit seinem Rollenbettchen ins Wohnzimmer geschoben wurde. Wenn er seinen Mittagsschlaf beendet hatte, sollte das Festessen stattfinden. Ach, es war schon eine Qual!

Vor sehnsüchtiger Erwartung brachte ich kein gescheites

Spiel zuwege. Immer mußte ich an den Pflaumenkuchen denken; er ließ mich nicht zur Ruhe kommen.

Nun war es fast vier Uhr, und mein Bruder war immer noch nicht wach.

Da! Plötzlich ein Scheppern! Es kam aus dem Wohnzimmer. Da, wieder! Und nun rumpelte etwas auf den Boden. Mutter blickte hoch und horchte. Dann sprang sie auf, stürzte ins abgedunkelte Wohnzimmer und riß die Vorhänge auf.

Da stand der kleine Kerl in seinem Bettchen, lachte uns an und freute sich, daß wir alle da waren. Aber er war über und über mit Pflaumenresten beschmiert. Der kleine Schlauberger hatte einen Zipfel des Tischtuches zu fassen bekommen, die Platte mit dem Kuchen zu sich herangezogen und dann die Pflaumen aufgegessen. Zum Schluß war ihm schließlich das Blech mit dem Teig entwischt und auf den Teppich gefallen.

Da lag nun der schöne Pflaumenkuchen neben dem Tisch auf dem Boden, ganz ohne Pflaumen.

Ach, was sollte man da machen? Die Pflaumen waren weg! Und was ist schon ein Pflaumenkuchen ohne Pflaumen?

Vor Wut und Enttäuschung traten mir die Tränen in die Augen. Ich trotzte, stampfte los und wollte mich in mein Bett verkriechen, der Hunger trieb mich aber wieder zurück in die Küche.

Und das war gut so, denn Mutter bestrich gerade den Kuchenteig mit Pflaumenmus, das sie vor ein paar Tagen gekocht hatte. Sie hatte ja die wunderbare Fähigkeit, auch mit dem wenigen, das da war, uns eine Freude zu bereiten.

Ein wenig Sorge hatte Mutter allerdings noch um den Bauch des kleinen Pflaumenfressers. „Wenn er sich nur nicht den Magen verdorben hat," meinte sie.

Aber er hatte Glück, und wir eigentlich auch, trotz alledem.

[Berlin;
November 1947]

Lothar Böttcher

Brot für die Czewinska

Sie war erst wenige Tage Mieterin in der Kaserne, wo auch wir nach dem Krieg wohnten. Es waren historische Gemäuer, die Invalidenhäuser des Alten Fritz. Nur Preußens Zucht und Ordnung lebten nicht fort darin. Jedoch paßten wir alle gut dorthin, mit verkrüppelter Seele, die wir hatten.

Hier gab es lange Flure, viele Zimmer und noch mehr Menschen. Man bemühte sich nicht sonderlich, einander kennenzulernen, man kannte sich ja selbst kaum nach dieser finsteren Zeit, die ihre Spuren in den Herzen und Hirnen hinterlassen hatte. Die Fenster lagen in Nischen so tief wie unsere Augen und ohne Glanz. Die Türen waren fest verschlossen wie unsere Herzen.

Ich hörte, wie sich einige Frauen beim Teppichklopfen unterhielten. Da war die Rede von einer Polackschen mit Kind und ohne Mann, und sie gebrauchten schlimme Worte.

Bedrückt und nachdenklich ging ich hinauf und las die Namensschilder an den Türen in der zweiten Etage des Nordflügels: Zanke, Müller, Schimmel, dann Marie Czewinska, eine ungelenke Schrift, mit Bleistift geschrieben, ein kleiner, blauer Zettel mit einer Reißzwecke befestigt. Ich legte mein Ohr an die Tür und lauschte. Drinnen ein Schluchzen und das Weinen eines Kindes, dann eine Stimme: „Mußt nicht weinen, mein kleiner deutscher Sohn, er war ja fast ein Mensch, dein Vater, mußt nicht weinen..."

Traurig lief ich hinunter in den Hof. Es war ein Nachkriegstag im November. Ja, es war November, ich weiß es noch ganz genau. Es regnete. Die Wolken zum Greifen nahe. Die Luft dick und schwer.

Im Müllhaus begegneten wir uns dann zum ersten Mal. Sie machte Eindruck auf mich. Mir gefielen ihre stolze Haltung und ihr Gesicht. Es war kein deutsches Gesicht. Während des Krieges, auf der Flucht, hatte ich viele Gesichter gesehen: Russengesichter, die Gesichter von Polen.

Sie hatte ein schönes, schmales, weißes Gesicht mit hervorstehenden Wangenknochen, einer hohen Stirn, wo das dunkle Haar kräftig ansetzte, das sie streng nach hinten gekämmt und zu einem Knoten gebunden hatte. Sie war mittelgroß und gut gewachsen. Ihre Augen blickten lebhaft, aber ernst, und die Stirn hatte schon Falten, obwohl die Frau noch nicht alt war. Ihre Hände waren kräftig, aber nicht plump, und sie konnten arbeiten. Ich sah es daran, wie geschickt sie mit dem Beil dikke, angekohlte Balkenstücke spaltete und kleinschlug.

Mein Mülleimer war schon längst geleert, aber ich stand immer noch da und betrachtete sie bei der Arbeit. Das graue Leinenkleid war ihr ein wenig zu groß, es hatte Flicken, aber es war ordentlich ausgebessert, und der Stoff war sauber. An den Füßen trug sie Holzpantinen mit grauen Wollsocken, die waren gestopft.

„Frau Czewinska", fragte ich, „darf ich Ihnen das Holz nach oben tragen? Ich tue es gerne für Sie, Frau Czewinska."

Und nun hörte ich ihre dunkle, sanfte Stimme: „Ist nett von dir, mein Junge, du mal ein guter Mensch wirst vielleicht."

„Bin ich denn jetzt ein schlechter Mensch ?"

„Nein", sagte sie, „das bist du nicht, und ich will hoffen, du auch weiter bleiben ein guter Mensch. Aber dein Weg bis zum Ende ist lang und voller Gefahren, es gibt verlockende Dinge, die vergiftet sind; es ist nicht leicht, ein guter Mensch zu bleiben ... Ja, überhaupt ist es schwer, ein guter Mensch zu sein, bei so viel Schlechtem."

Stumm gingen wir langsam durch das Treppenhaus. Die ausgetretenen Holzdielen der Stufen knarrten unter den wuchtigen Pantinen der Marie Czewinska. Mein Herz klopfte wild vor Aufregung, Röte stieg mir ins Gesicht. Oben angekommen, setzte ich den Spankorb voll Holz vor ihrer Stubentür ab.

Den großen, eisernen Schlüssel drehte sie zweimal im Schloß herum, stieß die Tür auf und bat mich herein. Es dämmerte schon. Sie machte Licht. Von der Decke baumelte an einem Stück Kabel eine nackte Glühbirne – nicht hell. Ihr kaltes Licht warf Schatten an die naßgrauen Wände, die Decke war rissig und hatte Wasserflecken. In dem kleinen Bettchen lag, zweijährig, das deutsch-polnische Kind, blaß, mit rotgeränderten Augen. Mit den blaugrauen Augen des Vaters und dem östlichen Gesicht der Mutter.

„Nimm dir den Hocker und setz dich“, sagte sie, „ich will dir von mir erzählen, daß, wenn ich nicht mehr bin, du den Leuten sagen kannst: Auch ich war ein Mensch, nicht besser und nicht schlechter als sie. Also, es stimmt, was die Leute tuscheln, ich bin eine Polin, habe ein Kind und keinen Mann. Was sie sonst noch sagen ist schmutzig und gemein, und sie sagen es nur, weil ich eine Polin bin.

Ich kann nichts dafür für das mit dem Krieg und du auch nicht, du warst noch viel zu klein. Ich kam nicht freiwillig hierher, zum Arbeiten verschleppten sie mich. Es ist ein Wunder, daß ich noch am Leben bin.

Einen Mann lernte ich kennen, der sagte, ich sei eine schöne Frau, und bald glaubte ich ihm auch. Aber als er erfuhr, daß ich ein Kind bekam, stand er nicht ein für mich und verschwand. Ich weiß noch genau, wie er aussah: Er war groß und schlank, hatte blaugraue Augen, mittelblondes, welliges Haar, schön geformte Lippen, am Hals hatte er einen Leberfleck und auf der rechten Wange eine Narbe, vielleicht drei Zentimeter lang. Er trug feine Hosen und blanke Schuhe. Er war ein Deutscher und hieß Erwin. Seinen Familiennamen habe ich schon vergessen. – Aus Polen kam eines Tages die Nachricht, daß meine Mutter und mein Vater den Krieg nicht überlebt hatten, Deutsche hatten sie erschossen."

Die ganze Zeit über stand sie mit dem Rücken gegen die Tür gelehnt. Sie atmete schwer. Zielstrebig ging sie zum Bettchen.

„Guck", sagte sie, „das ist mein kleiner deutscher Sohn, und ich gebar ihn in schlechter Zeit. Er ist krank, ich weiß es. Die Zeit läßt ihn mir nicht stark werden. Andrae heißt er. Er hat seine Augen und sein welliges Haar, ich liebe ihn."

Noch am selben Abend brachte ich der Marie Czewinska zwei Scheiben Brot. Ich nahm sie aus Mutters Brotkasten. Ein Brot kostete damals auf dem Schwarzen Markt dreihundert Mark, das war sehr viel Geld. Die Zuteilung reichte nicht. Die Czewinska wollte die Brotscheiben nicht annehmen.

„Für Sie, Frau Czewinska, und für Andrae", sagte ich, „damit er groß und stark wird."

Sie sah meine kleinen Hände, die wäßrigen Augen, ich war acht Jahre alt. Dann nahm sie das Brot und bedankte sich.

An einem regnerischen Morgen, ich wollte eben wieder zwei Scheiben Brot zur Czewinska bringen, brachte ein Krankenwagen den Kleinen ins Spital: Tuberkulose und unterernährt.

Am Abend desselben Tages hielt ein Feuerwehrauto, Männer rannten eilig die Treppen hinauf. Gewaltsam öffneten sie die Tür der Marie Czewinska. – Qualm machte sich in dem langen Flur breit. Man fand sie blutend am Boden liegen, sie hatte sich die Pulsader durchtrennt. Jede Hilfe kam zu spät, Marie Czewinska starb. Es regnete immer noch, ein Nachkriegs-Novembertag, grau in grau.

Als man sie auf einer Bahre durch den langen Flur der Kaserne trug, gingen rechts und links die Türen auf. Stimmen zischelten: „Die Polacksche hat ihr Kind verhungern lassen, die Schlampe!"

„Die ist feige, hat das Kittchen gefürchtet!"

„Die hat sich ja um nichts gekümmert, die Polin!"

„Warum hat sie denn keiner geheiratet, die Hure?"

„Geschieht ihr recht so!"

[Essen;
1947–1955]

Marianne Christa Mullé

Sonntags

Das Ehepaar Sonntag war unter schwierigsten Bedingungen, nur im Trainingsanzug, aus Danzig nach Essen geflüchtet. Im Schutthaufen eines Hauses entdeckten sie ein noch brauchbares Zimmer im Keller. Damit die Decke nicht einstürzte, trugen sie soviel Schutt mit den Händen davon ab, daß sogar ein kleiner Kamin mit Schornstein Platz fand.

Das vorbeischlendernde Mädel, gerade zur Schule gekommen, grüßte.

Sonntags hatten keine Kinder, und so lächelten sie sich gegenseitig zu.

„Magst du mir etwas einkaufen?“ fragte die Frau, und das Mädel tat es gern.

Anderntags kam das Mädel vorbei, nur mal schauen ... es hatte nämlich nicht umsonst eingekauft.

„Komm doch herein. Magst du mir einige Bücher austragen, wenn ich eine Leihbücherei einrichte?“

Und ob das Mädel wollte.

Spielen in einer ausgebombten Großstadt war sehr gefährlich. In den vorangegangenen Tagen hatte es einen Schulkameraden erwischt. Die Eltern hatten nichts von dem „Blindgänger“ auf ihrem Grundstück geahnt, der den Jungen tötete, als er ihn erkunden wollte.

So hatten die Eltern des Mädels nichts dagegen, wußten sie doch, es war bei Sonntags gut aufgehoben.

Waren es zunächst nur wenige Bücher, so wurden es immer mehr. Auch die Kundschaft wuchs.

Die kleine Leihbücherei wurde dem Mädel immer vertrauter. Bald half es auch mit ihrer kleinen Kraft im Haushalt mit, oder blieb in der geöffneten Leihbücherei.

Es durfte ausleihen und später sogar fein säuberlich die Namen und Adressen mit Datum ins Buch eintragen. War das Mädel gerade in dem hinteren Raum und wusch das Geschirr ab, sang es schöne Volkslieder und die Kundschaft amüsierte sich im Laden königlich.

Nichts tat es umsonst. Abends gab ihr Frau Sonntag immer das Kupfergeld aus der Kasse, das war nicht gerade wenig. Alles Geld gab sie, stolz, etwas mithelfen zu können, zu Hause ab.

Eines Tages sagte Frau Sonntag: „Wir wollen ein Zimmer anbauen und uns ein kleines Geschäft für Schreibwaren einrichten. Wirst du mir dann auch weiter helfen?“ – „Ja, gern!“

Nun gab es für die Mithilfe neben dem Kupfergeld auch hin und wieder Schulhefte, Radiergummis, Bleistifte, kurz, alles was Kinder in der Schule benötigten. Die älteren Geschwister freuten sich, denn noch brauchte die Kleinste nicht viel. Ihr Schulranzen aus Pappmaché war noch leicht.

Zwischenzeitlich war der Schutt von Sonntags Haus abgeräumt. Ein weiteres Zimmer wurde angebaut.

„Endlich ein Schlafzimmer“, frohlockte Frau Sonntag.

Christa, so hieß das Mädel, lernte nun Betten machen, beziehen, Ofen heizen. Zunächst mit wenig Papier und feinen Holzscheiten, dann erst die dauerbrennenden Briketts. Kleine Speisen zubereiten machte viel Spaß, es durfte nämlich mitessen.

Riesenfreude! Herr Sonntag konnte an der Schule Religionsunterricht erteilen. Das war eine Stelle mit festem Einkommen.

Auch Christa brachte nun täglich etwas heim. Zu Weihnachten sollte sie sich etwas für die Schule wünschen. Der große Bruder hatte zu Hause gesagt: „Ich könnte einen Zirkel gebrauchen!“ Wer hatte denn damals einen Zirkel?

Frau Sonntag meinte zwar: „Du brauchst doch noch keinen Zirkel!“ Dennoch schenkte sie ihr einen.

Wie hatte sich der Bruder darüber an Weihnachten gefreut! Es war zur festen Einrichtung geworden, daß Christa, aus der Schule daheim, den Weg zu Sonntags ging.

Die ersten „Pelikan“-Füllhalter kamen auf den Markt. Wieder ein Weihnachtsgeschenk für eines der Geschwister.

Der Hauseigentümer hatte den Weg aus dem Krieg heim gefunden, er behielt Sonntags als Mieter. Ein weiteres Zimmer wurde bei ihnen angebaut. Das Geschäft erweiterte sich und hieß fortan: „Schreibwaren und Bürobedarf“.

Manches Mal saß Christa auf dem Schoß von Frau Sonntag, und sie sagte ihr immer, sie sei ihre „große Stütze“!

So passierte es eines guten Tages, daß ein Kunde, der bei ihr ein Schulheft gekauft hatte, fragte: „Wer bist du denn?“

Da antwortete Christa voller Stolz: „Ich bin Frau Sonntag ihre große Stütze!“

Nebenbei verkaufte Frau Sonntag jetzt auch Tabakwaren und Zeitschriften. Viel rauchte der Vater ja nicht, wegen seines Lungenemphysems hätte er es wohl ganz lassen sollen, doch so bis drei Zigaretten täglich wollte er sich nicht nehmen lassen.

Die Stadt hatte Tennisplätze errichtet. Bei manchen florierten die Geschäfte. Ärzte, Apotheker, ihre Angestellten, aber auch Kaufleute suchten eine „Freizeitbeschäftigung“.

Zu der Zeit war es nichts Besonderes, daß Kinder Geld verdienten. Das fing mit „Steine klopfen“ an, und setzte sich mit „Kegel aufsetzen“ und „Zeitung austragen“ fort.

„Bälle sammeln“ sei ein einträglicheres Geschäft, als für Sonntags zu arbeiten, meinte der Vater. Ja, er verbot fürderhin, daß Christa dort hinging. Darüber war sie sehr unglücklich. Immerhin hatte sie doch viel nach Hause getragen. So manchen Pfennig Geld, so manches wertvolle Geschenk. Undankbar empfand sie das Verbot. Noch wußten Sonntags nichts davon.

Eines Morgens fragte der Vater beim Frühstück: „Wer holt denn dem Papa ein paar ‚JUNO'"?

Abgezählt lagen da 25 Pfennige für drei Zigaretten.

Christa war aufgesprungen mit den Worten. „Ich!"

Der Vater gab ihr das Geld und rief hinterher: „Aber nicht von Sonntags, lauf zum Kiosk am Südbahnhof!"

Christa hatte gelernt zu gehorchen und lief, zuvor rechts und links, wieder rechts schauend über die Straße.

Bremsen quietschten. Ein Rrrums ... Christa wurde von einem Auto erfaßt, aufgegabelt. Die Scheibenwischer zerschnitten die Oberlippe, beschädigten stark die Frontzähne. Dann kam das Auto zum Stehen. Das Mädel fiel herab, mit dem Nacken auf die Bordsteinkante.

Beobachter sagten aus, sie sei weitergelaufen, da habe man gedacht, es sei weiter nichts passiert. Nach 20 Metern aber sackte das Kind in sich zusammen.

Der Vater war beim Bremsenkreischen aufgesprungen, auf den Balkon gelaufen und sah, daß es sein Kind war, das reglos auf dem Bürgersteig lag. Warum lag es so weit weg?

Der Fahrer des Wagens beteuerte seine Unschuld. Das Kind schwieg, aus der Wunde stark blutend. Ohnmächtig wurde es ins Hyssenstift-Krankenhaus eingeliefert und versorgt. Krampfhaft hielt es die 25 Pfennige in der Hand, sie fielen erst bei der Narkose auf den Fußboden des Operationssaales.

Drei Wochen mußte Christa im Krankenhaus bleiben. Eine zweifache Gehirnerschütterung sei nicht so leicht zu nehmen, sagten die Ärzte. Seither hatte das Mädel immer Kopfschmerzen, fiel einfach um oder wußte vieles nicht mehr. Da halfen keine Schläge, auch keine Schelte.

Der Verdienst auf dem Tennisplatz lockte. Ja, es gab 40 Pfennige pro Stunde Bälle aufsammeln. In einigen Stunden kam schon etwas zusammen. Und das täglich. Im Winter sogar in der Gruga-Halle. Auch abends. Da gab es für eine Stunde eine ganze Mark! Weil Kinder nachts nicht auf der Straße sein sollten, holte der Vater sie ab.

Schon damals merkte Christa, daß sie mehr leisten mußte, als die Jungen, wollte sie keinen Leerlauf haben, denn eine Stunde Leerlauf war nicht verdientes Geld.

Der Hauseigentümer von Sonntags stockte nun auf. Die Kellerwohnung wurde ihr Lager. Jetzt wohnten sie über dem Geschäft. Herr Sonntag hatte sein vor dem Krieg abgebrochenes Theologie-Studium wieder aufgenommen. Frau Sonntag hatte Lehrlinge eingestellt.

„Wenn du aus der Schule kommst, dann stelle ich dich ein!“ hieß es einmal.

Leider wurde nichts daraus aber das hatte gewiß nichts mit den Sonntags zu tun. Der Vater verbot es.

Weitere Jahre der Veränderungen gingen ins Land.
Sonntags eröffneten eine Filiale. Inzwischen hatten sie schon vier Lehrlinge ausgebildet. Christa war nicht darunter. Ohne Lehre mußte sie ihr Brot verdienen, in Kost und Logis bei fremden Leuten.

Frau Sonntag war Jahre später mit ihrem Auto schwer verunglückt. Von da an kränkelte sie. Herr Sonntag bekam später als Pastor eine eigene Kirchengemeinde. Soweit mir bekannt ist, hatte er nach dem Tod seiner lieben Frau nicht wieder geheiratet und die Geschäfte verpachtet.

[Bonn;
Weihnachten 1947]

Luise Rüth

Großvaters Bescherung

Es war bitterkalt. Zwar gab es keinen Schnee, aber ein eisiger Ostwind wehte, und es war der Heilige Abend. Unsere Dachkammer war für die Verhältnisse der armseligen Zeit festlich geschmückt. Eine Fichte – mehr ein großer, krummer Zweig als ein Baum – steckte in einem Einmachglas. Der frühere Inhalt des Glases, Erbsen und Möhren, war im Kochtopf gelandet. Er sollte ein Teil unseres Weihnachtsessens werden.

Ich hatte Sterne aus Silberpapier und große und kleine Ringe aus einer bunten Zeitung ausgeschnitten. Mit Kleister aus Wasser und Mehl zusammengeklebt, schmückten sie die Fichte, die dadurch zum Weihnachtsbaum geworden war. Mutter hatte einige Kerzen auf dem Schwarzmarkt erstanden, im Tausch gegen eine Schmuckdose.

Ich konnte es nicht erwarten, die Kerzen endlich anzuzünden. Mutter aber bestand darauf, auf den Großvater zu warten, der uns zum Fest besuchen sollte. Wir hatten ihn schon vor Stunden erwartet, und langsam machten wir uns Sorgen um ihn. Auf den Vorschlag, ihn am Bahnhof abzuholen, war er nicht eingegangen. Es sei zu kalt für uns und der Weg zu weit, und es wäre doch schöner, wenn er uns als Weihnachtsmann mit seinen Gaben überraschte. Er wollte einen großen Koffer und einen Rucksack voll mitbringen.

Uns ging es noch sehr schlecht. Mein Vater war in Sibirien in russischer Gefangenschaft. Seit vielen Jahren hatten wir nichts mehr von ihm gehört. Meine Mutter glaubte fest, daß er noch am Leben sei.

Wir freuten uns sehr auf den Großvater und seinen Koffer voller Lebensmittel. Damit unsere Dachkammer warm sei, sollte der Rucksack mit Briketts gefüllt sein. So hatten die Großeltern es uns geschrieben. Sie wohnten in einem kleinen Dorf mitten im Braunkohle-Revier.

Das Warten war für mich unerträglich geworden. Mutter konnte mein Gequengel nicht mehr ertragen, da durfte ich endlich die Kerzen anzünden. Unsere kleine Stube war in den warmen Schein der Lichter gehüllt. Gemeinsam dachten wir an Vater und waren sehr traurig.

Plötzlich tönte ein lautes Poltern durch das Treppenhaus. Erschreckt stürzten wir aus dem Zimmer. Auf dem Podest, vor unserer Tür, lag Großvater. Der Inhalt seines Koffers hatte sich über das ganze Treppenhaus verstreut: Würste, Kartoffeln, geräuchertes Fleisch und andere Herrlichkeiten. Ein roter Gummiball hüpfte die Treppenstufen abwärts.

Nachdem der erste Schreck vorüber und der Weg zu Großvater freigeräumt war, halfen wir ihm, wieder auf die Beine zu kommen. Es war gar nicht so einfach, ihn mitsamt dem schweren Rucksack aufzuheben.

Während wir uns vergewisserten, daß Großvater unverletzt war, mußte Mutter mit leisem Entsetzen feststellen, daß er einen Vollrausch hatte. Er war so betrunken, daß wir Mühe hatten, ihn in die Wohnung zu schleppen. Dort schlief er sofort tief und fest auf dem Sofa ein.

Wir sangen leise Weihnachtslieder, begleitet von Großvaters Schnarchtönen.

Jetzt durfte ich meine Geschenke auspacken. Meine Lieblingspuppe hatte ein neues Kleid bekommen, selbstgestrickt aus Wollresten, dadurch war es bunt und lustig geworden.

Zu meiner allergrößten Freude ging mein sehnlichster Wunsch in Erfüllung: Ich bekam einen Tretroller. Er war nicht aus Metall, wie ich gehofft hatte, sondern aus Holz. – Schon nach 14 Tagen hatte er keine Räder mehr, sie waren einfach abgefahren.

Nach der Bescherung begann Mutter, das Abendessen zuzubereiten. Es bestand aus all den Köstlichkeiten aus Großvaters Koffer.

Von dem Bratenduft wurde schließlich auch Großvater wach. Über seine Ankunft bei uns wußte er nichts mehr. Seine letzte Erinnerung reichte zurück bis zur Bahnhofswirtschaft. Gegen die große Kälte und wegen des vor ihm liegenden weiten Weges hatte er sich einen „Korn" genehmigt. In der Gesellschaft von Gleichgesinnten waren es dann viele „Körnchen" geworden. Als seine Rückreisekasse leer war, hatte er sich auf den Weg zu uns gemacht.

Wir lachten alle zusammen herzlich über seinen Ausrutscher, es wurde noch ein wunderschöner Heiliger Abend.

[Berchtesgaden;
Winter 1947/48]

Peter Grell

Das Holzscheit

Der erste Schnee war gefallen, und somit hatte auch in der Schule die Heizperiode begonnen. Jedoch, wie soll man heizen, wenn kein Brennmaterial da ist?

Unser Rektor löste dieses Problem auf ganz einfache Weise. Jeder Schüler mußte etwas Brennbares, ein Stück Holz, ein Brikett oder Kohle, mitbringen. Also mußten wir, wie etwa im Kino, Eintritt bezahlen, wenn wir in die Schule gehen wollten.

Vor der Pforte stand nun jeden Morgen der Pedell mit einem Riesenkorb und kontrollierte die Ankömmlinge. Wer nichts Brennbares mitbrachte, wurde nicht in die Schule hineingelassen.

Ich hatte mir kurz vor dem Schulgang ein Riesenscheit Holz vom übernächsten Nachbarn geklaut und stellte mich ruhigen Gewissens an die Schlange. Vor mir stand ein Mädchen aus meiner Klasse. Ein kleines verschüchtertes Ding, das mir bisher kaum aufgefallen war.

Jetzt aber wurde ich stutzig: Die Göre hatte doch tatsächlich als Eintrittsgeld für die Schule einen Reiserzweig in der Hand!

„Mal sehen, ob das gutgeht“, dachte ich.

Nun, es ging nicht gut. Der Hausmeister kanzelte die Kleine nach allen Regeln der Kunst ab: „Was erlaubst du dir denn? Das ist kein Brennmaterial, das ist gar nichts! Du darfst nicht in die Schule.“

Dem Mädchen standen schon die Tränen in den Augen. „Aber der Unterricht fängt gleich an. Ich komme zu spät und kriege sicher einen Vermerk im Klassenbuch dafür."

„Das hättest du dir früher überlegen müssen, mit so etwas kommst du hier jedenfalls nicht herein."

Die Kleine brach in Tränen aus.

Meine Sexta 1947 vor dem Haupteingang der Schule. Vorn, der zweite von rechts, bin ich, der erste von links ist mein Freund Leo. Leider fehlt „Papa Knechtel", unser Klassenlehrer. In der Klasse waren mehr als 40 Schüler, etwa die Hälfte davon Flüchtlinge. Nach der Mittleren Reife waren wir plötzlich mehr evangelische Schüler als katholische – und das in Bayern!

Hatte ich das Ganze bisher nur als interessierter Außenseiter verfolgt, war ich plötzlich im Geschehen mittendrin.

„Herr Hausmeister, haben Sie vielleicht ein Beil hier?" hörte ich mich sagen. „Dann hacken wir mein Holzstück in zwei Teile. Die sind groß genug, daß wir beide in die Schule kommen können."

Der Pedell schaute mich mit großen Augen an. „Jeder muß sein Teil mitbringen“, beharrte er, „und das von diesem Mädchen hier reicht nicht.“

„Aber mein Holzstück reicht doch für zwei“, versuchte ich es noch einmal. Nach einigem Hin und Her ließ er sich überzeugen. Wir durften beide hinein.

Die Kleine schaute mich an: „Wo hast du so viel Holz her?“

„Geklaut, aber versuche ja nicht, für morgen bei uns zu klauen. Ich hau dir die Hucke voll, wenn du das tust!“

Sie tat es nicht, sie plünderte den übernächsten Nachbarn, nebenbei bemerkt, auch meine Bezugsquelle, und somit verstanden wir uns prima.

Obwohl Mädchen eigentlich für uns Jungen langweilig waren – man konnte sich mit ihnen nicht prügeln –, fand ich die Kleine ganz in Ordnung, doch zugeben durfte ich das nicht. Wenn man sich in diesem Alter für Mädchen interessierte, lief man Gefahr, von den Kameraden ausgelacht zu werden.

[Elbingerode, Harz;
Winter 1948]

Bärbel Böhme

Winter im Harz

Es schneit und schneit – nichts Ungewöhnliches zu dieser Jahreszeit, aber Voraussetzung für die beliebte Rodelschlange. Was eine Rodelschlange ist? Kein Reptil aus dem Zoo, sondern der Wunsch vieler Kinder für den winterlichen Schulausflug im Jahre 1948.

Endlich ist es soweit. Wir, das sind 11jährige Mädchen und Jungen der Grundschule, treffen uns früh am Morgen beim Bauern. Die Pferde, zwei starke Kaltblüter, werden aus dem warmen Stall geführt. Freudiges Wiehern begrüßt uns. Sie werden vor den großen Schlitten gespannt und dahinter, an einem langen Seil, alle unsere kleinen Schlitten befestigt. Unsere Rodelschlange ist fertig, und es geht los.

Rechts und links der Straße türmen sich Schneeberge, die der Schneepflug zusammengeschoben hat. Die Sonne scheint, und auf den schneebedeckten Bäumen, die unter der Last fast zusammenbrechen, glitzert es wie lauter Diamanten.

Alle Kinder sitzen auf ihren Schlitten, auf die vor der Abfahrt noch eine Decke gebunden wurde. Die Pferde freuen sich über die Bewegung und traben munter vorwärts. Der Schnee stiebt bei jedem Hufschlag, die Glöckchen am Geschirr klingeln fröhlich. Die Fahrt geht von Elbingerode über Königshütte nach Tanne.

Bald heißt es aber: Alle absteigen! Die Pferde sollen es leichter haben, denn es geht jetzt bergauf, und wir Kinder müssen uns auch bewegen, sonst droht uns eine Erkältung. Nicht alle haben Lederschuhe, und gefütterte Winterstiefel besitzt niemand von uns. Die Igelitschuhe, die manche Kinder anhaben, sind durch die Kälte knochenhart geworden und lassen die Füße erstarren. Auch die selbstgestrickten Handschuhe sind inzwischen pitschnaß.

Wachsam, beinahe ein bißchen ängstlich, laufen die Kinder neben ihren Schlitten her, denn der größte Spaß für den Kutscher ist es, die Pferde plötzlich zu einem Zwischenspurt anzutreiben. Wie schnell sind sie ein paar hundert Meter weit weg, und wer nicht blitzschnell auf seinen Schlitten gesprungen ist, hat das Nachsehen und muß hinterherlaufen. Da fallen dann schon mal ein paar Tränen, wenn man allein in der weiten Schneelandschaft steht und die Schlittenglocken immer leiser werden.

Natürlich wird kein Kind allein zurückgelassen, und die Lehrerin kommt trösten.

Zur Rast beteiligen sich alle an einer zünftigen Schneeballschlacht – das sicherste Mittel, um wieder warm zu werden. Die Pferde bekommen ihre Futterbeutel mit Hafer und Strohhäcksel umgehängt, und für uns werden die Vesperbrote aus dem großen Schlitten geholt. Aus Thermoskannen gibt es heißen Tee, und ein großer Schneemann zeigt später allen Vorbeikommenden, daß hier einfallsreiche kleine Baumeister gewirkt haben.

Bald geht es zurück in Richtung Heimat. Die Pferde scheinen den Stall zu riechen und schlagen ein tolles Tempo an. Da windet sich die Rodelschlange richtig um die Kurven. Nur gut, daß es fast kein Auto gibt. So erreichen wir unbeschadet den Heimatort Elbingerode. Der Gesprächsstoff über diesen Tag reicht für mehrere Schulwochen.

(Weitere Erinnerungen dieser Autorin finden Sie in den Bänden „Kindheit 1950–1960“ und „Lebens-Erinnerungen 1960–1970“ der Reihe **ZEITGUT***.)*

[Schneeberg im Erzgebirge;
1948]

Ina Skeide

Ein Kanten Brot

Meine Oma wohnte in einer Kleinstadt im Erzgebirge, und ich fühlte mich bei ihr mehr zu Hause als bei meinen Eltern. Am liebsten wäre ich ganz zu ihr gezogen, denn sie war so allein, weil Opa noch nicht aus der Kriegsgefangenschaft zurückgekehrt war. Immer, wenn ich bei ihr war, durfte ich in seinem Bett schlafen.

Meine Eltern hatten wenig Zeit für mich. Vater war meist in der Werkstatt und arbeitete, und Mutti war mit meinen zwei jüngeren Geschwistern beschäftigt.

Aber Oma war immer für mich da. Sie erzählte mir viel von früher. „Früher“, das war entweder die „Friedenszeit“ oder der Krieg. Ich interessierte mich für alles aus dieser Zeit. Von Oma wußte ich, daß ich bei Kriegsende drei Jahre alt gewesen war. Nun war ich sechs und wieder einmal für ein paar Wochen zu Besuch bei ihr.

Oft sahen wir uns gemeinsam Fotos an, und sie erklärte mir, wer darauf abgebildet war, und beantwortete alle meine Fragen, die ich dazu hatte.

Ein Bild habe ich mir besonders gern und oft angesehen. Darauf war ich anderthalb Jahre alt und trug ein kurzes Sommerkleid und weiße Söckchen. Durch meine dünnen, hellen Haare schauten die etwas zu groß geratenen Ohren. Mit freundlichen Augen blickte ich auf einen fahrbaren Holzesel, der auf der Erde stand und dessen Leine ich in der rechten Hand hielt.

Meine Oma erklärte mir: „Das Foto ist mitten im Krieg aufgenommen worden. Da war Opa ein paar Tage auf Urlaub zu Hause, und du warst mit deiner Mutti bei uns zu Besuch."

Nun waren fast vier Jahre vergangen, seit dieses Foto gemacht worden war. Natürlich hatte ich mich sehr verändert: Auf meiner Kopfhaut spürte ich die Zinken des Kämmchens, um das meine nachgedunkelten Haare gerollt waren. Lederschuhe, wie ich sie auf dem Bild anhatte, besaß ich längst nicht mehr.

Jetzt rutschte ich in meinen Igelitschuhen im Sommer hin und her, weil sich der Kunststoff durch die Wärme ausgedehnt hatte. Außerdem waren sie innen klatschnaß, weil Igelit nicht luftdurchlässig war. Mein zweites Paar war aus geflochtenem Stroh. Wenn ich die anzog, bekam ich schon nach kurzer Zeit wundgekratzte Füße.

Das Kleid, das ich jetzt trug, aus lila und schwarzem Stoff, wäre eher etwas für eine alte Frau gewesen als für ein sechsjähriges Kind. Da konnten mich auch die Worte meiner Mutter nicht trösten, als sie sagte: „Das ist aus Fallschirmseide. Sei

Besonders gern schaute ich mir das Foto an, auf dem ich anderthalb Jahre alt war.

froh, daß ich den Stoff auf Zuteilung bekommen habe." Viel lieber hätte ich so ein Kleid wie auf dem alten Foto angehabt. Natürlich war ich auch größer geworden, aber vor allem dünner. Das war kein Wunder, denn ich hatte ständig Hunger.

Oma erklärte mir, warum ich nicht so viel zu essen bekam, wie ich wollte: „Ich kann nur so viel Brot, Milch, Margarine und Zucker kaufen, wie man für die Abschnitte der Lebensmittelkarte erhält."

Nun begriff ich auch, warum wir mindestens zweimal in der Woche dieses Grünzeug zu Mittag aßen. Entweder gab es Spinat, der aus Brennesseln gemacht wurde, oder Salat aus Löwenzahnblättern. Beides hatten wir vorher auf Wiesen in der näheren Umgebung gesammelt. Geschmeckt hat es mir nicht.

Einmal, ich war noch im Nachthemd, denn es war früher als wir sonst immer aufstanden, kniete Oma vor dem Wäscheschrank. Beide Schranktüren standen weit offen, und ein Stapel Wäsche lag neben ihr. Ich wollte wissen, was sie suchte.

Sie sah auf und sagte: „Ich muß noch zwei neue Damasttischdecken und einmal gute Bettwäsche haben. Das ist noch Friedensware. Das Speiseservice hab ich schon eingepackt; das stammte noch von meinen Eltern!"

Als ich wissen wollte, warum sie das zusammenpackte, fuhr sie fort: „Ich hab gehört, daß es in Wildbach einen Bauern gibt, der uns dafür Speck, Kartoffeln und Eier geben soll." Ich sah ihr an, daß es ihr schwerfiel, die Sachen wegzugeben.

Nach dem Frühstück, das aus einer mit Margarine bestrichenen Scheibe Schwarzbrot und Malzkaffee bestand, zogen wir mit einem kleinen Handwagen los. Nach fast einer Stunde Fußweg kamen wir in diesem Dorf an. Der Bauer, der aus dem Stall kam, weil der Hund bellte, sah unfreundlich aus. Nachdem ihm Oma unser Anliegen vorgetragen hatte, brummte er: „Wo soll ich denn noch Kartoffeln hernehmen? Hab selbst fast keine mehr."

Aber Oma bettelte: „Es brauchen doch gar nicht viel zu sein, nur, daß sich das Kind mal sattessen kann."

Da sah er sich Omas Sachen an, rief seine Frau, und gemeinsam trugen sie alles fort. Dann kam er zurück und brachte in einem Beutel, den ihm Oma vorher gegeben hatte, ein paar Kartoffeln. In der einen Hand hatte er drei Eier, die er uns gab, und mit der anderen reichte er noch zwei Zwiebeln aus seiner Hosentasche.

Wir waren froh, daß wir überhaupt etwas bekommen hatten, aber auch darüber, daß wir den demütigenden Handel hinter uns hatten. Wir wußten beide, daß es ein schlechtes Geschäft für uns gewesen war, aber notwendig, um in dieser Zeit zu überleben.

Oma, Opa und ich 1944.
Oma erzählte mir viel von früher. Oft blätterten wir in den Fotoalben.

Am nächsten Tag holten wir wieder unseren Handwagen aus dem Keller. Oma hatte heute viel bessere Laune als gestern.

Vielleicht lag es daran, daß von Opa ein Brief gekommen war, oder daran, weil wir heute so gut gegessen hatten. Es hatte Bratkartoffeln mit Zwiebeln und für jeden ein Spiegelei gegeben. Das war ein Festessen für uns.

Mit dem Handwagen fuhren wir heute nur bis zum nächsten Haus. Das gehörte einem Kohlenhändler. Gleich hinter dem Haus, auf dem Kohlenplatz, hatte ich schon öfter mit Oma Briketts geholt. Dabei hatte ich auch die Tochter des Kohlenhändlers kennengelernt. Sie war ein Jahr älter als ich und hieß Christa. Sie hob manchmal die Briketts auf, die beim Einfüllen in die Säcke danebengefallen waren. Wir hatten uns angefreundet und spielten oft zusammen.

Nachdem ich mit Oma die Briketts im Keller verstaut hatte, ging ich wieder rüber zu Christa. Wir spielten mit unseren Puppen, und anschließend durfte ich bei ihr mit Abendbrot essen. Ihre Mutter stellte mir einen Teller mit zwei dünnen Schnitten hin. Die eine war mit Speckfett und die andere mit Butter und etwas Grünem bestrichen.

„Das ist richtiges Speckfett aus echtem Speck, und auf der anderen ist Schnittlauch aus dem Garten des Herrn Pfarrer“, erläuterte mir Christas Mutter.

Es schmeckte wirklich ganz anders als zu Hause. Bei uns war das Speckfett mehr ein Mehlbrei mit Majorangeschmack und hieß „Affenfett“, und Schnittlauch hatten wir natürlich auch keinen.

Nach dem Abendbrot bedankte ich mich bei ihren Eltern, und Christa durfte noch für eine halbe Stunde mit zu mir gehen. Kurz darauf saßen wir vor meiner Puppenstube und taten so, als kochten wir Essen für unsere Puppen. Das spielten wir oft, denn Christa brachte dazu meist etwas Eßbares mit, das wir dann am Schluß immer selbst aufaßen.

Plötzlich kam es mir in den Sinn: „Wieso gibt der Pfarrer Christas Eltern Schnittlauch?“ und ich fragte sie danach.

Sie antwortete: „Meine Eltern sind ein bißchen mit der Familie des Pfarrers befreundet. Sie kaufen ja auch ihre Kohlen bei uns, und ich bringe öfter Kartoffelschalen und andere Küchenabfälle für seine Tiere zu ihm. Dafür bekomme ich etwas aus seinem Garten."

Ich wurde neugierig und wollte wissen, was er denn für Tiere habe und wie es bei einem Pfarrer zu Hause so aussähe.

„Weißt du was", sagte sie, „wenn ich wieder mal was hinbringe, gehst du einfach mit."

Ein paar Tage später war es dann soweit. Christa holte mich bei Oma ab. Sie hatte eine kleine Milchkanne dabei und ein Eimerchen mit Kartoffelschalen. Die Kanne drückte sie mir in die Hand: „Die ist für Ziegenmilch, die kannst du tragen."

Wir hatten nicht weit zu laufen, denn das Grundstück des Pfarrers lag in unserer Straße, etwa fünf Minuten Fußweg entfernt. Zuerst kamen wir an seinem Zaun vorbei und konnten in den Garten sehen. Dann standen wir vor seinem Haus, und Christa klopfte mit dem Türklopfer.

Eine Frau mit einem Haarknoten am Hinterkopf öffnete und begrüßte uns freundlich: „Na, was bringt ihr denn Schönes?"

Wir durften in den Hausflur treten, und Christa schüttete ihre Schalen, wie gewohnt, in ein größeres Gefäß, das dort an der Wand stand. Dann nahm mir die Frau die Kanne ab und trug sie in die Küche. Ob es die Frau vom Pfarrer war oder seine Haushälterin, das wußte ich nicht.

„Ihr könnt die runtergefallenen Äpfel im Garten auflesen und mitnehmen", erlaubte sie uns.

Es lagen aber nicht viele unten, und der kleine Eimer wurde nicht mal voll. Wir stellten ihn ab, und Christa zeigte mir den Hasenstall. Auf der Wiese suchte sie Löwenzahnblätter und steckte sie durchs Gitter, damit die Hasen sie abfressen konnten.

Inzwischen hatte ich den Ziegenstall entdeckt. Darin stand nur eine Ziege. „Sie fühlt sich bestimmt einsam", dachte ich. Drei Seiten des Stalles bestanden aus Brettern und die Vorderseite aus Holzlatten, so daß die Ziege nur in eine Richtung schauen konnte. Als ich so dastand und mir meine Gedanken darüber machte, fiel mein Blick auf ihren Futternapf. Was sich darin für Futter befand, konnte ich nicht richtig erkennen, aber neben dem Napf lag ein schöner großer Brotkanten, den die Ziege bestimmt noch nicht gesehen hatte.

„Vielleicht will sie ihn auch nicht, weil sie satt ist", vermutete ich. „Und überhaupt, wieso bekommt eine Ziege eigentlich Brot?"

Mich überkam ein unbezwingbarer Drang, mir das Stück Brot zu holen. Die Vorstellung, einmal richtig satt zu sein, war zu verlockend.

Ich blickte mich nach Christa um, und als ich feststellte, daß sie immer noch mit den Hasen beschäftigt war, steckte ich meine Hand durch die Latten und versuchte, nach dem Brot zu greifen. Es klappte nicht, denn mein Arm war zu kurz. Wenn ich es also haben wollte, mußte ich in den Stall hinein. Vorsichtig versuchte ich, am Riegel zu ziehen. Es war gar nicht so schwer, und er ging auf. Nun wußte ich aber nicht, wie die Ziege reagieren würde. Ich hatte ein wenig Angst vor ihr. Als sie sich dann ein bißchen von der Stalltür ins Hintere des Stalles wegbewegte, nahm ich meinen Mut zusammen und machte ganz langsam die Tür auf, nur so weit, daß ich gerade so durchpaßte. Die Ziege behielt ich im Auge, während ich mich nach dem begehrten Stück Brot bückte und es aufhob. Rückwärts verließ ich den Stall wieder.

Nachdem ich die Tür gut verriegelt hatte, merkte ich, daß ich nicht wußte, wo ich das Brot hinstecken sollte. Ich pustete einmal darüber, schließlich hatte es ja auf dem Fußboden gelegen, und biß ein Stück davon ab.

In diesem Moment stand die Frau, die uns hereingelassen hatte, vor mir und fragte mich: „Was kaust du denn da?" und sah auf das Brot in meiner Hand.

Ich war so erschrocken, daß ich keinen Ton herausbrachte.

„Wo hast du das denn her?" schrie sie mich an.

Ich zeigte verlegen auf den Ziegenstall und schämte mich ein bißchen. Aber nicht sehr, denn irgendwie fand ich es ungerecht, daß die satte Ziege so etwas Kostbares wie Brot bekommen hatte.

Christa war inzwischen zu uns herübergekommen und wußte nun auch, was ich gemacht hatte. Es tat mir leid, daß sie sich meinetwegen schämen mußte. Schließlich hatte sie mich hierher mitgenommen.

Zornig befahl mir die Frau: „Leg das wieder dorthin zurück, wo du es hergenommen hast. Das ist doch wohl das Letzte!"

Ich ging zum Stall und steckte das Brot zwischen die Latten und schob es, so weit mein Arm reichte, nach hinten.

Dann wandte sich die Frau an Christa und sagte mit erhobenem Finger zu ihr: „Und das nächste Mal kommst du wieder allein! Hast du verstanden?"

Christa nickte und nahm ihren Eimer mit den aufgelesenen Äpfeln auf. Aus der Küche holte die Frau noch die Kanne, in die sie ein wenig Ziegenmilch gefüllt hatte, und reichte sie ihr. Dann begleitete sie uns, ohne ein weiteres Wort zu verlieren, durch den Hausflur an die Tür. Wir verabschiedeten uns mit einem leisen „Auf Wiedersehen", sie knurrte nur irgend etwas, bevor sie die Haustür schloß.

Wir atmeten beide auf, als wir draußen waren.

Christa wollte gleich von mir wissen: „Hättest du wirklich das Brot gegessen?"

„Na, klar!" gab ich ihr zu verstehen. „Die Ziege hat es doch gar nicht gewollt. Die hatte bestimmt gar keinen Appetit darauf."

Aber Christa hatte wahrscheinlich mit ihrer Frage etwas anderes gemeint. Nämlich, ob ich mich nicht vor dem Brot aus dem Stall ekelte. Natürlich tat ich das, aber mein Hunger war eben größer.

Als ich an diesem Abend im Bett lag, ließ ich mir das, was ich heute erlebt hatte, noch einmal durch den Kopf gehen. Ich versuchte mir vorzustellen, ob der Herr Pfarrer genauso gehandelt hätte wie die Frau, und begann zu zweifeln, ob die, die zur Familie des Pfarrers gehörten, wirklich alle so gute Menschen waren, wie Oma immer sagte. So oft hatte der Pfarrer im Kindergottesdienst von guten Taten und Nächstenliebe gepredigt, und mir hatten seine Worte gefallen. Gehörte dazu nicht auch, daß es gerecht ist, wenn Reichere den Ärmeren etwas abgeben?

Ich spielte sogar mit dem Gedanken, gar nicht mehr in den Kindergottesdienst zu gehen, wenn das, was uns der Pfarrer erzählte, in Wirklichkeit gar nicht so war. Aber das konnte ich Oma nicht antun. Außerdem hätte ich ihr dann die ganze Sache erzählen müssen, damit sie verstanden hätte, warum ich nicht mehr hingehen mochte. Und das wollte ich nicht, denn so gut wir uns auch verstanden, auf die Familie des Pfarrers hätte sie nichts kommen lassen.

Kurz vor dem Einschlafen wanderten meine Gedanken noch einmal zu Christa. Ob sie mich wohl noch als Freundin haben wollte?

Aber an den darauffolgenden Sonntagen holte mich Christa, wie immer bei Oma ab, um mit mir gemeinsam zur Kirche zu gehen. Und sie brachte mir sogar jedesmal eine Kleinigkeit zu essen mit!

[Bad Kösen, Sachsen-Anhalt; 1948]

Vera Mauer

Stinnes oder wie ich zu Käthe-Kruse-Schuhen kam

Als Flüchtlinge aus Stockhausen bei Bischoffsburg in Ostpreußen wohnten meine Mutter, zwei meiner Schwestern und ich nun bei einer Tante in Bad Kösen. Wir waren sieben Personen in zwei Zimmern. Küche und Bad teilten wir uns mit Frau Pettkus und deren Sohn. Auch sie waren Flüchtlinge.

Bad Kösen, eine Kleinstadt in Sachsen-Anhalt, verdankte seinen Ruf als Kurort den Solequellen. Die Kur- und Badeeinrichtungen wurden seinerzeit besonders von Asthma-Kranken genutzt.

Weit über die Grenzen bekannt aber ist die Puppengestalterin Käthe Kruse geworden, die im Jahre 1912 hier ihre Werkstätten gründete. Die Puppenproduktion der Käthe-Kruse-Werkstatt war aus Mangel an Rohstoffen allerdings schon während des Krieges eingestellt worden.

Nach 1945 fertigte man dort eine Zeitlang Schuhe an. Schuhe in Form von Slingpumps mit Keilabsatz, in den Farben beige und dunkelblau. Sie waren mit einer dicken, gummiartigen Igelitschicht bezogen, nicht gerade elegant, aber trotzdem der Wunschtraum vieler junger Mädchen.

Damals konnte man nur auf Marken oder Bezugscheine einkaufen, Schuhe waren besonders schwer zu bekommen. Wir trugen im Sommer Klappersandalen aus Holz, ein sehr verbreitetes Schuhwerk.

Im Gegensatz zu den Erwachsenen fanden wir Kinder

unsere Wohnverhältnisse gar nicht so schlimm. Vormittags waren wir in der Schule, am Nachmittag spielten wir draußen. Weil meine Tante Nachhilfe- und Sprachunterricht erteilte, war meistens das eine Zimmer belegt, in dem anderen schliefen oder spielten die kleinen Kinder. So hielten wir uns die übrige Zeit des Tages in der gemeinsamen Küche auf.

In der dunklen Küche, sie hatte nur einen Lichtschacht, weil das Haus am Hang gebaut worden war, brannte fast immer die Lampe über dem Tisch mit Wachstuchdecke. Während der Stromsperre, in den frühen Abendstunden, mußten eine Kerze und der Schein des Küchenofens ausreichen.

Ich fand es dort gemütlich, es war immer etwas los. Es wurde Malzkaffee, manchmal sogar Bohnenkaffee getrunken, geraucht und viel erzählt. Die Geschichten waren sehr spannend. Ich hörte zum Beispiel, daß die „Närr'sche", eine Frau aus der Nachbarschaft, ihr selbstangebautes Gemüse bis zum Verkauf frisch hielt, indem sie es mit Wasser bespritzte, aber nicht etwa aus der Gießkanne, sondern mit dem Mund. Oder daß die Kriegerwitwe aus dem Nebenhaus regelmäßig den Tischler bestellte und dann ihre Kinder nach draußen schickte mit den Worten: „Spielt schön an der Sonne." Nicht zu vergessen die zahlreichen Kriegs-, Gefangenen-, Heimkehrer- und Fluchtgeschichten.

Manchmal denke ich noch an die Mahlzeiten, die dort aus der Not heraus kreiert wurden. So die „Zudelsuppe", eine Mischung aus Wasser, Salz und geriebenen Kartoffeln, gewürzt mit Kräutern. Als Bereicherung des mageren Speiseplans bot sich die Saalezwiebel an, eine Sumpf- oder Wasserpflanze, die wie Porree zubereitet wurde und auch fast so schmeckte. Dagegen war die künstliche Leberwurst, die aus einer Mehlschwitze, reichlich Salz und Majoran entstand, mit der echten Leberwurst nicht annähernd zu vergleichen.

In dieser Küche betrieb Frau Pettkus einen recht flotten Handel mit diversen Kunden. Sie tauschte, kaufte und verkaufte. So hatte sie immer etwas mehr zu essen als wir.

Es muß 1948 gewesen sein, als immer öfter ein junger Mann zu ihr kam, noch keine zwanzig Jahre alt. Er war klein, hatte schwarze Haare und dunkelbraune Augen. Er war kein Deutscher, doch woher er stammte, weiß ich nicht mehr. Er war sehr geschäftstüchtig und konnte seinerzeit so ziemlich alles besorgen, was es auf dem schwarzen Markt gab.

Einmal sagte er zu meiner Mutter: „Sie glauben ja nicht, was ich mit meinen Geschäften für Sorgen habe, Sorgen wie Stinnes". – Und prompt hatte er seinen Spitznamen weg, wir nannten ihn alle nur noch „Stinnes", was ihn nicht störte, eher etwas amüsierte.

Die Währung, mit der man damals Lebensmittel auf dem schwarzen Markt kaufen konnte, und darum ging es ja den meisten Menschen, waren Schmuck, Porzellan, Pelze, Bilder, Teppiche und andere wertvolle Dinge. Da wir als Flüchtlinge „nur" unsere nackte Haut gerettet hatten, konnten wir in dieser Beziehung mit gar nichts aufwarten. Deshalb machte Stinnes unserer Mutter einen Vorschlag, wie sie mit ihm ins Geschäft zu kommen konnte, auf den sie auch einging.

Das lief so ab: Mutter bekam Geld von ihm und fuhr mit dem Zug nach Berlin, was damals noch möglich war. In West-Berlin kaufte sie so viele Kisten mit geräucherten Bücklingen, wie sie im Rucksack und Handgepäck tragen konnte. Um die Kontrollen in den Zügen zu umgehen, ging sie, auf Anraten von Stinnes, mit dem Lokführer einen Handel ein. Dieser konnte eine Kiste mit Bücklingen behalten, wenn er die übrigen unter den Kohlen versteckte. Die Lokführer machten das jedesmal mit, obwohl es für alle Beteiligten nicht ungefährlich war. Das Handgepäck meiner Mutter, das sie in das Abteil mitnahm, bestand aus Kartons und Taschen, gefüllt mit Bücklingen.

Wenn sie in Bad Kösen ankam, standen wir bereits am Bahnhof, um tragen zu helfen, und Stinnes war auch sofort zur Stelle. Für so eine Fahrt bekam Mutter dann einige Bücklinge und etwas Geld. Er rundete den Betrag oft um 20 oder

30 Pfennige auf mit der Bemerkung: „Der Rest ist für Brause“. Dieser Ausspruch wurde in unserer Familie zum geflügelten Wort. Obwohl diese Fahrten riskant waren, unternahm Mutter sie oft. Bei der Gelegenheit konnte sie in Berlin noch Verwandte besuchen. Danach schwärmte sie jedesmal von dem unvorstellbaren Warenangebot in West-Berlin.

Die Kontrollen in den Zügen wurden ständig schärfer, und so endeten diese Einkaufsfahrten für Mutter eines Tages abrupt, als man bei ihr und dem Lokführer die Ware entdeckte und die komplette Lieferung beschlagnahmte. Wenn kontrolliert wurde, stellte sich jeder dumm, dann wußte keiner, wem die fraglichen Gepäckstücke gehörten. Auch der Lokführer hatte angeblich keine Ahnung, wer ihm die Bücklinge unter die Kohlen geschmuggelt hatte. Die Solidarität untereinander in solchen Situationen war groß.

Jetzt spannte Stinnes auch mich für seine weiteren Geschäfte ein. Ich war ja schon 13 Jahre alt. Mit einem Handwagen fuhren er und ich nachmittags, nach Schulschluß, über Land. In den Dörfern rief er dann lauthals: „Fische zu verkaufen!“ Mir war das furchtbar peinlich, denn ich hatte noch nie zuvor einen Marktschreier gehört.

Mit seinem Geschrei lockte Stinnes die Bauersfrauen aus ihren Höfen. Für sie bedeutete der Fisch eine willkommene Abwechslung auf ihrem Speiseplan. Stinnes nahm dafür nur Naturalien. Zum Beispiel für einen Bückling fünf Eier oder ein halbes Pfund Mehl, Speck, Wurst oder Brot. Es dauerte nie lange, bis die Fische umgetauscht waren.

Zurück fuhren wir erneut mit vollem Handwagen. Die eingetauschte Ware verkaufte Stinnes dann mit großem Gewinn weiter. Mir gegenüber war er mit Naturalien nicht besonders freigiebig, oft zog ich den Handwagen mit knurrendem Magen nach Hause.

Unterwegs sprach er von seinen Zukunftsplänen. Er wollte auf jeden Fall in den Westen, später vielleicht nach Amerika. Englisch lernte er bereits. Seiner Meinung nach war es egal, wo und womit man Geschäfte machte. Mit sicherem Gespür suchte er Marktlücken. – Stinnes verschwand aus unserem Leben so plötzlich wie er aufgetaucht war; leider hörten wir nie wieder etwas von ihm. Ich kann mir aber gut vorstellen, daß er später zu Geld gekommen ist.

Pro Tour bekam ich von Stinnes fünf Mark. Ich bin mit ihm nur deshalb über Land gegangen, weil ich dringend 48 Mark brauchte, für meine Verhältnisse sehr viel Geld. Für diesen Betrag konnte ich mir endlich die Käthe-Kruse-Schuhe kaufen. Zusammen mit dem Geld mußte man noch ein Leinenhandtuch abgeben, um diese schweißfußfördernden Plaste-Schuhe nach sechs Wochen Lieferzeit zu bekommen.

Einer meiner größten Wünsche war schließlich in Erfüllung gegangen: Ich besaß blaue Käthe-Kruse-Schuhe!

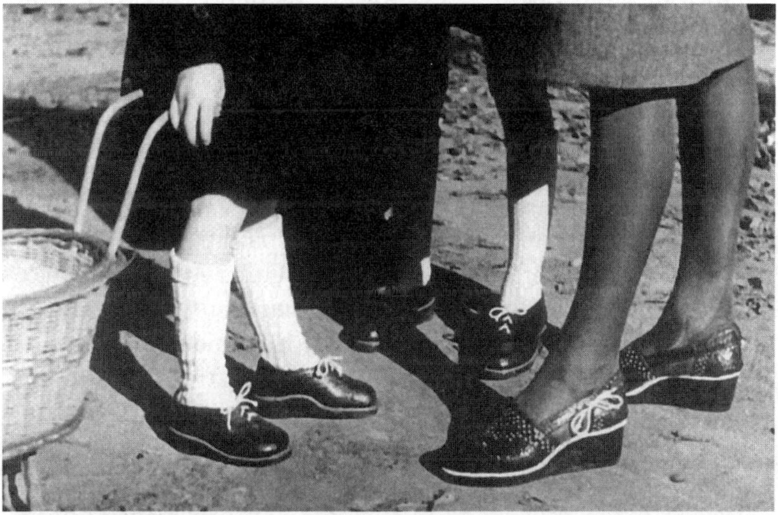

Diese Schuhe aus Igelitt für Kinder („Fifiletten") und Erwachsene, von Sofie Rehbinder-Kruse entwickelt, wurden in den Bad Kösener Käthe-Kruse-Werkstätten in Zusammenarbeit mit den Weißenfelser Schuhfabriken hergestellt. Sie hatten eine gegossene Sohle, die weich und biegsam war. Oberteil und Sohle wurden zusammengeschweißt.

[Detmold;
1948]

Heide Rohse

Der rote Hut

Denke ich an meine Kindheit, so scheint die Sonne. Immer schien die Sonne, als beim Milchholen die Flugzeuge im Tiefflug über die Häuser donnerten, und ich den Regenschirm zum Schutz gegen sie aufspannte.

Obwohl viele nachher erzählten, es habe geregnet, habe ich in Erinnerung, daß auch am 20. Juni 1948 die Sonne schien, am Tag der Währungsreform. Da war ich neun Jahre alt.

„Wir kriegen hundert Mark, mein Gott“, sagte meine Mutter, „es geht bergauf. Im Ausverkauf bekommt jeder von euch etwas Schönes, und ein Eis kriegt ihr auch.“

Meine Schwester und ich waren gespannt, als die Mutter morgens zum Kaufhaus Wiese ging. Um zehn Uhr war es schon so heiß, daß ich mich auf die Schaukel unter dem Pflaumenbaum setzte und so ein bißchen hin und her baumelte. Richtig Schwung zu nehmen, dazu war ich zu träge. Von dort sah ich auf den weißen Marmortisch, an dem wir sonntags mit den Großeltern Kaffee tranken. Marmorkuchen, der hätte mir jetzt auch geschmeckt.

Was Mutter mir wohl mitbringt? Unterwäsche, hat sie gesagt. Wir brauchten Unterwäsche, die konnte sie nicht nähen. Kleider hatte sie selbst genäht aus Blusen und Rökken der Großmutter oder aus alten Gardinen. Nur die Unterwäsche war kaum noch zu stopfen.

„Ihr sollt sehen, ich bringe für jeden etwas Schönes mit“, hatte sie versprochen.

Es war früher Nachmittag. Mir wurde die Zeit allmählich lang, sollte ich Ball spielen oder lieber Stelzen laufen? Mutter mußte bald kommen, es war doch zu heiß.

Von der Schaukel aus sah ich sie schon von weitem. Sie ging ganz langsam, als ob sie schwer zu tragen hätte. Das war kaum zu glauben. Sie hatte einen roten Hut auf dem Kopf, aber sie guckte nach unten. Ich lief ihr entgegen, wollte ihr die Taschen tragen, aber sie winkte ab.

In der Küche warf sich Mutter auf einen Stuhl, sie stöhnte. Dann begann sie zu berichten: „Den roten Hut, den habe ich zuerst gekauft. Er hat zwanzig Mark gekostet, einmal wieder einen roten Hut tragen, ihr wißt ja gar nicht, was das bedeutet! Ich habe lange überlegt, ich brauchte ja eigentlich auch Unterwäsche, aber der rote Hut, ihr wißt ja gar nicht ... nach all den Jahren, und dann habe ich ihn genommen.“

Wir standen staunend da, der Hut lag vor uns auf dem Eßtisch. Er war leuchtend rot mit einem Schleier, der über die Krempe gezogen war. Großmutter sagte kein Wort.

Wie lange ist es her, daß Mutter sich so gefreut hat! Aber sie lacht nicht richtig.

Mir ist unheimlich. Die Sonne schien auf den Hut auf dem Küchentisch.

„Als ich den Hut gekauft hatte, wollte ich die Unterwäsche für euch kaufen. Trauben von Menschen standen um mich herum, es war ein Gedrängel und Geschubse, und heiß war es, kaum zum Aushalten. Ich hatte aber alles ausgesucht, für jeden ein Nachthemd und eine Garnitur Wäsche. Dann ging ich an die Kasse und wollte bezahlen...“

„Und dann“, schrien wir wie aus einem Munde, „was war dann?“

„Ich konnte mein Portemonnaie nicht finden, mir brach der Schweiß aus, ich habe überall gesucht, nirgends habe ich es gefunden. In dem Gedrängel muß es mir gestohlen worden sein“, seufzte Mutter. „Es waren sicher noch 80 Mark drin. Ich habe nichts weiter mitgebracht, nur den Hut...“

Er lag immer noch an der gleichen Stelle auf dem Tisch.

„Setz ihn doch noch einmal auf“, sagte meine Schwester, „er ist so schön rot.“

Mutter sah ganz anders aus mit Hut, wie eine Dame.

„Und das Eis? Kriegen wir nun kein Eis?“

„Doch“, sagte Mutter, „jeder bekommt eine Kugel für zehn Pfennige, und am Samstag gehen wir zum Schwimmen. Das verspreche ich Euch. Es wird schon weitergehen. Wenn wir bloß erst Nachricht von Vater hätten!“

(Weitere Erinnerungen dieser Autorin finden Sie in den Bänden „Gebrannte Kinder. Kindheit in Deutschland 1939–1945“ und „Kindheit 1950–1960“ der Reihe **ZEITGUT***.)*

[Berlin/Neukölln; 1948/49]

Wulf Köhn

Blockade

Luftbrücke

Irgendwann tauchte das Wort „Blockade" auf. Das war zunächst genauso irreal wie viele andere, die man als Kind hört. Für mich war es lediglich eine Bezeichnung für noch mehr Hunger und Mangel. Ich erfuhr dabei auch erstmals, daß es einen Unterschied zwischen West- und Ostberlin gab. Die Grenze war gar nicht so weit entfernt von unserer Wohnung; sie trennte die benachbarten Bezirke Neukölln und Treptow, war aber als solche nicht zu erkennen.

Wir gingen manchmal zu Fuß in den Treptower Park oder in den Plänterwald, meine Mutter sagte dann mitunter: „Jetzt sind wir in Ostberlin." Ich schaute mich dann um, konnte aber keine Veränderung feststellen.

Den Unterschied zwischen Ost und West bekam ich aber deutlich an einer anderen Stelle zu spüren. Seit ich zur Schule ging, erhielt ich nämlich wöchentlich Taschengeld in Höhe von 20 Pfennigen. Ich weiß noch genau, was ich mir von meinem ersten Taschengeld gekauft habe. Es war ein Stück Käse, eine Ecke Schmelzkäse, mit Kräutergeschmack. Die kostete damals gerade 20 Pfennige. Ich aß sie ohne Brot: es war das leckerste, was ich jemals in meinem Leben gegessen hatte. – Noch heute esse ich diese Kräuterecken gern, aber nie wieder hatte ich einen solchen Genuß dabei.

Eines Tages erschien ein Klassenkamerad in der Schule und zeigte uns kleine Geldscheine, die wir vorher noch nie gesehen hatten. Es waren Fünf-, Zehn- und Zwanzigpfennigscheine, und er behauptete, er bekäme jetzt Westgeld als Taschengeld.

Wir fanden schnell heraus, daß man für Westgeld mehr bekam als für die gleiche Menge Ostgeld. Nach und nach hatten die meisten Jungen in unserer Klasse nur noch Westgeld. Nur meine Mutter war eisern. Sie hatte mir 20 Pfennige Taschengeld wöchentlich versprochen, und dabei blieb sie. Ost oder West – das spielte für sie keine Rolle.

Man konnte in den Geschäften mit beiden Währungen bezahlen, aber es gab unterschiedliche Preise dafür. Ich glaube, die Löhne wurden damals in beiden Währungen prozentual unterschiedlich ausgezahlt.

Mit Beginn der Blockade verschwanden von den wenigen Lebensmitteln, die es schon gegeben hatte, viele wieder aus den Geschäften. Es gab jetzt fast gar nichts mehr. Wir standen jeden Monat dreimal vor den Dekadenstellen, wo die Lebensmittelkarten für jeweils zehn Tage ausgegeben wurden, und anschließend wieder in Schlangen vor Geschäften, in denen oft schon alles ausverkauft war, ehe man drankam. Manchmal wechselte ich mich mit meiner Mutter ab, und wir standen gleichzeitig an zwei Schlangen. Ich mußte ihr dann immer den Platz „freihalten".

Manchmal kam ich auch in Schwierigkeiten, wenn ich plötzlich vorne stand, aber meine Mutter noch nicht wieder da war. Dann stotterte und stammelte ich, konnte aber nichts kaufen, da ich kein Geld und keine Marken hatte. Später ließ mir meine Mutter dann Geld und Marken in einem Portemonnaie zurück, damit das nicht wieder passierte.

Einmal gab es in einem Fischgeschäft in der Morusstraße Salzheringe, die stinkenden Fässer standen draußen auf der Straße. Die Schlange war lang, und ich mußte mich anstellen. Ich hatte ein Schraubglas in der Hand. Meine Mutter hatte mir eingeschärft, ich sollte mir Lake dazugeben lassen. Leider konnte ich mir unter Lake nicht das Geringste vorstellen. Ich dachte dabei immer an unsere Bettlaken, doch das konnte hier nicht passen.

Ich stand ziemlich lange in der Schlange, bis ich drankam. In der Zwischenzeit war ich in meine Beobachtungen und Phantasien so versunken, daß mir das Wort „Lake“ nicht mehr einfiel, als ich der Verkäuferin mein Heringsglas und das Portemonnaie reichte. Sie guckte hinein, entdeckte die Marken für drei Heringe, fischte diese aus der Tonne und fädelte sie in das Glas.

Während der ganzen Zeit überlegte ich krampfhaft, was ich noch verlangen sollte. Mir fiel immer nur mein Bett ein. Die Verkäuferin drückte mir das Glas wieder in die Hand, aber ich druckste noch herum.

„Was ist los?“ fragte sie. „Willst du noch was?“

„Ja, ich...“

„Na, sag schon! Beeil’ dich, es warten noch mehr!“

„Ich soll noch ein Bett mitbringen“, platzte ich heraus, „für die Heringe!“

So, jetzt war ich erleichtert, auch wenn es mir noch so peinlich war. Die Verkäuferin schaute mich erst verblüfft an, aber dann kam ihr die Erleuchtung.

„Du meinst bestimmt Lake“, stellte sie fest.

Das war’s! Ich nickte eifrig und voller Erwartung, was sie jetzt anschleppen würde. Aber sie füllte lediglich das Heringsglas mit stinkender Flüssigkeit aus dem Heringsfaß auf. Als ich nach Hause ging, war ich mir nicht so ganz sicher, ob sie mich mit dem Laken nicht zum Narren gehalten hatte. Aber meine Mutter war ganz zufrieden mit mir und erklärte mir, daß Lake nichts anderes als Salzwasser wäre.

Mit der Zeit änderte sich das Lebensmittelangebot. Es gab jetzt viel mehr getrocknetes Gemüse, vor allem Trockenkartoffeln. Ich hörte von einer Luftbrücke, über die alle Lebensmittel nach Westberlin gebracht wurden.

Daß die Luftbrücke keine richtige Brücke war, sondern aus einer endlosen Kette von Flugzeugen bestand, wurde mir schnell klar, denn wir wohnten genau in der Einflugschneise zum Flughafen Tempelhof. Alle zwei bis drei Minuten flog eine Maschine mit dröhnenden Motoren nur wenige Meter über unser Haus hinweg, in endloser Reihe, Tag und Nacht. Wenn das Brummen eines Flugzeugs in der Ferne kaum verklungen war, kündigte sich auf der anderen Seite schon das nächste an.

Für mich war dieses Geräusch nicht beängstigend, eher beruhigend – bis ich dann eines Tages erfuhr, daß in der Handjerystraße ein Flugzeug abgestürzt und auf ein Wohnhaus gefallen war. Dabei waren einige Hausbewohner ums Leben gekommen. Parallel zur Zietenstraße, in der wir wohnten, lag die damalige Prinz-Handjery-Straße, dort vermutete ich die Absturzstelle, fand sie aber nicht. Ich wußte ja nicht, daß die Wilmersdorfer Handjerystraße gemeint war.

Obwohl meine Mutter mir das erklärte, hatte ich von da an dennoch Angst. Wie schnell konnte eine Maschine auch auf unser Haus stürzen! Manche Nacht lag ich nun in meinem Bett und konnte nicht einschlafen, während ein Flugzeug nach dem anderen über unser Dach hinwegbrummte.

Kartoffelschalen

Auf einigen Hinterhöfen in der Stadt gab es damals richtige Kuhställe. Im Erdgeschoß des Seitenflügels oder Quergebäudes standen die Kühe in ihren Boxen, mit dem Hinterteil zur Tür, so daß sie nur gegen die Wand schauen konnten. Im Vorderhaus gab es eine Verkaufsstelle, in der man täglich, auch an Sonn- und Feiertagen, Milch bekam.

Ich glaube, auch für die Kühe war eine schwere Zeit gekommen, denn sie wurden hauptsächlich mit Küchenabfällen gefüttert. Jeden Tag fuhr ein Pferdewagen durch die Straßen. Mit einer lauttönenden Handglocke machte der Kutscher die Bewohner auf sich aufmerksam und rief: „Brennholz für Kartoffelschalen!“

Hausfrauen und Kinder eilten dann mit den Gemüseabfällen und Kartoffelschalen nach unten und tauschten sie gegen Brennholz ein. Es waren meist einige Stücken Anmachholz, je nach Menge und Qualität der abgelieferten Abfälle. Nun, mit Beginn der Blockade, wurden die Küchenabfälle immer spärlicher, denn das wenige, das es gab, aß man allein und vermied jeden Abfall.

Die Versorgungslage unserer Familie war extrem schlecht, denn wir hatten keinerlei Verwandte auf dem Land, keinen Kleingarten, einfach nichts, wo man einen Kohlkopf oder ein paar Möhren herbekommen konnte.

Jede freie, unbebaute Fläche in Berlin wurde damals kultiviert und zum Garten gemacht. Von den Grünanlagen verschwand der Rasen, dort wurden Kohlköpfe angebaut. Ich weiß nicht, wie die „Landverteilung" vonstatten ging, ich weiß nur, daß wir nichts davon abbekamen.

Die okkupierten Grundstücke wurden mit allerlei Gerät abgesperrt. Das reichte von alten Bettgestellen bis zu schmiedeeisernen Balkonbrüstungen, die man von den Ruinengrundstücken organisiert hatte.

Als ich 1947 eingeschult wurde, befand sich auf dem Boddinplatz an meinem Schulweg noch eine schöne Parkanlage. Einige Monate später war die ganze Anlage parzelliert und mit verrosteten Eisengittern und Bettgestellen umzäunt. Der Jahnpark, eine riesige Grünanlage neben der Hasenheide, war ebenso aufgeteilt, so daß es zunehmend schwerer wurde, Eßbares aus der Natur zu holen.

Meine Mutter nutzte alle Möglichkeiten. Aus Brennesseln bereitete sie eine Art Spinat, Sauerampfer war schon lange als Salat beliebt, auch Löwenzahn verschmähten wir nicht. Wir fingen sogar an, Eicheln zu sammeln. Meine Mutter kochte daraus ein Püree, an dessen Geschmack ich mich nicht mehr erinnern kann. Der einzige Versuch, es mit Kastanien zuzubereiten, reichte uns aber. Das Zeug schmeckte so bitter, daß wir es dabei bewenden ließen.

Die Luftbrücke brachte uns einige haltbare Lebensmittel. Neben den Trockenkartoffeln gab es noch „POM", ein grünliches Pulver, das als Kartoffelersatz verwendet wurde. Es bestand wohl hauptsächlich aus Mais und Soja. Ich aß den daraus angerührten Brei sogar gern, wenngleich andere darüber schimpften.

Viele Gemüsesorten gab es als getrocknete Schnitzel, von denen mir vor allem noch die von Roten Beten in Erinnerung geblieben sind. Ich durfte mir, wenn ich spielen ging, ab und zu eine kleine Handvoll davon mitnehmen. Man hatte lange etwas davon, denn die Schnitzel mußten erst lange im Munde aufweichen, ehe sie eßbar wurden.

Für Kinder gab es noch Trockenmilch, die man nicht nur zu einem Getränk, sondern – mit Mehl gestreckt – auch zu einem süßen Brei anrühren konnte. Der wurde mit dem Löffel direkt aus der Tasse gegessen.

Eine seltene Delikatesse war das Eipulver. Mit Wasser angerührt und auf der Pfanne gebraten, entstand eine Art Rührei, allerdings ohne Speck und Schinken. Daran war überhaupt nicht zu denken.

Ich mußte nach wie vor hauptsächlich meinen „Schleim" trinken, eine aus Haferflocken gekochte, Fäden ziehende, halbflüssige Speise, die in meinen Augen täglich ekelhafter wurde. Noch heute schüttelt es mich bei dem Gedanken daran. Damals trieb der Hunger trotzdem alles rein. Das Brot aßen wir meist trocken, ohne Margarine, denn diese wurde zum Kochen und Braten gebraucht. Margarine als Brotaufstrich war deshalb die Ausnahme.

Eines Tages hatte Mutter meinem kleinen Bruder und mir eine Margarineschnitte versprochen, wenn wir unseren Schleim getrunken hätten. Da war es endgültig mit meiner Beherrschung vorbei. Ich revoltierte gegen den Schleim und weigerte mich standhaft, ihn zu trinken. Mit dem Margarinebrot in Aussicht, bekam ich ihn einfach nicht mehr runter. Es gab einen mächtigen Kampf zwischen mir und meiner Mutter, bei dem ich schließlich den Kürzeren zog. Ich würgte den Schleim hinunter, um danach die Margarineschnitte genießen zu können. Die Margarine von damals war geschmacklich sicherlich nicht mit den heutigen Marken zu vergleichen.

In der Wohnung unter uns wohnte Frau Linke, eine alte, freundliche Dame, die immer Verständnis für uns Kinder hatte, auch wenn wir noch so laut über ihrem Kopf herumtrampelten und tobten. Ab und zu holte sie mich in ihre Wohnung und gab mir heimlich etwas zu essen. Es war nie

Mein kleiner Bruder Ulrich und ich 1948, zu Beginn der Blockade. Da Mutter Kindergärtnerin war, konnte ich mich auch als Schulkind bei ihr, im Kindergarten, aufhalten.

viel, manchmal nur eine Pflaume oder ein Zwieback, aber es war immer eine willkommene Zugabe.

Meiner Mutter war es peinlich, einzugestehen, daß es uns so schlecht ging. Wir sollten Angebote von anderen Leuten ablehnen. Frau Linke wußte das, und darum schärfte sie mir ein, davon niemandem etwas zu sagen. Sie hatte wohl Probleme mit ihren Zähnen, so daß sie nicht alles essen konnte. Die Reste bewahrte sie deshalb für mich auf.

Das Leckerste, was ich von ihr einmal bekam, waren die Schlauben, die beim Passieren von gekochten Erbsen durch ein Sieb übrigbleiben. „Das gibt Blähungen und dann mußt du pupsen“, kicherte sie verschmitzt. Ich habe vergeblich auf die Blähungen gewartet.

Zu Hause gab es selten ein richtiges Mittagessen, wir bekamen in der Schule oder im Kindergarten eine warme Mahlzeit. Kochte meine Mutter am Wochenende selbst, reichte es meist nur zu Kartoffeln mit Soße. Die Soße bestand aus einer Mehlschwitze mit Margarine, Mehl und Salz, die lediglich durch die Dauer des Anbräunens in der Farbe variierte. Trotzdem galt sie als Leckerbissen, von dem ich niemals genug bekommen konnte.

Doch bald gab es keine Kartoffeln mehr zu kaufen, und die Trockenkartoffeln wurden ebenfalls rar. Allerdings hatten unsere Nachbarn durch Beziehungen zu einem Bauern häufig Gemüse und fast täglich Kartoffeln.

Unsere Mülleimer standen in dem gemeinsamen Flur unter den Gaszählern und wurden nur in die Küche geholt, wenn man sie dort brauchte. Als meine Mutter entdeckte, daß sich in Nachbars Mülleimer oft Gemüseabfälle befanden, lauerten wir manchmal schon hinter unserer Küchentür und warteten, bis Frau Lezius den Eimer in den Flur stellte. Schnell holten wir ihn in die Küche und durchforschten ihn nach Eßbarem. Kohlstrünke und Gemüseschalen aller Art waren uns immer noch gut genug für eine Gemüsesuppe.

Die Kartoffelschalen wanderten gewaschen in den Topf und wurden gekocht. Anschließend saßen wir um den Tisch und pulten mit Fingernägeln und Küchenmessern die dünne Kartoffelpelle von den Schalen. Das gab in Verbindung mit der Mehlschwitze fast eine ausreichende Mahlzeit.

Die Familie Lezius bekam es bald mit, daß wir ihre Abfälle verspeisten. Es war ihnen genauso peinlich, darüber zu sprechen, wie es meiner Mutter genierlich war, es zuzugeben. Wir bemerkten aber, daß die Abfälle jetzt sorgfältiger in dem Mülleimer verstaut wurden. Die nun etwas dicker gelassenen Kartoffelschalen und die anderen eßbaren Abfälle waren deutlich von dem ungenießbaren Müll getrennt – und extra eingewickelt.

Stromsperre

Es ging auf den Winter zu. Die Tage wurden wieder kürzer, und die Dunkelheit kam früher.

Zu den Ärgernissen der Blockadezeit gehörte auch das regelmäßige Abschalten des Stroms. Es gab ihn täglich nur stundenweise, in der übrigen Zeit war „Stromsperre".

Solange es draußen noch hell war, wenn ich ins Bett mußte, bemerkte ich das kaum. Aber jetzt wurde es abends schon dunkel, während ich noch nicht einmal mit meinen Schularbeiten fertig war. Die Abende spielten sich bei Kerzenschein ab, nur, daß selbst die Kerzen knapp waren und wir damit sparsam umgehen mußten.

Mein Großvater hatte ein Gerät gebastelt, mit dem wir Kerzen gießen konnten. In einer alten Konservendose wurde das Kerzenwachs erhitzt und in eine Röhre gegossen, in der ein Baumwollfaden befestigt war. Unser bisheriger Sammeleifer, der sich auf Heu, Stroh, Eicheln, Brennesseln, Pferdeäpfel und Pflaumenkerne erstreckte, wurde jetzt auch auf Kerzenreste ausgedehnt. Wir sammelten nicht nur jeden Kerzenstummel, sondern auch alles andere, was einigermaßen nach Fett aussah und nicht eßbar war. Das Ergebnis unserer selbstgegossenen Kerzen war im wahrsten Sinne des Wortes „betrüblich", denn diese Kerzen erzeugten meist ein äußerst trübes Licht, bei dem ich oft noch Schularbeiten machen mußte.

Wir ließen den Lichtschalter in unserer Stube auch nachts an, damit wir sofort bemerkten, wenn es zwischendurch eine

Stunde Strom gab. Dann wurden sofort die Arbeiten erledigt, zu denen man Strom oder Licht brauchte. Meine Mutter fing dann manchmal mitten in der Nacht zu bügeln an, während ich verschlafen meine Schulhefte herausholte und zu lesen und zu rechnen begann.

Der Familie Lezius ging es da besser. Sie hatte in der Küche eine Gaslampe, die auch bei Stromsperre funktionierte.

Zum Glück wurden die Straßenlaternen vielerorts mit Gas betrieben, so daß es draußen nicht ganz dunkel war, wenn wir spät abends unterwegs waren. Es gab aber auch Stadtteile mit elektrischer Straßenbeleuchtung. Dort herrschte bei Stromsperre eine unvorstellbare Finsternis. Man konnte wirklich kaum die Hand vor Augen sehen.

Die Fenster unseres Treppenhauses gingen zum Hof hinaus, so daß der Schein der Straßenlaternen dort nicht hinreichte. Kamen wir abends aus dem Kindergarten nach Haus, war es so dunkel, daß man noch nicht einmal einen leichten Lichtschein durch die Fensterscheiben sah. Wir zogen uns dann am Treppengeländer nach oben, ertasteten das Schlüsselloch und tappten durch den dunklen Flur in die Küche, bis wir eine Kerze angezündet hatten.

Selbst das war sehr umständlich, denn wir hatten keine Streichhölzer. Der einzige Weg führte über den Gasanzünder, mit dem erst der Kocher angezündet wurde. Dann konnte daran die Kerze angesteckt werden. Bis dahin aber geschah alles bei völliger Dunkelheit.

Als ich einmal den Gasanzünder verlegt hatte, mußte meine Mutter Herrn Lezius bitten, uns eine Kerze anzuzünden, damit wir ihn wiederfinden konnten. Dabei hatte er nur am anderen Ende unserer Kochmaschine gelegen.

Mein ganzer Traum war deshalb eine eigene Lichtquelle. Ein Klassenkamerad hatte einmal eine Dynamotaschenlampe in der Form eines Marienkäfers mitgebracht. Mit dem Niederdrücken der Flügel wurde ein kleiner Dynamo angetrieben, der für kurze Zeit Licht erzeugte. Durch ständiges

Pumpen entstand ein pulsierendes Licht, das völlig ausreichte, um sich bei Dunkelheit orientieren zu können. Die Lichterzeugung war zwar mit einem laut heulenden Geräusch verbunden, aber wen störte das schon – außer unsere Lehrerin.

Ein anderer Schulfreund besuchte mich einmal spät am Abend mit einer Karbidlampe. Das war ein mit Karbid gefüllter Metallbehälter, aus dem ein kleines Rohr geführt wurde, und aus diesem kam eine helle Flamme.

Einige Leute hatten Petroleumlampen oder geschlossene Laternen, die sie mit auf die Straße nehmen konnten. Wir hatten nur Kerzen, aber damit konnte man draußen keine paar Schritte gehen, ohne daß sie verloschen.

Als wir einmal nach Treptow gingen, fiel mir eine große Uhr auf, die an einer Häuserwand befestigt war.

„Wie wird die denn aufgezogen?" fragte ich meine Mutter.

„Die braucht man nicht aufzuziehen, die läuft mit Strom."

„Aber was ist bei Stromsperre? Bleibt die Uhr dann stehen?"

Ich erfuhr zum erstenmal, daß es eine regelmäßige Stromsperre nur in Westberlin gab, weil die Blockade insgesamt nur den Westteil der Stadt betraf, und ich begann, die Ostberliner zu beneiden.

Die Amerikaner

Wir wohnten im amerikanischen Sektor von Berlin. Für mich waren die Amerikaner der Inbegriff des schlechten Benehmens und eines besseren Lebens zugleich.

Ich hatte bis dahin zwar noch keine Gelegenheit gehabt, einen kennenzulernen, aber meine Mutter mahnte mich ständig: „Benimm dich nicht wie ein Amerikaner!"

Die Amerikaner, kurz Amis genannt, schienen ständig in der Nase zu bohren, sich bei Tisch am Kopf zu kratzen und die Beine auf den Tisch zu legen. Letzteres hatte ich zwar noch nie gewagt, aber gehört, das sei die normale Sitzhaltung eines jeden Amerikaners.

Wir hatten damals eine scheußliche Sandseife im Kindergarten. Sie erzielte ihre Reinigungswirkung wohl weniger aus den Seifenanteilen als vielmehr aus dem Scheuereffekt, sie erzeugte auch keinerlei Schaum, sondern eine Art Sandpampe, die zusammen mit dem Schmutz wieder abgewaschen wurde.

Eines Tages bekamen wir ein Stück weißer Seife, die wundervoll weich war und stark schäumte. Wir erfuhren, das wäre amerikanische Seife. Von nun an bezeichneten wir alles als „amerikanisch", was qualitativ besser war als die gewohnten Dinge.

Ein andermal brachte ein Junge eine kleine Tafel Blockschokolade mit, die noch an einem weißen Fallschirm hing. Er hatte sie auf der Straße gefunden. Dabei erfuhren wir, daß die Amerikaner für die Kinder Schokolade und andere Süßigkeiten an Fallschirmen abwarfen, kurz bevor sie auf dem Flugplatz landeten.

Ich habe oft zu den Flugzeugen hinaufgeschaut, wenn sie über mich hinwegflogen. Es gab normale Flugzeuge mit einem Rumpf und zwei Propellern, aber auch größere mit Doppelrumpf und vier Propellern. Es gelang mir allerdings nie, einen Fallschirm zu erwischen. Ein einziges Mal sah ich einen einsamen Fallschirm nach unten trudeln, aber bevor ich ihn erreichen konnte, hatten sich bereits mehrere andere Jungen darauf gestürzt.

Irgendwann gab es in der Schule aber für jeden eine Tafel Blockschokolade – die erste Schokolade in meinem Leben. Sie bestand aus einem einzigen Riegel mit fünf Kästchen. In jedes Kästchen war ein Buchstabe eingeprägt, so daß sich das Wort BLOCK ergab. Man brauchte schon gute Zähne, um davon etwas abzubeißen.

Die meisten Jungen verspeisten die Schokolade sofort in der Schule, aber ich nahm sie mit nach Hause. Meine Mutter stellte mir frei, meinem Bruder Ulrich etwas abzugeben; ich gab ihm zwei Kästchen und meiner Mutter eins, das sie aber nicht annahm. Da hob ich es für meinen Großvater auf, der es aber

mit Hinweis auf seine Zähne ebenfalls ablehnte. So konnte ich es mit ruhigem Gewissen selber essen.
Es war ein ganz besonderer Genuß. Den Geschmack kannte ich zwar schon ein bißchen vom Schokoladenreis her, den es einmal wöchentlich als Quäkerspeise gab – einen dicken dunkelbraunen Reisbrei; aber der Genuß der reinen Schokolade war ungleich eindrucksvoller. – Außerdem kostete es immer ein gewisses Maß an Überwindung, den Schokoladenreis zu essen, da er häufig kleine weiße Maden enthielt, die deutlich in dem braunen Brei zu sehen waren. Wir fischten sie zwar heraus, wenn wir sie sahen, werden aber bestimmt viele unentdeckte mitgegessen haben. Das war trotzdem kein Grund, auf die Speise zu verzichten.

Es war nicht die letzte Tafel Blockschokolade, die es in der Schule gab. Alle paar Wochen konnte ich nun eine neue mit

Winter 1947/48: Klassenfoto 1. Schuljahr. Ich stehe in Schulterhöhe neben unserer Lehrerin Fräulein Toepfer.

nach Hause nehmen. Ob die Amerikaner auch die Vitamin-C-Tabletten in die Schule brachten, weiß ich nicht. Von irgendwann an mußten wir jeden Tag eine kleine saure Tablette lutschen, die uns Fräulein Toepfer persönlich auf die ausgestreckte Zunge legte, damit sie auch keiner wegwarf.

Als die Adventszeit kam, erkrankte meine Mutter wieder an der Kopfgrippe und lag meist im Bett.

Ich entdeckte, daß in der Hermannstraße Weihnachtsbäume verkauft wurden. Da meine Mutter zu schwach war, um sich selbst darum zu kümmern, drückte sie mir 50 Pfennige in die Hand und schickte mich los. Ich sprach den Händler an, zeigte ihm das Geld und sagte ihm, daß ich das für einen Baum ausgeben könne. Er überlegte einen Augenblick und führte mich zu einem kleinen Baum, den ich gut allein tragen konnte. Er stellte ihn auf, drehte ihn hin und her, damit ich ihn gut betrachten konnte, und fragte, ob er mir gefalle. Er gefiel mir, und ich nahm ihn mit.

Meine Mutter war entsetzt, als sie den Baum sah. „Mein Gott, was hast du dir denn da andrehen lassen?“

Ich fand ihn ganz in Ordnung. Bei näherem Hinsehen stellte sich allerdings heraus, daß es nur ein halber Baum war: Er hatte nur an einer Seite Äste, die andere Seite war völlig kahl. Der Händler hatte den Baum so geschickt vor mir gedreht, daß ich immer nur die volle Seite zu sehen bekam. Meine Mutter lächelte aber dann doch; immerhin war es mein erster Einkauf mit eigener Entscheidung.

Wir stellten den Weihnachtsbaum auf ein kleines Tischchen an die Wand, da war die Rückseite ohnehin nicht zu sehen. Ich fand diese Lösung übrigens so praktisch, daß ich auch heute noch nach solchen Bäumen Ausschau halte: Man kann sie dichter an die Wand stellen, ohne daß sie umfallen.

Kurz vor dem Weihnachtsfest wurde uns im Kindergarten angekündigt, daß uns Amerikaner besuchen würden. Das war eine tolle Sache, denn sie würden bestimmt etwas mitbringen. Vorher wurde uns noch beigebracht, daß wir uns mit dem Wort „Xänkju" bedanken sollten. Das war schon ein merkwürdiges Wort, sollte aber so viel wie „Danke" bedeuten. Wir übten es immer wieder, bis wir es einwandfrei aussprechen konnten.

Als der Tag gekommen war, erwarteten wir mit Spannung die Amerikaner. Sie sahen anders aus, als wir es gewohnt waren. Auf der Straße trugen sie sonst immer grüne Drillichanzüge und Mützen, heute hatten sie schmucke Uniformen an und spitze Schiffchen auf dem Kopf, die sie dann aber unter ihre Schulterklappen steckten. So erfuhr ich zum erstenmal, wozu diese da waren.

Wir standen Spalier, während sie eintraten, und begrüßten jeden mit einem begeisterten „Xänkju", was mit einem breiten Grinsen oder unverständlichem Kauderwelsch beantwortet wurde. Sie brachten einen großen Sack mit, den sie mitten im Raum auf den Boden entleerten. Es kamen Schokolade und andere Süßigkeiten zum Vorschein. Die meisten Sachen hatte ich noch nie gesehen, ich konnte mir auch nicht vorstellen, was darin enthalten war. Damit es keine große Balgerei gab, durfte jedes Kind an den süßen Berg herantreten und sich zunächst eine Sache nehmen.

Bevor ich drankam, überlegte ich schon, wofür ich mich entscheiden sollte. Die Blockschokolade kannte ich schon, also mußte es etwas anderes sein. Ich entschied mich für ein grünes schmales Päckchen, in dem ich Bonbons vermutete. Als ich es aber öffnete, kamen mehrere schmale Streifen zum Vorschein, die ebenfalls eingepackt waren. Einen packte ich aus und steckte ihn in den Mund. Er schmeckte fast wie Pfefferminztee, nur viel stärker; er löste sich aber nicht auf, so daß ich ihn nach einigen Kauversuchen enttäuscht runterschluckte. Ich hatte eine – mir bis dahin unbekannte – Packung Kaugummis erwischt.

Andere Kinder waren ganz wild auf die Kaugummis, aber ich konnte mich nie dafür begeistern. Bis heute habe ich kein Verlangen danach und benutze sie höchst selten – zum Verbessern des Mundgeruchs. Ich tauschte damals mein Päckchen trotzdem nicht ein, denn es war das erste, was ich von den Amis geschenkt bekommen hatte. Es gab bestimmt noch einiges mehr, doch daran kann ich mich nicht mehr erinnern.

Wir sangen ihnen „Oh Tannebaum" vor, und sie sangen dazu „Oh Hämlocktrie" und andere unverständliche Sachen und fingen an zu heulen. Anfangs hatte jeder von ihnen ein, zwei Kinder auf dem Schoß, später kümmerten sie sich mehr um die Kindergärtnerinnen. Es war ein toller Nachmittag!

Blockadewinter

Es gab noch ein anderes Geschenk kurz vor Weihnachten. Alle Kinder unseres Kindergartens durften zum Rathaus gehen, um dort Gummistiefel zu empfangen.

Wir marschierten zu Fuß dorthin und wurden in einen Raum geführt, in dem ein großer Haufen hochglänzender, schwarzer Gummistiefel aufgetürmt war. Es waren auch Kinder aus anderen Kindergärten gekommen, und schließlich standen wir alle im Kreis um den Berg herum.

Auf Kommando durften wir an ihn herantreten und uns passende Stiefel aussuchen. Dabei wurden wir von einigen Männern mit Blitzlicht fotografiert, wie wir, auf dem Boden sitzend, die Stiefel anprobierten oder sie einfach in der Hand hielten. Es war ein mächtiges Durcheinander. Die Stiefel waren zwar paarweise zusammengebunden, aber nicht nach der Größe sortiert.

Als ich vor dem Haufen stand, hatte ich mir schon ein paar Stiefel ausgeguckt, die als einzige an der Vorderseite eine kleine Schleife trugen. Aber auch andere Kinder hatten sich für diese interessiert, so daß ein allgemeines Drängen zu diesem Paar einsetzte.

Ich kam natürlich wieder zu spät. Es stellte sich allerdings heraus, daß die Schleifen nicht am Stiefel befestigt waren, sondern lediglich als Zierat lose darauf klebten. Überall lagen später ähnliche Schleifen auf dem Boden herum.

Die Kindergärtnerinnen hatten alle Hände voll zu tun, jedem Kind ein Paar Stiefel auszuwählen, denn die Selbstwahl war nicht immer passend. So mancher wollte sich nicht von den selbst ausgesuchten trennen, auch wenn sie zu groß oder zu klein waren. Zum Glück war meine Mutter als Kindergärtnerin dabei und achtete darauf, daß ich Stiefel bekam, in die ich noch hineinwachsen konnte. Das heißt, sie waren einige Nummern zu groß, paßten somit auch noch im nächsten Jahr.

Der Winter während der Blockade wurde ungewöhnlich streng. Die Temperaturen sanken immer tiefer, und das wirkte sich wegen des Mangels an Heizmaterial besonders stark aus. Die Schule war nur notdürftig beheizt; wir mußten täglich ein Brikett mitbringen, damit die Temperatur im Klassenraum nicht unter den Gefrierpunkt sank. Die Brikettspende wurde jedoch nicht so genau überwacht, da es vielen einfach nicht möglich war, täglich eine Kohle aufzutreiben.

Auch ich gehörte zu den Kindern, die meistens nichts mitbringen konnten. Wir saßen mit dicken Wintermänteln in der Klasse und versuchten, mit Fäustlingen an den Händen, zu schreiben.

Im Kindergarten war es ähnlich. Nirgends war genügend Heizmaterial vorhanden. Wir kamen aus unserer dicken Oberbekleidung nicht mehr heraus und schliefen sogar darin. In unserer Wohnung versuchte meine Mutter, wenigstens den Kachelofen einigermaßen warm zu halten. In der Ofenröhre wurden ständig ein paar Ziegelsteine angewärmt, die wir abends – gut in Zeitungspapier eingewickelt – ins Bett bekamen, damit die Füße warm wurden. Die Küche wurde ausschließlich durch das Kochen beheizt, wobei die Gasflamme eine Menge ungenutzter Wärme entließ.

Der einzige Raum, der keine Heizmöglichkeit hatte, war die gemeinsame Toilette, sie drohte jetzt einzufrieren. Wir durften das schmale Fenster nicht mehr öffnen, auch nicht zum Lüften. Aber das hätte bei der Kälte ohnehin kaum jemand getan.

Herr Lezius verpackte die Fensternische und die Wasserrohre mit Stroh, das er seinen Kaninchen vorenthielt, aber die Temperatur sank trotzdem bald unter den Gefrierpunkt.

Irgendwann froren die Wasserleitungen ein, so daß nicht mehr gespült werden konnte. Eine Zeitlang wurde das Klo trotzdem noch benutzbar gehalten, indem wir Wasser aus der Küche nachgossen, das wir in einem Eimer hinunterschleppten. Einige Tage später mußte der Abfluß schon mit kochendem Wasser freigehalten werden, aber selbst das half nicht mehr lange. Die Toilette wurde unbenutzbar – nicht nur in unserem Haus, sondern in der ganzen Straße. Überall herrschten die gleichen Verhältnisse.

Unser tägliches Geschäft mußten wir jetzt in der Wohnung auf dem Nachttopf oder über dem Eimer verrichten. Inzwischen war auch mein Bruder Ulrich an unserer „Morgenarbeit" beteiligt, es blieb uns nichts anderes übrig, als den Eimer ganz nach unten zu schleppen und seinen Inhalt in den Rinnstein der Straße zu schütten, wo er sofort einfror.

Ich kann mich nicht mehr erinnern, wie lange diese Kälteperiode anhielt. An der Menge der Fäkalien, die sich im Laufe der Zeit auf der Straße ansammelten, läßt es sich vielleicht abschätzen. Die Rinnsteine waren bald bis zum oberen Rand der Bordsteinkante gefüllt, und jedes Überqueren der Straße wurde zur Schlitterpartie. Die gefrorenen Exkremente waren deutlich in dem klaren Eis zu erkennen. Es war ekelhaft.

Noch schlimmer wurde es allerdings, als das Tauwetter einsetzte. Da gab es in vielen Häusern Rohrbrüche. Unser Haus wurde zum Glück davor bewahrt, so daß wir unsere Toilette bald wieder benutzen konnten. Aber auf der Straße spielte sich Schreckliches ab. Die Fäkalien tauten langsam wieder auf, konnten indessen nicht durch die Gullys abfließen, da diese noch zugefroren waren. Unter Verbreitung eines fürchterlichen Gestanks flossen sie langsam die Rollberge hinunter bis zur Karl-Marx-Straße, dort blieben sie knöcheltief liegen.

Unser Haus, das etwa auf halber Höhe des Gefälles lag, befand sich nach kurzer Zeit außerhalb des Fäkalienbereichs. Dafür waren die Bewohner der ganz unten liegenden Häuser sehr viel schlechter dran. Sie kamen zum Teil nicht mehr in ihre Hauseingänge, ohne durch den Schiet der ganzen Straße waten zu müssen.

Irgendwann kamen die Männer von der Stadtreinigung und spritzten mit dicken Schläuchen die Straßen wieder frei.

Ende der Blockade

An einem Sonntagmorgen klingelte es an der Tür, und eine junge Frau holte mich ab zum Kindergottesdienst, damals „Sonntagsschule" genannt. Sie wollte mir drei Kinder vorstellen, die draußen warteten, aber ich sah nur zwei Mädchen in der Haustürecke stehen. Lachend gingen sie auseinander und gaben einen kleinen Jungen frei, der sich hinter ihnen versteckt hatte. Das sah schon ganz lustig aus, und ich war gespannt auf die Sonntagsschule.

Ein hagerer Mann begrüßte mich und stellte sich als „Onkel Wittenbecher" vor.

Es war damals unter Kindern üblich, fremde Erwachsene mit Onkel und Tante anzureden. Meine Mutter wünschte das jedoch nicht, so daß ich nur wirklich Verwandte so betitelte. Lediglich die Kindergärtnerinnen waren für uns „Tanten", was aber mehr als Berufsbezeichnung galt wie die „Schwestern" im Krankenhaus. Meine Mutter wurde im Kindergarten „Tante Gerda" genannt.

Onkel Wittenbecher war der Betreuer meiner Sonntagsschulgruppe. Da konnte man es schon zulassen, ihn Onkel zu nennen. Es war ganz nett am ersten Sonntag und gefiel mir auch in den nächsten Wochen. Nach einer gemeinsamen Einführung trennten sich die Gruppen jeweils, und Onkel Wittenbecher erzählte uns Geschichten aus der Bibel. Anschließend fanden sich alle Gruppen wieder zusammen, um gemeinsam zu singen und ein Gebet zu sprechen.

An den folgenden Sonntagen durfte ich allein zur Sonntagsschule gehen, denn das Haus „Gotteshilfe" lag ebenfalls in der Zietenstraße, nur einige hundert Meter weiter, unterhalb unseres Wohnhauses.

Ich weiß nicht, warum, aber irgendwann in dieser Zeit wurden die Straßen der ganzen Umgebung umbenannt und gleichzeitig die Hausnumerierung geändert. Wir wohnten zwar noch in der gleichen Wohnung, statt in der Zietenstraße 58 nun aber in der Werbellinstraße 55 – eine neue Anschrift ohne Umzug! Fast alle bekannten Straßen auf den Rollbergen hießen jetzt anders. Nur die Boddinstraße, in der unsere Schule stand, behielt ihren Namen.

In der Sonntagsschule wurde von einem gewissen „Onkel Tobias" gesprochen, der jeden Sonntag, noch vor der Sonntagsschule, im Radio zu hören war. Von da an durfte ich mit Ulrich jeden Sonntagmorgen vor dem alten Volksempfänger sitzen. Am liebsten war uns die Sendung mit dem Kasperle, die einmal monatlich kam.

Plötzlich war die Blockade zu Ende. Für mich ist dieses Ereignis nicht mit besonderen Erinnerungen verknüpft. Dennoch waren die Folgen auch für mich erkennbar: Es gab schon bald wieder etwas zu kaufen. Das bedeutete natürlich nicht, daß wir uns das alles leisten konnten oder, daß die Lebensmittelkarten abgeschafft waren. Ganz allmählich gelangten aber Waren in die Schaufenster, die ich vorher nie gesehen hatte, zum Beispiel Erbswurst.

Schräg gegenüber unserem Haus lag das Lebensmittelgeschäft von Frau Wohlfahrt. Sie hatte die ganze Zeit über Sarotti-Reklame auf ihren Regalen zu stehen, ohne eine Tafel Schokolade verkaufen zu können.

Hier wurde plötzlich Erbswurst angeboten, und meine Mutter kaufte auch eine, dazu noch einen Würfel Sanella. Das gab eine Mahlzeit, wie wir sie lange nicht hatten: eine wunderbare pürierte Erbsensuppe und dazu eine Margarinestulle auf die Hand.

Einige Wochen später las ich in großen Buchstaben auf der Schaufensterscheibe: Der Schlager! Neu! Erbswurst – jetzt mit Speck!

Begierig rannte ich nach Hause. Erst habe ich mir erklären lassen, was ein Schlager ist, dann wollte ich unbedingt die Erbswurst mit Speck probieren, am liebsten gleich. Ich bettelte so lange, bis meine Mutter nachgab.

Gespannt rührten wir anschließend in unseren Tellern. Wir entdeckten zwei winzigkleine Speckwürfelchen in der ganzen Suppe – ich hatte mir aber ganz was anderes vorgestellt!

Im Nachbarhaus gab es die Bäckerei Wuttke. Sie konnte nun auch wieder verschiedene Backwaren anbieten. Es hatte die ganzen letzten Jahre hindurch keine Torten gegeben, da die Zutaten fehlten. Eines Tages stand nun tatsächlich eine wunderschön verzierte Torte im Schaufenster, die von den Hausfrauen der Umgebung sogleich bestaunt wurde.

Als sie aber neben der Torte das Schild „Bestellt" entdeckten, schimpften sie und wurden richtig böse.

„Das ist eine Zumutung! Das müßte man verbieten!" zeterten sie und drohten dem Bäcker, bis er die Torte in die Backstube zurückgeschafft hatte.

Einige Zeit später kam ich nach der Schule einmal ganz aufgeregt nach Hause. „Mutti, Mutti, beim Bäcker gibt es ganz kleine runde Brote!" Ich zerrte meine Mutter zur Bäckerei, wo sie sich fast ausschüttete vor Lachen.

„Das sind Schusterjungs", erklärte sie.

Was ein Schusterjunge war, wußte ich aus der Schule von einer Sage, in der ein Lehrjunge für seinen Meister echtes Bernauer Bier holen sollte. Daß es Brötchen gab, die so genannt wurden, erfuhr ich erst jetzt.

In unserem Haus roch es jeden Sonntag nach frischem Kuchen, denn die Familie Henkel im ersten Stock konnte es sich nun leisten, jede Woche einen zu backen. Die Wohnungen unseres Hauses hatten keinen Backofen, aber Henkels hatten einen „Draluma", ein Kochgerät, mit dem man auf der

Gasflamme Ober- und Unterhitze erzeugen konnte. Das reichte für einen Napfkuchen. Alle anderen Mieter gaben ihren Kuchen beim Bäcker zum Backen.

Auch meine Mutter war nun in der Lage, ab und zu einen Kuchen zu backen. Ich mußte die große Rührschüssel aus Steingut festhalten, und meine Mutter rührte mit der Keule den Teig, bis er Blasen schlug. Er wurde anschließend in eine Springform gefüllt und zum Bäcker gebracht. Das war dann immer meine Aufgabe. Der Bäcker fragte jedesmal: „Pulver oder Hefe?", und ich mußte antworten: „Pulver."

Er stellte die Form zu vielen anderen auf den Fußboden in der Backstube; nachmittags durfte ich den fertigen Kuchen abholen.

Ich guckte gern in der Backstube zu, und Herr Wuttke hatte nichts dagegen. Es war dort schön warm und roch so gut. Ich bewunderte den Bäcker, wie er mit langen Holzschaufeln die Brotlaibe und Kuchen in den Backofen bugsierte und später wieder herausholte.

Das Leben war doch wieder etwas einfacher geworden. Ich merkte es meiner Mutter auch an: Sie wurde fröhlicher und begann immer öfter, zu Hause zu singen. Das hatte sie sonst nur dienstlich im Kindergarten getan. Jetzt sang sie auch während der Hausarbeit, und ich lernte von ihr die schönen alten Küchenlieder von Mariechen, das weinend im Garten saß, oder dem Knaben, der das Edelweiß für seinen Schatz pflückte und dabei abstürzte.

Es waren alles traurige Lieder, die aber trotzdem schön waren, und – wir konnten wieder singen.

(Weitere Erinnerungen dieses Autors finden Sie im Band „Kindheit in Deutschland 1950–1960" der Reihe **ZEITGUT**.*)*

[Sulzbach-Rosenberg, Oberpfalz; 1945–1955]

Helga Haußner

Geschichten vom Rübezahl und Butterbrote

Eine eigene Oma habe ich nie kennengelernt. Die beiden, die ich hatte, waren schon vor meiner Geburt gestorben. Aber ich hatte die Oma Fuchs, zehn Jahre lang. Oma Fuchs kam aus Schlesien. Zusammen mit einer nicht verheirateten Tochter, mit Sohn, Schwiegertochter und zwei Enkelkindern in meinem Alter wurde sie 1945 im Haus meiner Eltern einquartiert. Flüchtlinge waren sie. Das Wort hatte damals für mich keine Bedeutung, ich war zwei Jahre alt.

Wenn ich heute sehe, lese, reden höre über Flüchtlinge, Asylsuchende, Menschen, die zu uns kommen, weil sie ein besseres Leben erhoffen, wenn ich Abneigung beobachte, Neid, ja Haß, dann frage ich mich, warum das damals so anders war. War es anders, oder sind mir, dem Kind, die Probleme nur nicht bewußt geworden? Gab es Probleme? Ging es so gut, weil alle arm waren?

Wir waren arm, meine Eltern, mein Bruder und ich, jedenfalls nach heutigen Maßstäben. Aber wir hatten Haus und Garten, ein paar Hühner, manchmal ein Schwein.

Die Flüchtlinge hatten nichts, zunächst einmal. Die vierköpfige junge Familie Fuchs bekam in unserem Haus zwei Zimmer und eine Kammer, Oma Fuchs und ihre Tochter Liesel zusammen ein Zimmer. Unsere Familie und auch die bisherigen Mieter im Haus, ein Ehepaar und eine ältere Frau, waren enger zusammengerückt. Keiner wehrte sich dagegen, alle vertrugen sich. Ob es tatsächlich so war, immer so war, ich weiß es nicht. Für uns Kinder jedenfalls war diese Enge, dieses intensive Miteinander wunderschön. Mein Bruder und ich hatten über Nacht mit Hanne und Uli Fuchs zwei Spielkameraden, fast zwei Geschwister, bekommen. Und: Wir hatten Oma Fuchs, eine Oma!

Oma Fuchs, sie hieß Juliane, war alt. Sie mag damals vielleicht in dem Alter gewesen sein, in dem ich heute bin – für mich war sie alt. Wenn ich mir ihr Bild in Erinnerung rufe, sehe ich sie klein und rundlich, das graue Haar zu einem Knoten zusammengesteckt, meist eine Kleiderschürze und Pantoffeln tragend. Ihre Sprache war anders als unsere oberpfälzische, aber ich verstand sie. Und je älter ich wurde, desto mehr Ausdrücke übernahm ich von ihr. Irgendwann konnte ich auch so reden wie sie oder die anderen Flüchtlinge: nicht mehr oberpfälzer Dialekt, sondern, wenn auch ein wenig schlesisch gefärbt, nach der Schrift. Das war einer der vielen Vorteile dieses Zusammenlebens mit Menschen aus einer anderen Ecke Deutschlands.

Es gab viele andere Vorteile. Der wohl größte: Oma Fuchs hatte Zeit. Während meine Eltern Heu einfuhren, Äpfel ernteten, der Vater Bäume beschnitt und die Mutter den Hühnerstall ausmistete, saß Oma Fuchs auf der Bank im Hof, paßte ein wenig auf uns Kinder auf, beantwortete Fragen, erzählte Geschichten.

Ich liebte ihre Geschichten. Sie ließ den Riesen Rübezahl vor meinen Augen lebendig werden, malte seine furchterregende Gestalt und seinen roten Bart, den knorrigen Stock und das Erschrecken der Menschen, die ihm in den Wäldern des Riesengebirges begegneten. Aber der Rübezahl war gut. Was er Gutes tat, wem er half, das weiß ich heute nicht mehr. In meiner Erinnerung war und ist er der gute Berggeist.

Wenn es nicht Sommer war, saßen wir bei Oma Fuchs in der Stube, in ihrer wundervollen Stube. Zwei Betten gab es da, einen Tisch, Stühle, einen Schrank, eine Kommode und einen Herd. Eng war es, und wenn die Dämmerung hereinbrach, dann schürte sie den Herd an. Dann wurde es warm und gemütlich. Sie machte uns Tee und strich Butterbrote. Und wenn sie dann noch eine Geschichte erzählte, dann war diese Stube der schönste Platz, wir die glücklichsten Kinder auf Erden.

1949 kam ich zur Schule. Oma Fuchs hatte eigens Mohnkuchen gebacken, um mir ein Stück davon in meine Schultüte stecken zu können.

Ich habe sie nie klagen hören über ihr Schicksal, wenngleich sie oft davon erzählt hat, was sie zu Hause zurücklassen mußte. Sie lebte in der Gegenwart, interessierte sich für ihre zweite Heimat, auch für das Weltgeschehen.

„Jetzt politisieren sie wieder", habe ich meine Mutter oft sagen hören, wenn Oma Fuchs mit meinem Vater über Adenauer sprach, über Kriegsgefangene und Heimkehrer, über die junge Demokratie.

Mit meiner Mutter hatte sie andere Themen: Schlesische Mohnklöße, Streuselkuchen, der Karpfen zu Weihnachten, bayerische Küchel. Sie tauschten Rezepte aus und profitierten voneinander. Viele schlesische Gerichte lernten wir kennen und lieben. Es gab sie auch später noch auf unserem Tisch, als „unsere Flüchtlinge" nicht mehr bei uns waren.

Ja, meine Oma Fuchs war nur eine Oma auf Zeit. Zehn Jahre lang lebte sie in unserem Haus, immerhin meine Kindheit lang.

Es kam die Zeit des Wirtschaftswunders, der Sohn und seine Familie bauten ein Haus, Oma Fuchs und Liesel fanden eine schöne Wohnung. Und wir waren wieder allein. Zwölf Jahre war ich alt, als wieder mehr Platz war im Haus, aber auch Leere. Mein Bruder und ich bekamen eigene Zimmer, aber vorbei war die Zeit der Märchen und Butterbrote.

Es war eine schöne Zeit. Das ist nicht nur meine Erinnerung, oft habe ich diesen Satz auch aus dem Mund von Oma Fuchs gehört, später, wenn wir uns wiedertrafen.

Noch später, im Pflegeheim, wußte sie nichts mehr davon, erkannte sie mich nicht mehr.

Manchmal komme ich an ihrem Grab vorbei und bleibe kurz stehen. Sie war meine Oma, die einzige, die ich hatte.

[Oberhausen – Schleiden, Eifel – Bonn am Rhein; 1945–1949]

Marlies Schröder

Strickliesel

„Hartes Brot ist nicht hart, kein Brot ist hart".
Wir hatten Glück. Meine Mutter arbeitete bei den Engländern in der Nähe des Truppenübungsplatzes Vogelsang. Sie kam abends oft mit Nahrungsmitteln heim. Die Rationen auf den Lebensmittelkarten reichten kaum zum Überleben.

Ich trug öfter etwa Fett zu einer Familie mit mehreren Kindern. Als die Rüben auf dem Feld etwas größer waren, pflückte die Mutter der Kinder von den Pflanzen das äußere Blatt, damit sie ihr keinen Schaden tat, und kochte daraus mit dem Fett ein Gemüse.

Im Sommer gingen wir an die Olef, so hieß unser Bach, spielen. Eines Tages lag ein langer Baumstamm über den Bach. Wir balancierten mit ausgestreckten Armen darüber bis ans andere Ufer und kamen uns vor wie die Artisten auf dem Seil.

Im Bach waren Krebse. Wir stiegen ins Wasser. Unsere viel zu kleinen Schuhe waren vorne aufgeschnitten, da lief das Wasser vorne wieder raus. Ich holte mir eine alte Blechdose und ein Stöckchen und hielt die Dose hinter den Krebs, dabei hielt ich vorne das Stöckchen an die Scheren, und siehe, der Krebs lief rückwärts in die Dose hinein!

Nun ab, zum Lehrerhaus, und den Krebs in den Eimer mit Wasser gesteckt. Das wiederholte ich mehrmals an einem Nachmittag.

Im Herbst gingen wir Kinder Schlehen pflücken. Es mußte einmal gefroren haben, sonst waren die Früchte zu sauer. Die Schlehen wurden mit Wasser gekocht, dann der dunkle Saft wieder abgeschüttet, und heiß wieder auf die Früchte gegossen, dies mehrere Male, bis sie hell wurden und der Saft dunkelrot. Daraus rührte Mutter einen Saft und füllte ihn in Flaschen ab.

Ich war neun Jahre alt, da machte ich mit meiner Tante Helene, einer Schwester meiner Mutter, 1949 zum ersten Mal eine weitere Bahnfahrt. Ich stieg in Oberhausen/Eifel in den Zug, Tante Helene stieg in Schleiden dazu.

„Bist du aber fein", staunte Tante Lenchen.

Mein „neuer" dunkelbrauner Mantel war aus einem gewendeten alten gezaubert worden. Die Zopfhalter hatte ich selbst gemacht aus alten Wäscheknöpfen, durch die Löcher einen Gummi gezogen, zusammengenäht, und dann bemalt.

In Kall und Euskirchen mußten wir umsteigen. Vom Bahnhof Bonn gingen wir in die Stadt. Überall war man mit dem Wiederaufbau beschäftigt. Wir kamen zum Rheinufer. Die Rheinbrücke lag im Wasser, die hohe Eisenkonstruktion und die Brückenträger. Wir wurden mit einem handbetriebenen Boot über den Fluß gesetzt.

Onkel Christian holte uns ab, nun ging es zu Fuß bis nach Vilich-Mülldorf. Tante Rosa begrüßte uns herzlich und zeigte mir stolz meine neugeborene Cousine Else. Wir blieben drei Tage zu Besuch, dann ging es dieselbe Strecke zurück.

Mein Bruder und meine Freundin Hedwig, wir wohnten im selben Haus, holten mich vom Bahnhof ab.

Frau Mies, Hedwigs Mutter, hatte in einer Böschung ein altes Damenfahrrad gefunden. Die Freude war groß. Wir durften uns abwechselnd darauf setzen, hinten hielt einer fest, und jeder durfte ein kleines Stück fahren. Wir mußten es ja erst mal lernen.

Mutter bekam auf ihrer Arbeitsstelle ein junges Mädchen

zur Hilfe, Trudel aus Blankenheimersdorf. Trudel hatte sich ein schönes Fahrrad gekauft, damit durfte ich schon mal weitere Strecken fahren.

Als ich zehn Jahre alt war, nahm sie mich mit ins Kino nach Schleiden. Der Film hieß: „Heimat, deine Sterne."

Baumwolle war in die Geschäfte gekommen, Garn in den Farben weiß, rosa und blau. Alle Mädchen in meinem Alter strickten Pullover, Unterwäsche und Söckchen. In der Schule hatten wir Handarbeit und bekamen Anleitung fürs Strikken, Stopfen und Sticken.

Ich verwahrte die Kinder von Mutters Arbeitgebern und durfte mir am Jahresende etwas wünschen. Ich wollte so gern ein größere Puppe, aber Mutter meinte, ich hätte Garn für eine Strickjacke nötiger, die könnte ich mir ja stricken.

Nun brachte man mir Garn aus Belgien mit. Ich strickte und strickte. Frau Marischal, die Arbeitgeberin meiner Mutter, strickte mit mir um die Wette. Aber sie hatte Angora-Wolle auf ihren Strickadeln.

„Nun, Marlies, gefällt dir die Wolle?" fragte sie mich.

Bewundernd strich ich mit meinen Fingern über das Gestrick und seufzte: „Ist die aber schön!"

Weihnachten waren wir bei ihnen eingeladen, ich bekam eine Schildkröt-Puppe, die die Angora-Sachen trug.

Ich erledigte für die Familie auch Einkäufe. So ging ich für sie zum Metzger Faber nach Blumenthal. Zusammen mit meinem Bruder durfte ich dann bei Mutters Arbeitgeber mit zu Tisch essen. Es gab Roastbeef. Ich kannte dieses blutige Fleisch nicht und wollte es erst nicht essen.

Herr Marischal war Arzt am Truppenübungsplatz Burg-Vogelsang. Einmal holte er mich und meinen Bruder von der Schule ab. Zusammen mit seiner ganzen Familie und dem Chauffeur Willi Könn ging es zum Drachenfelsen am Rhein. Im Wald machten wir Picknick. Dieser Ausflug war schon etwas ganz Besonderes.

In der Schule bekamen wir Schulspeisung aus amerikanischen Spenden, Erbsensuppe aus Trockenmehl und Bisquitsuppe. Sie wurden in einem großen Kessel angerührt und aufgekocht, der große Schöpflöffel hing an der Seite des Kessels. Den „Henkelmann“ mit Gabel und Löffel hatten wir immer dabei. Ab und zu gab es ein Stückchen Schokolade.

Mein Kommunionsfest

Die Zeiten waren auch 1949 nicht rosig, jeder mußte sich anstrengen, besonders, wenn ein Fest anstand, alles möglich zu machen.

Hin und wieder bekam Mutter von den Engländern eine Dose Ananas, Pfirsiche oder Mandarinen geschenkt, diese wurden für mein Fest aufgehoben. Ich nahm die Dosen immer wieder in meine Hände und betrachtete die Aufkleber. Diese Früchte kannte ich noch nicht.

Die englische Familie holte meinen Bruder und mich in ihre Wohnung, sie stellten uns auf einen Tisch, natürlich ohne Schuhe, und malten auf Pappe unsere Füße ab. Als sie uns aus England Schuhe mitbrachten, waren wir mächtig stolz, einmal richtige Schuhe zu haben.

Von einer Bekannten hatten wir ein großes Stück weißen Stoff bekommen. Damit ging's zur Schneiderin, sie nähte mir daraus ein Kommunionskleid und aus einem Leinenbettuch aus Mutters Aussteuer einen Mantel.

Eine Großtante reiste von Bonn mit dem Zug an. Ich sollte sie abholen, aber ich kannte sie noch nicht. Mutter beschrieb mir die Tante, eine ganz feine Dame mit einer Brosche am Kragen und weißen Haaren.

Der Zug traf ein, aber ich sah niemanden, auf den diese Beschreibung paßte. Plötzlich, aus dem letzten Waggon, stieg sie aus, kam mir entgegen und rief: „Marlies, du gleichst ja genau deinem Vater!“

Sie war so herzlich, wir verstanden uns vom ersten Augenblick an. Ich trug ihre Tasche nach Hause.

Die Sonne schien warm, wir hatten Tannen besorgt, und Tante Agnes wickelte mit uns den Kranz um die Haustür.

Nun kam der weiße Sonntag, ich war sehr aufgeregt vor diesem großen Ereignis.

An meinem Kommunionstag hatte leider keiner eine Kamera. Etwas später heiratete ein Onkel, da trug ich dieses Kleid.

Die Heilige Messe war sehr feierlich, die Orgel spielte in vollen Tönen. Wir empfingen die Heilige Kommunion.

Danach versammelten sich alle Verwandten und gingen mit uns nach Hause. Ich bekam Geschenke: einen bunten

Stoff für eine Schürze, eine Halskette und mehrere Kleinigkeiten.

Zum Abendbrot gab es Bratkartoffeln und rote Beete.

Unser Dechant, der Pfarrer von Schleiden Eifel Neujean und Kaplan Hahn besuchten uns anschließend.

Es war ein wunderschönes Fest voll Harmonie, ohne den heutigen Wohlstand, der für den wirklichen Sinn des Festes nicht nötig ist.

(Weitere Erinnerungen dieser Autorin finden Sie auch in den Bänden „Gebrannte Kinder. Kindheit in Deutschland 1939–1945" und „Jugend 1950–1960" der Reihe **ZEITGUT***.)*

[Einbeck;
1949]

Eva Goslar

Nacktschnecken

Nach dem Krieg hatten die Erwachsenen mit sich und dem Aufbau einer neuen Existenz zu tun, so waren wir Kinder viel uns selbst überlassen. Wir entflohen der Enge der Wohnungen, wurden Freunde und lebten all das, was uns zu Hause an bunter Vielfalt fehlte, draußen in unseren Spielen und Träumen aus.

Die Sommertage waren wie warme, weich fließende Seide, auch dieser, an dem meine Geschichte beginnt.

Wir saßen an unserem Lieblingsplatz unter der alten, schwarzbraunen Holzbrücke und spielten Raten. Wenn ein Fahrzeug über die ungehobelten, ausgefahrenen Bretter holperte, bebten Träger und Kreuzbalken, und wir brüllten in das dumpfe Gedröhne: „Volkswagen, Opel, Lloyd, Rübenwagen, Trecker, Fahrrad ...“ Einer krabbelte dann blitzschnell auf allen Vieren die Böschung hinauf und schrie uns das Ergebnis zu. Der Gewinner bekam eine Kaulquappe aus dem großen Gurkenglas, das Rübe zu diesem Zweck seiner Großmutter aus dem Einmachkeller stibitzt hatte. Aufgereiht im Gras standen fünf kleinere Gläser mit Schraubdeckeln, in die unsere Namen geritzt waren. Da hinein wurden die glitschigen, schwarzen Tierchen je nach Trefferquote umgesetzt.

Rübe hieß eigentlich Peter. Er hatte rote Haare und eine knubbelige Stupsnase, lustig mit Sommersprossen gesprenkelt. Da er sehr klein und wendig war, konnte er am schnellsten auf die Rübenwagen springen, unser liebstes Spiel im Herbst. Bevor der Bauer die Pferde anhalten und mit der Peitsche nach uns schlagen konnte, hatte der Wagenspringer genügend Rüben herabgeworfen, die wir blitzschnell in Sicherheit brachten. Zu Hause kochten die Mütter aus diesen, vermeintlich auf dem Acker nachgelesenen Rüben, herrlich süßen Sirup.

Von den Jungen mochte ich am liebsten Kalle, aber das war mein Geheimnis. Seine Haare waren wie gelbes Stroh, und

Wegen meiner langen Zöpfe, sonst noch länger als auf diesem Foto, nannten mich meine Spielkameraden Punzel, nach Rapunzel. Den Namen mochte ich ebensowenig wie die Zöpfe.

alles an ihm war irgendwie zu dünn und zu lang. Er war älter als wir anderen, bald zwölf, und schon viel vernünftiger und klüger. Er versorgte seine kleinen Geschwister, während die Mutter in der Zuckerfabrik arbeitete.

Schnecke, eigentlich Jürgen, war der dritte der Jungen. Er war rundlich, gutmütig und ziemlich langsam. Seine Mutter arbeitete in einer Bäckerei. Manchmal brachte Schnecke alte Kuchenreste mit, Hefeschnecken, Amerikaner oder die Ränder vom Zuckerkuchen. Das waren Festtage für uns.

Heidrun saß in der zweiten Schulklasse neben mir in der Bank. Sie war meine allerbeste Freundin. Sie trug hübsche, feine Kleider, am Sonntag Lackschuhe, und besaß einen richtigen Mantel. Sie hatte als einzige von uns einen Vater. Ihre Mutter war den ganzen Tag zu Hause und machte alles gemütlich.

Auf meinem Schraubdeckel stand Punzel. Das kam von meinen langen, dicken Zöpfen. Sie erinnerten an Rapunzel aus dem Märchen. Ich mochte den Namen ebensowenig wie die Zöpfe, hätte gerne so einen schicken Bubikopf wie Heidrun gehabt. Sie störten beim Spielen, auch diesmal baumelten sie beim Kaulquappenfangen lästig vor meinem verschwitzen Gesicht. Ich nahm sie zusammen und steckte sie hinten in mein Hemd.

„Mach doch einen draus", schlug Kalle vor, der mich beobachtet hatte.

„Kannst du flechten?" fragte ich. Er schüttelte den Kopf.

„Ich kann flechten", mischte sich Schnecke ein, „das mache ich immer bei meiner kleinen Schwester." Da setzte ich mich zu ihm hinüber und begann, einen Zopf zu lösen.

„Du hast ja Warzen an den Händen, und was für Bollermänner", sagte Schnecke plötzlich laut in die sommerliche Nachmittagsstille hinein. Alle sahen zu mir herüber, und ich spürte, wie mein Gesicht knallrot anlief. Wie ich mich schämte!

„Is doch nicht schlimm", sagte Kalle betont lässig, „meine Tante hat auch welche, eine mitten auf der Nase." Die anderen lachten.

„Ich weiß, wie man sie wegkriegt, ist todsicher." Schnecke tat seine Indiskretion offensichtlich leid. „Du mußt Nacktschnecken drüberlaufen lassen, nachts um zwölf, bei Vollmond auf dem Friedhof."

Ein Auto rumpelte über uns hinweg, wir beachteten es nicht. Alle dachten an dasselbe, an den alten Friedhof auf der anderen Seite des Flusses.

„Heut nacht ist Vollmond", Kalle ließ einen flachen Stein schräg über das Wasser flitzen, „traust du dich?"

Ich nickte.

„Woher weißt du überhaupt, daß es hilft?" fragte Rübe an Schnecke gewandt.

„Mein Bruder hat es auch schon gemacht, er hatte ganz dikke am Knie, sie sind alle weg."

Aus der Ferne klang das Abendläuten zu uns herüber, Zeit zum Aufbruch, wollte man keine Schelte riskieren. Ich hoffte inständig, die Eile würde irgendwelche weiteren Absprachen verhindern, war meine Angst doch größer als die Scham wegen der Warzen.

„Wir treffen uns um zehn vor zwölf am Eisentor vorm Friedhof. Schnecken findet ihr drüben am schwarzen Weg, ich bringe eine Taschenlampe mit." Kalles Anweisungen duldeten keinen Widerspruch, wollte man nicht als Feigling gelten.

„Wie siehst du wieder aus!" empfing mich Großmutter, „wasch dir wenigstens die Hände vorm Abendessen, aber sei leise im Flur." Großmutter versorgte uns drei Kinder in der Woche, weil unsere Mutter in der Stadt Arbeit gefunden hatte. Wir wohnten bei einer Frau, die wir heimlich „die Hexe" nannten. Wir waren als Flüchtlinge ihre Zwangseinweisung, was nicht gerade zu einem guten Verhältnis beitrug. Sie haßte Kinder.

An diesem Abend gab es Milchsuppe. An sich mein Lieblingsessen. Aber heute...

„Du ißt ja gar nichts, Evchen, bist du krank?" Besorgt schaute Großmutter zu mir hinüber. Ich schüttelte den Kopf und tauchte den Löffel hastig in die sämige Suppe.

Dabei grübelte ich unablässig weiter, wie ich heute nacht am besten unbemerkt das Haus verlassen konnte.

Widerspruchslos und in ungewohnter Bravheit machte ich mich nach dem Abendessen zum Schlafengehen fertig. Als ich

Großmutter beschäftigt wußte, schlich ich mich heimlich zu ihrer Schatulle und holte den kleinen Reisewecker heraus.

Zurück im Zimmer, lag meine Schwester bereits lesend im Bett. Sie war mein einziges Problem. Sie war vier Jahre älter, unendlich vernünftig und petzte.

„Du, Inge, willst du meine große Glasmurmel haben? Ich schenke sie dir."

„Was hast du denn wieder angestellt?"

„Nichts. Aber ich muß heute nacht mal weg. Kalles Hund bekommt ein Baby. Ich möchte so gern dabei zugucken. Oma würde es doch nicht erlauben."

Ihr Buch mußte sehr spannend gewesen sein. „Mach, was du willst. Aber zertrampel nicht die Blumenbeete von der alten Hexe, wenn du aus dem Fenster springst." Sie blätterte die Seite um. „Deine Glasmurmel kannst du dir übrigens in den Hintern stecken."

Es klappte alles bestens.

Der Mond stand kugelrund am Himmel, als ich die Friedhofspforte mit einer Blechdose voll schwarzer Nacktschnecken in der Hand erreichte.

Schon von weitem sah ich Kalles schmale Gestalt, sein helles Haar leuchtete im fahlen Licht. „Wo sind die anderen?" keuchte ich und hatte Seitenstechen vom schnellen Laufen.

„Weiß nicht, laß uns warten."

Schweigend saßen wir eine Zeitlang mit dem Rücken an die Friedhofsmauer gekauert. Dann zog Kalle seine Deckeluhr aus der Tasche und ließ sie aufklappen. Ich wußte, sie war ein Andenken an seinen Vater.

„Gleich zwölf, wir müssen los, sonst war alles umsonst."

Er half mir, über die hohe Mauer zu klettern, die rauhen Steine zerkratzten meine Beine. Der alte Friedhof war mit riesigen Bäumen dicht bewachsen. Das Mondlicht konnte sie kaum durchdringen.

Kalle knipste die Taschenlampe an. Der schmale Lichtkegel geisterte vor uns her. Die dunklen, grünbemoosten Grabsteine schienen dadurch, wie lebendig geworden, hin und her zu schwanken. Am liebsten wäre ich umgekehrt.

Da schlug es zwölfmal vom Kirchturm.

„Schnell, komm!" Kalles Hand, die mich zog, war warm und fest. Wir setzten uns auf eine Bank.

„Zeig her", sagte er, öffnete die Blechdose und setzte die Schnecken behutsam auf die von der Lampe beleuchteten Warzen. Es war nicht schlimm. Sie waren kühl, feucht und völlig regungslos. Ich starrte auf die runden Schneckenleiber, bemüht, nicht um mich zu sehen. Das Rauschen der Blätter, ein unheimliches Sausen in der Luft und das flackernde Licht auf den Grabsteinen ließen mich zittern. Erst schlugen meine Knie aneinander, dann stieg das Zittern hoch in beide Arme, setzte sich fort in die ausgestreckten Hände, und die Schnecken fielen zur Erde.

„Hast du Angst?"

Ich spürte seine Wärme durch meine Strickjacke. Kalle hatte seine Arme um mich gelegt und wiegte mich beruhigend, bis das Zittern aufhörte.

Schweigend, uns an den Händen haltend, kehrten wir denselben Weg zurück. Vor unserem Haus gab mir Kalle einen hastigen, kaum spürbaren Kuß auf den Mund. Dann verschwand er im Dunkeln.

Es machte mir nichts aus, daß mich Großmutter im weißen Parchentnachthemd mit strengem Gesicht erwartete. Auch das Geschrei der Hexe am nächsten Morgen wegen der zertrampelten Blumenbeete unter unserem Fenster störte mich nicht.

Keiner von uns Freunden sprach am nächsten Tag von Warzen, Nacktschnecken, Vollmond und Friedhöfen. Wir hatten uns ein neues Spiel ausgedacht, dazu mußten wir ein Floß bauen. Kalle war dabei immer dicht neben mir.

Das blieb so, bis wir zu Mutter in die Stadt zogen. Sie kaufte mir irgendwann eine Warzenlösung, denn das mit den Nacktschnecken hatte nichts bewirkt – jedenfalls nicht das, was es bewirken sollte.

[Konstanz am Bodensee;
1949]

Erika Sabine Sautter

Der Nadelstreifenanzug

Unser Kater war damals für uns zum Weihnachtssymbol geworden, denn genau zum Fest brachte er eine kleine ausgehungerte Katze ins Haus. Diese durfte sogar mit ihren Pfötchen in seinem Freßnapf stehen, wenn sie sich dort sozusagen in christlicher Nächstenliebe durchfraß. Und nachts wärmte er das Kätzchen in seinem dicken Fell.

Dennoch, die Zeiten waren zu schlecht, um eine zweite Katze zu halten, und als Vater 1949 aus französischer Gefangenschaft nach Hause kam, besorgte er für uns gleich einen Garten im Tägermoos, einer Schrebergartensiedlung. So konnten wir wenigstens das Gemüse selber anbauen.

Vater war von nun an in jeder freien Minute dort, um zu ackern. Dabei trug er einen ausrangierten dunkelblauen Nadelstreifenanzug. Das sah einfach zu komisch aus, und Mutter sagte, er möge doch etwas anderes anziehen.

Vaters Sparmaßnahmen und die Maßstäbe des Krieges gestatteten ihm jedoch nicht, nach Mutters Ratschlägen zu handeln. Der „Nadelstreifen" wurde zur Gärtnerkluft, zumindest in den kälteren Jahreszeiten.

Jetzt war der Sommer vorüber, die Nächte wurden wieder kalt. So kamen auch die Landstreicher wieder mehr ins Seelenhaus*), und es passierte nicht selten, daß einer davon im tiefen dunklen Keller schlafend aufgefunden wurde. Mutter stand in solchen Situationen unserem Kater nicht nach und

*) im Mittelalter als Sterbehaus für Pestkranke erbaut.

hatte für die Brüder immer mal etwas zu essen. Und jetzt kam ihr ein solcher gerade recht: „Was, kalt ist Ihnen?“

Diesem Manne konnte geholfen werden!

Schnell nahm sie den „Nadelstreifen“ vom Haken – er hing immer hinter der Klotüre – bürstete ihn eilig aus und schenkte ihn dem Wandersmann. Zugegeben, der „Nadelstreifen“ war kein Trachtenanzug, aber hier sprach eben die Notwendigkeit das Wort. So weit, so gut.

Bei allen anderen Menschen wäre die Geschichte jetzt zu Ende. Nicht aber bei uns, denn es fehlt ja noch die Pointe. Und diese lieferte uns das Leben etwa zwei Wochen später.

Zunächst schickte sich Vater resigniert in sein künftiges nadelstreifenloses Dasein. Er war überhaupt stiller, in sich gekehrter aus dem Krieg zurückgekommen.

„Na ja“, das war manchmal sein ganzer Kommentar zu einer Sache. „Na ja“ – auch jetzt. Man wußte darum nie so genau, woran man war.

An einem der darauffolgenden Sonntage waren wir am Horn, einer Landzunge im See, die zum Baden und Schwimmen bestens geeignet war. Einer der letzten wunderbar sonnigen Nachmittage lockte uns zusammen mit einer uns befreundeten Familie zu diesem Spaziergang. Die Erwachsenen ließen sich auf einer Bank nieder, wir Kinder fegten etwas herum.

Plötzlich rief Mutter mich und befahl kurzerhand, daß ich mich neben sie setzen sollte.

„Warum denn? Wir spielen gerade Fangen!“

„Setz’ dich und mach’ die Beine zusammen, damit Vater ja nicht unter die Bank sehen kann“, flüsterte sie.

„Häh?“ Jetzt blinzelte ich verstohlen unter diese.

„Der ‚Nadelstreifen’!“

Beinahe hätte ich es laut gerufen. Ich erkannte ihn sofort an den Knöpfen, denn es waren zwei verschiedene. Ein ehemals weißes Bündel lag verschnürt daneben.

Wohnte der Landstreicher hier unter der Bank?

Hatte er der warmen Sonne wegen hier seine Überkleidung deponiert?

Oder war er gar im Wasser, um sich abzuhärten?

Viele Fragen, keine Antwort.

Jetzt galt es zu verhüten, daß Vater seine Gärtnerkluft wiederfand, denn der Verdacht, daß er sie mitnehmen würde, lag nach den für uns momentan gültigen Lebensgesetzen nahe.

Die beiden Familienoberhäupter jedoch waren in ein sinniges Gespräch vertieft.

Herr K., arbeitsloser Ingenieur und Erfinder des Taschenradios, schien entmutigt und erörterte vage Zukunftpläne: „Keiner glaubt, daß so ein Taschenradio Zukunft hat", lamentierte er. „Ich werde auswandern müssen, hier sieht man alles zu eng und zu althergebracht; oder, was noch schlimmer ist, man gönnt mir keine Chance."

Tief zerknirscht saßen die beiden Männer da, und man merkte, daß ihnen der Krieg jeglichen Mut und die Lebenslust genommen hatte. In banger Stimmung schienen Mutter und ich uns schweigend ihrer Verzweiflung angeschlossen zu haben, denn jetzt sprach niemand mehr ein Wort.

Wir kannten die Radios genau, von denen hier geredet wurde, denn der Erfinder verschenkte sie, weil keiner sie ihm abkaufen wollte. So besaßen wir auch eines davon. Wenigstens dieses! Es sah aus wie ein richtiges kleines Spielzeuggerät in der Größe einer Streichholzschachtel!

Mit einem „Knopf im Ohr" konnte man den nächstliegenden Sender empfangen und viele Konstanzer mögen sich vielleicht an den bereits ergrauten Herrn erinnern, der mit Nikkelbrille, Kabelverbindung Ohr–Hosentasche für seine Erfindung in der Stadt Reklame lief.

Herr K. ist später mit seiner Familie tatsächlich nach Kanada ausgewandert. Drüben hatte es die Familie dank dieser Erfindung bald zu einem eigenen Haus und zu Ansehen gebracht. Seine vier Kinder fanden dadurch einen guten Start ins Leben, und der Stadt Konstanz bleibt es erspart, ihn als „Sohn der Bodenseemetropole“ verkaufen zu können.

Aber zurück auf jenes „Bänkle“ am Horn:

Noch eine ganze Weile ließ ich dort meine Beine über dem „Geheimnis“ baumeln, bis Mutter auf die großartige Idee kam, an den Heimweg zu erinnern. Dabei übte sie sehr reso-

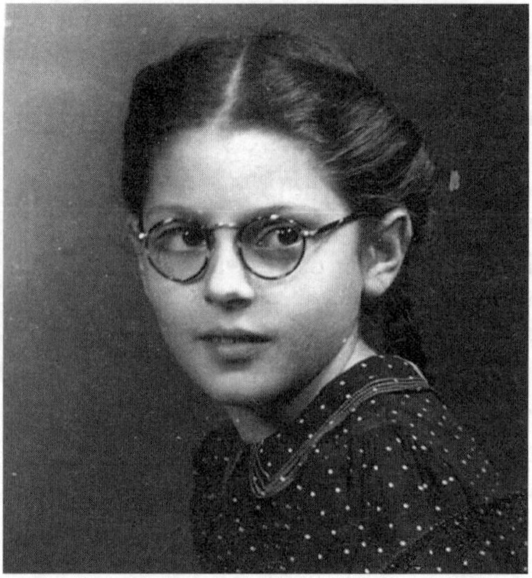

Ich besaß einen Personalausweis mit diesem Photo. Da meine Mutter Schweizerin war, durften wir alle paar Jahre in das gelobte Land einreisen, um uns dort richtig satt zu essen.

lut seitlichen Druck aus, so daß die Herrschaften schnellstens links weggeschoben wurden.

Erst auf der Höhe des Waldhauses Jakob löste sich meine Verkrampfung und brandete im lachenden Übermut aus.

„Was ist mit dir?“ fragte Vater nebenbei.

„Ich sag’ dir’s erst zu Hause, ich sag’ dir’s erst zu Hause“, sang ich, klatschte in die Hände und tanzte mit den anderen Kindern davon.

Daheim jedoch konnte auch Mutters drohendste Gebärde mich nicht davon abhalten, dem Vater vom „Nadelstreifen“ zu erzählen.

Und, oh Wunder, was lange nicht geschah, er lächelte zum Schluß vergnügt!

Dieser kleine Schimmer Fröhlichkeit, das Durchbrechen der alten Heiterkeit, das Sichtbarwerden des vertrauten Vaters machte mich an jenem Abend sehr glücklich. Vater hatte mir wieder einen kleinen Spalt seines Herzens geöffnet. Hurra!

Später erzählte er die Geschichte oft selber und fügte zum Schluß gönnerhaft hinzu, er habe den Anzug unter der Bank sehr wohl gesehen ... aber schließlich würde er einem gerade im See Badenden doch nicht die Kleider wegnehmen!

[Langenhessen, Kreis Zwickau – Wernigerode –
Bad Harzburg – Hannover;
1949]

Renate Strebel

Die Flucht in den Westen

Es war ein grauer, kalter Novemberabend, als Mutter mir befahl, mich völlig angezogen ins Bett zu legen. Sie würde mich schon wecken, wenn unsere „Nachtfahrt" begänne. Wir müßten eine lange Reise machen, ich solle nicht so viel fragen.

Bis dahin hatte ich, damals zwölf Jahre alt, Mutter war 53, schon einiges Merkwürdige festgestellt. An den Abenden zuvor hatten wir mit einem kleinen Handwagen Kisten zu Bekannten in einer nahen Stadt transportiert. Einige Dinge waren aus der Wohnung verschwunden, ich fand sie nicht mehr. Ich durfte mit niemandem darüber sprechen, sonst würden wir verhaftet werden, drohte Mutter.

Ich schwieg eisern, denn vor einer Verhaftung hatte ich aus Erfahrung höllische Angst. Meine Mutter war 1944 in meiner Gegenwart in unserer Wohnung verhaftet worden, weil mein Vater systemfeindliche Äußerungen gemacht hatte. Er wurde gleich am Arbeitsplatz in der Firma festgenommen. Mein älterer Bruder war im April 1944 gefallen, es war ein schlimmes Jahr für unsere Familie. Nie wieder wollte ich so etwas erleben.

Schließlich brachen wir auf.

Wir waren beide dick angezogen, außer Schuhwerk und Mantel trugen wir die Kleidungsstücke doppelt und dreifach. Wir schlichen uns, mit angehaltenem Atem an der Wand entlang tastend, durchs stockdunkle Treppenhaus. Leise schlossen wir die Haustür auf und liefen hinaus in die kalte Novembernacht. Wir blieben nur ein kurzes Stück auf der Hauptstraße. Auf Schleichwegen und in tiefster Finsternis gingen wir am Fluß entlang in Richtung Nordbahnhof. Das war ein Vor-

Eine Aufnahme aus der Zeit vor unserer Flucht in den Westen. Meine Mutter und ich 1947.

ortbahnhof. Meine Mutter traf diese Vorsichtsmaßnahme wegen der verstärkten Kontrollen am Stadtbahnhof. Gut 45 Minuten dauerte der Weg bis dahin, endlich standen wir auf dem Bahnsteig. Ängstlich schweigend warteten wir, bis der Zug aus der Dunkelheit auftauchte und schließlich zischend und dampfend hielt.

Wir stiegen ein. Wir behielten die Rucksäcke auf dem Rükken und auch die Mäntel an, denn im Zug war es eiskalt. Wir hockten uns auf die Holzbänke und fieberten dem Kommenden entgegen. Wie wird das enden? Ob alles gut geht? – Nach heutigem Ermessen muß meine Mutter damals schreckliche Stunden durchlitten haben.

Der Zug brachte uns nach Wernigerode im Harz, Endstation. Jetzt wurde mir bewußt, daß diese Reise den endgültigen Abschied von zu Hause bedeutete. Ich dachte an meine beste Freundin Christa, an meine Mitschüler. Was würden sie über mich sagen, daß ich ohne ein Wort gegangen war?

Meine Mutter mußte nun einen Fluchthelfer finden, der uns sicher über die Grenze bringen würde. Der „Job" als Fluchthelfer war damals in grenznahen Gebieten zwar sehr riskant, aber äußerst lukrativ. Mutter geriet durch ihre Unkenntnis zunächst an den falschen Mann. Dieser ließ sich sein Versprechen, sicheres Geleit zu geben, gut bezahlen, hielt es aber nicht. Im Morgengrauen ging er mit uns nur eine kurze Strecke, zeigte dann lediglich die Richtung.

Während wir, das waren fünf Frauen und ich, aus dem Dikkicht hervorkrochen und auf eine Wiese zugingen, kamen uns wie aus dem Nichts plötzlich russische Soldaten entgegen. Mit erhobenen Gewehren schrien sie: „Stoi! Stoi!" Wie gelähmt blieben wir stehen. Fassungslos starrten wir auf die Gewehrmündungen und dann in die Gesichter der Russen. Meine Mutter stammelte immer wieder: „Es ist aus, aus, aus..."

Sie scheuchten uns vor sich her, über die Wiese, und danach durch einen Wald, bis wir auf eine Villa stießen. Diese war von den Russen besetzt. Sie schoben uns in einen Raum, wo schon andere Flüchtlinge gefangen waren, denen es wahrscheinlich genauso ergangen war wie uns.

Der Raum wurde abgeschlossen, es gab kein Entkommen. Wir waren etwa 20 Personen. Auf Brettern, Kisten und alten Türen kauernd, verharrten wir, Möbelstücke gab es in dem relativ großen Raum nicht.

Dann begannen die Verhöre und Durchsuchungen. Immer, wenn sich der Schlüssel im Schloß drehte, klopfte mein Herz zum Zerbersten: Jetzt wurde wieder jemand zum Verhör abgeholt. Das ging so den ganzen Tag, bis in die Nacht hinein.

Schließlich kam meine Mutter an die Reihe und gleich danach ich. Angstvoll stand sie Rede und Antwort. Fast völlig entkleidet, mußte sie die Durchsuchung über sich ergehen lassen. Auch ich mußte mich fast nackt ausziehen. Alle Kleidungsstücke und der Rucksackinhalt wurden von weiblichen Personen nach Geld- und Wertsachen kontrolliert. Ich versuchte zu verstehen, was sie sagten, und auch zu antworten, aber meine Russischkenntnisse aus der Schule nützten mir dabei wenig. Es hämmerte in meinen Schläfen.

Die Schärfe und Härte der Verhöre und Durchsuchungen waren demütigend. Bei meiner Mutter fanden sie fast alle versteckten und eingenähten Wertsachen und Geld. Sie zerschnitten ihr Korsett, zwangen sie, ihren Haarknoten zu lösen und den Zopf zu entflechten.

Mutter hatte auch russisches Geld dabei. Sie hielten es ihr vor das Gesicht und schrien: „Woher, woher?" Mutter stammelte: „Das Geld ist von meinem Sohn, der 1944 in der Ukraine gefallen ist. Er hat es uns bei einem Fronturlaub als Andenken überlassen." Das rührte sie nicht, sie beschlagnahmten dieses Geld.

Ich hatte mehr Glück. Vielleicht, weil ich mich trotzig mit meinen russischen Sprachkenntnissen einmischte? Ich weiß es nicht. Jedenfalls fanden sie Gott sei Dank die Verstecke in meinen derben schwarzen Stiefeln nicht. Das waren schwere, knöchelhohe Schnürstiefel, die Mutter extra von einem Schuhmachermeister hatte anfertigen lassen, und zwar aus alten Ledertaschen. Sie waren zwei Nummern größer als meine normale Schuhgröße, damit sie auch recht lange getragen werden konnten.

Auch die Verstecke in meinem Leibchen entdeckten die Russen nicht. Während der Durchsuchung konnte ich vor Angst kaum denken, mit Mutter reden schon gar nicht. Meine Gedanken drehten sich nur um die Verstecke. Aber ich kannte nicht alle, Mutter hatte mir wohlweislich einige verschwiegen.

Dann, auf einmal, war alles vorbei. Wir wurden wieder in den Raum geschoben, in dem wir zuvor gewesen waren. Es war inzwischen Abend geworden, und wir kauerten auf einer alten Tür, nahmen die Rucksäcke als Kopfstütze. Wir bekamen Wasser zu trinken. Den Raum durfte keiner verlassen, nicht einmal zur Notdurft. Diese wurde in dringenden Fällen in einer Ecke verrichtet. Zur Toilette gehen konnte man nur unter Bewachung auf dem Weg zum Verhör bzw. zurück. Sonst gab es keine Möglichkeit.

Am anderen Morgen wurde die Tür aufgerissen, Stimmen drangen durcheinander. Unter Drohungen wurden wir angewiesen, umgehend in unsere Heimatorte zurückzukehren. Das aber konnten wir unter keinen Umständen tun.

Wir marschierten nach Wernigerode zurück und nahmen in einem Gasthof Quartier. Mutter wußte nur zu gut, daß es jetzt darauf ankam, einen zuverlässigen Fluchthelfer zu finden. Dieser mußte außerdem mit dem wenigen Geld, das wir gerettet hatten, zufrieden sein.

Schon in der nächsten Nacht sollte es losgehen. Wir konnten nicht länger warten, denn die Gefahr einer Verhaftung war groß. Mutter hatte einen Fluchthelfer gefunden, der Vertrauen erweckte. Wir waren dieses Mal eine größere Gruppe von Flüchtlingen, nicht nur Frauen.

Spät in der Nacht begann unser zweiter Fluchtversuch. Leise Anweisungen gebend, führte uns der Fluchthelfer durch die nebligkalte Novembernacht, querfeldein, über Wiesen und durch Wälder. Die Dunkelheit, die Geräusche unserer Schritte und die Laute der aufgescheuchten Tiere waren gespenstig.

Plötzlich verstauchte sich Mutter einen Knöchel, sie war mit einem Fuß in ein Erdloch gerutscht. Sie war fix und fertig, wollte aufgeben. Leise wimmerte sie: „Laßt mich hier, ich kann nicht mehr laufen!"

Der Fluchthelfer, ein wahrer Engel, stützte Mutter und redete auf sie ein, sie möge doch an mich, ihr Kind, denken, dann schaffe sie es bestimmt. Und sie hielt durch!

Der entstandene Zeitverlust hätte uns jedoch beinahe das Leben gekostet. Bei Wachwechsel mußten wir die Grenze passieren. Es war kaum noch zu schaffen, der Fluchthelfer trieb zur Eile. Schüsse peitschten hinter uns, als wir durch den Fluß, der die Grenze war, wateten. Jetzt noch die steile Uferböschung hoch! Wir krochen, robbten, fielen auf die nasse Erde. Die Angst und die Kommandos des Fluchthelfers trieben uns hinauf.

Oben angelangt, wir waren alle völlig außer Atem, hörten wir nicht auf zu rennen, obwohl wir längst in Sicherheit waren. Bis zum Bahnhof Bad Harzburg war es noch ein weiter Weg. Mutters Fuß war inzwischen stark angeschwollen, die Strecke bis dorthin erforderte nochmals ihre ganze Kraft.

Am Bahnhof in Bad Harzburg wurde uns erst richtig bewußt, daß wir nun endlich in Sicherheit waren. Wir befanden uns im Westen unseres Landes, niemand würde uns hier verhaften. Wir hatten es geschafft! Das war ein unbeschreibliches Glücksgefühl. Freiheit, unser Traum, er war Wirklichkeit geworden! Dem Fluchthelfer sei von Herzen Dank.

Meine Mutter telefonierte mit Vater in Hannover. Dorthin, in seine Geburtsstadt, war er aus englischer Kriegsgefangenschaft entlassen worden. Und ich bekam von irgend jemandem ein paar Groschen Westgeld geschenkt. Damit ging ich in einen nahegelegenen Bäckerladen und kaufte uns sogenannte „Zehnerstückchen". Das waren große, runde Hefeteigstücke mit Zuckerguß obendrauf. Nichts auf der Welt hat mir je besser geschmeckt!

Als wir in Hannover aus dem Zug stiegen, verließen Mutter die Kräfte, ohnmächtig sank sie zu Boden. Vater nahm mich überglücklich in die Arme, Tränen rollten über sein Gesicht. Das letzte Mal hatten wir uns 1944 gesehen.

[Berlin; 1949]

Rotraud Danker

Die Puppe

Ich war damals elf Jahre alt und hatte gelernt, das sorgenvolle Gesicht meiner Mutter zu beobachten, hatte gelernt, Rücksicht zu nehmen und zu helfen. An unserem Bahndamm wuchsen die schönsten Veilchen der Umgebung.

Es kostete überhaupt keine Mühe, einen großen Korb damit zu füllen; aber es war schlimm, sie verkaufen zu müssen. Wir fuhren dazu auf den Alexanderplatz und mein Herz klopfte jedesmal, wenn ich dort alleingelassen wurde. Ich wußte, daß dann die Passanten besonders mitleidig reagierten und ich den Verkauf schnell hinter mich bringen konnte.

Der Tag, der mir nie aus dem Gedächtnis gehen wird, fing gut an. Die Veilchen dufteten in meinem Korb und die Sonne schien ganz warm auf meine Kniestrümpfe. Eine alte Frau mit lieben Augen schenkte mir eine Mark, und ein junger Mann steckte drei Sträuße auf einmal ein. Wenig später beugte sich eine Frau über meinen Korb und schob einige Veilchen zu einer Art Biedermeiergebinde zusammen, dabei lächelte sie mich unaufhörlich an.

Doch dann schien die Glückssträhne wie abgeschnitten. Minuten kamen mir wie Stunden vor. Der Platz sah öde und leer aus, als plötzlich ein älterer Mann auf mich zukam. Er stand nachdenklich und traurig vor mir: „Armes Mädchen!“ Mit einer schnellen Handbewegung nahm er alle Veilchen aus dem Korb und steckte mir 50 Mark zu.

Als Mutter kam, konnte sie es kaum glauben und ich sah, daß sie sich freute, weil ich so glücklich war. Schnell zog sie mich an der Hand in den S-Bahn-Tunnel. „Weißt du, daß wir jetzt eine Woche lang Speck und Eier haben?"

Meine Vorstellungen von Geld waren schon sehr realistisch, und so fügte ich hinzu: „Und vielleicht auch Kaffee für dich, Mama!"

Ein alter Mann verkaufte am Alexanderplatz diese Puppe für 80 Mark. Sie war für mich die schönste Puppe, die ich jemals gesehen hatte.

In diesem Augenblick bemerkten wir einen alten, kränklich wirkenden Mann, der auf dem Fußboden des Tunnels saß. Er sah aus wie ein Bettler aus einem Märchen, und märchenhaft war auch die Puppe, die er im Arm hielt.

„Mutti, siehst du die Puppe? Ich habe noch niemals so eine schöne Puppe gesehen! Wenn wir Geld hätten, dann würde ich mir auf dieser Welt nur diese Puppe wünschen!"

Mutter zog mich weiter.

„Warum können wir nicht wenigstens fragen, Mutti?"

Unschlüssig verhielt sie den Schritt.

„Mutti, bitte laß uns fragen."

„Kind, der Mann ist auch arm, er muß Geld dafür bekommen", erwiderte sie unschlüssig. Schließlich machten wir doch kehrt und gingen zum Tunnel zurück.

Mein Herz klopfte bis zum Hals, als Mutter mit dem alten Mann sprach. Ich war so aufgeregt, daß nur noch Wortfetzen mein Ohr erreichten: „80 Mark, ich kann die Puppe nicht verschenken, leider."

Noch heute sehe ich in meinen Träumen die traurigen Augen meiner Mutter und die des alten Mannes.

Ich weinte nicht. Ich hatte begriffen, daß es nicht ging. Mutter ließ mich noch einmal stehen, um ein Taschentuch aus dem Beutel zu ziehen. Ich merkte nicht einmal, wann sie mich wieder an die Hand nahm und mich in die S-Bahn schob. Auf der ganzen Fahrt habe ich gelitten, weil ich meiner Mutter nicht helfen konnte.

Als ich abends im Bett lag und die Anspannung einer großen Müdigkeit wich, kam meine Mutter noch einmal zu mir. Sie hatte ihren Einkaufsbeutel bei sich, öffnete ihn langsam und zog eine Schachtel heraus. Sie beugte sich über mich, gab mir einen Kuß und legte mir glücklich lächelnd die Puppe in den Arm: „Es geht weiter, mein Kind, mit und ohne Puppe!"

Ich konnte vor Freude und Aufregung nicht schlafen.

Und noch heute bleibe ich wach, wenn ich darüber nachdenke, denn heute weiß ich, daß meine Mutter sich zu dem Puppenkauf entschloß, weil sie an diesem Tag überhaupt keinen Lebensmut mehr hatte und wenigstens mich glücklich machen wollte. Daß sie dann aber doch alle Kräfte zusammennahm, lag bestimmt an mir und meiner Puppe.

[Bonn am Rhein;
1950]

Luise Rüth

Ein schlechtes Zeugnis

Vater war gerade erst krank aus der Kriegsgefangenschaft zurückgekehrt. Unsere wirtschaftlichen Verhältnisse waren sehr bescheiden. Vater mußte neu eingekleidet werden; die schäbige Gefangenenkleidung wollte er nicht mehr tragen. Seine alte Kleidung war zum Teil den Bomben zum Opfer gefallen. Und wir hatten ja auf der Flucht nichts mitnehmen können. Mutter meinte, sie hätte ihm sowieso nicht mehr gepaßt.

Vater war 12 Jahre lang, mit nur kurzer Urlaubsunterbrechung zu Beginn des Krieges, von uns fortgewesen. Hunger und Entbehrungen hatten seinen Körper gezeichnet. Er hatte starkes Untergewicht. Als wir ihn auf dem Bahnhof abholten, erkannten Mutter und ich ihn nicht wieder. Als junger Mann war er gegangen, und als uralter kam er zurück. So sah er jedenfalls in meinen Augen aus. Es machte uns sehr traurig. Ich war acht Jahre alt. Wir bemühten uns, alles zu tun, daß Vater immer satt wurde und sich vielleicht wieder wohl fühlte. Daher mußten wir unsere eigenen Bedürfnisse weit zurückstellen.

Nun war der Frühling in diesem Jahr sehr früh gekommen und außergewöhnlich warm. Es schien, als wollte uns die Natur für die Entbehrungen der zurückliegenden Jahre entschädigen.

Meine Winterschuhe, klobige Lederschnürschuhe, einige Nummern zu groß, was mit dicken selbstgestrickten Socken ausgeglichen wurde, waren jetzt einfach zu warm.

Mutter holte meine Sandalen aus dem vergangen Jahr vom Speicher. Schon im letzten Jahr waren sie mir etwas zu klein gewesen. Beim Anprobieren stellten wir mit Entsetzen fest, daß meine Zehen bestimmt zwei Zentimeter über die Schuhe hinausragten.

Was tun? Barfuß konnte ich nicht zur Schule gehen. Wir wohnten in der Stadt, und vielen Leuten ging es damals schon wieder recht gut.

Mit diesen Sandalen war ich am ersten Schultag dem Gespött meiner Klassenkameraden ausgeliefert. Sie liefen johlend hinter mir her und lachten mich aus.

Ich war traurig, aber noch mehr wütend, und schämte mich. Die Tränen liefen mir über die Wangen, ein ganz schlimmer Jähzorn erfaßte mich. Ich zog die Sandalen aus und schlug damit wild um mich. Dabei traf ich eine Schulkameradin am Kopf. Sie trug eine Platzwunde davon, die heftig blutete. Zu Tode erschrocken lief ich nach Hause.

Am nächsten Tag wurde ich mit Mutter zur Lehrerin bestellt. Mutter wußte Bescheid. Ich hatte ihr abends alles erzählt, weil mich das schlechte Gewissen nicht einschlafen ließ.

Die Lehrerin machte mir heftige Vorwürfe und drohte mit Strafe. Warum es überhaupt zu diesem Vorfall gekommen war, wollte sie gar nicht wissen.

Darüber empört, begann Mutter, mich zu trösten.

Zu meinem großen Pech war die verletzte Mitschülerin der Liebling der Lehrerin. Die Eltern des Mädchens hatten nämlich ein Lebensmittelgeschäft, und jeden Tag fiel etwas für die Lehrerin ab: mal etwas Wurst, mal etwas Schokolade oder Kaffee. Zu diesen Zeiten mußte man eine solche Beziehung pflegen, das wußte die Lehrerin. Und so legte sie keinen Wert darauf, meine Begründungen zu hören. Ich hatte keine Chance.

Mutter suchte sich eine Putzstelle. Von ihrem ersten Geld bekam ich neue Sandalen, zwei Nummern zu groß, damit sie noch im kommenden Sommer paßten.

Mein nächstes Zeugnis war auffallend schlecht, und mit dem Vermerk versehen: „Luise ist bösartig und stört ständig ihre Mitschülerinnen“.

Mutter meinte nur, es kämen auch wieder andere Zeiten, und dann würde auch mein Zeugnis wieder besser.

Es blieb das schlechteste Zeugnis meiner ganzen Schulzeit.

[Düsseldorf;
1950/1951]

Hans-Dieter Mauel

Der Absturz

Es war im Nachkriegsdeutschland. In dieser Zeit versuchten wir Jugendlichen, zu kleinen Straßenbanden zusammengeschlossen, aus allem, was sich finden und verkaufen ließ, einen Erlös zu erzielen.

Dieses Klassenfoto wurde bei einem Schulausflug gemacht, darunter sind einige meiner Kameraden. Vorne rechts knie ich.

So sammelten wir Altpapier, bis wir ein paar Kilo zusammen hatten, und brachten es dann zum Papierhändler, der uns dabei noch beschummelte, aber wir waren ja froh über jeden Groschen. Allerdings war das Altpapier nicht so das große Geschäft. Es reichte für ein paar kleine Schleckereien, das war es dann aber auch.

Viel besser und viel mehr ließ sich mit anderen Materialien verdienen, zum Beispiel mit Blei, Kupfer, Messing, Eisen, Guß und derlei Sachen, die waren ganz profitabel. Ja, und so suchten wir eben danach. Trümmerberge, ausgebrannte Gebäude, ganz oder halb eingestürzte Häuser waren unser Betätigungsfeld, und es gab sie in Mengen.

Eines Tages kamen wir auf die Idee, Eisenträger aus einem halb zerbombten Haus zu bergen. Die eine Seite des Hauses stand noch, die andere war durch eine Luftmine zerstört worden, ein großer Krater klaffte in der Erde. Im obersten Stockwerk, in der vierten Etage, ragten einige Eisenträger aus den Decken heraus. Die galt es abzubauen. Wir waren sechs oder sieben Jungen zwischen zehn und fünfzehn Jahren. Also kletterten wir nach oben und machten uns ans Werk.

Ich wohnte ganz in der Nähe, von der Hofseite aus konnten wir auf das Trümmergrundstück schauen.

So ergab es sich, daß meine Mutter, die gerade den Hausflur reinigte und dazu die Fußmatten an der Teppichstange auf dem Hof ausschlug, mich und die anderen Jungen dort oben herumturnen sah. Dies war natürlich das Aus für meine Tätigkeit am Bau. Sie rief mich und bedeutete mir, umgehend zu Hause zu erscheinen. Widerwillig und dem entgangenen Geschäft nachweinend, machte ich mich auf den Heimweg; denn ich wußte, jetzt hatte sie mich im Auge, in dem Trümmerhaus war für mich nichts mehr zu machen.

Ich erhielt von Mutter den Auftrag, etwas auf der Post zu erledigen. Den Weg dorthin konnte ich vorbei an „unserer Baustelle“ nehmen, mußte es aber nicht. Ich konnte mich nicht dazu entschließen, es hätte mich zu sehr geärgert. So nahm ich den anderen Weg zur Post. Er führte an der Feuerwache vorbei. Als ich eben auf ihrer Höhe angelangt war, rollten die schweren Eisentore zur Seite, und die Wehren kamen im Alarmstart herausgebraust.

Nichtsahnend ging ich weiter zur Post und erledigte meinen Auftrag. In Gedanken war ich schon wieder bei meinen Kumpels. Ich beschloß, auf dem Rückweg dort vorbeizuschauen.

Als ich um die Ecke der Straße bog, wo „unsere Baustelle" lag, hatte sich dort eine große Menschenmenge versammelt. Die kurz vorher ausgerückten Feuerwehrautos standen auch dort. Ich erschrak!

Vorsichtig näherte ich mich dem Geschehen. Dann sah ich, daß beide oberen Geschosse fast völlig eingestürzt waren. Bei dem Versuch, einen Eisenträger aus der Decke zu lösen, hatten meine Freunde den Einsturz ausgelöst. Feuerwehrleute bemühten sich, meine Kameraden zu bergen. In diesem Moment wußte keiner der Helfer und Umstehenden, wer und wieviele Personen in die Tiefe gestürzt waren.

Sodann bemerkte ich meine Mutter, die verzweifelt hin- und herlief. Sie hatte vom Hof aus zufällig gesehen, wie die oberen Etagen des Hauses einbrachen. Sie vermutete mich unter den abgestürzten Personen. Als sie mich jetzt unten auf der Straße stehen sah, war sie überglücklich.

Zwei Jungen, ein Brüderpaar, waren sofort tot. Die anderen kamen schwerverletzt ins Krankenhaus.

[Hannover;
1950]

Eva Goslar

Großmutters Tod

Meine Mutter war eine liebevolle, warmherzige Frau mit feinem Gespür für die Ängste und Nöte ihrer Kinder. Ein veränderter Gesichtsausdruck, ein unechtes Lachen, ein schwankender Ton in unseren Stimmen ließen sie aufhorchen, vorsichtig nachfragen, raten, helfen. Nichts wird mir diese Erinnerungen an sie je trüben.

Und doch konnte die Geschichte mit Großmutters Tod so geschehen. Ich habe mich später, erwachsen geworden, oft gefragt, warum sie mich danach so alleine gelassen hat. Schuld muß die Zeit gewesen sein. Die Zeit nach einem Krieg, der die Menschen ausgehöhlt und ermüdet hatte. Auch sie, die für mich bis heute Vorbild ist.

Großmutter war ganz anders, groß, stattlich und unnahbar. Ich sehe ihr weißes Gesicht vor mir, geprägt durch scharfe Konturen wie eine Elfenbeingemme, ein zartes Oval mit hoher Stirn, großer, gerader Nase, stets sorgfältig aufgesteckten Haaren und einem schmallippigen Mund. Ich kann mich nicht an ein Lächeln dieses Mundes erinnern. Ebensowenig an eine Zärtlichkeit von ihr. Sie entzog sich meinem Bemühen, von ihr umarmt und gestreichelt zu werden, stets mit freundlich abwehrenden Gesten.

Die Erklärung meiner Mutter, Großmutters Herz sei krank geworden, als sie ihren Mann und ihre Heimat verloren hatte, weckten in mir Mitleid, aber kein wahrhaftiges Verständnis.

Was sollte ich, das Kind, auch mit dem Begriff Heimat verbinden, wie sollte ich einen Großvater vermissen, den ich nie gekannt hatte? Außerdem hatte auch meine Mutter den Mann und die Heimat verloren, und doch nutzte sie jede freie Zeit neben ihrer anstrengenden Arbeit, um uns drei Kindern soviel Liebe wie möglich zu geben.

Meine Großmutter Hedwig Hetebrüg, geboren am 1. Januar 1885 in Lauenburg, Pommern.

Aber ich schwieg über meine Zweifel um Großmutters Person, behielt meine Gedanken und die Sehnsucht nach Beweisen ihrer Liebe in mir, wie so vieles andere, was mich verwirrte und beschäftigte.

In dieser Zeit nach dem Krieg gab es für Kinderfragen wenig Raum. Die Erwachsenen waren viel zu sehr mit der Planung und dem Aufbau eines neuen Lebens beschäftigt. Kindsein bedeutete, Vernunft und Verständnis zu zeigen. Viel Zeit zum Spielen, Entdecken, Ausprobieren und Lachen blieb uns nicht, mußten wir doch alle Einkäufe und Besorgungen erledigen, denn Großmutter konnte die vielen Treppen zu unserer Wohnung nicht steigen. Aber trotzdem war diese kleine Mansarde unter dem Dach nach dem Leben im Lager, in einer immer von Geräuschen erfüllten Gemeinschaftsbaracke für uns wie das Paradies. Ein Paradies, das aus einem Zimmer, der kleinen Küche und einem im Bodenraum später ausgebauten Bad bestand, in dem wir Kinder unter den nackten Dachziegeln auf Matratzen schliefen.

Der Tag, an dem Großmutter starb, war heiß. Die Wärme hing schwer unter den schrägen Wänden und legte sich drükkend auf Brust und Haut. Ich kam als letzte aus der Schule, denn die Volksschule lag weiter entfernt als die Realschule, die meine Geschwister besuchten, ich war erst in der zweiten Klasse. Die beiden waren bereits zum Baden gegangen, als ich verschwitzt vom Steigen der Treppen die Wohnung betrat.

Großmutter stand am Herd und briet Kartoffeln für mich in einer schweren Eisenpfanne, ihr Gesicht war dabei ungewohnt gerötet. Während ich aß, saß sie mir gegenüber und schaute mir schweigend zu. Ihre Hand lag auf dem dunklen Stoff der Bluse über ihrer linken Brust. Dort war ihr Herz, das wußte ich, und wenn sie es so umfaßt hielt, tat es ihr weh. Ich hätte ihr gerne von der Schule erzählt, aber sie fragte nicht.

Obgleich ich nicht viel Appetit hatte bei der Hitze, aß ich alles auf, sie sollte sich über mich freuen und sich nicht aufregen. Es gab ein Abkommen zwischen uns Geschwistern, Großmutter niemals länger alleine zu lassen, unsere Mutter sollte sich keine Sorgen um sie machen müssen.

Da nun alle fort waren, war ich an der Reihe, zu Hause zu bleiben, und so holte ich mir nach dem Abwaschen Papier und Stifte und begann, am Küchentisch zu malen, mit gespielter Freude, als könne ich mir an diesem Sommertag nichts Schöneres für mich vorstellen.

Großmutter ging nach nebenan, um ihren Mittagsschlaf zu halten. Bis auf das Summen der unglücklichen Fliegen am klebrigen Fliegenfänger war es ganz still. So still, daß ich kurze Zeit später das Stöhnen von nebenan durch die geschlossene Tür hören konnte.

Hastig sprang ich auf. Großmutter saß halb aufgerichtet in der Sofaecke, hielt mit geschlossenen Augen beide Hände gegen die Brust gepreßt und röchelte mit blauen Lippen. Ich mußte nicht überlegen, was zu tun war, ihre Herzanfälle kannte ich. Die roten, gelatineartigen Kapseln lagen in einer flachen Blechdose in der rechten Schublade des Küchenschrankes, immer an derselben Stelle, griffbereit. Ich kletterte über das Sofa auf Großmutters Schoß und schob ihr eine der Kapseln in den halb geöffneten Mund. Ich wußte, was nun passieren würde. Großmutter würde die rote Kapsel zerbeißen, ich stellte mir immer vor, es sei Zauberblut darin, ihre Atmung würde flacher werden, in ihr eiskaltes Gesicht die Wärme zurückkehren, sie würde die Augen aufschlagen und mich ansehen.

Aber diesmal sank ihr Kopf zur Seite, die Zauberkapsel fiel aus ihrem Mund und verschwand in den Ritzen des Sofas. So ging es nicht. Ich holte aus dem Badezimmer Kopfkissen und stopfte sie von beiden Seiten in Großmutters Rücken, mein kleines Knuddelkissen in ihren Nacken, um den Kopf aufrechtzuhalten. Diesmal legte ich die Kapsel tief auf ihre Zunge, legte dann eine Hand flach auf ihren Kopf, die andere unter das Kinn und drückte kräftig zu, so mußte die Kapsel zerspringen und die heilende Flüssigkeit in ihren Körper fließen. Ich begann, Großmutters Gesicht zu streicheln und zu küssen, es war so kalt, ebenso ihre Hände. Der schwere Körper rutschte immer tiefer, und ich legte mich auf ihn, um ihn zu wärmen. Ganz nah war ich bei ihr. Dabei flehte ich sie an, doch endlich aufzuwachen und mit mir zu sprechen.

Plötzlich kam ein tiefes, dumpfes Röcheln aus ihrer Brust, dann ein zweites, und ich spürte ein Aufbäumen ihres Körpers unter mir, nahm es als Zeichen wiederkehrenden Lebens und umschlang sie fest mit beiden Armen. Mein Gesicht lag an ihrer Wange, und ich weinte vor Freude.

Als ich mich von ihr löste, erschreckt durch die anhaltende Kälte ihrer Haut, stiegen Angst und Zweifel in mir hoch. Großmutter lag leblos mit einem fremden, so unheimlichen Gesichtsausdruck vor mir. Etwas Rotes war aus ihrem Mundwinkel auf das Kissen geflossen, bei näherem Hinsehen erkannte ich die halb aufgelöste Kapsel. Da wußte ich, alles war anders diesmal, ich schaffte es nicht alleine und mußte Hilfe holen.

Die Nachbarin kam, und dann wurde es unruhig und hektisch. Ich wurde in die Küche geschickt, saß dort unbeachtet auf meiner kleinen Fußbank in einer Ecke. Alle liefen an mir vorbei. Zuerst kam Mutter, kurze Zeit später zwei Sanitäter mit einer Trage.

„Zu spät, die ist tot“, hörte ich den einen durch die halb geöffnete Tür sagen, „da hätte man uns schon eher rufen müssen.“

Zu spät, ich duckte mich unter diesen Worten, legte den Kopf auf die Knie und umschlang ihn mit beiden Armen. Nur nicht gesehen werden. Der Mann hatte es gesagt. Ich war schuld an Großmutters Tod, die Hilfe kam zu spät, ich allein hätte sie holen können. Ich allein war schuld.

Irgendwann, als sie die Totenfrau geholt hatten, bemerkte mich die Nachbarin: „Komm mit zu uns“, sagte sie, „das hier ist nichts für ein Kind.“

Aber ich schüttelte nur den Kopf, drängte mich an ihr vorbei und lief hinaus durch die grelle Sonne bis in das schützende Dunkel des kleinen Wäldchens, in dem wir sonst so gerne spielten. Dort lag ich auf dem Waldboden und weinte.

Die nächsten Tage waren angefüllt mit den Vorbereitungen für die Beerdigung. Ungewöhnlich viele Menschen gingen bei uns ein und aus. Wir Kinder waren uns selbst überlassen. Meine Geschwister behandelten mich mit viel Rücksicht, so als hätte mich die Begegnung mit dem Tod in ein anderes Wesen verwandelt, dem man nicht zu nahe kommen durfte.

Am Abend nach der Beerdigung nahm meine Mutter mich allein beiseite. Sie hielt mich ganz fest in ihren Armen. Gerade wollte ich ansetzen und ihr meine Schuld beichten, da begann sie von ihren Sorgen zu erzählen. Sie müßte uns nun tagsüber alleine lassen. Geld für eine Zugehfrau sei nicht da. Und sie bat mich, als die Jüngste, wie zuvor die anderen beiden, brav und vernünftig zu sein und sie nicht zu enttäuschen.

Ich sah in ihr müdes Gesicht und nickte zu all dem, ohne in diesem Augenblick zu wissen, welche Last ich mir auflud.

Wochen und Monate danach quälten mich Träume und schwere, dunkle Gedanken. Je mehr Zeit verging, um so weniger konnte ich darüber sprechen, wahrhaftiges Erleben mischte sich mit wirren Phantasien. Irgendwann verbarg ich mein schreckliches Geheimnis endgültig tief in mir.

Heute weiß ich, das Ende meiner Kindheit begann mit diesem Tag, an dem meine Großmutter starb. Es begann viel zu früh. Aber es konnte so geschehen, weil die Zeit und die Umstände es zuließen.

[St. Barbara, Saarland;
1950]

Monika Döring

Der Hochzeitsanzug

Meine Erinnerung beginnt in der Nachkriegszeit, als die Menschen hamsterten und Schwarzmarktgeschäfte tätigten, um zu überleben. Die meisten waren sehr, sehr arm und kamen gerade so über die Runden. Man wartete auf die Heimkehrer aus Rußland, um „irgendetwas“ aus diesem kleinen, zerstörten Nest machen zu können.

Das Einzige, was die Menschen hier nun wirklich gelernt hatten, war es, den Krieg zu überleben und irgendwie den Hunger zu bewältigen. Die Menschen hielten zusammen wie Pech und Schwefel, ein eingeschworenes Völkchen unter sich.

Es war wohl um 1950 herum, als die Häuser leidlich wieder aufgebaut waren, die Bewohner, auch meine Eltern und meine Großmutter (Großvater starb 1945), sich durch den Anbau von Obst und Gemüse ernährten und sich durch den Anbau von Tabakpflanzen auch mal ein Pfeifchen anstecken konnten. Der Wunsch, all die schlimmen Jahre zu vergessen und sich auch mal „etwas Gutes zu gönnen“, begann zu wachsen.

Meine Urgroßeltern, die seit jeher einen Gasthof mit großem Festsaal im Dorf betrieben, dachten wieder daran, Feste zu organisieren. Als erstes bot sich die nahende Fastnacht. Die jungen Frauen des Dorfes, darunter auch meine Mutter, trafen sich, um sich zu beraten. Immer dabei war auch der „Selbstgebrannte“, der Obstler, hergestellt aus eigenen Früchten. Da begann schon einiges im Kopf herumzuspuken.

Der große Stolz meiner Mutter war ihr weißes Hochzeitskleid aus Fallschirmseide und der meines Vaters sein einziger Anzug, sein Hochzeitsanzug, den ihm ein großzügiger Onkel spendiert hatte. Ich sehe meinen Vater noch vor mir, wie gerne er den Schrank öffnete und den Anzug voller Stolz betrachtete, wie er über den Stoff strich und sich unendlich reich fühlte, weil er als armer „Wicht“ einen solchen Anzug besaß.

Die Fastnacht nahte. Beim großen Fastnachtsumzug machte das ganze Dorf mit, der Phantasie waren keine Grenzen gesetzt. Alle Sorgen waren an diesem Tag vergessen.

Mit großem Staunen erlebte ich diese Zeit, weil sich die sonst so ernsten Erwachsenen merkwürdig veränderten.

Fastnacht auf den Straßen unseres Bergdorfes St. Barbara.

Unsere Wohnstube füllte sich, Nachbarn gingen ein und aus, es wurde gekichert und gelacht, wie ich es das ganze Jahr über nicht kannte. Überall ratterten emsig die Nähmaschinen, und eine sonst so ernste „Pflichtübung“ machte nun offensichtlich großen Spaß.

Am „Fetten Donnerstag" sollte das erste große Fest nach dem Krieg im Saal meiner Urgroßeltern stattfinden. Abends fanden sich alle zusammen, der Saal war voll von lustigen Narren in den seltsamsten Kostümen.

Nicht lange vor Mitternacht erschien ein ganzer, herrlich kostümierter Harem und umschwirrte die männlichen Gäste. Die verschleierten Gesichter ließen nicht erkennen, wer wen gerade zum Tanz aufforderte.

Auch mein Vater tanzte mit einer zierlichen Haremsdame, die er vergebens zu enttarnen versuchte und die sich sehr zierte, die trotz aller Bemühungen kurz nach Gongschlag 24 Uhr entschwand.

Lange noch wurde im Dorf über diesen geheimnisvollen Auftritt geredet, gelacht und gemunkelt. Doch allmählich kehrte unter harter Arbeit der Alltag und mit ihm der Ernst des Lebens wieder ein.

Dann nahte ein Tauffest, zu dem wir eingeladen waren. Meine Mutter war eifrig dabei, ihr einziges gutes Kleid in Ordnung zu bringen, nähte emsig für mich ein reizendes Kleidchen, und Vater dachte sich: „Ich habe Gott sei Dank ja meinen Hochzeitsanzug!"

Am Tag der Taufe wurde zum Kleiderschrank geschritten. Viel Auswahl gab es ja nicht. Niemand bemerkte die ungewohnte Nervosität meiner Mutter, mit der sie die Aktivitäten meines Vaters beäugte, als er stolz lächelnd den Kleiderschrank öffnete. Endlich mal eine Gelegenheit, sich fein zu machen – kein Wunder, war doch mein Vater ein von Gestalt großer und gut aussehender junger Mann. Wer möchte da nicht mal aus den abgewetzten Kleidern heraus?

Er nahm seinen Anzug, strich liebevoll mit seiner Hand darüber, doch als er wenig später vor dem Spiegel stand, erstarrte er zur Salzsäule: Das gute Stück hing lappig und schräg an ihm herunter.

Wo, um Himmels Willen, war bloß das feste Tuch hin, das lnnenfutter, das zum guten Sitz unentbehrlich war?

Hilfesuchend schaute er meine Mutter an, die ganz beschämt zu Boden blickte.

Die Stunde der Wahrheit war gekommen, und nun erfuhr mein Vater, daß die kleine Haremsdame von damals in dieses Tuch gehüllt war, das mein Vater nun so schmerzlich vermißte. Sie hatte es aus dem Anzug herausgetrennt, um sich ein Kostümchen leisten zu können.

Eines stand fest: Mit „diesem Lappen" konnte und wollte er nicht zur Tauffeier gehen.

Nachdem der erste Grimm über diese „Verschwendung" verflogen war, wurde herzhaft gelacht. Meine Großmutter wurde hinzugezogen, und im Nu brachte sie den „Lappen" mit Zwirn und Sicherheitsnadeln an die Figur, so daß auch die Tauffeier mitgenommen werden konnte.

Natürlich gab es auch dort Bier und selbstverständlich den hochprozentigen „Selbstgebrannten". Mangels Wiege, Kinderwagen oder ähnlichem, die Feier fand – wo auch sonst – im Gasthof meiner Urgroßeltern statt, wurde der Täufling zum Schlafen auf eine Fensterbank gelegt. Es wurde gezecht, gesungen und getanzt bis zum Morgengrauen.

Am nächsten Tag, als der Kater verflogen war, waren die Eltern des Täuflings überglücklich, ihren noch schlafenden Sohn wohlbehalten auf der Fensterbank im Gasthof wiederzufinden, hatten sie ihn doch glatt auf dem Nachhauseweg vergessen!

[Erftstadt-Köttingen;
um 1950]

Luise Rüth

Ferienglück

Als Kind verbrachte ich meine Ferien immer bei den Großeltern auf dem Land. Diese Ferien waren eine Kette von glücklichen und unbeschwerten Tagen und Wochen. Ich glaube, in meinem ganzen späteren Leben habe ich mich nie mehr so frei und zufrieden gefühlt.

Großmutter liebte uns Kinder sehr, und das zeigte sie uns jeden Tag aufs Neue. Sie ließ uns völlige Freiheit in allen unseren Entscheidungen und in unserem Tun.

Jeden Morgen lag der Tag wie ein herrliches Abenteuer vor mir. Mit den Dorfkindern streifte ich durch Feld und Wald. Die Kinder hier hatten eine ganz andere Art von Spielen als bei mir zu Hause in der Stadt. Wir bauten Baumhäuser und schmückten sie mit alten Teppichen und Mobiliar. Alles Eßbare, was wir ergattern konnten, wurde von zu Hause herbeigeschleppt und im Baumhaus gemeinsam verzehrt. Unsere Mahlzeiten waren oft eine bunte Mischung aus Butterbroten, Plätzchen, Obst, Gemüse, Wurst und Käse, doch es schmeckte uns vorzüglich.

An anderen Tagen bildeten wir Banden und streiften durch die Dorfstraßen. Kein Obstbaum war vor uns sicher. Wir wußten, wo es die süßesten Kirschen, die saftigsten Birnen und die dicksten Äpfel gab.

Ich war im Vergleich zu den anderen Kindern sehr klein, aber dafür gewandt, und konnte schnell laufen. Also wurde immer ich zum Obststibitzen vorgeschickt. Manchmal erwischte uns der Gartenbesitzer und es gab Prügel. Lief ich dann zu Großmutter, so tröstete sie mich mit den Worten: „Wer obsten geht, darf sich eben nicht erwischen lassen!“

Regnete es, liefen wir an den Häusern vorbei und drückten auf die Klingelknöpfe. „Mäuschenklopfen“ nannten wir das. Versteckt hinter der nächsten Ecke, hatten wir einen Heidenspaß, die erstaunten und erzürnten Gesichter der gefoppten Leute zu sehen.

Im Sommer gingen wir fast täglich an den Badesee. Es war ein See, der aus der ehemaligen Kohlengrube entstanden war. Wir schmierten uns von oben bis unten mit nassem Kohlendreck ein und spielten „Neger“. Trocknete die Kohle am Körper, dauerte es viele Tage, bis wir wieder richtig sauber waren.

Abends durften wir Kinder draußen bleiben, solange wir wollten. Die Erwachsenen saßen auf den Haustreppen unter den alten Lindenbäumen, schwatzten und sangen Lieder zur Gitarre. Oft schlief ich dabei auf dem Schoß meiner Großmutter ein. Alles war so friedlich, wie man es nur als Kind erleben kann.

In den Winterferien tobten wir im Schnee oder auf dem zugefrorenen See. Wir bauten Hütten aus Schnee mit der gleichen Ausdauer, wie wir sie im Sommer aus Ästen und Laub gebaut hatten.

Am späten Nachmittag trieben uns die Dunkelheit und unsere steifgefrorene Kleidung nach Hause. Dort wurden wir aus unseren nassen Sachen geschält und mit warmen Handtüchern abgerubbelt. Dann ging es in die gute Stube, nahe an den warmen Ofen, aus dem es schon verheißungsvoll nach Bratäpfeln roch.

Der Samstag war auf dem Dorf ein besonderer Tag. Alles rüstete sich für den Sonntag, und das geschah unter ganz bestimmten, festen Regeln.

In der Frühe ging die ganze Familie zum Einkaufen – natürlich nur bis zum einzigen Tante-Emma-Laden im Dorf. Großmutter schlug eine Ecke ihrer großen Schürze um, befestigte sie im Bund, und wir zogen los.

Die Gerüche im kleinen Dorfladen waren köstlich. Das Faß mit Salzheringen stand neben dem Topf mit Rübensirup. Gleich am Eingang waren Öl, Essig und Suppenwürze aufgebaut. Zucker, Mehl und Salz gab es lose in mitgebrachten spitzen braunen Tüten. Heringe wurden in Zeitungspapier eingewickelt. Alle unsere Einkäufe verschwanden in Omas weiter Schürze.

Ab Monatsmitte wurde angeschrieben, wie fast jeder im Dorf es machte. Der Händler notierte alles in ein kleines schwarzes Heft. Das hinderte Großmutter aber nicht, jedem von uns Kindern zwei Manna-Bonbons oder eine Lakritzschlange zu kaufen.

Samstag mittag gab es immer Eintopf zu essen, je nach Jahreszeit Bohnen, Linsen, Graupen, Erbsen oder Möhren. Spätestens am Mittagstisch wußten wir, es ist Samstag.

Gleich nach dem Essen heizte Großvater in der Waschküche den großen Wäschekochkessel an. Dann nahm er die Zinkwanne vom Haken an der Wand. Kochte nach einiger Zeit das Wasser, wurden wir Kinder mit kritischen Blicken der Reihe nach gemustert. Derjenige von uns, der am wenigsten schmutzig wirkte, war Großmutters erstes Opfer. Noch in der Küche wurde er entkleidet und dann über den Hof in die heiße Waschküche gebracht. Widerstand nutzte wenig. Wir wußten, es mußte sein, wie Großmutter sagte.

In der Waschküche konnte man vor lauter Dampfschwaden kaum noch etwas sehen. Großvater schleppte eimerweise kaltes und heißes Wasser heran. Sofort wurden wir in die Wanne gesteckt. Oft war das Wasser noch so heiß, daß wir am ganzen Körper augenblicklich krebsrot wurden. Unsere Protestschreie veranlaßten Großmutter lediglich, etwas von „guter Durchblutung“ zu murmeln.

Jetzt kam das Schlimmste: Waren wir von Kopf bis Fuß mit Kernseife eingeschmiert, nahm sie die Wurzelbürste und schrubbte uns ab. An anderen Tagen der Woche nahm sie es nicht so genau: „Schmutz ist wichtig für die Abwehrstoffe," meinte sie, und „Dreck reinigt Magen und Darm". Samstags dann warf sie ihre Theorien über den Haufen.

Zum Schluß wurden die Haare mit Essig gespült, was bei uns zu neuerlichem Geheule führte. Etwas Essig bekamen wir meistens in die Augen, und auf der roten, gereizten Haut brannte er teuflisch.

War der erste Kandidat erlöst und in ein vorgewärmtes Badetuch gepackt, schritt Großvater wieder in Aktion. Vorsichtig schöpfte er den Seifenschaum aus der Wanne, goß einen Eimer heißes Wasser nach, und schon war das nächste Kind an der Reihe. Schließlich war Großvater selbst nach Mutter, Vater und Großmutter der letzte, der badete. Wenn er fertig war, warf er noch die Schmutzwäsche der Woche in das Badewasser, wo sie bis Montag zum Einweichen blieb, um dann ebenfalls mit Seife und Wurzelbürste bearbeitet zu werden.

Für uns Kinder waren aber noch nicht alle Schrecken vorüber. Großmutter hatte inzwischen schon die Brennschere aus den glühenden Kohlen geholt. An einer alten Zeitung testete sie deren Hitzegrad. Verbrannte die Zeitung, wurde die Brennschere zum Abkühlen durch die Luft geschwenkt, um schließlich uns Mädchen mit der richtigen Temperatur Locken in die Haare zu brennen. Unsere Locken hielten dann fast eine Woche. Ein bißchen stolz darauf waren wir schon: Keiner konnte so gute Locken brennen wie Großmutter.

Den Jungen wurde mit Großvaters Rasiermesser säuberlich der Kopf fast kahl geschoren.

War die ganze Tortur vorbei, durften wir wieder auf die Straße. Wir liefen von Haus zu Haus, um zu sehen, welches Wasser bei den Nachbarn aus dem Abfluß kam. Es gab damals noch keine Kanalisation, und alles Abwasser lief über die Straße. Bei jedem Haus sah es anders aus, manchmal sogar grün. Das fanden wir toll, und wir schnupperten daran, wußten wir doch, daß es Badezusatz aus Fichtennadeln war. Das roch so schön nach Wald.

Bei einigen Häusern war das Abwasser fast schwarz – das war das Waschwasser der Bergmannskleidung. Woanders lief rotes oder gelbgrünes Wasser über die Straße. Dann wußten wir, in diesem Haus gibt es rote Bete oder Wirsing zum Sonntagsbraten.

Wir bastelten Schiffchen aus Papier und ließen sie in der Gosse schwimmen: vom Oberdorf zum Unterdorf.

Am schönsten war es im Winter. Das Abwasser gefror zu Eis, und die Straße schimmerte in allen Farben.

Wenn es aus den Häusern nach Sonntagsbraten und Kuchen roch, war das für uns ein Zeichen, nach Hause zu laufen. Am späten Samstagnachmittag wurden nämlich der Sonntagsbraten angesetzt und die großen Bleche mit Obstkuchen gebacken. Das duftete köstlich und wir beeilten uns.

Daß Großmutter uns zuerst ein bißchen ausschimpfen würde, weil wir schon wieder schmutzig waren, daran hatten wir uns gewöhnt. Aber dann, während sie uns ein großes Stück warmen Obstkuchen zuschob, würde sie sagen: „Bald ist wieder Samstag".

Unter Tränen nahte der letzte Ferientag. Dann hieß es Abschied zu nehmen, und das „andere" Leben begann wieder.

Zu Hause zählte ich ungeduldig die Tage, bis es endlich hieß: „Ferien ... du darfst sie wieder bei deinen Großeltern verbringen!"

(Weitere Erinnerungen dieser Autorin finden Sie im Band „Gebrannte Kinder. Kindheit in Deutschland 1939–1945" der Reihe **ZEITGUT**.*)*

Verfasser

Becher, Sigrid, geb. Koch
geb. 1937 in Leipzig,
lebt in Sankt Augustin, Nordrhein-Westfalen.
Beruf/Tätigkeiten: Diplom-Bibliothekarin.
Bisherige Veröffentlichungen: „Katalanische Episode I und II“, Selbstverlag; Bericht über ein Dichtertreffen in Punta Arenas/Chile in „Deutsche Tagespost“; „... und kommen nirgends an” in „Die Brükke”, Nr. 98-100.

Beinicke, Jutta, geb. Herda
geb. 1934 in Marlishausen,
lebt in Weimar, Thüringen.
Beruf/Tätigkeiten: Unterstufenlehrerin im Ruhestand.
Bisherige Veröffentlichungen: Beiträge in Seniorenzeitschriften.

Beißel, Helmut
geb. 1939 in Düsseldorf,
lebt in Erkrath, Nordrhein-Westfalen.
Beruf/Tätigkeiten: Kaufmann; Personalleiter in einem internationalen Konzern.

Berg, Falko (Pseudonym)
geb. 1939 in Kassel,
lebt in Bonn, Nordrhein-Westfalen.
Beruf/Tätigkeiten: Dozent für politische Erwachsenenbildung und Diplomat im Ruhestand.
Bisherige Veröffentlichungen: diverse Beiträge in politischen und pädagogischen Zeitschriften; Beitrag in „Gebrannte Kinder”, Kindheit 1939-1945, Reihe ZEITGUT, JKL-Publikationen, Berlin 1998.

Böhme, Bärbel, geb. Eppers
geb. 1937 in Grünberg,
lebt in Leipzig, Sachsen.
Beruf/Tätigkeiten: Dipl.-Landwirtin im Ruhestand.

Böttcher, Lothar
geb. 1939 in Berlin,
lebt in Soltau, Niedersachsen.
Liebhabereien: im Ruhestand den Zauber des Gartens erleben, wandern, fotografieren, Reisen, Katzen.
Bisherige Veröffentlichungen: Gedichte in einer Anthologie, Reiseberichte in verschiedenen Zeitungen und Zeitschriften.

Cammann, Claus
geb. 1932 in Schwerin,
lebt in Einbeck, Niedersachsen.
Beruf/Tätigkeiten: Diplomkaufmann, Prokurist und Verwaltungsleiter (Finanzen, Personal), jetzt pensioniert, Amateurschriftsteller.
Liebhabereien: Lesen, Schreiben, Sport (Tennis, Radwandern, Bergwandern).
Bisherige Veröffentlichungen: „Johannisfeuer" (Anth.), Wiesjahn-Verlag, Berlin 1997.
Sonstiges: unveröffentlichter Roman „Wes Brot ich esse...".

Danker, Rotraud, geb. Gehrke
geb. 1938 in Berlin,
lebt in Soltau, Niedersachsen.
Beruf/Tätigkeiten: Diplom-Bibliothekarin, Initiatorin und Leiterin des „Soltauer Autorenpreises".

Döring, Monika, geb. Kleinbauer
geb. 1947 in Wallerfangen,
lebt in St. Barbara, Saarland.
Beruf/Tätigkeiten: Fremdsprachenkorrespondentin, Arztsekretärin.

Engels, Hans
geb. 1942 in Köln,
lebt in Kürten, Nordrhein-Westfalen.

Beruf/Tätigkeiten: Elektrolehre; Studium der Pädagogik; seit 1966 Lehrer.
Bisherige Veröffentlichungen: Kurzgeschichte „Die Hinrichtung" in „Die Zeiten sind so...!"; zwei Beiträge in „Gebrannte Kinder", Kindheit 1939-1945, Reihe ZEITGUT, JKL-Publikationen, Berlin 1998.

Fichtl, Betty
geb. 1941 in Weiden,
lebt in Weiden, Bayer/Oberpfalz.
Beruf/Tätigkeiten: im Vorruhestand.
Bisherige Veröffentlichungen: In Anthologien und Zeitschriften, eigene Edition Wendepunkt.

Fiessler, Ursula, geb. Hoffmann
geb. 1935 in Berlin,
lebt in Bergisch-Gladbach, Nordrhein-Westfalen.
Beruf/Tätigkeiten: Hausfrau.

Flindt, Edda, geb. Heger
geb. 1940 in Düsseldorf,
lebt in Köln, Nordrhein-Westfalen.
Beruf/Tätigkeiten: Hausfrau, drei erwachsene Kinder, zwei Enkel.
Liebhabereien: Lesen, Gartenarbeit.
Sonstiges: ehrenamtliche Arbeit in der katholischen Bücherei.

Franke, Ingrid
geb. 1940 in Leipzig,
lebt in Leipzig, Sachsen.
Beruf/Tätigkeiten: Großhandelskauffrau.

Genz, Karl-Heinz
geb. 1936 in Mieste,
lebt in Gardelegen, Sachsen-Anhalt.
Beruf/Tätigkeiten: Bäckermeister.

Goslar, Eva, geb. Knop
geb. 1942 in Danzig,
lebt in Friedeburg / Ostfriesland, Niedersachsen.

Beruf/Tätigkeiten: Buchhändlerin.
Bisherige Veröffentlichungen: Beiträge in verschiedenen Anthologien.

Grell, Peter
geb. 1937 in Bernburg/Saale,
lebt in Langeoog auf Langeoog, Niedersachsen.
Beruf/Tätigkeiten: Maschinenbauingenieur, Ing. grad., im Ruhestand.

Haußner, Helga, geb. Heinrich
geb. 1943 in Sulzbach-Rosenberg,
lebt in Hahnbach im Landkreis Amberg-Sulzbach, Bayern.
Beruf/Tätigkeiten: Anzeigenaquisiteurin.
Bisherige Veröffentlichungen: Kurzgeschichten in Tageszeitungen.

Jonas, Karl-Heinz
geb. 1940 in Pasewalk,
lebt in Neunkirchen-Seelscheid, Nordrhein-Westfalen.
Beruf/Tätigkeiten: Oberst a.D.; zuletzt Referatsleiter im Bundesministerium der Verteidung.

Kasten, Marion
geb. 1940 in Hildesheim,
lebt in Göttingen, Niedersachsen.
Beruf/Tätigkeiten: Diplom-Mathematikerin; seit 1984 künstlerische Tätigkeit auf den Gebieten der Malerei und Grafik.

Köhn, Wulf
geb. 1941 in Berlin,
lebt in Alfeld/Leine, Niedersachsen.
Beruf/Tätigkeiten: Polizeidirektor im Ruhestand; bis Ende 1995 Leiter der Wasserschutzpolizei Berlin.
Bisherige Veröffentlichungen: „Jahrgang 1941", Overall Verlag, Berlin 1995; „Historisches vom Strom - Die deutsche Wasserschutzpolizei - Geschichte und Gegenwart", Verlag Krüpfganz, Duisburg 1996; diverse Fachartikel und Reiseberichte in Zeitschriften.

Korhammer, Eva
geb. 1932 in Frankfurt am Main,

lebt in Hannover, Niedersachsen.
Beruf/Tätigkeiten: Verlagsbuchhändlerin; aktiv als Lektorin, Übersetzerin, Autorin.
Bisherige Veröffentlichungen: Zahlreiche Kinder- und Jugendbücher über Menschen-, Tier- und Pflanzenabenteuer, z.B. „Die kichernde Yukka" und „Durchblick gesucht", Betzel-Verlag, Nienburg.

Kreeb, Elly Margarete
geb. 1937 in Neuenstadt am Kocher,
lebt in Stuttgart, Baden-Württemberg.
Beruf/Tätigkeiten: Fremdsprachen-Sekretärin im Ruhestand.

Krix, Marga
geb. 1940 in Köln-Kalk,
lebt in Köln, Nordrhein-Westfalen.
Beruf/Tätigkeiten: Industriekauffrau; Hausfrau.

Lembke, Luise, geb. Jensen
geb. 1931 in Flensburg,
lebt in Sankt Augustin, Nordrhein-Westfalen.
Beruf/Tätigkeiten: Hausfrau; Buchautorin.
Bisherige Veröffentlichungen: „Seelennot", Verlag J. Eichner; „Alles im Griff", Avlos-Verlag.

Loock, Gisela, geb. Thurmann
geb. 1942 in Berlin,
lebt in Berlin.
Beruf/Tätigkeiten: Technische Angestellte.
Liebhabereien: Reisen und Schreiben.
Bisherige Veröffentlichungen: Beitrag in der Anthologie „Das Wünsche-Land - Geschichten für Kinder", Wiesjahn-Verlag, Berlin 1997.

Lüninghake, Elisabeth, geb. Muke
geb. 1940 in Meppen,
lebt in Seelze, Niedersachsen.
Beruf/Tätigkeiten: Büroangestellte, Hausfrau. Bisherige Veröffentlichungen: „Gestern, heute, morgen", Literatur-Café 1991, Stadt Seelze; Artikel in der Hannoverschen Allgemeinen Zeitung.

Mauel, Hans-Dieter
geb. 1938 in Düsseldorf,
lebt in Ratingen, Nordrhein-Westfalen.
Beruf/Tätigkeiten: Versicherungsangestellter.
Liebhabereien: Sport: Joggen und Radfahren, Computer.

Mauer, Vera, geb. Rhode
geb. 1935 in Stockhausen, Ostpreußen,
lebt in Karben, Hessen.
Beruf/Tätigkeiten: Bürokauffrau im Ruhestand.

Mullé, Marianne Christa
geb. 1941 in Essen,
lebt in Northeim, Niedersachsen.
Beruf/Tätigkeiten: Hauswirtschafterin.
Liebhabereien: Lesen, Schreiben, Rätselraten, mit offenen Augen durch die Welt gehen.
Bisherige Veröffentlichungen: „Northeimer Zeit-Zeichen" Band II, 1995 (unter Marianne Mullé); Beitrag in der Anthologie „Das Wünsche-Land - Geschichten für Kinder", Wiesjahn-Verlag, Berlin 1997.
Sonstiges: arbeitet an einem Kinderbuch.

Nistler-Obermeier, Hermine, geb. Nistler
geb. 1940 in Neuendettelsau,
lebt in Traunstein, Bayern.

Noack, Ingeborg, geb. Kühnel
geb. 1934 in Böhmisch-Leipa, Sudetenland,
lebt in Staritz, Sachsen.
Beruf/Tätigkeiten: Lehrerin im Ruhestand.
Liebhabereien: Gartenarbeiten, Lesen, Reisen.
Bisherige Veröffentlichungen: Beitrag in „Gebrannte Kinder", Kindheit 1939-1945, Reihe ZEITGUT, JKL-Publikationen, 1998.

Novak, Margrit
geb. 1941 in Jena,
lebt in Jena, Thüringen.
Beruf/Tätigkeiten: Sekretärin; Verwaltungsangestellte.

Pecat, Dieter Eckhard
geb. 1940 in Neubrandenburg,
lebt in Neubrandenburg, Mecklenburg-Vorpommern.
Beruf/Tätigkeiten: Wasserbaufacharbeiter; Meliorationsingenieur.

Rammel, Helmut
geb. 1934 in Beelitz, Mark Brandenburg,
lebt in Heilbronn, Baden-Württemberg.
Beruf/Tätigkeiten: Pensionär.
Bisherige Veröffentlichungen: Gedichte in verschiedenen Zeitungen.

Rohse, Heide, geb. Oehler
geb. 1939 in Kassel,
lebt in Göttingen, Niedersachsen.
Beruf/Tätigkeiten: Analytische Kinder- und Jugendlichenpsychotherapeutin in freier Praxis.
Bisherige Veröffentlichungen: literaturpsychologische Roman-Interpretationen zu Iwan A. Gontscharows „Oblomow" (in: Zeitschrift für psychoanalytische Psychotherapie 1997, Heft 1) Karl Philipp Moritz „Anton Reiser" und Theodor Fontanes „Effi Briest" (in: Freiburger literaturpsychologische Gespräche, Bd. 16 u. 17, Würzburg 1997 und 1998); Beitrag in „Gebrannte Kinder", Kindheit 1939-1945, Reihe ZEITGUT, JKL-Publikationen, Berlin 1998.

Rüth, Luise, geb. Hochgürtel
geb. 1942 in Bonn,
lebt in Erftstadt-Köttingen, Nordrhein-Westfalen.
Beruf/Tätigkeiten: Kauffrau und Landwirtin.
Bisherige Veröffentlichungen: Beitrag in „Gebrannte Kinder", Kindheit 1939-1945, Reihe ZEITGUT, JKL-Publikationen, Berlin 1998.

Sautter, Erika Sabine
geb. 1935 in Horgen (Schweiz),
lebt in Konstanz, Baden-Württemberg.
Beruf/Tätigkeiten: Kindergärtnerin im Ruhestand.
Bisherige Veröffentlichungen: „Gespenster klingeln nicht", im Selbstverlag; „Die kleine Frau Hexe", Verlag des Südkurier;

„Tupfenberger Geschichten", im Kinderprogramm des DRS (CH); Feuilletongeschichten.

Schmidt, Gabriele, geb. Hauk
geb. 1928 in Remscheid,
lebt in Göttingen, Niedersachsen.
Liebhabereien: Kindergeschichten, Gedichte u.a. schreiben, Aquarellmalerei.

Schneider, Helga, geb. Stricker
geb. 1937 in Breslau,
lebt in Oldenburg, Niedersachsen.
Beruf/Tätigkeiten: Sekretärin, Rentnerin.

Scholz, Manfred
geb. 1933 in Waldenburg,
lebt in Herrenberg, Baden-Württemberg.
Beruf/Tätigkeiten: Vertriebskaufmann i.R..

Schröder, Marlies, geb. Gehlen
geb. 1940 in Oberhausen, Eifel,
lebt in Nettersheim/Marmagen, Nordrhein-Westfalen.
Beruf/Tätigkeiten: Hausfrau.
Bisherige Veröffentlichungen: Beitrag in „Gebrannte Kinder", Kindheit 1939-1945, Reihe ZEITGUT, JKL-Publikationen, Berlin 1998.

Schweizer, Benno
geb. 1933 in Klein Auheim,
lebt in Hanau, Hessen.
Beruf/Tätigkeiten: Privatlehrer für Schreibmaschine; seit 1959 Fußball-Lehrer; bis zur Pensionierung Sachbearbeiter beim Freizeit- und Sportamt der Stadt Hanau.
Bisherige Veröffentlichungen: Beiträge in Fußball-Magazinen.

Setzepfand, Agnes
geb. 1934 in Hamburg,
lebt in Schneverdingen, Niedersachsen.

Beruf/Tätigkeiten: Realschullehrerin im Ruhestand.
Bisherige Veröffentlichungen: Gedichte in „Selbst die Schatten tragen ihre Glut", 1995; „Dein Himmel ist in dir", 1995; „Wir sind aus solchem Zeug wie das zu Träumen", 1997, alle Edition L; Gedicht in „Über diese Entfernung hinweg", Literatur aus der VHS, Texte des Wettbewerbs 1995/96; Gedichte in „Jahrbuch 1997" und „Jahrbuch 1998", Landkreis Soltau-Fallingbostel; Beitrag in „Gebrannte Kinder", Kindheit 1939-1945, Reihe ZEITGUT, JKL-Publikationen, Berlin 1998.

Skeide, Ina, geb. Härtel
geb. 1942 in Zwickau,
lebt in Göttingen, Niedersachsen.
Beruf/Tätigkeiten: Säuglingspflegerin, Industriekauffrau; zur Zeit Hausfrau.
Liebhabereien: Lesen, Reisen, Wandern, Handarbeit.
Sonstiges: arbeitet an einem Buch über die Zeit ihrer Ausreise aus der DDR und ihren Neuanfang im Westen.

Steudel, Evelyn, geb. Zobel
geb. 1934 in Berlin,
lebt in Hitzacker, Niedersachsen.
Beruf/Tätigkeiten: Sonderschullehrerin im Ruhestand.
Bisherige Veröffentlichungen: „Der Sommer des elften Geburtstages", im Eigenverlag, 1997; Beitrag in „Gebrannte Kinder", Kindheit 1939-1945, Reihe ZEITGUT, JKL-Publikationen, Berlin 1998.

Strebel, Renate, geb. Job
geb. 1937 in Langenhessen, Kreis Zwickau,
lebt in Hannover, Niedersachsen.
Beruf/Tätigkeiten: Rechtsanwalts- und Notargehilfin.
Bisherige Veröffentlichungen: Leserbriefe zu den Themen Jugend-, Sozial-, Wirtschafts- und Kommunalpolitik.

Vogl, Inge, geb. Lohmann
geb. 1935 in Hamburg,
lebt in Fintel, Niedersachsen.
Beruf/Tätigkeiten: Krankenschwester im Ruhestand.